U0744394

经济全球化与国际经济

主　编◎刘　淼
副主编◎齐顺利　陈　慧

JINGJI QUANQIUHUA YU GUOJI JINGJI

中国·广州

图书在版编目（CIP）数据

经济全球化与国际经济/刘森主编；齐顺利，陈慧副主编. —广州：暨南大学出版社，2010.9（2016.8 重印）
（全国大学通识教育系列教材）
ISBN 978-7-81135-602-1

Ⅰ.①经… Ⅱ.①刘…②齐…③陈… Ⅲ.①经济一体化—高等学校—教材②国际经济学—高等学校—教材 Ⅳ.①F114.41②F11-0

中国版本图书馆 CIP 数据核字(2010)第 159160 号

经济全球化与国际经济
JINGJI QUANQIUHUA YU GUOJI JINGJI
主编：刘　森　副主编：齐顺利　陈　慧

出 版 人：徐义雄
责任编辑：古碧卡　张学颖　李　洁
责任校对：何　力

出版发行：暨南大学出版社（510630）
电　　话：总编室（8620）85221601
营销部（8620）85225284　85228291　85228292（邮购）
传　　真：（8620）85221583（办公室）　85223774（营销部）
网　　址：http://www.jnupress.com　http://press.jnu.edu.cn
排　　版：暨南大学出版社照排中心
印　　刷：广州市怡升印刷有限公司
开　　本：787mm×1092mm　1/16
印　　张：14.25
字　　数：374 千
版　　次：2010 年 9 月第 1 版
印　　次：2016 年 8 月第 3 次
定　　价：27.80 元

编者的话

经过三年多的筹备，“全国大学通识教育系列教材”终于面世了。作为本套丛书的主编，总有话想说，故特作一说明。

这套丛书之所以这样称呼，主要是因为该丛书汲取了近年来关于大学通识教育研究、通识教育报告及大学通识教育教材的精华，形式多样，内容丰富，此其一。其二，既然是大学通识教育，就同基础教育中所说的通识教育有很大的不同，基础教育中的通识教育侧重于知识的学习，讲求的是对新知识的了解和掌握；而大学通识教育的要求是在专业基础知识及专业学习之上的跨学科、跨领域、跨文化的学习。大学通识教育之所以以人文教育作为基础，目的在于能够为大学教育提供人文科学、社会科学、自然科学的学科理论与方法，这就更能够了解和掌握各学科之间的联系，同时也便于从整体上思考进行综合研究的价值和意义。通识教育和大学阶段所进行的专业教育也是有紧密联系的。换句话说，如果大学期间仅仅进行专业教育，高等教育的成效则很难真正体现出来。

对每个人来说，学习都是终生的事，只不过有些学习的形式不同于在校读书罢了。既然如此，大学的通识教育，其根本任务是要在大学阶段激发出适合个人的学习兴趣和学习方法，激活个人的思维，培养善于学习、有效学习的能力。大学提供的通识教育课程，其目的在于为学生的思考和学习拓展更为广阔的空间。不同学科专业的学生都可以通过通识教育的形式自主选择感兴趣的课程，通过通识教育课程的学习拓展自己的认知领域，这也是大学期间的一种收获，对于未来人生道路显然是大有裨益的。

通识教育所涵盖的人文科学、社会科学、自然科学的学科领域之广泛，不是专业教育所能替代的。在现代社会，大学教育首先是人的教育，是培养人的全面的、自由发展的教育，因此需要教育机构提供完整的通识教育体系来解决人才培养问题。只有受过良好教育的人，对未来社会的适应性才能够更强。当然，通识教育不是“百科全书”式的教育，并不需要去开设所有学科领域的课程；通识教育不是专业课的浓缩，不是将文科的专业课程给理工科学生学、将理工科的专业课程给文科学生学；不是科普性、基础性、常识性的教育，不是越简单越好；当然也不是所谓的“营养学分”，不是大学专业学习的调剂或补充。大学通识教育的基本要求是对学科基本原理及相关学科关联性进行整合，侧重学科之间的关系及跨学科领域学习。只有这样，才能从大学通识教育中体味、认识自然与社会的学术价值和大学的意义。当然，仅仅通过几门通识教育课程是不能完全解决跨学科、跨领域、跨文化问题的。对于大学学习，只能说在个人能力可承受的范围内学习的内容越广博越好，因为人类所积累的知识体系，按今天的学科专业来说，也不过是为学生更好地学习和掌握学科知识而提供的范围和框架而已，把已有的知识转化为个人的经验和能力，需要个人对知识的实践，才能最终成为个人的思想和行为。而通识教育所提供的跨学科领域的学术研究理论与方法，对于从不同角度进行思维是很受用的。如果在大学期间学生不能很好地解决跨学科领域有效学习的问题，今后的路难免会遇到阻碍。

本套丛书正是在上述原则指导下编写的。从大学通识教育的角度看，这套书可能并不像其他教材那样以讲解课程知识点为重点，而是从学术研究和学科关系的角度，提供另一种思维和想象的空间。从通识教育教学的角度看，大学教育是从以教师讲授教学为主向以学生独立学习、团队学习、有效学习为主的转变，这也是传统教育向现代教育转型的重要内容之一，采用这种方式的人才培养，最终受益的是学生。因为学生是为提升自我而学习，不是为考试或为别人而学习，这道理很简单。当然，实现这种转变需要学校、老师和同学们的共同努力。这也可以说是本丛书编写的初衷吧。

特代为序。

刘　森

2010 年 5 月 20 日于广州

目 录

编者的话 …………………………………………………………………………………… (1)

第一章 导 言 …………………………………………………………………………… (1)
第一节 从经济全球化的角度看全球经济问题 ……………………………………… (1)
第二节 学习要点与学习方法 ………………………………………………………… (8)

第二章 经济全球化与世界经济格局变动 ……………………………………………… (14)
第一节 战后国际经济格局的形成 …………………………………………………… (14)
第二节 后冷战时期的世界经济格局 ………………………………………………… (22)
第三节 美国人眼中的中国 …………………………………………………………… (27)

第三章 经济全球化与区域经济一体化 ………………………………………………… (36)
第一节 区域经济一体化的趋势 ……………………………………………………… (36)
第二节 区域经济关系 ………………………………………………………………… (44)
第三节 亚洲经济一体化进程 ………………………………………………………… (48)

第四章 经济全球化与新技术发展 ……………………………………………………… (64)
第一节 全球新经济增长的动力 ……………………………………………………… (64)
第二节 信息技术市场 ………………………………………………………………… (68)
第三节 发达国家新技术应用与市场 ………………………………………………… (72)

第五章 经济全球化与企业集团化 ……………………………………………………… (76)
第一节 集团化企业的形成 …………………………………………………………… (76)
第二节 国际大公司的海外发展 ……………………………………………………… (83)
第三节 中国企业的海外发展 ………………………………………………………… (94)

第六章 经济全球化与产业结构调整 …………………………………………………… (105)
第一节 发达国家的产业结构调整 …………………………………………………… (105)
第二节 发展中国家的产业结构调整 ………………………………………………… (109)
第三节 中国加入 WTO 后的产业结构调整 ………………………………………… (115)

第七章　经济全球化与国际贸易 …………………………………………………… (122)
　第一节　大宗商品的国际贸易 ……………………………………………… (122)
　第二节　国际贸易新发展 …………………………………………………… (131)
　第三节　国际贸易摩擦 ……………………………………………………… (136)

第八章　经济全球化与国际资本市场 …………………………………………… (144)
　第一节　世界金融市场 ……………………………………………………… (144)
　第二节　国际金融衍生产品市场 …………………………………………… (149)
　第三节　国际金融风险与金融监管 ………………………………………… (154)

第九章　经济全球化与国际投资 …………………………………………………… (167)
　第一节　国际投资的形成 …………………………………………………… (167)
　第二节　国际投资方式 ……………………………………………………… (170)
　第三节　企业破产引发国际投资变动 ……………………………………… (173)

第十章　经济全球化与国际组织 …………………………………………………… (179)
　第一节　国际组织在经济全球化中的作用 ………………………………… (179)
　第二节　国际经济组织 ……………………………………………………… (181)
　第三节　区域性组织 ………………………………………………………… (189)
　第四节　国际非政府组织 …………………………………………………… (197)

第十一章　经济全球化与国际经济新秩序 ……………………………………… (206)
　第一节　国际主要经济体变动 ……………………………………………… (206)
　第二节　美国经济体变动与全球经济关系 ………………………………… (210)
　第三节　美国与中国经济关系 ……………………………………………… (213)

参考文献 …………………………………………………………………………… (221)
后　记 ……………………………………………………………………………… (223)

第一章 导　言

经济全球化已经成为当今社会一个不争的事实。在经济全球化的进程中，世界各国都逐渐地被卷入全球经济大循环中。因此，目前的经济全球化已十分清楚地摆在全世界面前，我们应该做的是认真思考怎样做才能融入得更有成效。

第一节　从经济全球化的角度看全球经济问题

对于错综复杂的经济现象和日益复杂的经济问题，究竟作怎样的判断？应寻找一个观察问题的角度，如经济全球化问题，就应学会站在全球的角度来分析世界经济现象和经济问题，而不是从自己的角度或是某个国家的角度来分析。如果学会了从世界经济的角度观察经济及经济变动问题，那么，对于世界经济的变化要作出理性判断，应该是不太困难的。

一、经济全球化引发的思考

对经济全球化的研究，目前已成为国内外经济理论界的重点，对经济全球化的关注程度，不仅超越了对其他经济理论问题的研究，甚至大大超出了经济学的研究领域。

需要明确的是，全世界都十分关注的经济全球化问题，实际上包含很多与各国政府、企业、民众利益相关的大问题。从总体上讲，经济全球化表面上看是经济范畴的理论问题，因为大家都在不断地讨论究竟怎样“全球化”的问题，注重经济层面的问题多于其他方面。但实际上经济全球化还涉及国际政治、外交关系、对外政策、海外军事、国际重大事件应对、国家对国际事务参与与决策等许多关于政治方面的问题。由于经济全球化改变了以往的国际秩序和国际政治经济格局，发达国家与发展中国家间的政治经济关系开始重新调整和构建，在这个过程中，经济关系及促使经济关系运作的意识形态也发挥了重要作用。是否能够融入经济全球化的体系中，在经济全球化体系中处于什么地位，这是许多国家不得不认真思考的大问题。

对于全球重大问题的处置，一般直接与经济全球化有关。例如，在核能和平利用及核裁军、核军备竞赛等关系全球和平与发展的重大问题上，西方发达国家利用手中的核力量很难阻止其他无核国家的核试验，而核武器向核能和平利用的转变，则取决于美国、俄罗斯等国对最终销毁核武器的承诺和行动。如果世界上用于军备竞赛的核武器都用于世界的和平与发展，那么核威慑也就失去了意义。

由于民族、宗教、文化信仰等多种因素的影响，原来美国等西方国家控制全球敏感地区的战略逐渐演化，引发恐怖组织的形成，从而导致在经济全球化进程中出现恐怖主义，这本

身就是因长期对美国霸权主义的不满而形成的。“9·11”恐怖袭击事件实质上说明了美国的全球战略是遭到其他国家和地区强烈反对的，这与经济全球化并不是一回事。从全球战略上看，世界上任何一个国家都有和平发展的权利和义务，由于历史上种种原因造成的国家、地区、民族、宗教、文化冲突，最终只能通过对话、沟通和互相帮助来解决。如果信奉以武力解决争端，其结局往往事与愿违。“二战”后，美国先后发动了朝鲜战争、越南战争、海湾战争、伊拉克战争、阿富汗战争，尽管每次战争的原因和目的有所差异，但最终的结果都是美国因自身原因而逐渐退出战争，对早已构建起来的地区性政治经济关系的破坏程度，显然是难以想象的。随着美国爆发金融危机，美国经济已很难维持其战争费用，因此，世界政治经济格局也必然会发生重大变化。

经济全球化的进程是与区域经济一体化分不开的。在国际贸易日益频繁的影响下，发展中国家在经济全球化浪潮中开始对外开放，由过去的封闭经济向开放经济转型。经过数十年的发展，其结果是构建了以外贸出口为主体的经济结构，一方面，西方发达国家对于低端生活必需品、原材料等初级产品采取贸易逆差战略，本国没有或少有生产，基本上依赖于从发展中国家进口，这就直接激发了发展中国家的贸易热情，使得出口增长，从而促进了发展中国家经济的崛起。另一方面，由于美国经济的调整，美国金融所出现的重大问题引发了世界金融危机，发展中国家的出口受阻，也开始进入经济调整期。这样，全球以区域经济一体化为特征的各大经济体也开始进入活跃期。

①美国经济受飓风负面影响

经济学家预料，由于能源价格居高不下，2006 年全球经济增长速度将会放缓。有经济学者认为，中国持续增长的贸易顺差也是全球经济增长的一个重要负面因素。经济学者迈克尔·穆萨在华盛顿智囊机构国际经济研究所举办的一个全球经济展望研讨会上说，2006 年全球经济增长速度可能从 2004 年的 5% 和 2005 年的 4% 降到 3.5% 以下，但是不大可能出现经济衰退。他说：“2006 年的经济增长肯定会转弱，但是还不至于走向衰退。如果油价继续高涨，将有可能导致衰退。但我不相信会出现这样的情况。”穆萨和国际经济研究所的另外两名经济学者马钉·贝利及亚当·波森认为，经济混乱造成的影响、美国在“卡特里娜”飓风后的重建以及飓风灾害导致能源价格居高不下等因素，可能导致 2006 年全球经济增长出现忽上忽下的波动。根据穆萨的分析预测，2006 年工业化国家的经济增长将从 2005 年的 2.25% 降到 2% 左右。2006 年，新兴市场和发展中国家的增速将从 2004 年的 7.25% 和 2005 年的 6% 降到 5.25%。

2005 年 8 月，“卡特里娜”飓风席卷美国，造成 5 个州 1 800 多人死亡，并将新奥尔良市夷为平地。“卡特里娜”飓风会影响到美国 2005 年下半年的经济增长。贝利说：“粗略地估计，‘卡特里娜’飓风将使 2005 年下半年美国经济增长速度降到 3.25% 或者稍稍高于 3%。这要低于原来预计的近 4% 的增速。”到 2006 年，“卡特里娜”飓风的影响将会消散。但是联邦储备委员会的紧缩政策，加上低迷的房地产市场和高油价等因素，会使美国 2006 年的经济增长速度降低到 2.5% 左右。但是贝利并不认为美国会走向经济衰退。他指出，目前长期利率保持在低水平，如果经济增长出现停滞，联储将会采取措施。此外，目前美国失业率保持在较低水平，房地产市场出现泡沫的可能性也不大，加之联邦政府在伊拉克战争和飓风灾后的花费等，都会阻止经济走向衰退。在“卡特里娜”飓风灾害 3 周年之际，“古斯塔夫”飓风又挟势而来。美国新奥尔良市市长雷·纳金称“古斯塔夫”飓风是一场“世纪风暴”，甚至会是“史上最牛”飓风。

商务部研究院研究员金柏松在接受《中国经济时报》记者采访时说，“古斯塔夫”8月30日骤然升级为4级飓风，将对美国墨西哥湾近海石油开采造成重大影响。墨西哥湾共有4 000座钻井台，占美国原油炼油能力的一半。日产原油130万桶，日产天然气74亿立方英尺，石油和天然气产量分别占美国国内产量的25%和15%。根据美国矿产资源管理局的声明，截至8月30日中午，墨西哥湾地区约有77%的石油生产及37%的天然气生产被迫停止，数百名离岸工人已经撤离。英国石油公司、埃克森美孚公司及荷兰皇家壳牌公司均已关停钻井设备，全美最大的石油港口路易斯安那州离岸石油港口已被关停。美国国家飓风中心预计，若“古斯塔夫”飓风达到最高危险级别5级，其破坏力将大大强于当年的“卡特里娜”飓风。2005年，“卡特里娜”和“丽娜”飓风曾导致墨西哥湾地区95%的海上石油生产被迫停止，约有19%的炼油能力被闲置。美国矿产资源管理局的声明显示，为预防飓风的来袭，美国日产原油产量已减少了99.8万桶，日产天然气量也减少了27.5亿立方英尺。此前，受美元走强和俄罗斯从格鲁吉亚撤军等利好消息的影响，国际油价于8月22日大幅回落，纽约市场油价收于每桶114.59美元。但“古斯塔夫”飓风袭来后，国际油价连续上涨。截至北京时间9月1日12时左右，纽约商品交易所10月份交货的轻质原油期货价格在亚洲电子交易时段报116.43美元，比前一个交易日上涨0.97美元。国际问题研究所特约研究员汪巍告诉《中国经济时报》记者：“由于墨西哥湾地区集中了全美众多的炼油厂，飓风对美国经济影响最大的将是油气价格。如果近海石油和天然气开采设备遭到飓风破坏，那么持续几天出现供应阻断的可能性是非常大的，而这将可能导致石油和天然气价格突然上涨，预计油气价格将上涨10%～15%。油气价格的上涨将再次打击饱受次贷危机拖累的美国经济。”

如果从世界重大事件与经济全球化的关系方面考虑，可以说明以下两个问题：第一，世界上任何突发事件都会对经济全球化产生影响。如气候变暖、地震、传染性疾病等问题，都会直接影响经济全球化的进程。仅就气候异常而言，从世界各国治理温室气体排放，尤其是发展中国家在节能减排方面所做的种种努力来看，可以说，需要相当长的时期才能真正建立起低碳经济模式；而早已工业化的发达国家，显然是碳排放量最多的国家，应该承担起更多的国际责任。第二，灾难性的重大灾害预报、应急反应、灾难处置、善后处理、灾后重建等一系列的防灾减灾措施，都需要世界各国投入大量的人力、物力、财力，如果从科学研究和相关仪器设备生产与国际援助、国际贸易的角度来看，应用于救灾方面的财富及损耗的财富，其数额也是相当巨大的。

①气候变暖威胁中外经济增长

联合国的一项报告认为，如果世界各国在未来50年内不能有效减少温室气体的排放，每年将造成高达3 000亿美元的经济损失。英国政府的一份报告指出，气候变暖的代价是损失全球GDP的5%～10%。英国气象学家警告说，全球变暖给人类带来的危害并不亚于核武器。

在全球气候持续变暖的背景下，我国面临众多的气候与环境问题，其中最突出的是水资源短缺、干旱和洪涝频发、土地沙漠化难以有效抑制、水土流失面积扩大、山地灾害加剧等。1990年至2007年的统计数据显示，18年来中国内地每年由气象灾害造成的直接经济损失达1 928亿元，占GDP的比例平均为2.6%。受气候变化影响，中国农业将面临三个突出问题：到2030年，农业减产5%～10%，种植制度和作物品种改变，肥料、杀虫剂和除草剂等农业成本增加。气候变暖虽然对工业的影响不像对农业的影响那么明显、直接，其敏感度仅为农业的一半，而且具有明显的间接性和滞后性，但会通过农产品原材料、零售业市场需求、能源消耗及劳动者工作效率等因素间接影响工业生产。

根据联合国气候变化专门委员会（IPCC）估算，2005 年每排放 1 吨二氧化碳所造成的经济损失约为 12 美元。目前可以证实的是，人类活动的二氧化碳排放量远远大于自然界的二氧化碳排放量，全球变暖已超出自然界正常变动的范围，由它带来的天气反常中 90% 和人类的活动有关。如果全球平均温度升高 4 ℃，全球平均损失可达 GDP 的 1% ~5%。有研究表明，造成的损失甚至可高达 5% ~20%。如果人类的行为不加节制，全球平均气温升高 6 ℃，人类将遭到天气的严厉惩罚。

作为气候变暖特征最显著的国家之一，气候变暖将对我国经济社会产生重大影响。我国的农业生产将面临不稳定性增加、局部高温干旱危害加重、产量波动加剧等问题。据估算，如果不采取任何措施，到 2030 年，因气候变暖，我国种植业整体生产能力可能会下降 5% ~10%，其中小麦、水稻和玉米三大作物均会下降。与此同时，气候变暖将对我国的农业生产格局和结构、种植制度产生影响，造成农作物生长周期缩短、病虫害种类发生变化、农业用水量和农药施用量增大等问题，导致农业成本和投资大幅度增加。

气候变暖还会使我国面临更多的极端气候事件，对一些重大工程产生不可小视的影响。以三峡水库为例，由于气候变暖，长江千年一遇洪水发生频率可能变为千年以下甚至百年一遇，百年一遇洪水发生频率变为 50 年一遇甚至小于 50 年一遇，这将给三峡水库的运行带来挑战。同时，由于气候变暖，青藏铁路沿线多年冻土将发生巨大变化，多年冻土将进入大范围的退化阶段，从而破坏青藏铁路沿线工程环境，很可能会影响某些地段铁路路基的稳定性。

对于居住在城市里的人们，气候变暖还将带来严重的污染问题。“气候变暖会加大‘城市热岛’的强度，这将使城市上空的云、雾增加，使有害气体、烟尘在市区上空累积，形成严重的大气污染。”科学研究表明，气候变暖导致的水旱灾害、暴风雨、热浪等极端天气将可能使某些疾病的死亡率和伤残率、传染病发病率上升。根据联合国的相关报告，随着人类活动的日益频繁，全球气候变暖的趋势不仅不会消退，还可能持续百年甚至千年。从我国的情况来看，从 1986 年冬季以来，我国已经经历了 19 个暖冬，特别是 2006 年，全国平均气温达 9.92 ℃，成为 1951 年以来创纪录的“暖年”。

从经济角度来看，世界各国政府都最关心经济增长问题，绝不仅仅是发展中国家才特别关心此问题。在经济全球化的条件下，世界各国的生产与消费、对外贸易进出口、国际收支平衡、信息流通等效益的高低，都与该国参与经济全球化的程度高低有直接关系。与经济全球化体系关系密切的国家和地区，其收益显然要大得多，反之亦然。换句话说，如果某国的决策者没有从经济全球化的角度来权衡本国经济发展战略，那么，该国的经济发展战略很难说是符合实际的，其成效也可想而知。从目前的情况看，自 20 世纪 70 年代以来，经济全球化有长足的发展，在近 40 年的经济全球化进程中，世界的面貌发生了翻天覆地的变化，新科技带来的经济快速发展，极大地改变了人们的生活方式和生活态度，因地缘政治关系而素有交往传统的区域经济一体化就出现了。

在经济全球化过程中，如果一国抓住了发展机遇，经济全球化所产生的经济流动量就会带来相当大的经济效益。发展中国家的历史机遇则是在西方发达国家向外输出资本、技术和管理的情况下，不失时机地采取改革开放政策，调整招商引资政策，以便迅速以现代工业制造和装备对本国经济进行改造。其中包括不断地淘汰本国落后的产业和技术，不断进行技术升级和技术改造，以推进新科技作为产业调整的核心，加大科学技术的投入和创新，从而形成新一轮产业高级化、产业集群化、产业价值链化的新型产业发展格局。而在20世纪70年代错过经济全球化第一轮高峰期的国家和地区，尽管经济增长幅度不高，与发达国家的关系还有待调整，但在美国金融危机过程中受到的影响相对要小，这有利于在下一轮经济调整中起飞。

①经济全球化与留学经济

北京市政府研究室罗亚辉、曹洪谦所做的研究表明，留学教育是提升教育国际竞争力、促进教育现代化的重要途径之一。留学生的数量和质量是衡量世界一流大学的重要标志之一，世界名牌大学接收的外国留学生一般占学生总数的10%～20%，如波士顿大学外国留学生占在校生的15%，哈佛大学为17.6%，麻省理工学院为23%，正是因为保持了留学生的较高规模，这些学校的国际知名度才得以大大提升。

在北京，留学教育已发生了明显变化，其中政府公派留学生数量明显减少，只占在校留学生的10%，90%的学生是自费生，56.7%的学生接受学历教育，说明留学教育已由政府间的互派交流向民间自由交往发展。据2000年3月北京市留学生研究会统计，在北京接受学历教育的留学生比重高于全国平均水平，其中博士生占全国的42%，硕士生占34%，本科生占35%。问卷调查显示，在北京学习的短期留学生只占25.3%，表明北京留学教育已向高层次、成熟化方向发展。

北京的留学教育每年创汇约1亿美元，它不仅为学校教育、科研事业发展提供了资金支持，而且刺激了餐饮、旅游、房地产等相关服务业的发展，“留学经济”现象开始显现。在全球经济一体化的推动下，世界范围内的留学热潮正在孕育和发展为“留学经济”。留学教育是实现智力资源全球配置的重要形式，也是当前日益激烈的国际人才竞争的重要手段，通过发展留学教育吸引人才和聚集人才，对增强国家和地区的核心竞争力具有非常明显的作用。

教育部最新的统计结果显示，截至2004年底，共有110 844名来华留学人员。其中中国政府奖学金来华留学生6 715人，自费生104 129人。同年，我国各类出国留学人数为114 663人。这一年中国出国留学生和来华留学生人数首次基本持平。

2004年创造了中国留学经济的四个第一：一是来华留学生数量最多的一年，总数超过11万人，比上一年增长42.63%；二是来华留学生绝对数量增加最多的一年，增加来华留学生33 129人；三是来华留学生的生源国家数量最多的一年，已经达到178个国家；四是来华留学历史上外国学生就读学校数量最多的一年，共涉及我国31个省、自治区、直辖市（不含台湾省和香港、澳门特别行政区）的420所高等学校和其他教学科研机构。2004年各类出国留学人员总数为114 663人，比2003年减少了2.2%。截至2004年底，改革开放后我国出国留学人员总数超过81万，留学回国近20万人。近年来，出国留学人员总数呈现递减趋势，同时，越来越多的出国留学人员学成回国，2004年回国人员总共有25 116人，比2003年增长了24.6%。

如前所述，在关系到全球政治经济等重大问题，必然与经济全球化进程有直接关系。例如教育，就是伴随着经济全球化步伐而逐渐拓展的。应该承认，在经济全球化的初级阶段，几乎所有的进步都来源于教育的成功；反之，如果没有教育，经济全球化是不可能实现的。在现阶段，发展中国家处在逐步现代化的过程中，其基本目标是对传统二元结构进行调整，使传统低效的工业及占国民经济主体的农业实现经济转型，这意味着有更多的农业人口从传统农业中释放出来。农业剩余劳动力流向城市和工业部门，则会为招商引资的新建工业提供廉价劳动力，劳动力的低收入和土地价值低廉成为吸引投资的重要因素，而在其产品外向型经济中，低廉的价格保证了出口有强劲的国际竞争力。对于发展中国家来说，正是由于前一轮的传统经济结构转型，才促进了发展中国家的贸易顺差和国民的高储蓄。但随着教育程度的提高，一方面是劳动力出现短缺，以前那种涌入城市的现象已很难再次出现；另一方面因国民教育水平与创业创新能力提高，收入预期也随之提升，新的经济模式将存在于新一轮经济全球化浪潮中。随着发达国家对全球经济控制的弱化，许多新产业、新技术领域出现真空，这就为发展中国家通过有效的教育实现技术进步和技术创新提供了空前的发展机遇。

①中国留学生八大留学热门国家的费用支出统计

国家	中国留学生人数	人均费用（元）/年
美国	9.8万（据美国“国际教育协会”公布）	15万~25万
英国	7.5万（据英国高等院校招生办公室公布）	学费7.6万~13万，生活费7万
澳大利亚	13万（据澳大利亚媒体报道）	学费10万~15万，生活费5万~8万
日本	7.4万（据日本媒体报道）	学费6万~8万，生活费5万
韩国	4.5万（据韩国教育部统计）	学费3万~4万，生活费3万~4万
加拿大	4.1万（据加拿大驻中国大使馆公布）	学费7万~8万，生活费6万~7万
新西兰	2.5万（据新西兰驻中国使馆公布）	学费6万~8万，生活费3万~4万
新加坡	1.5万（据新加坡政府提供的数据）	学费约5万，生活费3万~4万

从以上统计可以看出，中国留学生在澳大利亚的人数最多，每年中国留学生在澳大利亚的费用支出在八大留学国家中高居首位，其次是美国，英国名列第三。

二、经济全球化概念的界定

如前所述，经济全球化涉及范围广泛，但并不是对所有的问题都进行研究。如果仅从经济层面及与其相关的方面进行讨论，那么，可把经济全球化的讨论集中在全球性生产、消费、贸易、投资、金融、信息等方面，这可大体上反映经济全球化的演变和进程。

（1）经济全球化是各个国家和地区经济联系逐渐紧密的一个过程。世界各国都处在这个过程中，其中发达国家和发展中国家都从经济全球化过程中获得自己的利益，但经济全球化的成果并不是为所有国家平均分享，因各个国家的资源和条件不同，在经济全球化中获得的利益也各不相同。这可以解释为什么经济全球化使贫困化现象更突出。在经济全球化的大循环中，占据经济、科技或资源制高点的国家，相对来说更为有利，而需要购买其他国家资源、科技产品的国家，相对来说就会失去更多的利益。因为在科技产品交易的过程中，发展中国家需要出卖资源性产品和初级低价产品来获取科技产品，这样，在初级低价产品生产过程中所带来的环境污染、生态平衡、资源性或技术性产品没有定价权等问题就暴露出来，导致最终利益的损失。

（2）从市场经济的资源配置角度来看，在经济全球化条件下，发展中国家组织国内生产、对外贸易（扩大外需）、国内市场开发（扩大内需）、国内外投资、国内金融体系建立及同全球金融联系、国内外信息处理、传输、交易等各方面，从资源配置到生产要素流动与组合，都同经济全球化发生密切的联系，或者说在一国市场经济中，其资源配置方式和变化是以经济全球化程度进行战略决策的。如果不考虑经济全球化的因素，任何一国的生产、贸易、投资、金融、信息都无从运转。

（3）经济全球化作为现代市场经济发展的新形式，在一定程度上突破了国家资源配置的界限，由本国扩展到全世界。世界上大多数国家积极地参与经济全球化过程，就是希望本国资源或生产要素能在世界范围内得到优化配置，以实现本国经济增长的目标。从某种意义上讲，经济全球化也确实为世界各国资源优化配置提供了可能性。这是因为经济全球化本身是市场经济原则国际化的体现，市场经济体制并不表现在一个国家经济的制度中，而是为全世界各国所公认的资源配置方式。世界各国的政府、企业和个人在经济全球化的大背景下，仍然是按照市场经济的基本原则进行经济活动，这一点没有根本的改变。市场经济通过市场的交易实现公平交换，在一定程度上，由于主权国家的存在，在世界上按照市场经济的制度原则或游戏规则实现资源优化配置，虽然会出现更为复杂的局面，却不是不可行的，因为在世界范围内找出一条让所有人都满意的规则几乎是不可能的。

（4）在以世界市场为中心的全球化进程中，世界各国都需要从其他国家获得本国所需要的产品，世界上没有一个国家可以完全依靠自己的资源而生存。17 世纪 40 年代，当英国工厂的产品输送到世界各个角落的时候，世界市场就已经形成，如果以此为起点，至今已经走过了 370 年的历史进程。西方发达国家先后经历了私人垄断、国家垄断、国际垄断三个历史阶段，自 20 世纪 70 年代起，西方发达国家透过经济全球化逐步形成国际垄断。因此，今天考察经济全球化的形成与发展，显然是以近 40 年来世界经济关系为研究对象的。当然，为了较详细地说明经济全球化的由来、发展状况及未来发展趋势，也需要从时间上略有延伸，从较长的历史时段中去观察经济全球化的形成与演变，以及在此过程中世界发生的变化，这无论对于今天还是明天，都将是一件有意义的工作。

三、经济全球化的意义

经济全球化的意义在于，目前世界上没有一个国家可以脱离同其他国家交往而独立存在，通过传统的国际贸易方式，国家之间建立了经济关系，其中包括企业、个人的关系。随着国际贸易的深入，经济关系决不仅仅停留在市场阶段，而是出现跨国的投资，在其他国家办厂、销售产品。随着跨国公司的出现和经营活动的深化，“你中有我、我中有你”的局面逐步形成，随着经济依存度的提高，大跨国公司的全球网络也逐步形成，并逐渐实现国际性垄断。实际上，经济全球化的出现是以两个基本事实为前提的：一是跨国公司的规模和力量迅速膨胀，并成为连接各国、各地区经济交往的纽带；二是国际垄断资本的形成及其势力的扩张。

在对经济全球化的国际经济关系本质的研究中，我们可以看到，经济全球化过程中存在三个并行却相悖的事实：第一，在经济全球化进程中，世界范围内的市场经济效率在不断增长，但这种效率增长产生的“红利”却在发达国家和不发达国家之间进行着不公正、不合理、不公平的分配，效率与公平背道而驰。第二，在经济全球化进程中，发达国家与不发达国家的经济利益不仅没有越来越“趋同”，反而越来越“两极分化”。经济全球化与经济在全球范围内的两极分化是并行的，并且是严重对立的。第三，在经济全球化进程中，人们往往强调全球经济的所谓“一体化”、经济利益的所谓“共同性”，但在现实中，越来越多的国家意识到，世界经济格局的急剧变化更加突出了国家的安全问题。面对经济全球化的严峻挑战，越来越多的国家把如何维护国家主权、国家利益和国家安全等问题提到了重要的位置。在推进经济全球化的同时，突出维护国家主权、国家利益和国家安全的重要性，已经成为不可逆转的趋势。对这三个并行却相悖的事实的深刻理解，必然会成为国际经济关系的研究内容。

第二节　学习要点与学习方法

经济全球化是21世纪不可抵挡的历史潮流，是不随人的意志而转移的客观规律。如何加快经济全球化步伐，争取创造一个繁荣、公正、和平、文明的新世界，不仅是重大的理论问题，而且也是世界各国政府、企业、家庭与个人都必须面对的现实问题。

一、经济全球化的关注点

究竟什么可以代表经济全球化这一现象呢？根据目前国内外学术界的说法，大体上有以下七种：

（1）国际贸易是经济全球化的基础，但国际贸易历史悠久，在这里，也不需要去考察所有的贸易活动，事实上谁也做不到这一点。世界上大部分的国家和经济体都参与全球大市场才能构成国际贸易的全球化，而不再是传统意义上的双边或多边贸易。尽管在一定历史时期地区性自由贸易盛行，但从总体上看，全球市场仍是被分割的。随着世界经济的高速发展，市场越来越趋向于向全球范围推进，特别是当占世界市场1/3的前社会主义阵营进行改革、转入市场经济体制之后，真正意义上的全球大市场诞生了。当今世界再没有一个国家可以闭关自守发展自己的经济了。在这种情况下，大部分国家国际贸易的增长超过了其整体经济的增长，外贸收益占GDP的比重也越来越大。从世界经济总体来看，1978年世界贸易占世界GDP的比重只有9.3%，而到1998年世界贸易总额为6.5万亿美元，占世界GDP的24.3%，占据了举足轻重的地位。国际贸易对世界经济的拉动作用日益增强，从其增长率在10年内高出世界GDP增长率2倍左右，足见全球化市场的巨大意义。

（2）“二战”后，跨国公司突飞猛进，在世界经济中已占主导地位。20世纪70年代末，跨国公司已有1万多家，在全世界拥有4万多家子公司；1996年发展到44 508家，分布在全球的附属企业达276 659家；而1998年底更增至6万家，它们在全球建有分支机构50多万家。这些跨国公司的经济实力巨大：占世界GDP的40%，国际贸易的60%，国际技术贸易的60%～70%，对外直接投资的90%，基本上左右着世界经济。值得注意的是，跨国公司的国际化生产远比其国际贸易重要，这意味着对所在国经济支配的能力与经济渗透的深度在逐渐加强。1998年，跨国公司国际化生产销售已获得了11万亿美元的业绩，而当年世界出口额仅7万亿美元，由此可见一斑。

（3）生产要素全球配置，其核心问题即金融全球化。国际资本的全球流动，需要以国际货币作为支付、结算甚至是投资投机的工具，金融自由流动成为国际生产要素配置的关键。全球跨国直接投资一直在快速发展，根据联合国的统计，1970年的直接投资额仅400亿美元，80年代末只有1 700亿美元，而在1995年跃增到3 150亿美元，比1994年剧增了40%；到1999年，竟高达8 000亿美元，比1998年增加了25%。其中发达国家占6 000多亿，发展中国家也达到1 660亿美元。金融全球化的另一个突出特征是游资数额巨大，不少于7.2万亿美元，每天流动量为1.5万亿~2万亿美元。1980年全球金融资本的交易量为5万亿美元，1992年达到35万亿美元，2000年达到83万亿美元。在这些巨额流动资金中只有20%与贸易或生产投资有关，其余80%都是在全球金融市场中寻找短期利益，实质上就是投机买卖，这表明金融全球化中存在着许多严重的不规范行为。金融全球化还有一个特征就是金融衍生工具及其交易遍及全球，构成游资流动的一个重要途径。

（4）技术全球化。技术转让与贸易达到了空前水平。即使像美国、德国这样科技发达的国家，每年的进口技术也是巨大的，美国在50%以上，德国高达62%。至于发展中国家对技术进口的依赖更是不可或缺。技术全球化，从企业来看，一个突出的趋势是技术开发和科研机构在全球范围内设置，哪里有最合适的技术力量，哪里最贴近市场，就在哪里设置。这与传统的跨国公司研究与发展中心永远设在本国是完全不同的，成为全球企业的一个重要特征。

跨国技术研究与开发

著名的IBM公司除在美国本土从事研究开发外，还在许多国家设立了技术开发中心。它在瑞士的基础研究中心，历史悠久、卓负盛名。几年前，该中心物理学家因在高温超导方面取得突破而获得诺贝尔物理学奖，在全球刮起一阵“高温超导热”。诺基亚公司在12个国家建有研究开发中心。从国家角度分析，日本企业从1986年至1990年在海外设立的研究开发机构增加了86.8%，90年代以后更是有增无减，其在欧洲的研究开发机构从1990年的70家增至1994年的250家，在美国的研究开发机构在1993年达141家。美国的情况更为突出，至1994年底，在日本、英国、德国、法国、荷兰、韩国、瑞士、瑞典等国300多家公司设立了研究开发机构645家。1994年以来，加拿大北方电信、IBM、英特尔、太阳微、宝洁、杜邦、诺基亚、爱立信、松下等知名公司都相继在中国成立研究中心、技术开发中心或实验室。微软公司1998年底在北京中关村成立了微软中国研究院，计划规模为100人左右。当然，某些西方发达国家对发展中国家实行技术封锁和限制，致使技术全球化潮流出现暗流。

（5）劳动力全球化。劳动力在全球流动是战后突出现象。如瑞士的外籍劳工已占总人口的1/6以上；澳大利亚的外来劳工更占全部劳力的25%；法国企业雇用国外人员占本土工业就业人员的1/3，而本土工作人员中又有1/4在外国的企业中工作。根据联合国国际劳工组织的数据，全世界约有1.3亿人在国外工作，还不包括没有记录的流动人口，估计为1 000万~1 500万。这些劳动力来自55个国家，在大约67个国家寻找工作。由此可见，劳动力全球化惊人的规模与速度，是人类历史上所没有的。但是，也应该指出，一些发达国家对劳动力全球化采取了种种不公平的政策，一方面大量吸收发展中国家的高科技、高素质人才，另一方面又限制发展中国家普通劳动力的流入，从而使世界经济发展两极分化的倾向不断加剧，影响了经济全球化的健康发展。

（6）区域经济一体化发展迅猛，发展中国家的传统小生产、自给自足的自然经济不断解体，传统农业社会的观念随着工业化和经济全球化进程发生极大的改变。企业依靠市场分工协作创造出无穷无尽的生产力，同时又在市场激烈的竞争中求得生存与发展。要在市场中生存与发展必须具备竞争力，最基本的措施就是创新产品、提高产品质量和降低成本。这些都要求科学技术进步。不断发展的社会化大生产要求不断扩大市场，科技进步、科技革命与科学管理又为不断扩大市场提供了新的可能，最终，从20世纪80年代开始进入了经济全球化的时代。

（7）世界性经济组织如世界货币组织、世界贸易组织、世界银行等的作用日益突出，是经济全球化引人注目的特征。经济全球化的未来发展前景，如果从企业的角度来看，现代企业经历了不同的时代，各时代的企业的基本特征如下：全部资源在一国市场内配置，产品也在一国市场内销售的国内公司；产品向国际市场销售、部分原材料也是作为商品取自国际市场的国际公司；多个国家企业之间生产要素的有限合作的多国公司；生产要素不断扩大并在众多国家之间配置的跨国公司；生产要素、所有权和经营领导人员全球化配置的全球公司。

经济全球化标志着在世界范围内建成了最先进的生产方式。一是全球资源可以得到最有效、最合理的优化配置。不仅在全球范围内有效地分工协作，产生新的巨大生产力，而且资源的合理配置使全球经济可持续发展成为可能。二是全球公司的生产要素在全球范围内得到最优化的配置，从而可以开发最先进的产品，得到最经济的成本和最贴近的市场，从而具有最大的竞争力。三是个人可以在全球范围内接受教育和信息，在全球范围内竞争，从而最大限度地开发个人的潜能，充分发挥个性、实现自我。四是人们可以得到来自全球的最先进、价格最合理的物质生活和精神文化需求，同时还可以自由选择最适合自己个性的生活方式。

经济全球化带来了空前发达的生产力，其效益为全球所共享，即使是经济落后的发展中国家也会从中得到利益。发展中国家可以利用经济全球化的机遇，通过对外开放、吸收外国资金、技术和管理经验，不断优化自己的产业结构和出口商品结构等，发展自己的经济，增强自己的国际竞争力。根据哈佛大学国际发展研究院杰弗里·萨赫（Jeffrey Sach）的研究，20 世纪 70 年代至 90 年代，开放国家的年平均经济增长率比封闭国家高 3%。根据联合国的统计，“二战”后，发展中国家工业制品在出口总量中的比例不断增长。如 1980 年为 56%，1990 年上升到 73.3%，1994 年又上升到 77.7%。发展中国家的工业品出口增长表明经济全球化推动了发展中国家生产力的提高。

经济全球化促进了全球公司的成长，而全球公司所有制形态特别是股份高度分散的公众公司的出现，又成为经济全球化的社会基础。全球公司为数以千万计的世界各国人民所共有，可以说是具有无可争辩的全民共有性质。经济全球化的推动力在于知识经济、信息经济的成长。知识与信息在本质上无法私有，私人垄断就失去了其存在的价值。全球知识与信息所产生的效益将进一步推动更有效、更切实际的按劳分配。

总之，经济全球化使各国企业、各国经济融合度更高，世界各国的交往更为密切，生产要素的自由流动最终形成“你中有我、我中有你”的格局，“一损俱损、一荣俱荣”则成为世界上所有国家都必须面临的问题，这就为争取世界和平与发展提供了新的经济社会基础。

二、学习要点与学习方法

经济全球化是国际贸易、国际金融、国际投资相互作用的结果。西方发达国家在前期经济格局中，尤其是在第二次世界大战后所形成的对美国有利的经济格局，使西方发达国家占据经济、科技制高点。在这样的情况下，学习和研究经济全球化问题，需要作较为深入的思考。

（1）世界各国经济学界对于经济全球化的认识，由于所处的地位和研究的经济问题不同，对经济究竟怎样实现全球化，是否可以实现全球化，经济全球化究竟对谁有利，从经济全球化中获得的利益怎样在参与国之间进行公平、合理地分配等问题，都没有得到解决。而

充分地认识实现经济全球化各国政府、企业究竟应该做些什么、怎样做，才是经济全球化学习与研究的根本任务。

（2）世界经济格局究竟是怎样形成的，在强国和弱国之间，其态势能否改变，发展中国家经济能否崛起，作为具有地缘优势和悠久历史的国家能否实现复兴。此外，经济全球化正在改变着民族国家“主权”的传统概念，这不论对发展中国家还是经济发达国家都是一样的。一系列国际经济组织的建立，就意味着民族国家传统的“主权”在被削弱。如参加WTO，最后全世界实现零关税，大家的海关主权就都结束了。

（3）跨国公司向全球公司方向发展，其本身是对传统的“民族工业”的一种挑战。这种挑战，对发展中国家而言，将意味着没有竞争力的“民族工业”的破产。对经济发达国家又意味着什么呢？全球公司是一个超越国家主权和民族的经济实体，全球公司能够为世界各国政府和企业所容忍吗？全球公司在渗透到所在国经济的过程中，如果遇到强烈的抵抗，该公司就很难实现“本土化”，其本土业务则难以在所在国生根与发展，长此以往，全球公司能够获得发展机会吗？换句话说，全球公司本土化，则意味着经营权乃至所有权向该所在国转移，全球公司在此种情况下仍能经营下去吗？跨国公司如果不向全球公司发展，必将在经济全球化的大潮中逐渐失去国际竞争力；而跨国公司向全球公司发展，就意味着改变传统的“民族工业”性质。发展中国家的大企业进行海外扩张活动，最终能否成为全球企业，值得关注。

（4）有些国家打着经济全球化的旗号，实际上是对发展中国家进行经济渗透，以求得对该国经济政治社会的控制，进而掠夺其资源。在这样的情况下，富国与穷国的差距会拉大。据联合国有关统计资料，富国与穷国人均收入的比例，1960年是30∶1，1990年增加到60∶1，目前扩大到74∶1。如此发展下去，其后果将是什么呢？发展中国家更加贫穷的结果，将是更无能力购买发达国家的技术和产品，发达国家也就失去了广大的市场，反过来必将制约发达国家自己的经济发展，乃至生产过剩而出现经济危机。更为严重的是，如果全球贫富差距达到难以容忍的程度，必然导致全球范围内越来越激烈的阶级斗争，此起彼伏的动乱和战争，将成为全球冲突的主要形式。

（5）经济全球化是因信息经济、知识经济、新经济的出现而成长起来的。发达国家从世界范围内吸收知识精英，而生产和服务业则依赖于发展中国家的人力资源。知识与技术阶层的移民、国际教育的发展历来对发达国家有利，而大量社会精英云集，导致发达国家社会阶层分化严重，况且金融经济促使金融服务业收入激增，导致社会财富分配严重不公，于是经济发达国家内部诸如种族、文化以及贫富等矛盾也将越来越激化。发达国家屡屡发生大规模劳工示威游行，本身就说明了社会问题的严重性。在发展中国家，随着经济全球化的进入，社会也出现分化现象，贫富差距拉大，而在经济全球化条件下究竟怎样使市场经济机制发挥作用，则是需要认真思考的。

本课程的基本学习方法如下：

（1）明确学习目的和学术目标。最行之有效的方法是能够带着问题进行学习，并学会从经济全球化角度观察世界经济变动，同时对世界经济变动提出相应的解决方案。

（2）学习世界经济理论与方法，并通过课堂讲授、分组讨论和课后阅读思考，提高从经济全球化的角度观察世界经济问题的能力。

（3）经济全球化涉及范围广、问题多，有些综合问题如气候变暖、地震对世界经济的影响等问题，需要从综合研究的角度进行分析，注意世界政治经济及突发性事件对全球政治经济的影响，提高分析世界性难题的能力。

（4）学习运用经济学学科概念、基本原理解决世界经济问题，并注意运用经济学与其他相关学科如政治学、社会学、管理学、文化学的基础理论，分析经济全球化相关问题。在拓展学习部分，根据阅读材料内容，运用基本原理对该问题进行分析。本课程提供了有关国际贸易、国际金融、国际投资及经济全球化的案例和拓展学习资料，可提高学生综合分析和解决实际问题的能力。

（5）阅读经济学经典著作，尤其是关于经济全球化的学术与理论著作。在阅读过程中，尽量选择中外学者的学术著作，并能从比较学的角度注意研究者因不同的学术角度和研究视角而形成的不同观点。读书的过程也是学术观点和理论形成的过程，要在此过程中做好读书笔记，并尽可能多听相关学术讲座，以集中思考一两个问题作为突破口，尽快掌握国际经济课程学习的要领。

学习和开展学术研究的基本步骤是：第一，通过相关网站查阅期刊论文，选择你感兴趣的问题，撰写该问题的学术研究综述，通过学术史的整理，了解该问题的学术前沿问题，并就该问题查阅相关论文，为今后开展对此问题的研究做学术准备，增加学术积累。第二，整理前人研究成果中关于某一问题的主要观点，通过查阅相关资料，判断其观点的准确性，同时提出个人看法。第三，为自己的看法寻找理论和现实依据，注意数据和文献的逻辑关系，为分析论据做准备。第四，按照学术论文的学术规范完成论文。

本课程要求学生能够运用国际经济学的基本理论方法撰写读书报告及课程论文，完成课程论文的过程中必须经过个人独立查阅资料、提出观点、分组讨论、个人撰写论文四个阶段，并将其课程论文作为学术性研究报告在课堂上交流、演讲，回答问题，并对其他同学的论文进行提问与评论。

拓展学习

跨国公司实际上是全球公司

著名的ABB公司是由一家瑞士公司和一家瑞典公司合并而成的，而公司的工作语言却是英语，财务报表以美元为单位。它在全世界几十个国家建立生产基地，拥有数以万计的职工，但是设在瑞士的总部仅有200多人。日本马自达汽车公司的玛雅塔敞篷车，车型在美国加利福尼亚州设计，样车在英国制造，主要零部件在日本采购，在墨西哥组装，主要在美国销售。这些公司很难说是哪个国家的跨国公司，而成为真正的全球公司。特别是20世纪90年代以来，企业兼并浪潮一浪高过一浪。这种大规模的兼并，使全球公司得到更进一步的发展。据统计，美国跨国股份交易毛额在1980年只有930亿美元，而到1999年时，已经超过15 000亿美元。除了兼并、股权交易之外，跨国公司之间的各种形式的联合和联盟，也在近十多年内飞速发展，一个突出的例子是美国甲骨文公司自称与世界1.2万家公司联合。这种广泛的联合和联盟，也是全球公司成长的一种形式。随着网络经济的崛起，“虚拟公司”的诞生又为全球公司开拓了全新的发展前景。

问题与讨论

1. 在经济全球化的进程中，跨国公司成长迅速，并且向全球扩张，成为经济全球化的重要标志之一。结合以上案例，在经济全球化课程学习中，通过查阅网络资料，增加对跨国公司的了解，并就跨国公司的全球经营方式进行归纳总结。

2. 阅读以上案例，并通过其他跨国经营案例，说明跨国公司在经营与管理方面制定海外的生存与发展战略的重要性，并模拟某跨国公司制定一份海外发展战略书。

3. 简述国际公司与国际组织的概念、性质、组织行为的异同，并举例说明在中国的国际公司、国际组织的有关情况。

分组讨论

1. 从表面上看，军备竞赛和战争是国际军事和国际政治关系问题，但从经济全球化的角度分析，各国在军事装备采购方面，却直接关系到国与国之间双边贸易的产生，而军事装备和军事技术贸易活动对于武器装备生产国来说，也带动着经济增长。请从全球核装备采购的角度分析有核与无核国家的经济技术贸易关系。

2. 气候变化和自然灾害与经济增长的关系始终是各国政府需要认真考虑的大问题。请根据近年来随着全球气候变暖所出现的灾害，举例说明气候变化与灾害同经济全球化的关系。

3. 经济全球化促使教育国际化，这已成为世界各国高等教育的普遍现象。出国留学与吸收外国留学生成为我国教育经济发展及高等教育国际化的重要标志之一。请以教育国际化为题，对我国高等教育改革提出自己的建议和设想。

阅读与研习

1. 阅读国际经济学相关教材和学术著作，思考究竟应以什么方法提高对世界经济现象和经济问题复杂性认识的能力，并根据自己阅读与研习的进度，重点思考国际贸易发展与国际金融变动的关系问题。

2. 在经济全球化条件下，国际贸易的顺差与逆差，对一国经济究竟会产生什么影响？决定一国经济增长的主要因素是什么？

3. 经济全球化导致发展中国家实行改革开放的政策，这对于发展中国家和发达国家分别有什么利弊得失？有些发展中国家认为经济全球化对国家经济和人民生活没有什么好处，反而会更加贫困化，并表示强烈反对经济全球化。对此观点，你是否赞同，如有不同意见，对此该作何评价？

思考题

1. 经济全球化对国际政治、外交、军事、国际竞争、交流与合作有什么影响？

2. 学习经济全球化，首先要从国际经济与政治关系的角度去理解，这种说法对吗？

3. 国际贸易基本理论中国际分工、比较优势理论的价值和现代意义是什么？怎样运用国际贸易基本理论解释现代企业生产与国际货物进出口贸易的关系？

4. 从国际关系及国际问题研究的学科角度，思考21世纪初大国政治与外交的变化趋势，尤其是中国在国际政治舞台上的地位提升对国际政治关系的影响。

作业题

1. 经济全球化的概念与基本原理是什么？

2. 根据国际金融基本理论说明美国金融危机对世界经济的影响。

3. 运用国际投资的直接投资理论解说我国对外招商引资的意义、作用、影响及局限性。

第二章

经济全球化与世界经济格局变动

由于经济全球化进程的加速，无论是发达国家还是发展中国家都已经十分清楚经济全球化的存在与影响，而怎样从经济全球化的角度去观察世界，并能不失时机地跟上经济全球化步伐而不至于被淘汰，则是世界各国政府需要思考的新课题。

第一节　战后国际经济格局的形成

第二次世界大战的结束意味着新的国际秩序的形成。但国际政治经济格局，却是以以苏联为首的社会主义阵营和以美国为首的资本主义阵营两大阵营的对峙为标志。

一、冷战前后的世界政治经济格局

由于战后联合国、国际货币基金组织、世界银行等国际组织的成立，西方国家对全球政治经济的控制力越来越强，而布雷顿森林体系将美元作为国际货币结算、支付、储备工具，就进一步将国际经济的命脉掌握在美国手中。在地区关系上，除西欧国家为英、法、美控制外，美国还独占日本战略目标的实现，确保了美国在亚太地区的实际控制地位；朝鲜半岛以三八线为界，南部成立的韩国实际上是美国军事政治势力控制区，北部朝鲜为苏联所控制。这样的基本格局，成为战后相当长时期对西方发达国家极为有利的国际政治经济格局。

当然，这一格局的打破，其根本原因在于美国经济的下滑与其整体地位的下降，同时与苏联所面临的危机有直接关系。

20 世纪 70 年代前的冷战时期，美苏两个超级大国在意识形态、政治、军事上的对峙，也使其经济上实行封锁、制裁的政策。直到苏联解体，美苏冷战才宣告结束。当然，尽管政治、军事上的对峙已不复存在，但冷战时期的意识形态的影响和思维习惯却需要相当长的时间才能最终改变，这一点，即便到今天，仍然是两国关系正常化的主要障碍。

1 美国冷战后的全球战略调整

客观地讲，冷战结束后，由于美国 70 年代对外政策的大调整，美国的亚太战略也在此大框架下有所改变。70 年代初，国际环境促使美国改变了采取军事手段的强硬对抗政策，而更多的是运用经济及外交手段作为处理国际关系问题的政策核心，从全面干预转向有效控制，正如尼克松后来所总结的那样："如果我们给予他们以经济上的支持，以帮助他们实现稳定，并以援助和忠告的形式给予他们军事上的支持以对付要给他们造成混乱的势力，那么我们就是撒播民主的种子。"由此可见，以西方民主、自由的价值观作为美国全球战略核心，其基本手段就是向包括发展中国家在内的所谓"社会主义阵营"的国家提供经济援助，其中包括跟随美国全球战略的国际组织、跨国公司的全球性经济渗透活动，这些也成为经济全球化的重要内容。

在意识形态外衣掩盖下的国家利益的根本冲突是美苏在亚太争夺中陷入困境的根本原因，尽管美国在亚太的扩张态势有所收敛，并与苏联达成诸多核协定，但是在霸权利益的争夺中，在核竞赛的跑道上，谁都不愿“坚守同盟”受条约掣肘，更不可能有哪一方主动承担限核条约所规定的义务或停止对地缘边界的争夺，这样就只有一种结果：一面进行核谈判，一面加紧扩张步伐，最终达到所谓“核恐怖平衡”下的世界和平。对美国而言，打破困境和僵局从而获得控制东亚、东南亚第三世界的地缘战略优势，关键在于把握亚太地区正在变化中的各种因素，使其向有利于巩固美国战略优势的方向发展。尼克松政府认识到了对变化的局势所采取的维持地区战略优势手段的革新的必要性。斯卡拉皮诺（Robert A. Scalapino）的看法是：“对外政策的依据仍将包括经济、政治、军事的成分，要根据特定的局势、特定的时间加以混合运用，所以只强调任何单一关系、单一手段就是错误地理解我们时代的性质。”经济力量以更为多样化的方式参与到外交政治斗争中显得尤为重要。美国以远远超过苏联的经济优势作为亚太地区军事安全体系的润滑剂，其中包括各种形式的经济援助、军务贷款等。但更重要的是能够培育出互利的、长期的、稳固的贸易制度和私人投资的体系，以促进亚太地区经济发展和社会稳定，彻底消除苏联在亚洲特别是东南亚地区日益增强的影响力。这就是经济全球化时代初始时期美国的亚太战略。

在拉尔夫·克劳夫看来，共产主义阵营的分裂，使得美国至少在亚太地区拥有明显的安全战略优势。但中国不能也不可能成为美国在亚太地区的可靠盟友，更何况在此期间中国陷于对苏冲突中。从美国的角度分析，争取中国对美国确立在亚太地区的实际控制权则是美国对华战略需要解决的重大问题。美国基辛格传奇般的北京之旅和美国乒乓球队应邀顺访中国的特殊形式，成为既打破坚冰又顾及根本立场分歧的中美双方接触的最好途径。1971 年 6 月 10 日，美国宣布结束了 21 年的中美贸易禁运，一份长长的对华非战略物资的出口许可清单表明美国废除了自新中国成立后的进口中国货物的限制。1972 年《中美联合公报》发布，中国同意与美国恢复贸易关系。整个 70 年代两国的贸易关系急剧升温。当然，美国对中国的贸易并不仅仅是策略选择，这正如阿·多克·巴尼特（A. Doak Barnett）分析的那样：“取消旧贸易限制的真正意义，更多的是在政治方面而不是在经济方面，如近几年来取消禁运本身就是这样。在贸易发展的情况下，双方都会得到经济实惠，但更为重要的是，修改贸易政策是建立较为正常的全面关系的一种象征和步骤。”

① “二战”与美国的国际地位

美式资本主义崭露头角是在“二战”以后，IBM、福特和麦当劳开始向海外发展，但开始时它们往往与本地公司融为一体。伦敦商学院全球战略管理系教授朱利安·伯金萧（Julian Birkinshaw）说：“60 年代，很多英国人都以为他们看到的福特公司是家英国公司，直到柏林墙倒塌和日本经济神话破灭才最终确立美式资本主义这一强大的地位。”美国新经济的诞生促使外国投资者蜂拥进入美国资本市场，同时他们自己也开始身体力行美国的商业模式。人们都记得德国商业银行主席克劳斯·皮特·穆勒（Klaus Peter Muller）在就职演说中说：“如果我执掌的不是一家美国式银行，那现在就该把我免职。”印度最大的公司塔塔集团全面引进美式激励制度，在过去 10 年中成长为全球最重要的钢铁制造商之一。在像英荷皇家壳牌这样具有典型欧洲传统的公司里，美国企业文化也扎下根来，壳牌公司所有的办公室隔墙都被换成了透明玻璃，同时公司也开始鼓励意见的多元化。从教育角度也许更能反映美式资本主义的胜利，无论是欧洲、日本、中国还是印度，在培养下一代商业人才的商学院里，一半以上的教授都曾在美国接受教育。在美国最著名的哈佛大学和沃顿商学院，外国留学生人数已经占全部学生的1/3。

在美国早期的全球战略中，对亚洲地区的控制主要体现在朝鲜战争，标志其开始与苏联相抗衡，以谋求美国在太平洋地区的势力范围控制权。

②越战与美国的难题

1964 年，美国出于对亚洲地区进行控制的考虑而发动越南战争，从而陷入干涉战争的泥潭，严重破坏了美国经济的健康发展和国家财政预算支出的平衡，直接导致美国核力量停滞不前，危及欧洲和中东利益的安全。直至 1973 年越战失败，美国人才开始明白自“二战”以来美国精心建立的亚太军事安全体系难以为继，调整势在必行。

越战刚一爆发，军事预算就开始急剧上升。持续十余年的战争，使美国财政负担沉重。1965 年越战升级时，用于越战的直接军事开支达 1.03 亿美元，至 1966 年即达 58.12 亿美元，1967 年猛增为 201.33 亿美元，1968 年为 270 亿美元，1969 年达到 288.12 亿美元，1970 年随着缓和政策的出台，这一数字下降至 250 亿美元；国防消费亦由 1965 年的 512 亿美元上升到 1968 年的 807 亿美元，其战争规模之大，远远超过了朝鲜战争。

美国在越战中的巨额军事投入，造成美国人力、物力和财政严重的结构性缺陷。事实上，美国远涉重洋对越作战，就是要与苏联争夺在东南亚地区的控制权。但美国很快就发现，美苏两国介入越战的方式，至少从战争一开始就决定了双方物质代价的差距和成效。美军逐步陷入地面战争中，战斗人员从 1965 年的 268.7 万人增至 1968 年的 354.7 万人。据肯尼迪及约翰逊时代的美国国防部部长麦克纳马拉估算，仅 1966 年 2 月美军在南越的空运费用就已达 3 年朝鲜战争月平均量的 2.5 倍。据《美国新闻与世界报道》的统计，1968 年 3 月前，美国在越南战场损失的飞机和直升机的价值比朝鲜战争同一指标高出 4 倍。相反，苏联只投入一定规模的资金和技术援助，却迫使美国最终陷入两难境地。美国国际问题专家丹·考德尔（Dan Caldwell）认为：“从严格的经济观点来看，苏联的投资是有意义的。在战争的高潮期间，苏联每年大约向北越人运送价值 10 亿美元的装备，而美国为了支持这场战争每年的支出却达 200 亿至 250 亿美元。”

③美国模式

在冷战后期，美国坚信他们为全球化所作的贡献不仅仅是资本与技术，还有一整套商业模式和价值理念。20 世纪 90 年代，美国人在埋头开拓全球市场的同时，还积极在全球尤其是在正实行开放的国家推广美国的公司治理制度，其中包括对亚洲国家提出的放弃裙带资本主义及规劝欧洲公司将股东利益放在首位等政治经济活动。其结果正如 1992 年普利策奖获得者、剑桥能源研究所主席丹尼尔·叶尔金（Daniel Yergin）在《商业周刊》所描述的那样：“‘9·11’之后发生的一切，严重地削弱了美国在全球的经济地位。我们的商业模式曾被认为是最具效率的，并为世界广泛接受，但看看现在德国电信和维旺迪的情况，就会知道美国模式并非灵丹妙药。过去我们常说美国最重要的出口产品是严格的会计审计制度，现在谁还敢这么说？我还记得几年前遇到的欧洲大公司老板都乐于被烙上美式 CEO 的印记，但现在没有哪个欧洲老板愿意被人称为美式 CEO。”这虽然是后话，但也从一个侧面说明了美国在经济全球化早期向发展中国家推销其商业模式，是其全球战略的重要组成部分，而从美国对全球市场的拓展方面来看，还能反映其经济全球化战略的历史演变过程。

对美国商业模式的质疑主要来自欧洲。大众汽车公司的 CEO 费丁南德·皮奇

（Ferdinand Piech）坚决反对仿效美国企业将股东权益置于至高无上的地位的做法，他认为顾客和员工与股东利益同样重要。为了抵制股票增值的压力，皮奇拥有的家族企业保时捷公司也从德国指数股中退出。伦敦股票交易所也拒绝了上市公司按美国模式必须每季度公布财政报告的做法，并认为每半年公布一次财政报告有利于企业的长远发展。有人问伦敦交易所为什么不采取通行的美式做法，伦敦交易所发言人贾明·史密斯（Jamin Smith）说："因为这里是英国，我们自己有一套行之有效的商业模式。"在亚洲，一向旗帜鲜明地抵制美式全球化的马来西亚总理马哈蒂尔在"全球化国际大会"上指出，全球化对于发展中国家来说应当只是实现经济发展的工具，而不应成为最终目标，在利用全球化工具实现国家发展的过程中，每个国家都应当有适合自身特点的一套模式。他特别强调，绝对的市场体系对人类是一大威胁，不受理性和公正支配的绝对全球化将可能造成全世界最大的危害。对美国式的经济全球化及商业模式的怀疑态度，正如瑞银华宝公司副主席肯·科斯塔（Ken Costa）所说，自美国"9·11"事件后，"无论是在美国还是在其他国家，人们突然发现美国商业模式以往忽视的一些软因素其实举足轻重，美式资本主义的精髓要想继续为人们所称道和吸取，就必须在制度上有所改变，特别是一切只围绕业绩报表的做法。"但事实上，美国模式的失落，并不仅仅是业绩的财务报表那么简单，而是更多的国家开始怀疑过去长期所信任的美国式道路是否行得通的问题，人们对长期认为是行之有效的美国的理念和做法已开始失去信任。当然，这也包括美国人自己。而近年爆发的由美国次贷引发的全球金融危机，更加深了全世界各国政府和企业对美国模式的不信任感。

二、亚太地区的经济格局

20 世纪 70 年代是美国全球战略的重大调整时期，即迫于国力下降和核优势萎缩而在对苏冷战中采取"缓和"（detente）战略。1964 年至 1973 年的越南战争是导致尼克松政府"缓和战略"出台的直接原因，因此亚太地区也就成为该战略实施的最前沿。

一般认为，尼克松政府从越南和东南亚大规模裁撤武装力量标志着冷战中苏联优势时代的到来。尼克松政府在亚太地区实施"缓和"战略的实质是：在谋求地区政治均势、地区合作和恢复核平衡的基础上，从以全方位、微观的军事力量维系为重心转向多种手段并用，尤其是以增强经济手段的运用和调动资本主义世界整体经济力量加强渗透为主的灵活的地区战略。

对美国而言，亚太地区因位居"自由世界"的前沿位置而具有格外重要的战略价值。20 世纪 60 年代末 70 年代初，迫于国力下降和核优势的丧失，新上台的尼克松政府开始修改其亚太战略体系。1969 年 7 月 25 日尼克松发表了著名的关岛演说；同年 11 月 3 日，他在对全国所作的广播电视演说中，更明确地表述了美国未来对亚洲政策的纲领性原则，从而奠定了"尼克松主义"的基调。正如 70 年代布鲁金斯学会（The Brookings Institution）的著名学者约翰·N. 克劳夫（John N. Clough）在谈到美国对马来西亚的政策时所说："美国可以通过接受贸易和经济援助政策来提供长期援助，那些政策将有助于（马来西亚）经济的迅速发展，经济发展对于马来西亚政府成功地创建一个统一的社会来说是基本的条件。但外来者不能做得太多来帮助马来西亚政府对付那些增长了的各国共有的压力或者其国内的共产主义叛乱。"这实际上也是冷战后美国在世界各地的基本政策。不过，随着美国对海外日益加大的拓展力度，致使国内经济危机出现频率加快、国际收支状况恶化、财政负担过重，最终导致了霸权成本的严重透支，美国的军事和经济实力迅速下降。当美国开始走下坡路的时候，苏联也因其坚持霸主地位而导致经济开始大幅度倒退，但是美苏之间经济、军事、科技等力量相比较，美国的实力仍远远超过苏联。当然，由于70年代前“冷战”格局的延续，在资本主义世界共同反苏的背景之下，美国仍然能够调动其整体经济力量获得地缘比较战略优势。因此，尼克松主义实际上成为美国的亚太战略乃至全球战略的新国际战略学基础理论。在核均势条件下，美国对全球的新战略更多的是以经济制度和经济增长方式的塑造和渗透为中心的新扩张主义。在这样的背景下，跨国公司的全球性渗透就自然而然地成为美国“经济外交”的前沿。

越南战争不断升级使美国财政状况恶化，这已是20世纪60年代后期不言而喻的事，面临日趋严重的通货膨胀，美国军事预算的实际增长成为美国巨大的负担。1969年，新上台的尼克松政府即开始寻求将越南战争从美国化向“越南化”（Vietnamization）转变，即在美国的军事援助下依靠南越政府继续维持战争。“越南化”政策的实质，改变了美国在亚洲地区各种援助和经济介入的性质和基本结构，一方面是大幅度地降低维持霸权的经济、人员成本；另一方面也促使美国的战略手段朝多样化及更具实效性的方向迈进。美国计划，在越南战场要实现既使美军能体面地撤退以减少不必要的损耗，又能维持较合理的投入来保证对这一战略区域的有效控制的战略目标。而这一计划的实施，美国首先考虑的是通过防务本地化来提高美援的利用率，更进一步说，尼克松政府的战略意图，一是“越南化”的实现；二是通过“越南化”策略对越南地区经济施加影响，进而将其纳入整体的安全战略转型之中。这就是美国“尽管在‘越南化’的进程当中纯粹的军事目的的花费预计可能会实质性地减少，但仍将需要增加一些以经济发展为目的的费用”的真正用心。

20世纪70年代，美国的国民经济结构严重军事化，导致国民经济结构性危机日益加剧。由于越南战争的需要，美国国民经济结构以军事工业生产为主体，并占用了绝大部分优质的物力、财力和人力，而在此期间美国投入研究与发展的资金，至少有半数以上是用于军事目的，这就严重减缓了民用经济的创造能力和技术进步。从财政角度看，大量军事开支是造成美国预算长期赤字的主要原因，也导致了公共债务增加和国际收支的巨大逆差。国民经济结构性失衡，造成民用企业发展受到严重限制，技术转换升级慢，国际竞争能力日渐下降。按美国经济学家博尔丁的说法：“美国国防部使美国在经济上受到了很大的损害。它使国内消费减少了大约15%，把用于生产的资源投进竞争性武器系统以及空间技术的老鼠洞里，使每年的经济增长率可能要降低多达2%。”蓝辛就业研究会的研究报告也指出，每年10亿美元用于军费实际上要比用于私人企业净减9 000份工作，比用于地方政府减少35 000份工作。军费开支使整个经济在1977年和1978年浪费了100多万份工作。同时，政府利用军费杠杆对付经济周期也使国民经济陷入动荡之中。一旦军费压缩，各大垄断集团便立即缩减生产规模，一时间，“工人同受雇时一样快地被解雇了”，经济很快跌入谷底。随着这些波动，社会经历着贫困—富裕—贫困的周期。曾任美国经济委员会主席的著名经济学家维克多·佩洛（Victor Perlo）对此评价道：“为了对抗周期而操纵军费开支的措施所产生的稳定作用，不足以弥补战争或武器配备所引起的军费波动的不稳定作用，因此其结果是经济的军事化增加了周期性的不稳定局面。”

如果说美国力图维系世界霸权，当然并不仅限于越南问题。但战争导致美国国民经济军事化的直接后果，则是美国财政状况的迅速恶化及经济衰退，这就从一定程度上妨碍了美国全球战略的进一步推行，其最终结果则是使美国核力量的发展严重滞后。到20世纪70年代初，苏联的核力量已大大超过美国。1962年，古巴导弹危机时，美、苏洲际导弹之比为

424：100；到《美苏关于进攻性战略武器的联合声明》签订时，美、苏洲际导弹之比已为 1 054：1 075。实际上，从 1964 年至 1969 年，美国用于越战以外的军事开支只增加了 5 亿美元。美国核打击实力的减弱，其根本原因在于越南战争的拖累，这一点，美国的政治家和社会精英是很清楚的。

三、日本的复兴

“二战”后期，美国成功地独占日本，这与美国的核打击是分不开的。随着朝鲜战争的发展，美国深信要在远东地区对付苏联和中国，日本是美国安全战略的一枚重要棋子。在美国的全球战略中，扶持战后日本经济的恢复，则成为美国对日政策的核心内容。在美国的援助下，日本经济迅速崛起，20 世纪 70 年代，日本对苏联、中国及东南亚诸国的经济外交，在很大程度上填补了由于美国军事力量在东亚退居幕后而出现的安全真空。对美国而言，调动资本主义世界整体的经济力量对抗和牵制苏联的扩张，是 20 世纪 50 年代至 70 年代西方资本主义阵营的“冷战”思维模式，而其内部各国政治、经济、军事力量的结构及其重组，也是为以美国为核心的资本主义世界安全结构所作的调整。其战略意义在亚太地区表现得尤为明显。复兴后的日本承担一定的防务报偿，并充当以美国为首的西方各国经济外交的先锋，这不仅表现在冷战初期，而且在从战后废墟中恢复经济时期的外交基调也是如此，即日本要在美国的军事安全体系保护下，大力发展民间商贸往来并施以大量的政府援助，以恢复日本的政治地位。1965 年，佐藤内阁开始将日本对亚洲进行经济外交定为日本的外交基调，日本开始从美国的保护下走向亚洲。1966 年 6 月，日本加入亚洲太平洋理事会（ASPAC），同年 11 月，亚洲开发银行创立，日本与美国并列成为最大的出资国，并由日本人出任总裁。在 20 世纪 70 年代，日本的海外贷款、投资和援助项目中，东亚及东南亚国家成为日本的投资与援助国。1980 年，日本最大的 15 个受援国中，有 10 个国家为东亚及东南亚国家，这些国家是日本战后经济发展的主要原材料产地、出口市场及产业升级、技术转移的主要依托国，而这些国家又恰恰与美国在东亚的冷战遏制线重合，这不能不认为美国与日本在经济外交方面始终保持高度的一致性，虽然不能说美国与日本的战略企图完全一致，但其对外扩张和战略控制的用心和出发点却没有两样。尽管在日本成为经济强国后引发美日贸易摩擦不断升级，双方也在冲绳美国驻军问题上争吵不休，但在亚太战略合作的基本问题方面，从美国高层到日本领导层都认为应保持并首先巩固美日联盟，并发挥日本在安全结构重组中的更大作用。这说明美国和日本关系的重新塑造，恰恰反映出美国以崛起的日本经济力量作为配合美国同苏联这样的大国从对抗走向谈判转变过程中的基本力量。

从亚洲地缘政治角度来分析，中国与苏联的分裂，实际上提升了日本作为亚洲地区经济大国的战略地位。而美国与日本的联盟，反过来又迫使中苏两个大国不断地争夺与日本交往可能带来的经济机会和有利的政治格局，这就不得不谋求与日本改善关系，从而达到缓和地区紧张局势的目的，这又进一步促进了中、苏、美、日多极地缘政治格局的形成。

①印度的崛起

印度作为亚洲经济发展的重要力量，因在地缘政治中是中国的重要近邻，更由于 20 世纪 60 年代的中印边界冲突导致中印关系恶化，从西方国家的亚洲战略格局分析，印度就成为西方国家极力拉拢的对象，并以此作为牵制中国崛起的地区力量。

印度同中国有很多相似之处，印度也是历史悠久的农业国家，全国人口中有 6 亿人从事农业，70%的农田是雨水灌溉的。因此季风的降雨量对印度的农业生产非常重要。与此同时，农村的购买力对印度的制造业和经济发展具有举足轻重的作用。印度将近55%的摩托车、56%的肥皂和洗涤剂以及近50%的手表都是在农村销售的。印度农民的年收入目前在1 000 美元到4 000 美元之间，是城市人口的2 倍。因此，农业如果歉收，不仅会减少农民的收入，也会影响城市工业企业的利润和经济的增长速度。

作为全国范围内主要手工艺品生产基地之一，印度东北部地区手工艺品产量达到全国生产总量的75%，产量中仅有1%用于出口。根据印度进出口银行的报告显示，印度东北部地区具有深刻的艺术底蕴和艺术技能的独特性，但目前的产品设计主要针对当地平民，而且集中生产带有明显种族色彩的产品，其生产与贸易现状很难满足全球市场的消费偏好。由于手工艺品已成为人们选择个性化生活方式的重要组成部分，因此，印度东北部地区手工艺品生产必须在价格因素、审美诉求、产品质量、产品介绍和及时交货等方面符合全球消费者作购买决策的标准。

在印度，畜力提供了30 亿瓦的动力，比电力所提供的29 亿瓦还要多。印度宗教禁止宰牛的禁令，使印度牛的数量在全世界居于首位，据估算约有3.6 亿头。牛被用来犁地、拉车，推动水车碾米，带动打谷机。据说印度自1947 年独立以来，牛车的数量已翻了一番，达到1 500 万辆，牛所拉的货物吨位已超过铁路的运输吨位。此外，牛的粪便既可做肥料，晒干后还可作为家庭的燃料。

从苏联的战略边缘地区即中东和东南亚关系分析，日本在该地区发挥的经济外交先锋作用，将极大地促进美国缓和战略的实施。尽管有人认为尼克松时代及70 年代后美国似乎显示出已不再拥有保护日本经济安全的绝对能力，但日本在苏联战略边缘地区的经济膨胀却对美国的综合安全战略具有建构意义。从亚太地区的大背景来看，美国原来积极推行的军事进攻在很大程度上已让位于日本的经济扩张。日本对东南亚的慷慨投资和技术转让的前景，减轻了美国在东南亚的商业和军事压力。在这一点上，日本公司则更具适应能力，日本大公司在亚洲采取的商业实用主义的活动方式，无意之中使日本经济为东南亚民族国家所接受，而日本政府始终谨慎遵循的“政经分离”原则，也在一定程度上使东南亚国家能够保持对日本的信任和期望，因为这些经济落后的国家始终把追求经济现代化作为国家的主流方向，并且作为长期稳定的政治经济目标。这就意味着美国通过日本渗透到亚洲及苏联战略边缘地区的政治争夺中，无论是在经济、技术领域还是在政治信任方面，其影响力的扩大已是不争的事实，而苏联的政治、经济的影响力却相对降低了。

四、跨国公司的崛起

美国在20 世纪70 年代的重大转变，使美国跨国公司在经济外交中发挥的作用显得越来越重要。在此之前美国对全球性事务，尽管从表面上看似乎逐渐降温、降级，但美国仍在世界事务中卷入很深，并且不断地消耗全世界的资源，这就是美国跨国公司。正如美国人自己所说，“从德黑兰郊区到曼谷郊区，美国公司为那里的人民作出决定”。

跨国公司是美国垄断财团进行海外扩张的主要工具，通过在第三世界设立子公司，在当地直接进行投资。这不同于“二战”后广泛出现的国际双边或多边援助组织或开发银行，其机动性更强，投资控制范围更广，资金力量更为雄厚。由于美国垄断财团与其国内政治的密切联系，海外公司往往成为美国政府推行霸权政策的代理人。对美国跨国公司来说，既可以得到政府的大笔订货合同和海外投资的官方支持，同时更为第三世界的广阔的市场、质优价廉的原材料和人力资源所吸引。70 年代尼克松主义的盛行进一步推动了美国跨国公司的海外拓展，美国政府也积极鼓励私人海外投资，希望以此缓解政府对外援助的压力。正像东京—美国商会亚太理事会在 1970 年 2 月提交的《七十年代新的经济外交》报告中所说："援助欠发达国家的一切贷款、赠款和其他款项，都应通过现有的美国私人企业组织和财政机构进行，并要鼓励它们去这样做，例如，给予它们（私人企业）低息贷款，保证它们不承担某些风险。为美国企业谋利益的美国政府，应该鼓励和促进由美国企业（公司）分出来的并倾向于美国的多国公司的发展……要承认私人企业在'经济外交'中的巨大作用。"这无疑说明 70 年代已成为美国全球战略转变的重大转型期。在此期间，不仅美国的外交战略已转向经济外交，而且在此重大变化下，美国的国内政策尤其是企业政策也随之发生变化，政府的对外关系同跨国企业的对外拓展相联系，美国将政治拉拢与策反、军事打击全球战略变成民营企业的对外投资政策，美国政府的利益是通过跨国公司实现的，只是政府在很多情况下为企业的海外拓展提供了更多便利、承担了更大的风险。在这种情况下，以美国为首的西方发达国家的经济全球化就有了新的战略内容和具体的实施者，这是需要关注的新问题。

国际政治学的经济分析

美国著名学者罗伯特·基欧汉（Robert Keohane）和约瑟夫·奈（Joseph S. Nye）在其名著《权力与相互依赖——转变中的世界政治》中阐述了所谓"复合性相互依赖"的国际战略学概念。处理国际关系准则不应仅仅以现实主义的"武力"决定论出发，还应当考虑国家间、组织间或非国家关系间多个层面的交往手段的相互联系，如军事力量、政治谈判、经济力量、文化交流、环保卫生等手段的结合运用，以其中的强项弥补其处于劣势的环节。这一政治理论清晰地解释了 70 年代美苏在亚太地区影响消长的决定性因素和政治决策过程中的核心因素，即霸权国家的经济力量优势大小。缓和战略带来的经验是，应当按照威慑领域的强弱调整战略手段的结构。美国学者考德尔十分恰当地描述了战后美国外交演变的实质："从更为广泛的观点来看，美国和苏联的决策者们在尖锐冷战时期逐渐确立了处理危机的规范，在有限缓和时期确立了军备控制规范，而在缓和时代确立了经济规范。当然，这三种规范中的每一种在以前的时期中都有过历史上的先例，然而这些规范相继形成的迹象确是彰明较著的。"

如前所述，可知美国在 1969 年到 1971 年前后面临的经济安全危机是如何获得支撑全球性军事扩张所需要的经济实力的。事实上，无论在任何时期还是在美国全球战略的各个环节中，都需要美国投入相当可观的经济能量，否则不可能维系全球的霸权。在这样的情况下，如果美国在 70 年代大规模收缩其在亚太的军事力量，美国经济安全危机不但可以化解，而且可以为其全球军事安全体系内的国家提供较为充足的经济、社会、军事方面的战略性援助，从而使"安全危机"转化为相对的战略优势资源。正如尼克松后来评价的那样："我们把国民经济生产总值的 7% 用于国防，1% 中的 1/5 用于经济援助。这就是说，我们在准备一场可能永远打不起来的战争时所用的钱，是外援计划所用资金的 35 倍，而外援计划能够帮助我们在一场战争中反败为胜。"

正像美国学者所说，20 世纪的美国外交似乎存在这样一种循环：总统时常会陷入战略选择的矛盾之中，他总要在满足国内经济的充分发展和保持强有力的海外军事干涉能力之间寻找平衡点，而尼克松时代的指针则历史性地指向了减弱海外军事干预上，以寻求国内经济恢复，同时在经济方面从容地赢得了优势。这显然与日本的经济复兴和苏联的经济衰退这两个历史性事件紧密地联系在一起。70年代的尼克松—基辛格经济外交实践，无疑具有以下重要意义：亚太地区成为美国经济外交推行的最前沿。经济外交凸显其价值，显然是与大企业的跨国投资、日本经济的亚洲拓展密切联系的。70年代后半期，美国和东盟的贸易关系实现了历史性飞跃。里根时代的美国面临苏联在亚太地区空前的军事威慑，美国一改70年代前期的"软弱"形象，又重新回到了军事对抗的轨道上，但同时仍将经济攻势作为重要的战略核心之一，并对日本在80年代冷战中发挥的经济外交作用提出了更加明确的要求。

亚洲和南美洲钢铁生产扩张规模最大

世界经合组织在2005年公布的全球钢铁生产能力扩张情况的报告中称，世界上主要钢铁生产地区目前都在不同程度地增加新投资，以扩充钢铁生产能力。其中，亚洲和南美洲的钢铁生产扩张规模最大。按照世界经合组织预测，未来4年，世界钢铁生产能力的增长率将明显高于钢铁消费需求的增长率。联系最近国际市场钢材价格下滑的情况，世界经合组织认为，这并不是偶然现象，既与目前整个国际钢市大环境密切相关，又与今后全球钢铁设备能力扩张走势分不开。该报告认为，2005年设备能力增长率将比消费需求增长率高出2.1个百分点，到2008年则将高出4.13个百分点。这是指目前所公布的生产设备能力扩张计划全部实现之后的测算，不排除设备能力扩张计划有修改和变动的可能性。但从总体上分析，生产设备能力超过需求已是现实存在的问题。

该报告指出，前两年国际钢材价格一路走强，与钢材生产和消费大国中国有直接关系。最近钢市回落，中国市场所起的作用也十分明显。例如，2005年2月中国热轧钢板价格曾攀升至每吨690美元，现在已下滑至455美元，降幅达34.1%。与此同时，欧洲和美国市场上热轧钢板价格均走低。欧洲市场热轧钢板价格比2004年11月份的顶峰价位下降了10.9%；美国市场热轧钢板价格比2004年9月份的顶峰价位下降了28.6%；俄罗斯与独联体市场热轧钢板价格比2004年四季度的平均价格下降了23.7%。该报告还指出，欧洲大型钢企对目前国际钢市价格走低提出了一种新的见解，认为前两年钢市价格走高，供货不宽松，一些钢材经销商扩大了库存量，期望价格进一步上涨。但中间商慢慢看到全球的钢铁生产能力在持续扩张，同时库存量继续扩大增加了仓储费用支出，又担心今后钢材价格会继续下滑，因而开始抛售，这也是造成近来钢材价格滑落的原因之一。

第二节　后冷战时期的世界经济格局

大国、强国的盛衰，其原因是多方面的。美国在全世界的霸权地位，进入新世纪以来出现了动摇的迹象。而在重大的国际事务中，美国的声音似乎逐渐弱化，美国对其他国家的控制力及政治影响力也逐渐减弱，"二战"后其在全世界的经济、军事领域的强势地位也随之动摇。

一、美国强国地位动摇的说法

国际学术界对于后冷战时期美国强国地位逐渐动摇问题的代表性看法，主要有以下七种：

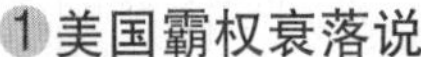

1 美国霸权衰落说

美国耶鲁大学教授伊曼纽尔·沃勒斯坦（Immanuel Wallerstein）在他的一篇名为“超级大国?”的文章中，把9月11日描述成：一是1973年9月11日美国通过制造一起政变把智利的皮诺切特搞上了台；二是2001年9月11日本·拉登制造的世贸大厦的恐怖袭击。在沃勒斯坦看来，这决不是两个孤立的事件，前者到后者的变化，表明美国的霸权已衰落。他认为，霸权国“通常可以制定地缘政治游戏规则，它几乎总能仅仅通过施加政治压力就为所欲为，而不需要在实际中诉诸武力”。沃勒斯坦曾在美国《外交政策》上发表了名为“老鹰坠地”的封面文章，详细阐述了关于美国霸权衰落的观点。他认为，从1945年至1970年，美国享有真正的霸权。那时尽管有冷战，但美国几乎总能在它希望的时间和地点得到自己想要的东西：掌控联合国；把苏联遏制在苏联红军1945年抵达的边界之内；利用中央情报局“推翻或重新安排它认为不友好的政府”，如1953年的伊朗、1956年的黎巴嫩、1965年的多米尼加共和国；把自己的意志强加到往往不情愿的西欧联盟国身上，迫使它们取消军事行动，如1956年的苏伊士运河事件，并迫使它们加快非殖民化步伐。“美国在登上霸权顶峰后，同时也铺就了霸权灭亡之路。”以“9·11”事件为起点，美国在全球展开了反恐怖主义组织的斗争。但沃勒斯坦提醒人们，美国很可能在这场反恐战争中被拖垮，美国政界和军方一些鹰派扩大反恐战争对象的做法将加快美国的衰落，把缓慢地下降变成更加迅速和充满动荡的跌落。他说：“真正的问题不在于美国的霸权是否会衰落，而是美国能否想出办法体面地衰落，尽量减少对世界、对自己的损害。”

2 信息技术决定说

美国著名学者约瑟夫·奈在其《美国霸权的困惑》中认为信息技术已成为国际政治经济格局变化的重要原因。信息技术的发展形成超越国界的组织和网络，跨国公司和非政府机构将发挥更大的作用，这些组织超越国界吸引公众组成联盟，具有软实力。信息技术的发展使这些力量在全球化过程中不断壮大，其活动从局部地区和一国向全球发展的时候，国家的力量就会相对降低。

案例　网络信息技术的力量

1997年，当时还是美国佛蒙特州一位平民的约迪·威廉斯获得了诺贝尔和平奖。因为她的努力达成了关于禁雷的国际公约，该公约曾一直遭到美国国防部的强烈反对，但约迪通过互联网组织她的禁雷运动，参加者包括一些中等实力的国家（如加拿大）及世界各国政治家和名人（包括已故的戴安娜王妃）。这个事件表明国家权力的力量已逐渐减弱，而通过国际互联网的新技术改变了国家乃至国际组织的决策。

约瑟夫·奈认为，信息技术革命使政府权力分散，使个人和团体能够在世界政治中发挥作用，其中包括制造大规模破坏的“9·11”事件。现在，在国际上开展活动的非政府组织超过了3万个，它们的集团影响力正在不断膨胀。

3 技术进步改变中央政府权力说

社会学家威廉·奥格伯恩（William Fielding Ogburn）早在1937年就说过：“由于飞机、公共汽车、广播、电话以及各种有线和无线装置的使用，美国政府有可能向更集中化方向发展。这些发明使各项工业跨越州界扩散。”他指出，新技术在21世纪将导致政治上的进一步集中和国家作用的进一步增强。第一次工业革命，蒸汽机被广泛运用，对经济社会和政府都产生了强有力的影响。生产方式、生活条件、各社会政治力量都因此而发生了变化，使政府的力量凸现。第二次工业革命，电力被广泛运用，政府的权力再度集中；在信息化时代，一方面是"无论在哪里，只要有现代化的交通、通信，政府的集中化就是一种世界趋势"；另一方面由于信息技术的发展使政治集中趋势出现逆转。约瑟夫·奈认为："由技术革命造成的政府权力集中化的顶峰应该是斯大林在苏联建立起的集权国家，它非常适应工业化社会，并最终为信息化所瓦解。"信息技术的低成本大大改变了跨国界的各种传播渠道，反而促进了中央政府分散化。首先是向像联合国或世贸组织这样的政府间国际组织及地方政府等公共机构分散，其次是向跨国公司（如IBM、壳牌公司）、全国性公司（如美国航空公司）和私人公司（如地方企业）分散，最后是向绿色和平组织这样的非政府组织、非营利性机构（如国际红十字会等）第三组织分散。

④"三维棋盘"格局说

约瑟夫·奈曾经担任美国助理国防部长，他用"三维棋盘"来形象地描述当今世界上的国家力量格局：在棋盘顶部，军事力量基本上是单极的，美国是世界上唯一既拥有洲际核武器，又拥有大量的能够在全球部署的装备先进的空军、海军和地面部队的国家。在棋盘中部，经济力量是多极的，美国、欧洲、日本的产品占世界产品的2/3，中国的经济实力在迅速上升，有可能在21世纪初期成为重要的一员。在经济领域，美国不是霸主，它必须经常站在平等立场上同其他各极讨价还价和相互妥协。在棋盘底部，是政府控制之外的国与国之间的关系，有多种多样的非国家分子的行为。有通过电子手段转账比国家预算资金还多的银行业者，又有转移武器的恐怖分子或破坏互联网的黑客，更有那些参与国际事务的非政府组织。在这个层面，力量非常分散，根本无法用单极、多极或霸权加以描述。

⑤创造性的毁灭力量和毁灭性的维持力量之战说

美国学者克拉克·贾奇（Clark Judge）曾在美国《政策评论》上发表文章指出："20世纪的大战是自由与极权主义之间的战争，这完全是一种政治冲突，而21世纪的大战很可能是创造性的毁灭力量和毁灭性的维持力量之间的战争，因为更多的是社会和文化冲突。"恐怖主义组织尤其是伊斯兰极端恐怖组织为什么要挑战美国霸权？克拉克·贾奇认为，随着全球文化美国化，美国文化霸权得到进一步加强，从而招致其他文化的鄙视和怨恨。尽管美国现在仅仅是一个维持现状的国家，其"主动性的物质力量"比半个世纪前小了很多，但美国实际上仍然控制着巨大的非物质力量，这就是除了经济、人口和军事之外的第四种力量，这种力量从没有像今天这样强大过，全球的新兴中产阶级都支持这种非物质力量的发展。这不仅出现在发达国家，发展中国家的新"中产阶级"也大多是按照美国的标准来看待贫穷的人们究竟是如何组成的，更何况世界各国的各种新中产阶级还在不断地产生。经济全球化激发了"店主、小手工艺者、地方制造公司和那些有志于从事这些行业的人"的致富热情。

⑥"9·11"事件标志说

有人说美国的"9·11"事件什么都没有改变，但数年后"9·11"事件却被人们追溯为全球化进程的一个标志。为什么该事件与全球化有如此密切的关系呢？美国经济学家柏格斯登（C. Fred Bergsten）曾经说美国所主导的全球化进程出现了问题。世界上有如此多的人反对美国的全球化，以致经济全球化的坚定支持者柏格斯登也不得不说"与反全球化力量相比，我们目前处于弱势"。

反全球化与美国的"9·11"事件

就在"基地"组织成员驾驶飞机撞向"世贸双子座"的前夕，有30万反全球化人士曾将热那亚变成了抗议的海洋，之前这股反对力量已经横扫了西雅图、华盛顿、布拉格、尼斯、夏威夷……他们的矛头指向美式全球化的执行机构即国际货币基金组织、世界银行和

WTO，这些机构和跨国公司联盟所共同遵循的“华盛顿共识”被抗议者指责为激化全球经济结构性矛盾的罪魁祸首，它使全球化共同富裕的理想最终表现为共同衰退，并且美国的全球化应当为亚洲金融危机、俄罗斯金融危机和阿根廷经济危机负责。

应当承认，全球化几乎等同于“美国化”的说法在经济领域存在较大的争议。《经济学家》杂志认为，过去10年中，凡是全球化程度较高的国家，美式资本主义及其理念都已被广泛认同和接受。世贸大厦无疑是整个美式资本主义的图腾，同时它也应被视为美式全球化的实体象征。“9·11”事件中，伴随这个图腾逝去的共有88个国家的公民，这样一种悲惨意义上的全球化图景，足以引发人们对美式全球化进行新的思考。而“9·11”事件以来美国经济霸权的衰退，则为这种思考提供了最有力的支点。伦敦经济学院教授约翰·格雷（John Gray）认为，“9·11”事件标志着美国主导的全球化在道德和现实意义上都已破产，“美国人本能地认为其他国家和地区的人民也想过和他们一样的生活，他们靠这种理念推动自由市场经济的全球化，丝毫感觉不到在许多地方人们被压抑的愤懑和对西方的不满”。约翰·格雷为美式全球化归纳的结论是：西方国家消费者权益受到前所未有的忽视，欧洲福利国家原有制度遭到颠覆，民主体制遭阉割而虚弱不堪，环境被破坏，第三世界陷入更严重的贫困。

7 新经济泡沫破灭说

托马斯·L. 弗里德曼（Thomas L. Friedman）为全球化下的定义是：全球化是通过新技术的应用使全球市场得到整合的动态过程。以技术创新为核心动力的新经济不仅确立了美国全球化领袖的地位，同时也使它成为全球化最大的受益者。陈兴动说：“一架波音747飞机70%以上的部件在美国以外生产，但美国却能从其掌握的核心技术中获取80%的利润，这就是全球化背景下的新经济魔术。但很少有人问凭什么美国人要从波音747里拿走大部分收入，他们的高科技是不是真值这么多钱？在国际投资者眼里，美国高科技几乎成了难以估价的艺术品。”在整整10年里，高科技神话让全世界陷入一个幻觉——硅谷的科技创新能为全球资本提供无限的增值动力。在纳斯达克高收益率的召唤下，全球资本都在加速向美国涌动。美林公司的统计显示，1996年至2000年外国投资者持有的美国债券从17%增长到34%，持有的股票从25%增长到33%。欧元推出后并未令欧洲资本市场有多少起色；相反，从欧元区流入美国的资金却高达2 610亿美元。“私人投资从资本稀缺区向资本丰裕区流动，这本身就是全球化过程中一个令人费解的现象。”何帆说，“现在美国股市低迷不振，国债利率很低，对外国投资者来说吸引力已经大不如前。国际资本对美国经济的评估也会更加谨慎，新经济时期60%投资来自国外的景况将不会再重演”。

新经济的破灭使美国全球化战略失去了第一动力。在外国资本撤出美国的同时，许多美国公司也不声不响地从全球据点作战略性撤出。美林、摩根斯坦利、嘉信理财都已缩小了在亚洲的业务范围，曾经雄心勃勃要开创24小时全球股票交易的纳斯达克却让日本的纳斯达克市场关门，美国房地产开发巨头Home Depot从阿根廷和智利撤出，大多数美国公司都对全球投资计划作出新的调整。忙于摆脱经济困境的布什政府一方面利用钢铁关税、农业补贴和美元贬值进一步关闭美国市场，另一方面对世界性的区域经济整合表现出前所未有的冷淡态度。由此可见，“9·11”事件之后经济多极化趋势更加明显，尽管欧洲经济也在缓慢调整，但由于欧洲存在一个完整的市场体系，受美国经济衰退的影响毕竟有限，欧洲国家的实力也会不断增强。中国成为“世界工厂”的概念已被广泛接受，正是中国庞大的市场和生产能力帮助东亚国家抵消了一部分“9·11”事件的冲击。世界主要经济体力量的此消彼长，将促使经济全球化进程更加理性。

二、美国面临的国际性问题

按照西方史学家的描述："二战"的结果是自由主义同极权主义的斗争。大约在半个世纪以前，著名的史学家汉斯·科恩（Hans Kohn）在总结两次世界大战的悲剧性经验及极权主义挑战的破坏性后果之后，担心西方可能已经变得"精疲力竭"。实际上他的担心是："20 世纪的人已经变得不如 19 世纪的先辈那样自信。他从自身的经验中看到了历史中的黑暗势力。一些似乎属于过去的事情再度出现了：狂热的信仰、一贯正确的领袖、奴役和屠杀、人口的灭绝、残忍和野蛮。"随着经济全球化进程的推进，世界政治经济发生变动，尽管并不完全按照美国的意愿去改变世界的格局，但美国因素所产生的作用和影响，无论是积极的还是消极的，都或多或少地对世界区域政治经济产生影响。

1 海湾地区的伊拉克问题

伊拉克是继阿富汗之后美国的第二个军事打击目标，这已是无可置疑的问题。但问题是，在战争开始之前，白宫却透露出官员们同伊拉克和西方的专家已经组成工作组，讨论推翻萨达姆后伊拉克未来的问题，其中包括司法、赦免战犯以及战后经济和预算计划等。这个工作组在下一个阶段还将讨论公共卫生、农业、水、环境和民主原则等问题。由于伊拉克是美国在海湾战争中打击过的国家，但当战争结束时却又回到了最初的起点，即伊拉克退回到科威特的边界，萨达姆政权继续存在，主权受到限制的只有南北两块禁飞区，或者偶尔受到零星空袭。但"9·11"事件的出现，却在一定程度上加速了美国推翻萨达姆的决心。现在一个更为重要的问题是，这种军事打击的模式会不会在阿拉伯国家蔓延？

2 伊朗问题

伊朗因为遭到美国怀疑在研制大规模杀伤性武器并允许"基地"残余分子过境，两国关系持续恶化，美国对伊朗的政策半年间由"接触"转变为"排斥"。由于美国和沙特阿拉伯在打击伊拉克问题上争论不休，这使很多美国人甚至认为沙特阿拉伯才是潜在的危险，因为直接制造"9·11"事件的恐怖分子中有 11 人来自沙特阿拉伯。

3 中亚问题

美国对中亚地区的觊觎由来已久，这一地区不仅战略地位重要，还因拥有里海石油资源而一直被美国重视。但这里是俄罗斯的传统势力范围，强行进入可能会导致俄罗斯的强烈反对，俄罗斯的西部边界已经因北约东扩而失去了战略纵深。反恐为美国提供了一个机会。在阿富汗战争开始前两周，一架美国军用运输机降落在乌兹别克斯坦。其他的中亚国家在阿富汗战争开战前大多也表示同意美军使用领空甚至基地。美国领导的反恐战争可能会促使中亚国家走向真正的独立。苏联解体后，俄罗斯对这些国家一直有强大的影响力，这些国家却无法从俄罗斯那里得到好处，尤其是经济上的。可以大致估算一下，一旦美国在一个几百万人口的中亚国家驻军，每年会花费几百万美元，那就意味着平均每个人都可以得到 1 美元。因此，对这些国家来说，反恐或许是一个机会。反恐的"第三战线"蔓延到格鲁吉亚。当时，美军往高加索国家格鲁吉亚派军事教练，帮助训练格鲁吉亚军人对付潘基西峡谷的恐怖分子。

4 中东问题

美国关于中东问题的立场，其核心是巴勒斯坦有条件建国的新中东和平方案，即美国将支持巴勒斯坦成立临时国家，巴勒斯坦最终的疆界、首都和主权等问题都将在以后由以色列和巴勒斯坦双方进行商讨，整个计划预计在 3 年内完成。但是巴勒斯坦人民必须选出“不对恐怖主义妥协的”新领袖，显然有意将阿拉法特排除在和平方案之外。阿拉法特的命运在“9·11”事件之后发生了很大变化。在以前的哈马斯人体炸弹和以色列军事报复的循环中，美国往往不谴责任何一方。然而，“9·11”事件之后，美国不仅不批评以色列战斗机夜以继日的轰炸，还说以色列有自卫权。美国开始在公开场合要求阿拉法特履行其和平诺言，制止恐怖行为。

5 东南亚问题

东南亚有大量的穆斯林人口，美国反恐战线开始蔓延到东南亚地区。从菲律宾开始，美国拉起了反恐“第二战线”。1992 年，自从美国军人撤出苏比克湾以来，美国在菲律宾就没有军事力量。然而，2007 年，三架 C130 大力神运输机运载近 20 名美军士兵从日本冲绳岛出发，抵达菲律宾南部港口城市三宝颜。三架运输机所运载的配备，能满足至少 650 名美军的需求。除军事人员外，运输机也载有多辆军车、发电设备、一辆升降装卸车和一辆重型挖土机。此前几天，美国特种部队士兵已经陆续赶往菲律宾，他们主要协助和训练菲律宾部队对付反政府的恐怖组织阿布沙耶夫。鲍威尔在出席东盟地区论坛会议时表示，美国准备恢复同印度尼西亚的军事合作，它们的军事合作在几年前由于印度尼西亚阻止东帝汶独立涉嫌大屠杀而中断。美国还将向印度尼西亚提供超过 5 000 万美元帮助其反恐。

6 南亚印巴问题

“9·11”事件后的反恐战争改变了南亚的地缘政治。巴基斯坦总统穆沙拉夫尽管失去了苦心经营多年的战略纵深，但无条件地支持美国对阿富汗实施军事打击却得到美国的重视。穆沙拉夫在出席联合国大会期间访问了美国，并得到了 10 亿美元的贷款援助，一时成为仅次于以色列和埃及的美元受援国。美国在冷战期间曾经长期执行“重巴轻印”的政策，在南亚，是以美巴为一方、苏印为一方的四国双对抗的平衡结构。冷战结束，巴基斯坦作为遏制苏联南下的战略价值不复存在，印度的经济实力和地缘政治地位逐渐上升，美国开始“重印轻巴”，对印度提供援助，并和印度举行联合军事演习，与此同时却暂停对巴基斯坦的武器出口。尤其是穆沙拉夫军事政变上台后，克林顿政府对此更为不满。克林顿 2000 年卸任前曾出访南亚，在印度待了几天，而在巴基斯坦只停留了 4 个小时。美国此次出于反恐的需要开始重视巴基斯坦的作用，有利于制衡实力超过巴基斯坦的印度，对南亚地区的局势稳定来说是个福音。

第三节　美国人眼中的中国

2005 年 5 月 19 日美国第 109 届国会第 1 次会期的美中经济和安全审查委员会听证会关于《中国与全球化》的书面报告，从美国的立场提出对中国参与全球化的看法与基本态度。为了较准确地反映美国社会精英的看法，现将《中国与全球化》报告的基本观点摘录如下，以供大家从中美两国的基本立场思考全球化对两个大国政治经济的影响。

一、中国的崛起

中国的崛起，不仅使中国人民受益，而且使整个世界受益；给美国带来的好处远远大于负担，符合美国的根本利益。中国在许多重要问题上已成了美国的盟友。美国应当实事求是地看待中国在某些方面损害美国利益的问题。全球化的中国不会谋求改变美国创建的世界体制，改革的中国并不试图改变美国人的生活方式，崛起的中国并不主张也没有实力取得支配世界的权力。中国面临着非常严峻的国内问题的挑战，如果中国不能成功地应对这些挑战，其经济的高速发展在不久的将来就会遭受重大挫折；即使中国的经济能够持续高速增长，未来的中国也不可能在所有领域都取得优势地位。因此，中国威胁论是错误的。美国应当欢迎而没有必要害怕中国的崛起。该报告的作者期待中国发展成为像日本那样富裕的国家，在某些方面具有优势，在某些方面处于弱势，拥有一个与美国互利互补的产业结构；还期待中国能从其亚洲邻国那里汲取改革的经验。

改革的中国是全球化的拥护者和全球性组织的负责任的参与者。中国在经济上的开放程度已远远超过了日本。她的国内制度全球化的程度，在日本明治维新以来的任何一个大国中是前所未有的。法律秩序的建立、市场竞争的推行、英语的广泛使用、海外教育资源的引进和外国法律的大量移植，不仅使中国的制度赶上了时代，而且使中国的文化发生了变革。

中国在经济上取得的所有成功，都使人联想到自由化和全球化；中国在每个方面的全球化，都给她带来了更大的成功。在世界历史上，从未有过数量如此巨大的劳动者的生活在这么短的时间内得到了改善。正因为如此，中国的民众对全球化的支持超过了日本和苏联。在日本，战后重建是在国家对经济实施高度管理的条件下实现的；而在苏联，社会却因休克疗法受到了严重的伤害。由于中国民众对全球化的支持，中国实际上已经成为美国和东南亚在推进贸易和投资的进一步自由化方面的盟友。对日本、印度和巴西而言，这种程度的自由化，是她们难以接受的。

中国全球化的成功，正在对其邻国产生重大的影响。印度从中国人那里明白了较为开放的经济所具有的长处。那些在敌视外资环境中受教育的亚洲人和有着保护主义传统的拉美人，如今为了与中国竞争，也不得不对外来投资采取较为开放的政策，并减少对贷款的依赖，这将改变第三世界的发展战略，并为美国的公司创造更多的全球范围的机遇。与早先人们所担心的恰恰相反，中国的崛起并未夺走反而刺激了其邻国的贸易和外来投资。事实上，近年中国经济的迅猛增长，使日本的经济得到复苏，使其重要的邻国免于萧条，甚至还可能正在阻挡着一次危险的全球性经济衰退。

中国经济的成长给美国公司带来了新的市场。中国给美国带来的利益，就像中国输入美国的货物大于从美国流向中国的那样，廉价的中国产品已经实实在在地改善了美国穷人的生活。廉价的产品和中国在美国的赤字问题上所采取的财政措施，抑制了美国的通货膨胀和利率下滑，并延长了美国经济的繁荣。不过，与此同时，廉价产品的涌入也引起了贸易赤字和社会调整问题。中国对知识产权保护的不到位，致使美国的许多公司遭受了损失。中国大规模的建筑和交通运输业的发展，引起了全球范围的原材料价格上涨，从而给原材料的生产者带来了巨大的利润，给消费者造成了巨大的负担。

中国的成功是现代史上最重要的发展之一。与苏联不同，改革的中国并不寻求改变任何其他国家的生活方式。中国的经济正面临着世界历史上最严重的银行兼并、城市化和就业不足的挑战。不仅如此，到2020年，中国还会陷入工作人口严重不足、大量需要扶助的人失去依靠这种人口比例极度恶化的危机。

二、中国与全球化

改革前的中国不是全球化的积极参与者。她在经济上实行自给自足的政策。她不积极参与国际货币基金组织和世界银行等主要的全球性组织。

冷战伊始，美国的对外政策就已经确立了这样的基本理念：如果我们能够通过其他国家的内部改革和后来的所谓全球化，促使世界上尽可能多的地区在经济上得到增长，那么，我们就能够实现欧亚的安定，赢得冷战，创造一个稳固的世界秩序。我们的军队保障了这一进程。不过，从马歇尔计划到亚非援助使命，美国长期采取的核心战略是把其他国家纳入其所需要的那种世界的全球性组织和卓有成效的经济运行规则的体系之中，以此来协调和稳定世界。事实已经证明，这一战略是人类历史上最为成功的地缘政治战略之一。其成效如此巨大，使过去的敌人和盟友都被卷进了美国编织的世界秩序的网络之中。但在美国国内，这一战略却招来了不少非议，有时还会引起一阵恐慌。事实证明，美国的战略，在所有的场合都取得了成功。其结果不仅有利于美国的安全，而且有利于美国的贸易伙伴国家的人民。

在美国的战略设想中，没有预见到的是，中国以远比日本积极的姿态加入了美国的全球化体系。中国经济的开放程度大大超过了日本。在 2004 年，中国的国际贸易额相当于其 GDP 的 70%，而日本仅为 24%；中国引进了 60.6 亿美元的外国直接投资，而正处于应当吸引相当数量外资的经济恢复期的日本，尽管其经济规模是中国的几倍，但实际获得的外国直接投资却只有 20.1 亿美元。

中国的全球化并不限于经济的对外开放，更重要的是其制度的全球化。今日中国所选择的发展战略，与明治初期（19 世纪中叶）的日本所采取的战略有明显的相似之处。当时的日本政府为学习先进技术而向海外派遣考察团，在世界范围内挑选最优秀的海军（英国），最优秀的教育制度（德国）以及其他最好的东西。然而，经过一个半世纪，日本人已显现出了闭关锁国的倾向；而中国，却已从清朝的闭关自守进化到采取一种具有同化精神的全球性的政治理念。

今日的中国，正为寻求最佳的兴国之策，向世界各地派出考察团。中国从海外引进的不仅包括技术和管理手段，而且还涉及广泛领域的各种制度和办法，比如国际会计标准，英美的证券法、法国的军用物资承购制度，以美国联邦储备银行为范本的中央银行组织机构，以韩国、新加坡经验为参考的经济发展战略等。在这些变化中，最为重要的是，中国决定采用西方的法治观念，把竞争作为经济活动的基本方式，把英语作为受过教育的中国人的第二语言。最具有重要意义的是中国已经把优秀青年派往海外，让他们在国际主义的实践中接受教育，就像罗马人把他们的孩子送去希腊留学一样。这些变化在中国的发生，比在其他任何国家都来得快。更为重要的是，这些变化并不限于技术的更新换代。清朝学习西方实行的是“西方的技术，中国的文化”，即“中体西用”的方针。而今日中国学西方，却并非如此。中国还正经历着文化品位的全球化。洋品牌的涌入，把中国人卷进了全球文化的海洋。在一项中国汽车产业的调查中，当被问到：在一个像七八十年代的韩国那样的封闭的市场环境中，中国能够像韩国那样发展自主品牌的汽车吗？回答是：今天的中国人对全球文化的开放程度远远超过了 10 年前的韩国人。在中国，除非融合了全球通用的设计和外国的技术，自主品牌的汽车将很难有发展的余地。10 ~ 30 年前，韩国的汽车产业尽管在规模上大于今日的中国，当时的人们在马路上却见不到欧美品牌的汽车，即使在今天的韩国也难得见到。但在今日的中国，路边停靠着的大多是大众和别克汽车。

中国不仅比第三世界中的其他国家而且也比第一世界中的许多国家更相信全球化。中国所取得的全部成功几乎都带有“改革开放”即全球化的印记。与中国不同的是，日本和韩国在其经济高速成长的时期，尽管也经历了全球化，但对国际贸易、外来投资和国内经济活动，却实施了比今日的中国更为严格的限制。

全球化已迫使中国作出了非常痛苦的调整。国有企业的就业人数，从1995年的1.1亿减少至2005年3月的6 600万。那些认为美国制造业的工作岗位已经转移到中国的人们将会吃惊地发现：中国制造业的工作岗位已从1994年的5 400万个减少至今天的3 000万个。这些数据尽管触目惊心，却并不能充分反映中国为了扩大竞争和迎接来自WTO成员国的挑战，而不得不接受的调整的剧烈程度。例如，虽然汽车产业的就业人数仍然维持在一个相对稳定的水平，但汽车制造企业的数量，预计将从高峰时期的125家减少至3~6家。不仅如此，中国汽车市场的份额，大部分已被中外合资企业生产的汽车所占据。中国人民正在经历的社会调整，其程度之严重，难以想象。但是，正因为中国愿意接受这样的调整，人类历史上还没有哪个大国，在其人民的生活水平和工作条件方面曾经历过如此迅速的改善。在改革开放初期，上海的劳动者们还都穿着同样的服装，很少有人能拥有诸如电视机甚至手表等；在农村，营养不良的现象到处蔓延。但在今日的上海，普通的居民家庭轻而易举地就可以拥有一台以上的电视机，农村里营养不良的现象已经基本绝迹。正是由于生活的迅速改善，绝大多数的中国人都支持进一步的全球化。

三、中国的全球化影响

中国的全球化对其他国家产生了很大的影响。其中最重要的影响，体现在印度的经济政策和经济实践的变革方面。印度自独立以来，贯彻极端的贸易保护政策，采取敌视外国直接投资的立场，对内实行被称为“许可证统治”的社会主义经济控制体制，对外则坚持与苏联之间的坚固的经济和政治联盟，其经济因此受到了严重束缚，裹足不前。1991年爆发的外汇危机和近邻中国所取得的成功震惊了印度，并使它明白：放弃以往的敌视全球化的立场才能够走向繁荣。尽管印度的起步晚于中国，速度也较为缓慢，其经济的增长率还是提高了一倍。极度贫困人口的数量也已大幅度减少。如果今天去印度，你将会发现曾经在东亚地区才能看得到的那种希望、自信和活力。

印度的新兴经济势力已促使该国的领导者把政策的目标从争夺地域政治势力范围转向与邻国谋求共同的经济利益。印度与其邻国的关系，最值得注目的是印中关系和印美关系，较之过去都有了很大的改善。事实上，现在的印中关系状况是自20世纪60年代的冲突发生以来最好的。印度的产业界已不再惧怕与中国的竞争，他们对印度的竞争优势充满了信心，甚至还为最近的印中贸易顺差而欢庆。

直到最近，绝大多数的第三世界国家，以及日本，对外国的直接投资都抱有相当敌视的态度。从日本和韩国，到菲律宾和泰国，再到印度，更不用说拉美的绝大多数国家，直接投资者们在那里面对的是难以跨越的市场准入门槛、高额的税费、不公平的司法待遇和消极的舆论环境。这些国家不是接受外国的直接投资，而是依赖外国的贷款（韩国、东南亚和拉美），或是依靠国内的贷款（日本）。这些国家通常都有过重的债务负担。泰国设定了高额的税收，而后给特定的投资者减税；印度的团体曾抓住卫生问题，凭借歪曲事实的指控，对肯德基的炸鸡食品发起攻击。不过，这种战术现在已没那么可怕了。

中国根据香港和台湾地区及新加坡过去的成功经验，在降低负债、平衡收支方面取得了成功。这将逐渐促使世界上许多国家改变自己处理经济发展问题的方式。中国的这一影响具有革新的意义，尤其是在亚洲，许多国家以往采取的方式是通过取得国内或国外的银行贷款来避免对外国投资的依赖，而政府则通过诱导银行贷款流向来调控产业的发展。这种做法使企业和国家过度地依赖银行，会引起周期性的财政金融危机；政府获得了过大的控制产业的权力，助长了管理失误和腐败的发生；在政治上受到支持的大公司取得了与较小公司和外国公司相比不公平的优势。如今美国与中国的竞争，迫使这些国家的大部分公司向外国投资敞开大门，这一变化将使美国的公司不仅能从中国，而且能从世界各地得到好处。

十几年前，许多人曾担心中国的成功将会吸引其邻国外来贸易和外来投资流向中国，从而导致这些国家变穷，但此后出现的实际情况恰恰相反。在所有改弦易辙、对外来直接投资表示欢迎的国家中，如印度、韩国和日本，外来投资已经大大增加。在中国的启发下，其他国家也打开了引进外资的大门。为了回应这一增长的需求，外国投资的地盘也大大扩张了。

在全球经济随着技术产业泡沫的破裂而陷入低迷的时候，像韩国和菲律宾那样的国家却发现自己因中国需求的存在而得以免受经济衰退之苦。更为重要的是，中国的需求刺激了日本经济，使其得以从不景气中恢复过来。世界经济因日本的状况而面临着风险，日本的巨额债务带来的风险具有多米诺骨牌效应，它将首先引起日本经济的崩溃，然后波及他国，最终导致全球范围的经济崩溃。由于中国提供的宝贵的发展空间，刺激了日本经济的恢复，这种风险似乎已经过去。正是中国的全球化，使大家得以在新世纪之初免于陷入急剧的全球经济大萧条之中。

还有其他的许多国家在世界经济衰退期间从增长的中国需求中得到了利益。原材料生产商们已经适应了那些一年不如一年的苛刻的贸易条款。澳大利亚突然发现由于中国的需求，自己所面临的贸易条件已经有了很大的改善，目前的情况是其历史上最好的。包括老挝、巴布亚新几内亚和非洲的众多国家在内的世界上最贫穷的国家，正是在它们最需要的时候，从中国的巨大需求中获得了利益。与这些国家的人民生活的改善密切相关的，不是什么援助计划，也不是国际货币基金的黄金交易，而是中国对这些国家的产品的持续增长的需求。简而言之，中国崛起所产生的重要作用，同美国的崛起或日本和欧洲的复兴对世界的作用是一样的。与富人为邻，较之与穷人为伴，你总会变得更加富裕。

四、中国的全球化对美国的影响

中国的全球化对美国产生的影响，主要包括以下几个方面：

（1）中国已成为美国产品的广阔市场。美国可口可乐在中国的销售量已大大超过了1亿罐，美国通用公司在中国销售的别克汽车从中国市场获得的利润，对处在困难时期的通用而言，已成为维持其生存的必不可少的资金。美国企业从中国市场上赚到了巨额的利润，不仅使大量的美元回流，而且美国企业通过在中国市场与其他外国企业的竞争而变得更加强大。这对美国而言，显然是带来了巨大的利益。而中国制造的廉价生活用品，实实在在地改善了美国人尤其是那些不富裕的美国人的生活。据统计资料显示，中国的廉价商品已使美国人的生活水平提高了5%～10%。这种有益的影响，无疑会进一步扩大，因为来自中国的竞争会驱使其他的国家为美国人的消费生产更为便宜的产品。

（2）廉价的中国产品使美国的通货膨胀率得以维持在较低的水平，从而延长了美国经济的上升周期，以致美国联邦储备银行没有必要为了降低通货膨胀而提高利率。另外，中国购买美国的国债，也有助于美国缓解财政赤字压力。如果中国不买美国的国债，那么，美国不得不提高利率，减缓经济增长，或者不得不调整与其他国家的贸易逆差，以此促使那些国家购买美国国债。

（3）美国获得的又一利益，即中国已开始向美国投资。海尔正在美国生产冰箱；中国的联想已收购了IBM的个人电脑部门，从而保住了这一部门的就业机会，使IBM得以摆脱困境，转向更高层次的技术市场，并有助于IBM改善其财务状况。尽管到目前为止来自中国的投资还不多，但可以预见它将会迅速增加。

（4）中国经济的增长还促进了日本和澳大利亚等国家的经济发展，这使美国间接获益。一个繁荣的贸易伙伴，对美国经济来说是非常宝贵的。美国曾在20世纪80年代为日本占领世界市场而担心，却又在90年代为日本不能在促进世界经济方面发挥其应有的作用而焦虑。今天，那些为中国的成功而忧虑的人们，其实更应为中国经济增长是否会急剧减速而担心。

美国经济调整的新课题，主要是中国的全球化和经济增长给美国带来的压力。随着一个国家变富，其国内的纺织品、鞋、家具和日常电器的生产大都会向海外转移。如短筒袜的生产，就是从美国转移到日本，又从日本转移到韩国和中国台湾，随后再转移到东南亚和现在的中国内地。这样的调整已经持续了几十年，而且还会继续下去。美国已花了数十年的时间来准备现在的这轮纺织品生产的调整。但从中国方面看，中国因其全球化而承受的调整压力，实际上是美国人难以想象的。而美国所经历的调整，事实上也不小于其他任何国家所经历的调整。在美国，被人们归咎于中国的那些调整，其实不少调整的起因原本并非来自于中国。美国工作岗位的减少，实际上是生产效率提高的结果。事实上，由于生产效率在利润增长中所起的作用已经有了很大的提高，所以原本应当由美国自己来承受损失更多工作岗位的压力。有理由相信，正是由于中国帮助美国提高了适应能力，美国现在承受的工作岗位损失远远小于原本应当承受的。不用说，中国自己也是中国、印度以及加入了世界经济体系的苏联诸国所引起的全球性调整的一部分。

值得注意的是政策问题，即中国国内低廉的融资成本所引起的过度竞争。中国金融制度的不合理性导致了这样的结果：在像钢铁生产之类的关键产业部门，中国设立了过多工厂，硬撑着过多濒临绝境的公司，致使产能出现巨大的过剩。近年来，中国金融的混乱状态已经导致了过大规模的建筑浪潮和对钢铁、铝、水泥及其他物资的过度需求。这在一个时期内推动了包括美国在内的全球的钢铁增产，但也使中国在国内建设了数量非常多的钢铁厂，以致中国很快就拥有了全球一半的钢铁产能。过度的生产，意味着钢铁价格的暴跌。这种大起大落的循环给美国的产业造成了麻烦，就像发源于美国的因特网狂潮和技术产业泡沫给世界上众多国家的产业带来了麻烦一样。

尽管澳大利亚、非洲、拉美和其他地区的资源生产者（包括美国的一些经济部门）通过满足中国的资源需求获得了利益，但这对美国的消费者而言，却意味着资源价格的上涨和原材料供应的不足。最近物价上涨的主要原因是许多重要原材料产品的价格上涨，这种现象已呈现周期性。中国对钢铁、铝和水泥的狂热需求已达到了顶峰。由中国、印度、俄罗斯和其他发展中国家引起的原油需求量的飙升，则可能很快导致原油的长期供应不足。这种可能性的存在也许将迫使我们就原油的储备、能源的种类、美国与其他能源主要消费国的竞争或协作的程度等事项作出新的应急性决定。当然，即使没有中国的成长，这类问题最终也会发生，只是今日中国的成长大大加深了这个问题的严重性。

对美国来说，中国的崛起还引起美国人思考这样的问题：美国在世界上的地位或美国的生活方式是否正面临着来自中国的重大挑战。对此，可以说美国人的生活方式不会受到挑战。改革开放的中国与苏联不同，也与改革开放前的中国不同，中国不是在寻求改变其他人安排自己或安排世界的方式，而是加入现已存在的世界体系之中。

地域政治的竞争则引发了比较复杂的国际问题。随着中国的崛起，韩国等国家会变得更富有，其军事力量也会更加现代化。在台湾海峡这一特定区域维持美国的支配地位将会变得越来越困难。这是美国的军事力量将要应对的一个巨大挑战。尽管如此，那种认为中国将会侵吞世界的论调，同 20 年前的那种认为日本将会侵吞世界的论调一样，肯定是站不住脚的。中国的军队不得不保卫其长达 11 000 英里、未必总是平安无事的边境。其增长中的军事力量，还远未超过其面临的任务。从经济上讲，中国也不会去生产世界上的一切产品，因为没有哪个国家能在所有领域中都处于优势。

在未来的一段时期内，中国将面临巨大的挑战。大约每 30 年就有相当于美国人口数量的中国农村人口涌入城市，平均每年有 1 200 万到 1 300 万的新劳动者加入到就业大军之中。生产效率的提高对制造业的雇用需求造成的挤压，远比美国等西方国家严重得多。如此众多的人都需要工作，说明中国的高速成长也许还能维持相当长的一段时间，但这只有靠中国领导者大胆的改革才可能实现。更为严重的问题在于，就算中国能够应付人口问题的挑战，但随着人口的高龄化，到 2020 年，中国的非工作人口与工作人口的比例将成为世界上最高的，远远高于日本。这就意味着中国经济可能在这段时期内遭受严重的挫折，如果按美国的标准衡量，2020 年的中国将仍然是一个非常贫穷的国家。即使中国的成功能够持续到那个时候，中国也不会去支配世界。

中国是全球化和世界稳定的主要推进者。中国的出现，给西方世界造成了一种复杂的地缘政治局面。在自由贸易和投资的问题上，在 GMO 集团之类的各种经济问题上，中国是美国的主要盟友；就朝鲜问题而言，中美在策略上虽然存在分歧，但在目标上却是一致的，中国是美国唯一有所作为的伙伴。在反对恐怖主义和犯罪问题上，中国也是美国在亚洲的主要盟友。如今美国处于这样一个新的格局之中：在军事和意识形态领域，日本是美国的真诚盟友；但在重要的政治和经济问题上，中国却是美国有所作为的盟友，而日本，不是站在反对的一方，就是无所作为。这是一个崭新的历史局面。

中国的影响，已不局限于影响台湾海峡的特殊局势，而是急剧地扩大。这是美国为支持中国的全球化而付出的代价。不过，中国影响力的扩大，并非由于中国极力主张其在世界上的权力，而是因为美国的传统盟友造成了一些权力真空的地带。势力范围的重要变动已经发生，对此美国必须非常关注。围绕充满危险的朝鲜问题，无论是在美国国内还是在同盟国中都存在着意见分歧。最令人瞩目的是，韩国并不赞成美国的策略。美国要求中国发挥核心作用，但中国却并未积极接受这一邀请。在东南亚，长期以来，美国曾通过自由化和全球化组织实施以经济增长为核心价值的政策，因此赢得了该地区的支持。然而如今，美国被认为已放弃了传统的经济发展优先战略，转向把较多的军事力量集中于反恐战争；而中国却使人感到已放弃了地缘政治优先战略，转向通过多边经济自由化来优先发展双边经济。在经济政策方面，美国被认为已放弃了多边经济自由化，转向谋求高度政治化的双边自由贸易协定；而中国却已成为多边主义的主要推进者。中国并未主张其独自的方案，而是谨慎小心地加入了有关贸易事项的东南亚国家联盟（ASEAN）。东南亚和其他许多亚洲国家无一例外地把 2003 年亚洲太平洋经济合作组织（APEC）首脑会议视为美中的国际作用逆转的分水岭。朝鲜半岛和东南亚地区的发展，导致了亚洲地域政治版图的变化。但是，并不是中国而是美国制造了这种变化。只要美国调整战略，就仍然能够占据上述地区的主导地位。

关于成功与失败的区别，美国人必须有非常明确的认识，即正是美国所实施的对外战略和世界经济政治体制才推动了中国发生巨变。20 世纪 70 年代的中国，经济脆弱、社会动荡；而今天的中国，繁荣昌盛、乐于合作、支持创建全球性组织。对美国而言，如果美国欢迎中国的繁荣，美国就会把争取有益成果的机会最大化；反之，如果反对中国的繁荣，美国就难免会出现最坏的结果。这是每一个明智的美国人所必须明白的事。

为了使美国与一个全球化了的中国保持良好关系，中国最好能像日本那样发展成为一个富裕的竞争伙伴，美中双方拥有一个互利互补的产业体系。

拓展学习

美国次贷危机

美国次贷危机引发了美国的金融危机，进而又导致了全球经济危机。如果说其直接原因是美国有相当多的住房贷款人不能按期偿还贷款，而金融业又疯狂追求高额利润而向不该贷款的人也发放贷款，那么其根本原因就在于美国金融监管不力、金融资本贪婪和美国人过度消费。从次级贷款危机来看，表面上是由金融机构为那些收入没有保障的低收入群体提供房贷而这些人又无力按时还贷导致的。但问题是，素以经营管理著称的美国金融机构为什么要违背常识去放贷呢？政府为什么放松监管呢？消费者为什么敢超前消费呢？从理论上说，购买房屋是民间投资而非消费，用来自住的个人投资者本身希望房屋保值增值，而企业、富裕的个人投资者或投机者更愿追求高额利润，所以共同推动房价越走越高。如果国家经济保持高速增长，那些低收入群体将有望在经济发展中增加收入，提高购买力。但是，如果低收入群体收入增长的幅度大大低于房地产价格的增幅，以致他们根本无法按时偿还高额贷款，这就必然导致整个产业链条断裂。发达国家大城市的房地产价格居高不下，那些占有一国 80% 财富的少部分富人是能够承受的，但这部分人不可能无限制地购买房子，房地产市场也必须有一部分中低收入群体参与进来。尽管已经购买房屋的人希望房价走高，但如果按照惯性维持高房价，结果必然是房地产市场萎缩滞销、住房信贷不良。在美国、英国都出现过一方面是大量商品房空置，一方面是房价过高而普通人很难承受的局面。全球经济危机所表现出的资产价格过高和劳动力价格过低导致的经济严重失衡现象，也是全球劳资关系矛盾激化的一大体现。

问题与讨论

1. 结合美国房地产次级贷款引发的金融危机问题，谈谈你对此次金融危机中美国国际地位是否会受到大的影响这一问题的看法。通过美国在历次政治经济危机中的政策调整，对美国在金融危机后的政策走向进行分析。

2. 有人说世界各国解决全球经济危机的根本出路，可能在于给过高的资产价格降温，使其维持在一个合理、公平的市场利润水平。运用经济学原理分析：资产价格下降对经济增长的影响是什么？对企业扩大生产与市场需求增长是否有利，理由是什么？

3. 美国应对金融危机的 8 000 亿美元经济刺激计划所体现的新贸易保护主义，表明发达国家的目标是保护和提高本国人民的就业和福利，而不是外国企业家的利润、外国的出口利益和外国劳动者收入和就业水平。你认为这种说法对吗？如果不对，你怎样评价美国实行的新贸易保护主义政策？

1. “尼克松主义”的主要内容是什么？请查阅网络资料，分析美国全球战略的形成与演变过程。

2. 美国的亚太战略调整的主要依据是什么？日本经济的高速发展对于美国全球战略及美国的亚太地区战略调整有什么意义？结合21世纪日本经济的变化，分析美日关系的变化及其主要影响因素。

3. 中国经济崛起对美国全球战略的影响是什么？对于世界政治经济新格局的出现有什么意义？包括美国在内的西方发达国家对中国因素的主要看法是什么？请举例说明中国融入经济全球化体系的作用与意义。

思考题

1. 国际政治经济格局对世界各国经济增长有何影响？为什么要特别关注国际政治经济格局及其变动的趋势？这与国家发展战略有什么关系？

2. 简要回顾并说明“二战”后国际政治经济格局对我国经济社会发展的影响。

3. 你认为朝鲜战争、越南战争与美国战后全球战略的形成和发展有关系吗？如果认为有，请说明理由，并进行分析。

作业题

1. 阅读本章美国社会精英对中国与全球化问题的报告，并就美国在中国崛起问题上的基本态度撰写读书报告。

2. 简要说明俄罗斯在经济全球化进程中的作用。

3. 中国、印度作为亚洲的大国，在经济全球化中有什么不同？在国际关系中各有什么影响？中国与印度的关系会成为今后中国处理国际关系问题的主要难点吗？

4. 在东亚地区，中国与日本的关系如何，请简要说明。

第三章

经济全球化与区域经济一体化

第二次世界大战后，世界经济处于相对稳定发展的时期，出现了地区性、行业性互相联合的经济现象，并开始逐渐向区域经济一体化发展迈进。而区域经济一体化的强化，又进一步推进了经济全球化的发展。

第一节　区域经济一体化的趋势

众所周知，区域经济一体化是经济全球化发展的重要历史阶段，同时也是经济全球化的实现基础。没有区域经济一体化的发展，经济全球化是不可能实现的。那么，不同国家和地区的经济在主权不同的情况下，究竟是怎样实现区域经济一体化的呢？要回答这个问题首先要对区域经济一体化有清楚的认识。

一、区域经济一体化概述

所谓区域经济一体化，指的是特定区域内的国家或地区，通过签订协定和条约或通过组建一定的经济合作组织，消除各种贸易壁垒，实现区域内生产要素的自由流动和生产分工的最优化，最终达到各国或各地区经济政策及经济体制一定程度的统一。

区域经济一体化的组织形式，一般被描述为自由贸易区、关税同盟、共同市场、经济联盟或完全的经济一体化。那么，区域经济一体化是怎样产生的呢？“二战”后，以欧洲煤钢联营和其后欧洲经济共同体的建立为标志，开始了区域经济一体化的进程。20 世纪 90 年代，区域经济一体化有了很大的发展，几乎成为一种世界性浪潮。西欧、北美、东亚三大区域的区域经济一体化的进程发展最快，区域经济合作组织也最有成效。其中，于 1995 年 1 月 1 日正式成立的欧洲联盟是目前世界上一体化程度最高的区域性经济合作组织；于 1994 年 1 月 1 日正式开始运作的北美自由贸易区，开始了南北国家之间的经济合作，为区域经济一体化提供了一种新的类型；于 1989 年成立的亚洲太平洋经济合作组织，是世界上最大的区域经济合作组织，它所遵循的尊重多样性、协商一致、自主自愿等原则构成的“APEC 方式”对增强亚太地区的凝聚力、缩小成员之间的差距、进一步推动亚太地区的经济合作与发展具有十分重大的意义。

区域经济一体化在 20 世纪 50 年代出现，伴随着经济全球化的推进而不断发展、升级。由于世界各国在生产力水平、经济结构等方面存在很大差异，要达到完全的全球经济一体化还需要经历较长的发展过程。自 50 年代末以来，一些地理位置相近的国家或地区通过加强经济合作，为谋求风险成本、机会成本的最小化和利益的最大化，形成了一体化程度较高的区域经济合作组织或国家集团。此后，在半个多世纪里，区域经济合作出现了三次发展浪潮。第一次浪潮发生在五六十年代，以 1956 年成立的欧洲共同体为标志；第二次浪潮发生在 90 年代初期，其标志是欧洲统一市场的形成及北美自由贸易区和亚洲太平洋经济合作组织的诞生。据统计，60 年代，全球共有 19 个区域经济一体化组织；70 年代增至 28 个；80 年代增至 32 个；进入 90 年代，全球区域经济一体化组织达 100 多个。这些组织层次、规模不同，内容也不一样，遍及欧洲、北美、拉美、非洲和亚洲，其内容除涉及国际贸易外，还涉及资本、技术、劳务、人员流动以及财政、信贷政策的协调等。在众多区域经济一体化组织中，较大的有欧洲联盟、北美自由贸易区、亚洲太平洋经济合作组织，它们拥有世界 4/5 的 GDP 和 4/5 以上的国际贸易。应该承认，经济全球化浪潮与建立在地区经济合作基础上的区域经济一体化相互作用的结果，不仅改变了世界经济格局的发展方向，对世界政治经济格局产生重大影响，有力地促进了经济全球化的发展，同时也使建立区域性政治经济联盟成为可能。90 年代末期，区域经济一体化呈现迅速发展的态势，掀起了第三次浪潮，并一直延续至今。这次浪潮的特点是区域贸易协定特别是双边自由贸易协定（FTA）在全球各地涌现。据 WTO 统计，截至 2003 年 5 月，全球 WTO/GATT 的区域贸易协议已超过 265 个，其中 190 个已生效，138 个是 1995 年 1 月 1 日后达成的，大部分属双边 FTA 性质。到 2005 年，正式生效的区域贸易协议可达到 300 个。

亚太地区最早的双边 FTA 是 1983 年签署的澳大利亚与新西兰紧密经济关系协定，在 1989 年以前，它一直是亚太地区唯一的双边 FTA。1997 年，全球 GDP 排名前 30 位的国家和地区中，唯有东亚的日本、韩国、中国（不含澳门）没有加入任何双边 FTA。但是，1997 年以后，东亚各类双边 FTA 大量涌现，成为区域经济合作第三次浪潮在亚太地区的主角。据不完全统计，目前亚太地区处于不同阶段的双边 FTA 已超过 50 个。

在美洲地区，近年来加拿大与智利达成了双边 FTA，与欧洲自由贸易联盟的双边 FTA 谈判已经接近尾声，与南锥体共同市场的谈判正在进行中；2000 年 7 月墨西哥与欧盟达成了双边 FTA；美国在 2000 年与约旦达成了双边 FTA，与智利、韩国、新加坡和土耳其的双边 FTA 也正在“快车道授权”下谈判。在加勒比地区，有 13 个成员的加勒比共同体与多米尼加和古巴达成了双边 FTA。

随着欧盟东扩进程的加快，欧洲地区的双边 FTA 将进一步向外扩展。在实现东扩之前，欧盟与中东欧国家通过双边协议已联系在一起，与保加利亚、捷克、匈牙利、波兰、罗马尼亚、斯洛伐克和斯洛文尼亚签署了中欧自由贸易协定，波罗的海地区的爱沙尼亚、拉脱维亚和立陶宛也已建立了自由贸易区。

非洲各国也开始了推进一体化的进程：西非国家共同体成员已同意实行统一税则；包括 10 个国家的南非发展共同体在 2004 年形成自由贸易区；有 20 个国家参加的东南非共同市场已于 2000 年 10 月启动。

在中东地区，海湾合作理事会于 1999 年 1 月同意到 2005 年实现同一税则。在众多中东国家中，以色列和约旦已经与美国签署双边 FTA。2003 年 5 月，美国已经宣布拟在今后 10 年内与中东各国建立一个双边 FTA。

如果把经济全球化与区域经济一体化进行比较，世界上不同国家从政治经济利益的角度考虑，必然会形成不同的态度，其经济合作程度的高低也有很大的不同。所谓经济全球化，是指参加多边谈判或磋商的相关国家和地区经济团体在全球范围内形成大家都能够接受的相关经济贸易协议，并按照共同制定的协商原则，实行整体运行的世界性的经济贸易组织或经济体系。至今，经济全球化仍是个有争议的课题，特别是很多发展中国家担心这种趋势更有利于发达国家，可能导致富国更富、穷国更穷。相比之下，区域经济一体化则为更多的国家或地区所接受。

经济一体化包括两种形式：一种是全球经济一体化，另一种是区域经济一体化。前者是通过在全球多边贸易谈判中削减各种关税、非关税壁垒和制定多边贸易规则来实现世界范围的贸易自由化和经济一体化；后者则是通过地区性的优惠贸易安排和建立经济集团来实现成员国之间的贸易自由化和经济一体化。所以两者的目的存在一定程度的重合，即都是追求一定范围的贸易自由化和经济一体化。但是区域经济一体化毕竟是地区性的，地理界限会妨碍成员国贸易的更大发展和资源的最优配置。从理论上讲，全球经济一体化对于世界各国来说是一种最优选择。

区域经济一体化的基本特征是其成员国享受的优惠和承担的义务均高于世界贸易组织。欧洲联盟形成的统一市场，其成员国间的关税就远远低于关贸总协定的乌拉圭回合最后协议的水平。当然，区域集团组织成员国在享受减免关税等优惠的同时，也必须承担相应的义务，如同比例减免关税。此外，经济区域内成员国之间的关系也并非简单的大统一，竞争与合作是它们的主旋律。由于生产力发展水平的提高，同一经济集团内部成员国间出现了产品互补的经济合作形式。如在东亚地区，日本向该区域中的发展中国家出口工业品，发展中国家则向日本输出原料、燃料和初级产品，减少了不必要的竞争。但经济合作并没有完全消除它们之间的经济竞争，如在北美自由贸易区内，墨西哥同美国、加拿大的竞争不但没有减弱，反而更加激烈。可见，各个成员国间的经济互补性，促使它们加强了彼此间的经济合作；而相互间的经济差异性，又加强了相互间的经济竞争。促进区域经济一体化发展的因素主要包括：

（1）区域经济一体化是各国寻求新发展的结果。自20世纪80年代以来，世界经济经历了重大的震荡、调整和改组，许多国家的经济实力出现了新的变化。如1989年日本的国民生产总值相当于美国的比例已由1985年的1/2上升到3/5，日本的人均国民生产总值已超过了美国。因关贸总协定和后来的世界贸易组织进展比较缓慢，原来经济上具有优势的国家为了防止丧失优势，都在寻求区域集团的保护。由于发展中国家不同社会制度的对立、不平等国际分工的存在，各国经济不平衡加剧；而发达国家对发展中国家进行经济封锁和贸易歧视，致使发展中国家很难发挥国际贸易中的比较优势，也不得不寻求区域经济一体化的保护。

（2）地理位置相邻是区域经济发展的重要因素。除了节省交易成本，容易开展国与国之间商品、服务、资本、人员交流外，往往有助于确立和扩大共同的政治和经济利益。地理位置相邻还容易发展相似甚至相同的文化，接受共同宗教的影响，形成互补的国际分工，这些都有利于区域经济一体化的深入发展。欧洲共同体形成和发展的历史有力地证明了这一点。

（3）由于科技革命推动生产力极大提高，生产国际化分工日益加强，使世界各国之间的经济联系日益密切，相互依存日益加深。1995年全球贸易的进出口总额首次突破了10万亿美元，占世界总产值的比重首次超过了1/3。区域内相互的经济依存程度也大大提高，以欧洲共同体的国家为例，1991年德国的投资地区构成中，欧共体和其他欧洲国家合计占49.6%，北美国家占29.6%，拉美国家占10%，亚洲国家占5.9%。

区域经济一体化对世界政治经济格局的影响，主要表现在：

（1）区域经济一体化的发展将有力地促进经济全球化的发展。从经济全球化和区域经济一体化所追求的目标来看，无论经济全球化还是区域经济一体化，其目的都是实现规模经济、提高经济效率和增强产品竞争力，只不过是范围大小不同而已。区域经济内部成员国实行生产要素的自由流动，必将加速资本的相互渗透，深化成员国之间的相互依存程度和国际分工，从而进一步推动经济全球化的历史进程。如北美地区的内部贸易占美国、加拿大和墨西哥三国贸易总额的36%，所以北美贸易协定成员把北美自由贸易区看作是对多边贸易关系的一种补充。

（2）区域经济一体化的发展改变了世界经济格局的发展方向。“二战”后，由于西欧国家的实力大为削弱，经济上很难同美国垄断资本竞争，致使美国成为世界经济唯一的超级大国。为了维护自身利益，西欧国家只有联合组成区域性经济集团，才有可能争得同美国平等的地位。1967 年欧洲共同体成立后，由于采取一系列推进经济一体化的措施，加速了共同体经济的发展，50 年代和 60 年代欧共体的出口增长率分别达到 8.4% 和 10.2%，不仅高于世界出口的平均增长速度，而且也远远高于其他发达国家出口的增长速度，使欧共体占世界出口的比重由 1950 年的 27.7% 上升到 1970 年的 36.7%，国民生产总值占世界的比重由 1955 年的17.5% 上升到1975 年的22.1%。欧元的启动，使欧共体更紧密地连成一体，成为一个足以抗衡美国、超过日本的强大经济实体。1999 年的 GDP，欧元创始国为 63 040 亿美元，仅次于美国的 78 190 亿美元，远高于日本的 42 230 亿美元。如果把欧盟 15 国的 GDP 加起来，为 80 970 亿美元，欧盟已经超过美国。

美加墨自由贸易区

欧共体经济实力的崛起，使美国感觉受到威胁，加之战后日本经济的飞跃发展，美国的经济地位更是相对下降，日益感到其要在关贸总协定范围内对多边贸易谈判发挥更有效的协调作用越来越难，于是美国把目光转向邻近的加拿大、墨西哥。而从加拿大、墨西哥的角度来看，它们希望本国商品更多地进入美国市场，吸引更多的美国投资，与美国的结盟将更有利于经济的发展。1992 年，美国、加拿大与墨西哥签署了北美自由贸易协定，建立了自由贸易区，并由此开创了打破经济发展水平差异组建区域经济组织的先例。

东亚经济组织的建立，标志着世界经济出现了北美自由贸易区、欧盟和东亚三大区域经济，出现了“90 年代的世界经济由北美自由贸易区、欧共体和东亚三大经济圈构成”的格局。世界最大的三大地区经济圈同21 世纪初相继形成的欧洲经济圈、美洲经济圈和亚太经济圈将最终形成竞争与合作的新格局。

（3）区域经济一体化将促使建立区域政治联盟成为可能。实现政治一体化，建立欧洲政治联盟是欧共体长期的憧憬。两次世界大战后，欧洲首先出现的不是经济一体化运动，而是政治一体化思潮，它直接反映了欧洲久经战乱之后对和平的渴望。20 世纪 60 年代，法国总统戴高乐曾提议 6 国形成共同的外交和防务政策，因该提议跟北大西洋公约组织分庭抗礼，欧共体各国首脑在 1969 年 12 月的海牙会议上开始研究如何才能实现政治统一。1970 年，欧共体正式建立限于欧共体成员的“欧洲政治合作”制度，在政府间合作的基础上协调各国外交政策，对外部世界尽可能地以“一个声音说话”。1990 年 4 月 28 日，欧共体各国首脑在爱尔兰首都都柏林举行特别会议，法国总统密特朗和联邦德国总理科尔联合致函欧共体执行主席，建议将加快政治一体化列入峰会议程，获得绝大多数成员的积极响应。1991 年 2 月，《马城条约》在确定经济与货币联盟计划的同时，提出共同建立政治联盟的目标。在当今世界政治多极格局中，欧盟要自居其一，必将继续谋求共同外交和共同防务。一旦欧盟实现了政治一体化，北美自由贸易区及东亚经济圈必将受到冲击。

区域经济一体化过程中存在的问题，主要包括：

(1) 区域经济一体化的松散联盟，导致成员国之间矛盾重重。区域经济一体化的目标是区域内部形成统一市场，成员国在区内自由贸易。正因为如此，自由贸易的弱点也迅速显现出来。如1994年墨西哥财政赤字扩大，导致墨西哥比索暴跌。为此，美国付出了很大代价。

亚太经合组织的问题

亚太经合组织有18个成员国，各国家和地区参加该组织的目的不同，如美国、加拿大和澳大利亚是以贸易、资本自由化为目的，而日本、韩国等国家则更注重地区性的经济合作。如果俄罗斯、印度等国家再加入的话，亚太经合组织成员国的目的就更加多元化。可以说由于发展中国家与发达国家的经济处于不同的发展阶段，其国家和地区的政治经济情况差别很大，目前很难找到能将这些处于不同经济发展阶段、文化背景复杂多样的国家和地区聚集在一起的理念和制度。

(2) 区域经济一体化的发展使国家主权面临挑战。美国企业管理学家彼德·德鲁克在谈到区域经济时说："这些区域并不会取代民族国家，但使民族国家为之降格。"其寓意在于区域经济一体化进程将要求约束甚至让出部分国家主权。在享受区域贸易与投资自由化优惠的同时，一国或地区也必须承担义务，如减免关税、减少非关税壁垒和严格执行国民待遇原则。要想获得欧洲联盟货币一体化的好处，各成员国就必须同时满足欧盟在通货膨胀、财政赤字、汇率等方面提出的苛刻条件；要想使诸如亚太经合组织这样的区域经济一体化组织富有成效，就必须接受其随机制转化而来的强制约束力。这样，国家的决策就不得不受到外部世界强有力的影响。特别是以美国等西方发达国家为主导的"国际社会"，认为存在着某种超越主权国家的权力，其所谓的"人权"就是一种，它们常常借此对他国的内政进行干涉，从而使其主权受到损害。

(3) 区域经济一体化的发展会加剧世界经济发展的不平衡。"二战"后，国家经济发展的一个鲜明特征是大国经济发展差距进一步扩大，经济不平衡发展带有跳跃性质。三大经济圈的形成本身就是世界经济发展不平衡的体现。在区域经济一体化形成前，即20世纪六七十年代以前，美国处于经济地位上升时期。随着欧共体的发展，美国经济在世界经济中的地位下降，西欧、日本主要国家和地区经济实力则稳步上升。统计数字显示，1965—1980年，美国的国内生产总值年平均增长率为2.7%，日本为6.6%，德国为3.3%，法国为3.8%，英国为2.9%，意大利为4.3%。而自北美自由贸易区建立以来，美国又重新走在了其他西方大国的前面，1997年，西方主要大国的GDP实际增长率对比中，美国为3.7%，日本为1.1%，德国为2.3%，法国为2.2%，区域经济的增强，在一定程度上加剧了各地区间的对抗竞争。排他性的经济组织的出现不符合人类发展利益，至少从长远来看，支离破碎的世界经济意味着经济福利的减少，并可能导致政治冲突。

虽然在20世纪世界经济格局经历了这样那样的冲击，但在21世纪世界经济仍将继续向全球化、区域化发展，经济全球化要求冲破边界的限制，渗透到世界的各个角落，而矛盾加剧与自我保护意识又要求保持和扩大自己的区域范围，全球化与区域化相互交织，为世界经济带来了更为丰富多彩的发展模式，它们仍将是未来世界经济发展的主流。21世纪的经济发展必将向政治家、经济学家提出更多、更具有挑战性的课题。

二、国际性经济开发区

进入20世纪90年代以来，世界经济呈现全球化和区域经济一体化两个明显的趋向。区域经济一体化表现为相邻近的两个或两个以上国家获取区域内国家的经济聚集效应和互补效应，为促使产品和生产要素在一定区域内自由流动和有效配置而建立的跨国性区域经济联盟。全世界目前的区域性经济合作组织有欧盟、北美自由贸易区、南美共同体、亚太经合组织等。越来越多的由地理上相近的国家组成的日益增多的区域性经济合作组织，显示了世界经济发展进程中的另一大趋势，即世界经济发展的集团化、区域化和多元化。

世界上的国家和地区不可能同时实现贸易自由的一体化，而一些在地域上、经济上密切相关的国家和地区首先实现区域性一体化，有助于推进全球经济一体化进程。因为与分散孤立的各国经济联系相比，组成区域性经济集团不仅已在全球经济的不同部分、不同层次实现了经济一体化，而且也更有可能和更容易通过联合或合并的方式向全球经济一体化过渡。另外，地缘纽带、地缘心理、地缘文化、地缘政治、地缘利益是实现区域经济一体化的前提。地缘因素是决定区域发展的重要因素。世界各大区域组织的形成无一例外地和地缘因素有直接关系。由于全球经济一体化是大势所趋，国际性区域经济合作也给各地区经济提供了充分发展的空间。如中国西部城市集群加速形成“第四经济圈”，涵盖范围包括中国西北五省、西藏自治区和内蒙古自治区等，参与该区域经济一体化的其他国家有吉尔吉斯斯坦、土库曼斯坦、乌兹别克斯坦、哈萨克斯坦、塔吉克斯坦、巴基斯坦、印度和俄罗斯，共9个国家。如果该国际性区域经济以地缘关系形成经济一体化局面，将对包括中国部分地区在内的国际经济合作发挥积极作用。

区域经济理论告诉我们，随着世界范围内工业化与城市化的快速推进，以大城市为中心的圈域经济发展将成为各国经济发展中的主流。大城市在区域经济发展中起到了核心作用。区域经济的发展应以大城市为中心，以圈域状的空间分布为特点，逐步向外发展。首先应有一个居首位的城市经济中心；二是有若干腹地或周边城镇；三是中心城市与腹地或周边城镇之间形成的“极化—扩散”效应的内在经济联系网络。“第四经济圈”将引起国际投资流向的新变化。区域经济一体化的发展是不同区域经济组织中的国家加紧向对方渗透，竭力打入对方势力范围的有效手段。目前各主要发达国家都加强了相互之间的对外直接投资，从而使国际投资流向越来越多地集中于区域经济一体化组织内。

以高科技为先导，各国经济生活的国际化和社会化程度迅速提高。经济活动跨出国界、走向世界已经成为必然的趋势。对外贸易增长将超过国内生产增幅，经济对出口的依赖程度越来越大。商品贸易持续增长、对外直接投资迅速攀升，它们将逐步取代出口贸易而成为国际经济活动的主流。国际资本市场融资规模日益扩大，世界市场体系已经逐步形成，国际经济活动相互依赖程度逐步增强，各国的经济活动以世界市场的动态信息为依据，任何国家都相应地融进了世界经济的有机整体。

三、发展中国家的经济开放政策

随着经济全球化或区域经济一体化的迅速发展，发展中国家开始实行开放经济政策。改革开放成为“二战”后获得民族独立和民族解放的发展中国家的共同愿望。

❶开放经济须具备的条件

开放经济必须具备两个基本条件，一是贸易自由，二是金融自由。对外贸易在全球范围内流动的结果，是必须以金融的自由流动为前提。但问题是，对发展中国家来说，贸易自由化与金融自由化都不可能在短期内实现。即使是开放国家提出相应的政策，实际操作中也很难收到好的效果。

亚洲金融危机早期，国际货币基金组织在受援国推行进一步自由化的改革，结果不仅无效，反而雪上加霜，普遍遭到批评，是反面的典型案例。金融危机发生以后，中国人民币资本项目可自由兑换的改革，几乎退出进一步改革的逻辑选择空间，这又是一个典型案例。马来西亚实行外汇管制的成功，看上去是应付危机诸多手段之中的一种选择，实际上具有特殊的历史意义。逻辑上，与人民币不自由兑换的道理一样，只要短缺资本不能自由流动，本国中央银行的调节，就能在本国范围内最大限度地发挥作用。

资本自由流动和全球金融一体化的神话，在各国和各地区政府各种形式的外汇管制中逐渐破灭，贸易自由化因此受到威胁。20 世纪 80 年代末和 90 年代，贸易自由化突飞猛进的发展和企业跨国化、跨国直接投资突飞猛进的发展紧密联系在一起。在冷战结束后的和平环境里，跨国公司全球分工体系内部的“贸易”占世界贸易的比例越来越大，不仅在很大程度上使进出口关税成为“多此一举”，而且强烈要求资本项目的自由流动。在此基础上，各国的外汇管制对跨国直接投资的巨大负面影响是显而易见的。一旦全球范围的跨国直接投资减缓，进出口贸易必然重新成为各国政策争执的新焦点。

❷区域经济一体化的福利效应

国家间要素比较优势的变化推动着国际分工的变化。建立在比较优势学说基础上的国际贸易理论解释了国际垂直分工的现象，但这种理论无法解释国际水平分工的格局，即要素禀赋相似或相同的国家间存在大量的贸易。部门内贸易是指国家之间进口或出口基本相同或相似的产品，它涉及不完全竞争的领域，一般不能用建立在完全竞争基础上的传统国际贸易理论来解释。消费者的偏好是多样的，而产品存在水平差异性，并且在生产的平均成本递减的情况下，即使是在两个完全相同的国家之间也能展开部门内贸易。从水平分工的理论我们可以看出，规模经济是部门内贸易的一个重要因素，并且是贸易得益的一个重要来源；喜好越是相似的国家，越有可能展开部门内贸易。区域经济一体化将原本被保护主义分散孤立的国内小市场统一起来，形成一个更大的市场。通过这个大市场内的激烈竞争，获得大批量生产等的技术利益。所以，水平差异的部门内贸易是区域经济一体化的内在动力，直接促进了区域经济的一体化。

维纳（Viner）在其《论关税同盟问题》一文中指出，组成关税同盟的总福利效应要看贸易创造效应和贸易转移效应对比之后的净福利，也就是说，如果贸易转移效应超过贸易创造效应，一国参加关税同盟的净福利将是负的。维纳的理论可以很容易地推广到其他区域经济合作形式。但在国际贸易理论的最新进展中，经济学家 Kowalczyk 提出了另一种衡量参加区域经济合作组织后国家福利变化的方法。他指出，贸易转移不一定会降低国家福利。即使在一个只存在贸易转移效应而没有贸易创造效应的关税同盟，国家也可能因参加同盟而增加福利。从 Kowalczyk 的理论我们可以清楚地得出结论：如果一个贸易小国处于周边国家纷纷加入区域经济组织的地缘经济环境中，该国的明智选择就是加入该区域经济组织。

❸区域经济一体化的风险

如果将区域经济一体化和经济全球化看作两种不同的经济发展模式的话，其存在的风险有时是一样的。自20世纪80年代以来，世界经济发生了巨大变化，一方面是以IT产业作为主导产业的新经济的形成，另一方面则是经济全球化对国家民族经济的冲击。

一般来说，经济全球化是可以增进全球经济福利的，因为经济全球化扩大了世界市场的规模，促进了国际分工和国际竞争，从而使得所有参与经济全球化的国家可以在更大范围的国际分工与贸易中获利。但是，在现实经济生活中，经济全球化发展的结果并非都是积极与正面的。原因如下：一是与市场机制本身固有的特性相关。与各种类型的国际结盟不同，经济全球化是一个自发的市场机制起作用的过程，市场机制的作用过程不仅具有随机性，而且其作用的结果往往是强者获利、弱者受损。因此，经济全球化的发展进程并不是稳定的，而是具有很大风险的。二是与每个参与经济全球化的国家不能采取正确的应对策略有关。在国际比较优势发生变化的情况下，一个参与国际分工的国家如果不能因此而进行有效的结构调整，或者是没有能力来完成这样的结构调整，那么它就会在全球化浪潮的冲击下受损。

面对全球化风险，当然可以有不同的处理方法，但经验告诉我们，反全球化不仅会降低全球福利，而且对决意推行这种做法的国家、团体或个人也都是不利的。当然，听凭市场机制在全球化进程中不受控制地发挥作用也不是可行的做法。应借助区域经济一体化来化解经济全球化所产生的消极影响，使得经济全球化真正成为一种促进全球福利的过程。

4 区域经济一体化将化解经济全球化的风险

根据科斯定理，一体化的区域经济把全球市场内部化为区域市场，有效地降低了在全球范围内配置资源的搜寻成本。另外，一体化的区域经济由于地理上接近、文化上相似、市场结构上互补，可以有效地降低交易成本和违约风险。来自于市场机制作用过程中具有随机性的经济全球化的系统性风险不能通过区域经济一体化来化解。但是，对于由一国不能在全球化冲击下作出有效的结构调整所产生的非系统性风险，则可以通过把全球市场内部化为区域市场来化解。

一体化的区域经济必然要求金融合作。各国的本币转变为区域经济合作框架下的区域性统一货币，这将带来币值的相对稳定，使国际游资和货币狙击者无法冲击，或者狙击货币的成本高昂。这种货币稳定带来的金融稳定将直接使世界经济受益，有利于各国经济的健康发展。此外，“世界贸易组织”等全球化的经济组织由于规模较大，各种利益关系错综复杂，要在短时间内取得较大的进展必然会有很大难度。而双边的或次区域的经济组织由于参与国的沟通、协调和谈判的成本较低，可以相对顺利地启动实质性的合作进程。这实质上也是一种降低广义的交易费用的过程。这种双边的或次区域的经济合作本身就是经济全球化的重要组成部分，并且可以迂回地推进经济全球化的发展。

如果说经济全球化是一个由自发的市场机制起主导作用的过程，那么，区域经济一体化则是一个由国家起主导作用的过程。在前一种状态下，风险是很难规避的；而在后一种状态下，风险是可以得到控制与化解的。这一论点源于新制度学派的企业理论。罗纳德·科斯在《企业的性质》一文中将企业的边界限定为交换的范围，在企业里，市场机制被放弃而用权威和指令来完成资源的配置。科斯关注使用市场的成本对契约和交换的影响，并指出，当使用市场的成本大于使用直接权威的成本时，市场活动就会被纳入企业内部。如果把国家或者国家间的经济联盟看作全球化市场中的企业，那么，当使用全球化市场的成本和风险大于国与国之间的谈判成本时，一体化的区域经济也会使用国家的直接权威将一部分全球化市场内部化为区域市场。

我国对区域经济一体化的基本态度

21世纪初，中国和东盟10国的经济官员在北京就未来10年内建立中国—东盟自由贸易区的目标、原则、内容、时间框架等问题进行讨论。外经贸部副部长龙永图说，中国—东盟自由贸易区的建立，将使双方更好地实现优势互补，开拓新的发展机遇，共同防范经济全球化带来的风险。他说中国—东盟自由贸易区建成后，将形成一个拥有17亿消费者、近2万亿美元国内生产总值、1.2万亿美元贸易总量的经济区。中国—东盟自由贸易区将是世界上人口最多的自由贸易区，也将是发展中国家组成的最大的自由贸易区。据了解，在过去的10年中，中国与东盟的贸易额增长了4倍，2001年达到416.15亿美元，比上年增长了5.3%。东盟现已成为中国的第五大贸易伙伴，中国是东盟的第六大贸易伙伴。

第二节　区域经济关系

在欧洲，由于各国自然资源和经济社会传统不同，在经济构成方面有很大差异，这对于形成以区域内部交易为主体的共同市场，对其成员国都有一定的利益。但非成员国的经济究竟与成员国经济有什么不同呢？这就有必要先将英国经济作为案例进行简要的介绍。

一、英国与欧盟的关系

在英国，工业制造早已成为传统战略，而英国优势制造业也成为英国参与区域经济一体化的最大优势，但英国却是非成员国。究竟是什么原因使英国在西欧国家中独辟蹊径呢？这与英国经济结构及英国对欧洲一体化前景的判断有关。在这里，主要就英国经济结构进行分析。

英国是最早提出建立欧洲联盟设想的国家。在“二战”期间，英国首相丘吉尔为战胜德国法西斯的入侵，曾经设想组织欧洲联盟以共同抵抗德国的入侵。战后，当法国、联邦德国等国家提出建立欧洲共同体时，英国的态度却是冷淡的。除政治因素外，如果仅从经济层面考虑，恐怕与英国同美国关系密切，在世界政治经济中优势地位明显有关，更何况英国工厂制度成熟，制造业极为发达，致使英国的态度和法国完全不同。这一基本态度一直延续至今。至于制造业，在早期工业化国家中，无论哪个国家都把制造业放在国民经济的突出位置，这已成为工业化国家的标志。而工业化水平，实际上标志着该国现代化的程度，这在理论上几乎没有什么异议。在英国，其制造业可以说是该国的传统产业，至今在国家经济中都占有重要的地位，工业产品占英国出口总额的一半以上。英国企业研发活动的75%集中在制造业，该行业直接就业人口达340万人，带动了供应链和服务行业众多的就业岗位。因此，制造业是英国经济活动的主要贡献者和就业岗位的主要提供者，也是今天英国科技创新的主要驱动力。这一点，同美国经济发展的特点相类似。

英国一直在实施以创新为核心的国家发展战略，其中制造业是重要组成部分。1993年英国发表了《实现我们的潜能：科学、工程和技术战略》，主要目的是帮助英国制造厂商实现其潜能，制定出一套政府、企业、工会和其他各方的合作行动框架，该框架确定了七大优先支柱：①确保宏观经济的稳定。②增加对企业的投资，改善税收政策。设立小企业信贷保证计划、区域风险资本基金、高科技基金等，为企业，特别是中小企业提供基金和信贷方面的优惠政策，在税收政策上，激励企业增加对研发的投入，全面降低企业所得税。③大力促进科学与创新。2004 年英国政府出台了《科学与创新投资框架（2004—2014）》，政府对科学的总投入从 2004—2005 财政年的 42 亿英镑增加到 2007—2008 财政年的 53.6 亿英镑，年均增幅 5.7%，研发投入的总目标从目前占 GDP 的 1.9% 增加到 2014 年的 2.5%。④为帮助企业提高竞争力，在全国设立“制造业咨询服务中心”，扩充“合作基金”。⑤为员工提高技能和受教育创造更好的条件，吸引更多的优秀青年加入制造业行列。⑥加速建设和完善现代基础设施，重点是铁路、公路、航空和宽带网。⑦创造公平的市场竞争环境。当前，英国的优势制造业主要集中在高附加值、高技术制造业方面，主要包括：

（1）航空航天工业。英国是空中客车的主要设计者和制造者，是世界上最大的飞机如空客 A380 制造的主力军。英国可以自己研制航天器，还可以生产在航天器上使用的各类仪器设备、控制软件、地面控制系统、数据回收分析系统等。

（2）通信与光电行业。英国在技术、软件创造、产品设计、精密制造等方面都具有很强的实力。

（3）汽车工业。汽车设计工程、发动机设计制造、赛车和高档豪华车制造是英国汽车工业的强项。

（4）化学工业。英国是世界七大化学工业国之一，75% 的产品供出口，在化学工艺技术与优化、绿色制造、高附加值化工消费品和专用品、先进聚合材料研发等方面具有很强的实力。

（5）纳米材料。英国拥有世界一流的纳米技术研究，具有研究优势和产业发展机会的纳米技术领域，包括电子与通信、药品传递系统、生物组织工程、药物植入和器件、纳米材料、纳米仪器、工具和度量、传感器和制动器。

（6）用于工业和科研的精密仪器仪表。

由此可见，在科技创新和科技发展方面，由于英国整体实力已仅次于美国，而且其不少领域在国际上处于领先地位，所以在区域经济一体化进程中，英国同欧洲其他国家的出发点是完全不同的。

二、欧洲共同体化及其法案

成立欧洲共同体，第一步的关键在于如何建立欧洲统一市场。欧洲共同体的执行机构即欧洲委员会推出白皮书开始了一体化的进程。该书的宗旨在于消除成员国之间各种产品的、技术的和财政的壁垒，共有 300 多条法律条文，它成为单一欧洲法案的一部分。其主要内容包括：①取消内部边界控制并响应加强外部边界控制；②统一产品的技术标准；③采取各成员国增值税制和消费税制更接近的措施；④自由移民。白皮书所提出的实施时间是从 1992 年开始。这意味着欧洲共同体变革已经成为欧洲经济一体化的序曲。

如果对欧洲国家在区域共同市场的出口与对外出口的差异进行分析，存在的主要问题则集中在农产品价格补贴、出口关税及税制差异等方面，以至于使人们对区域经济合作产生相当大的困惑。

例如欧洲税费制度差异问题。欧共体成员国之间，其税费制度的差异相当大，所以税费制度的改革也需要继续进行。就汽车的增值税与登记费而言，在卢森堡的费率是 15%，而在丹麦的费率则是 21.8%。在丹麦的哈得思雷夫，买一辆中型的梅赛德斯车要花 9 万美元，这几乎是在其南部约 30 英里外的德国弗兰斯堡所付费用的 3 倍。此外，英国消费者购买本田名流车要比在欧洲其他地方多付89%的费用。苏格兰的胶带在瑞典需缴纳18美元的税费，而在意大利则要缴纳高达其9倍的税费。尽管欧洲财长会议曾提请各国注意自己的税费征收问题，但收效甚微。但在对区外的出口方面，2005年11月欧盟贸易委员曼德尔森宣布，欧盟向美国、巴西、印度和澳大利亚提出了一项新的削减农产品关税建议。根据新的建议，欧盟准备将其农产品关税平均下调46%，其中最高关税的下调幅度最大达60%，包括牛肉、禽类、糖、水果等敏感产品的关税也将作相应下调。曼德尔森和欧盟负责农业事务的委员玛丽安·菲舍尔·伯尔共同向欧盟的四大贸易伙伴提出了这一建议，但没有给出具体时间表。在记者招待会上，曼德尔森强调，欧盟新建议的前提条件是世贸组织其他成员降低工业品关税并开放服务业市场。他还强调，美国、澳大利亚和新西兰等发达国家也必须在农产品贸易问题上做出相应的让步。曼德尔森说，欧盟的新建议既照顾了欧盟本身的利益，又考虑到了对欠发达国家的优惠待遇，他希望欧盟的新建议能使陷入僵局的世贸组织多哈回合谈判取得进展。

这一新建议是欧盟迄今为止在农产品贸易问题上做出的最大让步。由于欧洲共同体成员国的情况各不相同，国家利益也不一样，这就很难形成各成员国都拥护的决议。正像欧盟提出的新建议一样，由于该建议将对法国等欧洲传统农业国家的利益产生重大影响，因此法国就表示将否决欧盟提出的建议。更何况欧洲共同体成员国经济发展水平和经济结构差异较大，所出现的分歧也就更为严重。如东欧及希腊等国家的加入，对于欧洲共同体的发展前景就产生了直接影响，发达国家的经济负担也由此而加重。

三、亚太经济合作的构想

经济全球化与区域经济一体化具有殊途同归、互动发展的关系，对于亚太地区经济一体化成长有促进作用。目前最为典型的例证就是WTO世界贸易体制与APEC的独特合作机制如何紧密结合的问题。

1 区域经济合作的可能性

在实践中，全球经济一体化由于包括世界上所有国家，地理范围广阔，合作难度加大，比区域经济一体化更难达到。一般认为：当某一强国的经济实力在世界上占绝对优势时，国际经济活动以全球化、多边化趋势为主；由于经济发展不平衡，当强国经济地位相对衰弱，形成多个中心时，各强国就会趋向于组织区域经济集团，出现以地区化为主的趋势。而其他次强国或小国，为了维护自身利益和发展共同利益，也会组织不同形式的区域集团与其他集团相抗衡。

在推动全球化和区域化的进程中，全球性国际经济组织和区域性国际经济组织分别扮演了各自的“主角”。全球性经济组织和区域性经济组织是全球经济一体化和区域经济一体化的直接产物，又是一种推动力量。从实践来看，各组织之间的协调与合作显得尤为重要。在以往的国际交往中，起主导作用的主要是关贸总协定及世界贸易组织。《关贸总协定》第1条就明确强调最惠国待遇是总协定的基本原则，并规定了所有成员国具有履行平等对待其他缔约国的义务。然而，尽管区域性经济组织有时会违背关贸总协定非歧视和最惠国待遇的原则，但关贸总协定在其长期的活动中一直对区域性组织采取宽容态度，甚至世界贸易组织还接受了欧洲联盟作为其单独的成员。在协议规则中也赋予了区域一体化适当地位，并为其提供了“法律依据”。在《关贸总协定》第24条第4款中规定：“缔约各国认为，通过自愿签订协定发展各国之间经济的一体化，以扩大贸易的自由化是有好处的。缔约各国还认为，成立关税联盟或自由贸易区的目的，应为便利联盟或自由贸易区的各领土之间的贸易，但对其他缔约国与这些领土之间的贸易，不得提高壁垒。”第 5 款规定：“本协定的各项规定，不得阻止缔约各国在其领土之间建立关税联盟或自由贸易区，或为建立关税联盟或自由贸易区的需要采取某种临时协定。”而第 24 条却允许关税联盟、自由贸易区以及与之有关的临时协定背离最惠国待遇，成为总协定最惠国待遇原则的最大例外。世界贸易组织基本承袭了关贸总协定对区域组织的宽容态度，区别是在涉及区域组织方面采取了把货物贸易与服务贸易分开的做法。从货物贸易角度看，世界贸易组织在保留了包括第 24 条在内的现行总协定的有关条款的同时，又通过乌拉圭回合对关于第 24 条的谅解作了补充和改进。从服务贸易角度看，《服务贸易总协定》第 5 条专门就服务贸易区域集团合作问题制定了类似《关贸总协定》第 24 条内容的规定。

2 WTO 与 APEC 的比较

东南亚金融危机后，APEC 各成员意识到日益突出的经济全球化将给 APEC 的现状和发展带来挑战和机遇。经济全球化是经济增长的强大推动力，它为提高 APEC 成员国人民生活水平和社会福利带来了希望。但由于经济全球化带来的众多机会没有被各个经济体充分地分享，以经济信息化、生产跨国化、金融全球化和贸易自由化为主要特征的经济全球化，仍需要通过区域经济合作的方式使 WTO 的原则在区域经济合作中得到收益。

APEC 汉城会议提出的宗旨和目标是“相互依存、共同利益、坚持开放性多边贸易体制和减少区域间贸易壁垒”。促进亚太地区贸易和投资自由化与经济技术合作是 APEC 的两大具体目标。APEC 的目标着眼于亚太，多边贸易体制的目标着眼于全球，前者侧重于贸易投资和经济合作，后者侧重于贸易就业、资源配置和环境保护，但两者目标的本质内涵和努力方向基本上是一致的。

APEC 在自愿与协调的基础上采用“软”约束机制推进其进程，而 GATT、WTO 的目标是通过谈判达成具有约束力的法律条款的“硬”约束机制来实现的。尽管两者实现目标的机制迥异，但两种机制下行事的基本原则框架却是一致的，主要体现在最惠国待遇和国民待遇两个方面。最惠国待遇原则是整个多边贸易体制的基础。APEC 强调各成员国互相尊重、平等互利、协商一致、自主自愿，非歧视原则自然成为其基本原则。以成员单边自由化为基础，自然也就不存在对非成员的歧视。在国民待遇方面，APEC 的适用范围不仅覆盖了 GATT/WTO 的适用范围，而且有所超越。比如在 WTO 协议中，虽然服务贸易总协定的缔约国在服务自由化方面有遵循国民待遇原则的具体义务，但各方争议很大，所以 GATT/WTO 仍希望服务贸易自由化进一步扩展和深化。GATT/WTO 从有利于贸易和发展的角度考虑，主张非关税措施的关税化，反对利用配额制和许可证进行数量限制。但是 GATT/WTO 本身作为一个平衡各方利益的产物，其取消数量限制原则存在着宽松的例外和灰色区域。有些国家，尤其是产品竞争力较弱的出口国，则希望配额制存在以维护既得利益，因此对取消数量限制原则持消极态度。APEC 对以数量限制为主要内容的非关税措施的态度则是“逐步取消非关税措施，确保 APEC 成员各种非关税措施的透明度”。

目前，WTO 成员已达 140 多个，基本上涵盖了各种经济发展层次和文化背景的国家类型。而 APEC 现有的 21 个成员也是由发达国家和发展中国家构成的，首创南北区域合作模式，各成员在经济制度和经济发展水平、政治和意识形态等方面差异巨大。同时这样一个横跨太平洋两岸的大区域组织内部又有多个次区域和小区域组织，如北美自由贸易区、澳新紧密经济联盟和东盟自由贸易区以及数个增长三角。这一切构成了区域内错综复杂的利益关系网，为开展区域经济合作带来了一系列矛盾和困难。合作主体间利益的多样化和利益关系的连横交叉，决定了经济合作过程中利益冲突的激烈和合作进程的艰难。可见，APEC 成员的多样性和 WTO 的多样性是一致的，这决定了 APEC 很难像其他区域经济合作那样建成排他性的区域经济集团。

亚洲区域经济合作的可能性取决于对区域经济一体化目标的认识。APEC 区域经济一体化，首先是关于建立亚太自由贸易区的构想。通常人们对自由贸易区行动原则的理解主要源自关贸总协定，这些原则是迄今为止已经成立的自由贸易区开展贸易活动的依据。《关贸总协定》第 24 条规定，地区性贸易协定包括两类，一类是“关税同盟”，一类是“自由贸易区”。“关税同盟”和“自由贸易区”的原则是：第一，对内优惠而对域外国家实行差别对待；第二，不因域内协定而增加对域外国家的贸易壁垒。APEC 与其他自由贸易区的不同点在于：一是优惠贸易安排，诸如降低关税等，不仅适用于 APEC 成员，也同样提供给非 APEC 成员；二是不搞内向型的排他性贸易集团。所以说，APEC 要建立的亚太自由贸易区，一方面有地理范围上的界限，其他非亚太国家不包括在内；另一方面在贸易优惠上没有地域限制，对世界上任何一个国家都适用。其次是推动区域经济技术合作。在 APEC 成立之初便提出了贸易和投资自由化问题，尤其是 1993 年西雅图会议之后，贸易和投资自由化更成了 APEC 活动的基础和核心问题。APEC 就经济技术合作的目的、原则、方式、机制、领域等方面达成了一系列共识。同时，把开展经济技术合作作为一个重要目标，也是 APEC 宗旨的主要特色所在。

在当今各国纷纷强调要与世界同步、努力实现全球经济一体化，并逐步步入实质实施阶段时，处理好区域经济一体化与全球经济一体化以及区域性经济组织和全球性经济组织之间的关系，使其互促互动，真正推动世界经济的发展成为经济全球化成败的关键。而 APEC 已经走上了一条新的自由化道路，虽然 APEC 的“开放”原则的实施确实需要一个较长的过程，但它拒绝传统的自由贸易区，鼓励成员体经济在非歧视的基础上实行贸易自由化，并且通过便利化措施和各种领域的经济技术合作来支持这种自由化的模式，这些都具有不容忽视的先进性和作用力。

第三节　亚洲经济一体化进程

在亚太经济合作可能性的基础上，亚洲国家的经济合作或一体化问题必须由亚洲国家自己来决定。

一、“亚洲经济一体化”的提出

经济全球化和全球区域经济合作已成为世界经济发展的大趋势，长期落后的亚洲究竟如何通过加快区域经济一体化进程实现区域内优势互补和资源有效配置，增强抵御风险的能力和提高整体竞争力，成为亚洲各国共同关心的大课题。

新世纪以来，亚洲各国对于加快亚洲经济一体化进程的必要性和紧迫性已达成共识。2002 年 1 月，日本首相小泉纯一郎访问菲律宾，正式提议与东盟建立全面经济联盟，包括签署双边自由贸易协议等；同年 4 月，以推动亚洲全面合作为宗旨的博鳌亚洲论坛正式成立；同年5月，菲律宾总统阿罗约访问日本时明确表示支持建立亚洲经济共同体的提议。在亚洲，越来越多的有识之士之所以大声呼吁要推动亚洲经济一体化进程，主要原因包括：

（1）亚洲面临欧美联合后的强大竞争压力。今天的欧洲联盟不仅形成了统一市场，而且还发行了统一的货币，发展到了区域合作的最高水平。在美洲，除了已有的北美自由贸易区之外，美国又在推动组建几乎包含所有美洲国家的美洲自由贸易区（FTAA）。目前，亚洲各国的经济发展在很大程度上依赖于对美国和欧盟的出口。例如，日本对发达国家的出口占出口总额的48.22%，其中对美国的出口就占了28.85%；中国对美国和欧盟的出口占出口总额的比重分别为21.09%和16.46%；韩国、东盟和印度对美国的出口分别占出口总额的20.40%、17.68%和22.44%。随着更多与亚洲国家成本类似、出口结构相同的低收入欧美国家参与欧洲、美洲区域一体化进程，必然对亚洲各国向这两个市场的出口产生很大的负面影响。亚洲国家如果不能加快经济一体化的步伐以应对这些挑战，在未来的国际贸易格局中将处于不利的地位。

（2）亚洲经济一体化对亚洲及全球经济发展都将有益。对亚洲而言，一是有利于内部资源的互补。亚洲各国的资源包括自然资源、人力资源、资金、科技水平等分布严重不平衡，通过经济一体化，可实现上述资源在区内充分调剂和优势互补。二是有利于抗避经济风险。在接连遭受东南亚金融危机和世界金融危机两次重大打击后，亚洲各国越来越清楚地认识到过度依赖欧美市场和投资的风险，为避免再次受到经济衰退的危害，只有通过强化区域内部合作来增强集体抵御能力，才能避免随时可能发生的风险和危机。三是有利于培育和扩大亚洲区域内市场。目前的亚洲各国经济发展水平差距大，区域内贸易与投资的扩大及经济融合，有利于缩小各国差距。四是有利于各国政治社会的稳定。就像欧盟经验所证明的那样，亚洲国家在经济上的联系越紧密，政治和社会关系也就有可能越稳定，从而从根本上保证区域内各国经济的持续发展。就全球经济而言，亚洲经济一体化不仅将为全球经济未来几十年内的持续增长造就一个巨大引擎，而且有利于全球经济的稳定。亚洲作为拥有全球最多消费者的大市场，将为带动世界经济增长作出贡献，同时也有利于抵御全球性的经济风险。1997年的亚洲金融危机说明，亚洲一国经济发生问题，不仅会对区内各国的经济造成冲击，而且还会波及全球经济。一些经济学家预测，未来全球经济由欧盟、美洲和亚洲三大经济体形成“三足鼎立”的格局，才是一个真正稳定的架构。

（3）“亚洲意识”逐渐形成。“亚洲意识”的形成主要是为应对近年来经济全球化加快的挑战，以地理大陆为基础的洲际经济合作的势头加强。比如，欧盟启动了欧元及加速“东扩”，美洲启动美洲自由贸易区，非洲统一组织也决定更名为非洲联盟，推行非洲新伙伴计划。而亚洲作为世界上面积最大、人口最多的一个大陆，区域经济合作进程明显滞后。此外，在亚洲的新兴市场中，过去的繁荣都与美国经济有着密切的关系，产业结构和外贸结构对美国的依赖度很高。美国自2001年3月起经济下滑，特别是“9·11”事件后，亚洲多数国家和地区很快受其影响，生产、外贸、投资大幅度下落。这种情况迫使亚洲国家反思，如何在继续保持同美国、欧洲经济关系的同时，加强本地区经济合作，充分挖掘区域内现有资金、技术、人才和自然资源，降低过分依赖外部的风险。当然，随着经济全球化程度的日益加深，亚洲各国越来越意识到充分挖掘亚洲巨大的自然、人力资源潜力是消除贫困、增进繁荣、提高生活质量的最佳途径。

（4）亚洲经济一体化的条件与时机趋于成熟。亚洲的区域经济合作起步虽晚，但各国正迅速向区域经济一体化的方向努力迈进。东亚各主要经济体，目前都把区域合作作为扩展其贸易自由化的重要政策之一，中国、日本、韩国、东盟、印度等对一体化的重视意味着亚洲经济融合的条件与时机趋于成熟。

中国在亚洲经济一体化中的影响与作用

中国是亚洲经济一体化中一个重要的链条或轴心，中国在2001年率先与东盟就建立自由贸易区达成共识，此举促使区域内其他国家如日本、韩国及印度开展了类似的行动。日本与东盟签署了《东盟与日本全面经济关系框架协议》，确定了建立“东盟—日本自由贸易区”的时间表；韩国正在与东盟国家开展类似的研究和谈判。2002年11月，中国提出了中、日、韩三国进行建立自由贸易区可行性研究的建议，得到了日韩两国的积极回应。2003年10月，温家宝总理与日本首相小泉纯一郎、韩国总统卢武铉签署了《中日韩推进三方合作联合宣言》。中国与俄罗斯及4个中亚国家共同组成的“上海合作组织”，虽然经济合作并未成为其中的重点，但从目前的形势来看，走向经济合作也是必然的。近年来，中国还与新西兰等国家或地区进行了双边自由贸易的可行性研究。

亚洲国家积极开展区域经济合作。日韩在2003年6月重新开始了日韩自由贸易区的谈判。印度也逐渐将其经济合作的重心向东亚靠拢，2002年印度与东盟建立了领导人会议机制，形成了继中国—东盟、日本—东盟、韩国—东盟之后的第四个“10＋1”合作机制，而且也与东盟签订了建立自由贸易区的框架协议，决定在2012年建成东盟—印度自由贸易区；2004年年初，印度还向中国提出了建立双边自由贸易区的建议。在2003年10月的东盟首脑会议上，东盟提出了在2020年建成“东盟经济共同体”的宏伟目标。另一个有利于亚洲地区加快经济一体化进程的重要因素是美国的态度。1992年当马来西亚总理马哈蒂尔首次提出了东亚经济集团的概念时，美国立即表示明确的反对，导致这一倡议无果而终。但随着其对东亚地区合作政策的调整，美国从当初的明确反对到随后的警觉乃至参与，减轻了与美国有着密切经济、政治关系的日本、韩国及某些东盟成员国家的顾虑。

亚洲经济一体化的其他因素

有关研究表明，俄罗斯、澳大利亚、新西兰参与亚洲经济一体化将创造巨大的“共赢”效应。一方面，亚洲目前的经济总量、资源总量及各种经济要素组合的合理性与欧盟、美洲存在一定差距。另一方面，一旦俄罗斯、澳大利亚、新西兰加入，使“泛亚洲经济共同体”成为现实，格局将会发生根本改变，这一“巨无霸”经济体无论是人口总量（约占世界总人口的2/3）、地域面积（约占全球面积的1/3）、自然资源还是经济总规模，都将超过欧盟和美洲共同体，并将使内部的资源和各种要素具有更大的互补性。而俄罗斯、澳大利亚、新西兰对于加入亚洲经济一体化进程也有很高的积极性。俄罗斯目前基本被排除在欧盟以外，处在“不东不西”的尴尬境地，作为独立的一“极”又不具备实力，因此，近年来一直在寻求与亚洲国家特别是与中、印、日等国的经济合作。澳大利亚和新西兰在地理上虽不属于亚洲国家，但是基于地缘方面的原因，它们强烈希望融入亚洲经济一体化进程。实际上，澳、新两国长期以来积极参与各种亚太经济活动，与亚洲国家和亚洲区域合作有着千丝万缕的联系，作为论坛的APEC最早就是澳大利亚首先倡议召开的。

二、东亚区域经济

随着全球经济一体化的推动，近年来，全球区域经济一体化发展速度加快，出现了两个值得注意的现象：一是“欧盟东扩”，欧盟由原来的西欧6个国家、15个国家扩大到25个国家；二是“东盟西进”，东盟由原来的6个国家扩大到10个国家，而且与中国签订了“10+1”自由贸易协定。这两个现象表明，欧盟和东盟这样的区域经济一体化的经济体具有强大的生命力。

在亚洲地区，“东盟西进”最引人注目的事件是和中国签订“10+1”的自由贸易协定，这在全世界引起了强烈的反响。从东亚地区来看，经济贸易合作的动态，一是已经签署和正在商谈的自由贸易协定已超过40个；二是在中国与东盟签订自由贸易协定以后，日本、韩国、印度和东盟之间也进行了关于自由贸易区的谈判；三是中国、日本、韩国三国之间的谈判也举行过多次；四是南亚的印度、巴基斯坦、孟加拉国等6个国家参加了上海经济合作组织；五是由联合国联合开发署组织的东北亚的6个国家相继进行了区域经济合作的谈判。这些区域经济合作的情况表明，亚洲区域经济一体化不仅已得到亚洲大多数国家的认同，而且其他国家也已经开始积极行动起来。

菲律宾总统的亚洲合作建议

在北京举行的第三次亚洲政党国际会议上菲律宾总统提出一个建议，他说：“使亚洲从一个纷争的地区变成一个合作的地区，从一个经济封闭的地区发展成为一个经济一体化的地区。”在这个会议结束时发表的“北京宣言”中把他讲的这一段话用更简练的语言表达出来就是“把争议地区变作合作地区”，“北京宣言”得到了来自亚洲35个国家、81个政党的赞同。

亚洲的合作机制已经从过去的贸易行为转向了政党行为、政府行为，使世人看到了从东盟走向亚盟的曙光。亚洲经济一体化是以东亚经济一体化为基础的，东亚经济一体化是亚洲经济一体化的重要组成部分。东亚经济一体化还有东北亚、南亚、中亚这些次区域的经济一体化，正是这些次区域的经济一体化才构成了整个亚洲经济的一体化。东亚经济一体化目标的实现，与欧盟和北美自由贸易区相比难度要大得多，主要表现在：

（1）亚洲是全世界文化最多的一个洲，由于多元文化的存在，在相当长的历史时期内，宗教和文化、意识形态及历史遗留下来的领土问题等会一直存在争端和冲突。

（2）亚洲国家历史上都是西方国家的殖民地和半殖民地，“二战”中有些国家又受到本洲国家的侵略，政治、经济、文化社会的发展受到了很严重的破坏，留下了许多后遗症。

（3）近十余年来，亚洲国家频频遭受外来势力的威胁，当前所发生的大部分战略冲突都是西方国家发动的。如伊拉克战争、阿富汗战争等。而在欧洲，除了几个国家有一些冲突外，基本上是处于和平状态。

（4）亚洲在全球的贸易大幅度提升，区域间的贸易也再次大幅度增加，但是一直没有摆脱对西方尤其是美国的经济依赖，“二战”以后经济的繁荣基本上得益于美国的经济政策，加工产品主要依附美国市场。近20多年来，中国经济以9%以上的速度持续增长令世人惊叹。近几年来，亚洲次区域的经济合作进展比较顺利，但处处都有外国势力介入，使这些次区域合作面临许多不确定的因素。

（5）亚洲内部矛盾依然很多，海域、边界纠纷尚未完全解决，亚洲金融危机、SARS危机等造成的破坏暴露了亚洲在经济、卫生等领域普遍缺乏合资的条件。

但亚洲所面临的难度也是亚洲经济的催生剂。近几年来，我国所实行的和平崛起的战略，即“以邻为善、以邻为伴”外交政策，将在扩充次区域合作中发挥重要的作用。亚洲经济合作是一个漫长的过程，“千里之行，始于足下”，应该从东亚经济一体化起步。

世界银行《东亚一体化》报告

《东亚一体化》报告指出，无论是东北亚中、日、韩三国，还是三个“10+1”都不如与东盟合作。在《东亚一体化》报告中算了几笔账：第一，在“10+3”的框架下所有参与者都能从区域合作中得到经济效益。世界银行预测“10+3”形成之后，东盟可以从“10+3”中得到相当于GDP 1.3%的好处，韩国可以得到1.1%的好处，日本可以得到1.2%的好处，中国可以得到0.2%的好处。第二，日本和东盟建立“10+1”自由贸易区将给中国造成相当于GDP 0.1%的损失，对韩国经济增长造成0.2%的损失。如果中国和东盟建立“10+1”自由贸易区，对日本造成的损失是0，对韩国将造成相当于GDP 0.1%的损失。如果是中、日、韩三国建立自由贸易区，将给东盟造成相当于GDP 0.26%的损失。从上述数字可以得出的结论是，建立东亚共同体是该地区区域合作的最佳选择。

东北亚经济区问题。中、日、韩三国独立建立自由贸易区的可能性基本上是不存在的。但三国与东盟建立“10+3”自由贸易区，三国与朝鲜、俄罗斯进行自由贸易，则是有可能实现的，这实际上是中、日、韩三国实践的成功。中国内地与台港澳应是中华经济共同体，这对亚洲合作具有重要意义。

印度与巴基斯坦、南亚六国的和谈，是一个好的兆头。如果印度与东盟、南亚六国、东亚三国建立三个次经济合作体，那么以东盟为界，与东亚融为一体就成为可能。以上从建立东亚共同体开始，可联系到南亚、中亚、东北亚的次经济区域的合作，最终都是走向亚洲共同体。笔者感到始终有一个外力，跟随着亚洲次经济区域的建立，这个外力就是美国，美国对亚洲有巨大的经济影响力，各个次区域几乎都有它的存在，美国不仅在东北亚有驻军，还在朝核问题上扮演着重要角色。

亚太贸易4 000多个产品关税实施减让

中国、孟加拉国、印度、老挝、韩国和斯里兰卡六国的部长决定从2006年7月1日起对4 000多个税目产品实施关税减让，主要包括农产品、纺织品和化工产品。在这次会议上，六国部长决定将《曼谷协定》更名为《亚太贸易协定》，并继续实施关税优惠减让。根据这个协定，从2006年7月1日起，中国对其他五国的1 600个税目产品实行关税优惠，幅度达20%，其他五国对我国的2 000多个产品实行关税优惠，幅度达30%。目前，《亚太贸易协定》的六个成员国拥有26亿人口的大市场，2004年贸易总额近2万亿美元，中国与其他成员国的贸易额也达到1 045亿美元。

三、东南亚传统经济转型：泰国的案例

亚洲大部分的国家长期处在传统农业经济结构中，要实现现代化，就必须完成传统农业经济结构的转型。因此，有必要对亚洲传统农业型国家的产业结构调整进行具体分析。在这里，泰国的经济转型就是很好的案例。

根据1937年泰国国家的统计，在全国680万从业人口中，有600万人为农业（即从事农、林、牧、副、渔业）从业人员，占总人口的88%。而当时农业的总收入，据1938年的统计，泰国国民收入总额为4.409亿铢，其中农业（包括林、副、牧业）收入占国民总收入的48%，可以看出泰国在战前的社会经济结构是典型的农业国家。

1 泰国传统农业经济结构

关于传统泰国社会的劳动力结构，仍以“二战”前后的泰国国家统计资料作为基本的

分析依据。1937 年泰国劳动力统计数据如表 3－1 所示。

表 3－1 1937 年泰国劳动力统计数据（10 岁以上）

行业	从业人数	占从业人员总数的比例（%）
农业	6 044 496	88.6
矿业及采掘业	17 512	0.3
工业及手工业	110 862	1.6
建筑业	22 828	0.3
运输业	57 905	0.8
商业	303 520	4.4
旅馆业及其他雇工	142 124	2.1
公营企事业	106 925	1.6
公司职员	17 883	0.3
小计	6 824 056	

由表 3－1 可知，在“二战”前的泰国社会中，从业人员中的 88.6% 即 6 044 496 人是从事农业的，而从事工商业及其他行业的只有 779 560 人，仅占从业人员总数的 11.4%，这些非农业从业人员，可能大部分是居住在城市中的。至战后的 1947 年，根据泰国国家的统计，泰国的农业从业人数较战前有相当大的提高。其具体的统计数据如表 3－2 所示。

表 3－2 1947 年泰国劳动力统计数据（14 岁以上）

	人数	占从业人员总数的比例（%）
自营农	2 984 484	37.5
租佃农	4 241 684	53.3
雇佣农	35 680	0.4
教师及医生等	86 651	1.1
工程技术人员	128 395	1.6
熟练工人	55 754	0.7
粗工	296 580	3.7
其他雇工	44 762	0.6
政府官员	15 230	0.2
公司职员	75 461	0.9
小计	7 963 681	

根据表 3－2 大体上可以得出以下结论：①在 20 世纪 50 年代前的泰国社会，其农业所占的主导性地位仍没有出现大的转变，而在作为国家社会经济基础的农业中，按其经营性质的不同已划分出“自营农”、“租佃农”及“雇佣农”三个阶层。在这三个阶层中，可以说

自营农的身份和社会地位高一些，因为自营农具有独立经营的能力，而在后来的社会分化瓦解过程中，大部分的企业经营者可能是从自营农中分离出来的。从泰国自营农几乎有近 300 万人这一点来看，自营农在农业资本方面应成为租佃农及雇佣农的支配者。②泰国的租佃农有 420 多万人。这种情况说明泰国农业生产关系仍以传统的地主制为核心，与亚洲其他农业国家的情况有相似之处。③如果将农业与工业的劳动力结构作比较，可以看出泰国工业在 50 年代前仍处于相当落后的阶段。

在传统农业结构中，由于租佃制使土地所有者能通过地租收入扩大土地集中的规模，这就使本来土地资源极为丰富的泰国进一步引发农村的阶层分化。因此，在东南亚所有以农业为主导产业的国家中，农村的土地问题及阶层分化所带来的社会问题是相当尖锐的，而泰国则是因为稻米的生产与日益扩大的外贸联系紧密，所以农民阶层中的矛盾尚未激化。当然，这只不过是说泰国农业生产关系还没有发展到阶级对抗的程度，并不意味着泰国的农业关系不需要进行调整。

如果要对泰国农业生产关系进行进一步的研究，就有必要先对泰国农业收入及其在国家国民收入中所占的比重进行分析。根据 1947 年泰国经济调查，泰国 14 岁以上的从业人员共有 790 多万人，其中农业人口为 720 多万人，占从业人员总数的 91%。将“二战”前后即 1938 年与 1948 年各产业的收入进行统计分析可知，农业收入及其比重有明显的上升。根据泰国国家的统计资料，1938 年国民总收入为 9.212 亿铢，其中农业收入为 2.762 亿铢，占国民总收入的 30%；至 1948 年，泰国国民总收入上升到 161.978 亿铢，其中农业收入为 65.12 亿铢，占国民总收入的 40.2%。

仅从农业纯收入的对比上，就可知 1948 年比 1938 年的农业收入增加了约 23.6 倍。其农业收入增长显然是水稻扩大种植及扩大出口的结果。

农业与商业及其他行业收入的比较是泰国产业经济分析的重要部分。仍以上述两个年代作为数据分析基点，泰国 1938 年商业及其他行业的收入为 3.402 亿铢，占国民总收入的 36.9%；1948 年商业及其他行业的收入为 42.596 亿铢，占国民总收入的 25.1%。由此可知，在泰国的国民经济中，尽管商业及其他行业的收入比重相当大，但同 1938 年的商业及其他行业收入相比，显然已出现下降的趋势。

在国民收入差距中，最为强烈的是社会贫困化现象的加剧。根据世界银行有关收入阶层分类的统计，1975 年，泰国 20% 的高收入阶层的收入占国民总收入的 49.8%，其中 10% 的最高收入阶层的收入占国民总收入的 34.1%，而 20% 的最低收入阶层的收入仅占国民总收入的 5.6%。而到 80 年代，贫困化表现在城乡差距日益扩大，农村的贫困化比例为 43%，城市的贫困化比例则为 17%，农村贫困化程度约是城市贫困化程度的 2.5 倍。

尽管泰国人口与土地的压力不大，农村中的土地关系远不及印度尼西亚和菲律宾那样紧张，但泰国土地关系也日趋恶化。究其原因，仍然是农村中迅速增长的人口带来的压力，由于土地面积没有大的增加，加上农村人口很少有其他的就业机会，所以战后泰国的土地关系问题越来越突出，而且在相当长的一段时间内将会成为影响泰国农业收入增长的重要因素之一。

此外，就泰国农村的阶层分化实态而言，泰国农民家庭同亚洲许多国家的农民家庭一样，实行遗产继承制度，即将其家产不断地平均分配给子女，这样，就导致农业耕地不断地细分化，拥有细小耕地的农民的比重越来越大，这就加速了自营农、半自营农分化为细农的过程。如此一来，土地与人口的压力也就越来越大，日趋发展到尖锐化的程度。

亚洲开发银行的调查资料显示，泰国农村人口的80%都是从事种植业，在乡镇工业中就职的工资劳动者很少，只占农业人口的2.7%，比其他东盟的农业国家如菲律宾、印度尼西亚、马来西亚都要低。泰国农村中土地关系矛盾的激化，其突出的表现就是1974年6月发生的中央平原地区的农民游行到首都曼谷，向政府“请愿”，要求政府进行土地改革。这种以对抗性形式表现的民众抗议行为，实际上是农村土地关系已经激化的表现。

就农民的土地关系而言，其地租的征收额度应是衡量农村土地关系是否稳定的标志之一。1970年以后，泰国农村中土地租佃关系迅速扩大，地租率日渐提高，对半分成地租制已成为农村普遍存在的地租制度。这样就必然导致农民日益贫困化。如前所述，在泰国，大约有430万的租佃农和雇佣农，其数量大大超过自营农，由于缺少农业经营的资本及必要的生产手段，也没有其他的就业机会，大量的租佃农及农业雇工就不得不以借债的方式维持其生存。随着时间的推移，农业中的贫困农民的借债现象日益普遍，这就进一步加剧了农村中的贫困化，从而导致传统农业社会的分化解体，引发泰国社会的动荡。

如果将1977年东南亚国家的农村贫困化程度进行比较研究，那么，泰国农业在20世纪70年代出现的农村贫困化问题已比战后初期更为严重。在这里，以世界粮食与农业组织编写的《世界农业白皮书》的统计资料（如表3－3所示），对泰国农村的贫困化问题进行分析。

表3－3　东南亚各国农村贫困化程度比较（1977年前后）

国别	农村贫困线人均收入（按1970年价格计算，单位为美元）	农村贫困化率（%）	农村贫困化率与城市贫困化率的比值
泰国	64	43	2.5
菲律宾	89	59	1.0
马来西亚	115	55	2.2
印度尼西亚	38	80	1.2

由表3－3可看出，泰国农业在20世纪70年代后期已出现贫困化加剧的现象，而且在贫困化的程度上有加深的发展趋势。这样就有必要对泰国农业经济结构本身作深入的分析。

②单一农业结构及其转型

几乎在所有研究泰国经济问题的著作中，研究者都认为泰国的农业结构属于单一种植结构，或者说泰国始终是以稻谷种植作为农业的主体性构造。这种单一种植结构的形成，对于低经济发展水平的泰国来说，显然是为了满足粮食供应而由此造成社会经济问题。对包括泰国在内的所有粮食缺乏的国家来说，如果本国的粮食生产不能满足本国的需要，就必须进口粮食，这是无可辩驳的基本事实。在这一基本问题上，就东南亚国家而言，泰国大概可以说是唯一的粮食出口国，而周边国家和地区对于粮食进口，始终有相当的需求。例如东南亚国家和地区都不同程度地依赖泰国的粮食进口，而新加坡和中国香港则完全依靠粮食的进口。这样，泰国的单一种植农业结构就以泰国独有的自然地理资源和传统的农业经营体制固定下来。据世界粮食与农业组织的《生产统计年鉴》的资料统计，1962年至1971年间的分项计算，泰国谷物的总产量中有27%供出口，而泰国大米总产量的15%供出口，玉米总产量的68.9%供出口。

就泰国全国耕地面积而言，农业单一种植结构反映在耕地的分配上，全国耕地面积共有

51.4万平方千米，稻谷的种植面积约占耕地面积的95%，即48.83万平方千米，而其他的农作物（如玉米、薯类）及其他经济作物（如水果、蔬菜、棕榈油等）的种植面积是相当少的。如果将20世纪50年代同80年代进行比较，根据泰国国家经济统计资料，1957年稻田面积占农业耕地面积的95.4%，其他经济作物耕种面积仅占4.6%；而到1983年，经过泰国农业经济结构的调整，稻田面积才有所下降，占全国耕地面积的53.9%，其他作物的面积所占比重则提高到46.1%。

从另一个方面来看，由于泰国经济是以农业经营为主体，这就势必导致因自然地理环境差异而引发农业经济发展不平衡的问题。就泰国农业的发展实态而言，可以称得上有能力实现自助的农村地区主要集中在东北部的16个府的128个县和18个区，北部的16个府的65个县和7个区，南部的5个府的22个县和5个区，上述37个府的215个县和30个区是泰国稻谷生产的主要区域，其人口总数约为750万，约占全国农村人口总数（1 150万）的65%。

就泰国农业产值结构的变化而言，种植业的产值占农业总产值的比重从1957年的77.55%下降到1980年的72.91%；同期畜牧业的产值比重，则从10.52%提高到13.31%；水产业的产值比重从5.6%提高到7.77%；林业由于砍伐量相当大，从60%下降到30%，其中特别是柚木，其产值占林业总产值的比重由6.3%下降到6.05%。

如前所述，泰国农业的转型是从改变农业的单一种植结构开始的。

在泰国，实行单一种植农业结构应该说是有其理由的。正像前面所分析的那样，泰国经济的构造是把稻谷的种植与出口联系在一起。换句话说，泰国经济的运行，实际上是以大米的生产与外销作为国家经济的支柱，并以此与国际市场特别是东南亚国家和地区的区域性市场相联系。在此基础之上，泰国也于1938年开始相应地发展橡胶、柚木及其他经济作物的生产与出口，作为大米出口的补充。据统计，从20世纪50年代开始，泰国大米的出口已达大米生产总量的50%，1953年达到66%。因此，有必要对泰国农产品的出口结构进行分析。

3 从泰国大米出口到经济转型

无论是战前还是战后，泰国在相当长的时期内都以大米的出口作为国家经济的支柱。泰国稻米、橡胶和柚木的出口总值占出口贸易总值的70%左右，这就必然成为泰国政府财政收入的主体。如果国际市场出现变动，主要依赖大米出口的泰国经济就会出现萎缩，整个国家经济就会衰退。

1960年、1980年泰国主要农产品的产量与出口量如表3－4所示。

表3－4　泰国主要农产品的产量与出口量

	1960年			1980年		
	产量（万吨）	出口量（万吨）	出口比例（%）	产量（万吨）	出口量（万吨）	出口比例（%）
稻谷（米）	783.45	120.27	15.40	1 750	279.97	16.00
橡胶	17.08	16.96	99.30	50.10	45.50	89.80
玉米	54.40	51.49	94.70	315	220.25	69.90
甘蔗（糖）	538.22	0.57	0.001	1 865	45.16	0.024
木茨及其产品		26.97		1 654	521.77	0.32

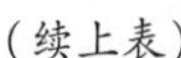

（续上表）

	1960 年			1980 年		
	产量（万吨）	出口量（万吨）	出口比例（%）	产量（万吨）	出口量（万吨）	出口比例（%）
麻	18.75	6.17	0.33	21.00	3.03	0.14
烟草	7.41	0.16	0.02		3.90	
水果罐头					12.88	
水产品	21.82			175.10		
柚木（万立方米）	15.36	10.09	0.66	9.73		

资料来源：泰国统计年鉴（1963）.1976（1）；泰国银行月报.1982（12）

从表3－4可以看出，泰国自20世纪60年代以来，始终是将15%左右的大米用作出口，说明在这一时期的国际贸易格局中，泰国在国际分工中始终是大米的主要生产国。就泰国自身的原因而言，这与20世纪60年代的稻谷生产的发展有直接的关系。泰国政府的经济统计资料表明，在1964年，泰国的稻谷获得大丰收，这就使泰国一跃成为世界首位的大米输出国，而在国内，则相应地造成大米供过于求，从而使国内大米价格下跌了20%～30%。但在泰国大米传统的出口国家和地区，却出现农业的歉收，这就为泰国大米在国际市场上提供了价格优势。如1965年出现世界性的粮食减产，尤其是大米的产量减少，在印度出现粮食危机，在印度尼西亚发生经济困难，所以泰国大米的出口形势就更好。据统计，泰国在世界性粮食紧缺时的大米价格上涨幅度是很可观的。如1964年泰国大米的国际市场价格是每吨900铢，1965年即涨为每吨1 200铢，至1966年泰国的大米出口已达到历史最高点，其出口额占本年度外汇收入的1/4，甚至到同年年底，由于过度出口，引发了泰国国内米价暴涨，致使泰国政府不得不采取禁止大米出口的措施。

不过，由于稻谷的生产与自然气候有直接的关系，以大米出口为主导的泰国经济很容易由于自然灾害方面的原因造成大米出口萎缩。从泰国经济发展的长期趋势来看，以大米出口作为经济导向的经济形态，必然受以下三方面的影响：一是国际市场大米的需求是否增加，其需求量究竟有多大；二是泰国本国的稻谷生产情况如何，是否具有不断增长的生产能力；三是国际市场的大米价格是否对泰国有利。而就泰国稻谷生产而言，最为重要的是防御自然灾害的能力。在这里，仍以20世纪60年代中后期的大米出口为例，由于1966年大米的出口业绩已创下泰国有史以来的最高水平，造成国内市场米价暴涨。然而到1967年，由于自然灾害，泰国稻谷生产减少了20%左右。1968年、1969年又连续干旱，造成泰国稻谷大幅度减产。泰国整个农业生产的年平均增长率就从5%（1961—1966）下降到1967年的2.2%，这种情况直接影响大米的出口，从1967年泰国大米的出口已开始明显下降，至1973年，泰国农产品的出口结构已发生明显的变化。大米的出口仅占出口总额的11.2%，较60年代已有大幅度的减少，而玉米的出口则占出口总额的9.2%，橡胶占14.2%。此后泰国的出口贸易业绩始终令人难以满意，而传统的大米、橡胶、木薯、玉米、蔗糖五大农产品的出口仍占出口总额的40%以上。

泰国农业结构发生变化，其标志为大米的增产。20世纪80年代后，一方面，国家对农业投资规模较以前有大幅度提高，其中特别是国际投资的增加，在一定程度上促进了农业经济作物的生产。另一方面，国家为保持大米出口在国际市场上的地位，也相应地对稻谷生产与收购进行补贴，以扶持稻农经济。所以，与其说泰国农业已经发生根本性转型的话，倒不如说农业部门的经营已朝多样化方向发展。

泰国的出口结构发生了变化。就大米的出口而言，在20世纪50年代，泰国大米出口总量为700万吨，到80年代上升到2 000万吨，至1989年又下降到500多万吨，是仅次于美国的第二大大米出口国。其他出口产品的比重有明显的上升。例如，橡胶出口从20世纪50年代的年出口量10万吨已上升到80年代的100万吨，其出口量已超过印度尼西亚，成为仅次于马来西亚的世界第二大天然橡胶出口国。又如，蔗糖的出口也有大幅度的增长，从20世纪50年代的年出口量10万吨上升到80年代的200万吨，木薯由5万吨上升到2 300万吨。此外，在饲料粮的出口方面，泰国也成为世界著名的饲料粮生产与出口国。在饲料粮生产发展极为迅速的情况下，也相应地带动了畜禽饲养业及水产业的发展。例如，至80年代中期，泰国的鸡、鱼、虾及其他水产品的生产不断扩大，截至1989年，泰国冻鸡的出口已居世界第二位。

从政府的立场来考察，泰国农业结构的转型与政府所实行的农业政策有直接的关系。从总体上说，泰国的农业生产技术落后的状况并没有得到根本的改变，农业受自然条件限制的局面仍是泰国农业经济增长的最大难题。以1983年、1984年为例，尽管这两个年度的自然气候良好，但农业的增长幅度却不高。如1982年农业增长率仅为1%，1983年为3.8%，1984年为3.5%，这显然低于泰国政府年增长率4.5%的目标。

在战后相当长的一段时间内，泰国政府始终实行保障大米生产的政策。从政府政策的变迁来看，早在1955年泰国政府就实行了大米的贴价政策。此项政策的原则是政府压低付给稻农的收购价格，然后向大米出口商征收大米的出口贴价，以此作为政府的财政来源。政府所征收的大米贴价，大部分转移到工业中去，因此，泰国政府所实行的贴价政策，与其说是农业的保障政策，倒不如说是泰国政府为工业发展提供社会基础设施资金的一种措施。这里暂不讨论这项政策与泰国工业发展的关系，仅就其与农业的关系而言，其中与农业发展关系密切的是究竟每吨大米的收购价格要压低多少，向出口商征收的贴价所转移的社会基础设施的建设与农业发展是否有直接的关系。可以肯定的是，泰国政府在经济起步时期的大米收购政策的基点，是以压低大米的收购价格为出发点的，至于向大米出口商所征收的贴价，政府制定的价格不可能过高，因为如果贴价征收过高，大米出口商的利益就会受到损害，这势必引发大米出口商的转业。

从价格结构方面分析，泰国政府实行贴价政策，尽管其目的是稳定国内的大米市场价格，但由于征收贴价，反而使国内的大米价格降低了1/3；而在其他经济作物的出口价格中，由于国际市场的价格变动趋势远比大米有利，泰国政府所征收的出口税又远比大米低，更由于经济作物的单位面积产值均高于大米的产值，所以在贴价政策下，泰国的农业经营者自然会在政策导向下将种植的品种转变为其他经济作物。根据泰国农业部的统计，仅在1967年，其土地单位面积产值就已出现大米为最低的情况。如大米的单位面积产值是227铢，玉米为321铢，蔗糖为726铢，椰子为855铢，棉花为500铢，麻为390铢，橡胶为320铢，木薯为541铢。也就是说，在经历了1966年前的大米生产出口的大增长后，受自然灾害的影响，政府实际上实行了压低大米收购价的政策来限制大米出口商的过度出口，以保证国内的大米供给，但实际的政策效果却是大米的单位产值下降。这样，泰国传统的以大米生产为主的农业结构就不得不向农业的多元化方向转变。

泰国大米的单位面积产值低下，主要与其单位面积产量过低有关。根据联合国粮食与农业组织的统计，1979—1981年每公顷的谷物单位面积产量，泰国仅为1.94吨，南朝鲜（今韩国）为4.77吨，马来西亚为2.82吨。当然，泰国的大米单位面积产量并不是东南亚国家中最低的，如菲律宾，其每公顷的单位面积产量是1.59吨。尽管如此，泰国大米的出口竞争力，仍然受农业经济结构及生产技术两方面的影响。可以说，在泰国的农产品收购中，政府始终扮演价格决定者的角色，以及贴价政策的实行，这事实上对稻农不利，于是泰国政府在1979年制定了农产品收购保障价格，其目的就是维护农民的基本利益和稳定农产品的国内价格。其具体的规定如下：稻谷收购以每车1.46吨的保障价格为2 500铢，橡胶每千克的保障价格为13铢。泰国政府之所以实行官方定价的政策，其目的在于确保农民在收回成本之后可以获得20%的利润。如此说来，在泰国政府实行保障价格的制度之前，泰国稻农与大米收购商、加工商及出口商之间的价格关系就已经出现损害农民利益的问题，这对泰国农业的长期发展不能不说是产生了巨大影响。但从另一个方面来看，泰国政府制定价格政策却是以造成稻农与大米加工商和出口商的价格差为基础的，而从中获取所谓的“贴价”收益。对此，美国学者丹·厄谢尔（Dan Usher）于1965年到泰国曼谷郊区绞米厂所作的关于大米价格结构的分析表明，当时泰国稻农根据国家制定的大米的收购价格所能得到的收入仅占出口价格的46%，而政府通过征收大米出口贴价和出口税，所得收入占出口价格的42%，其中贴价为38%，出口税为4%。由此可知，泰国在60年代中期大米出口的衰退，除了受自然灾害及泰国农业本身所存在的技术、资金等问题的影响外，政府所实行的贴价政策显然对落后的大米生产及出口也是不利的。

对于泰国大米增产的原因，需对其种植面积、单位面积产量以及种植面积扩大的规模与稻谷年产量的关系等进行分析，如表3－5所示。

表3－5　泰国大米增产原因分析

年份	产量年平均增长率（%）	种植面积年平均增长率（%）	单位面积产量年平均增长率（%）	大米增产的原因	
				种植面积扩大所占的比重（%）	单位面积产量提高所占的比重（%）
1920	0.6	2.1	－1.4	350	－250
1947	2.7	3.5	－0.7	130	－30
1960	5.7	1.0	3.8	33	67

资料来源：联合国．亚洲与远东经济概览（1969）

从表3－5可以看出，泰国大米增产的原因，在战前与战后有相当大的不同。在战前，应该说是在传统农业结构下，稻谷的生产主要是以增加土地面积来实现的，而在所增加的土地中，尽管每年的平均增长率以2.1%的速度增长，但其单位面积产量却出现1.4%的负增长。这就意味着在所增加的土地当中，有相当大一部分是新垦地，其产量自然是相当有限的，以致在大米增产中单位面积产量提高的比重为－250%，而因种植面积扩大所占的比重则为350%。泰国传统农业结构以增加土地为增产手段，结果必然是土地规模扩大而农业经济效益低下。至于战后，泰国的农业经济结构已开始出现转变，其最大的标志为新垦地在经过大规模的开垦之后，至少从60年代开始，已出现逐年减少的趋势，仅就稻谷增产而言，应该说已经出现以提高单位面积产量为主体的发展态势。换句话说，在60年代，泰国农业中的主导行业即种植业的技术含量已有大幅度的提高，从而出现年平均产量快速增长，而种植面积扩大比重逐年下降的良性发展。

① 泰国华人资本形态

在19世纪后半叶，泰国早期的华侨商业资本就与当地居民的上层结合在一起，泰国华人除了可以在农村中征税以外，还可以通过胡椒、皮革、鸦片的进出口贸易，以及对本国鸦片、酒、彩票、赌博业的征税来获取利润。此外，在其他商品的生产方面，泰国华人也取得了“承包”的垄断地位，这就为泰国华人迅速地积累资本提供了前提条件。换句话说，泰国华人在当时已经控制了泰国的农业经济，而且在城市中以最易获利的行业替代国家来征收课税，而在所谓的“承包”制度下，又取得对其他商品生产的征税权，也就是说在早期的华人资本运营中，华人是采取在亚洲国家特别是其祖籍国所通行的“包税制”来实现资本积累的。

拓展学习一

泰国华侨华人碾米业的发展

19世纪60年代，泰国华商碾米业已开始兴盛。在此之前的1855年，泰国根据鲍林提出的门户开放政策打破了传统的由华人垄断的商业贸易。这样，华人商业资本就不得不以承包新税来取代贸易垄断，从而积累资本。而在向其他行业转移的过程中，华人资本是通过和华人农产品经纪商一起向农民提供贷款，供农民购买种子、农具和其他生产生活必需品的营运资本来实现对农业产品的收购关系。

1910年，泰国华侨传统的商业资本基本上被废除。但在华人资本中，通过承包新税而积累起来的巨额资本，又开始向国际贸易、金融、运输、木材加工、采锡和橡胶种植等新的投资领域转移。在这些新的投资领域中，尤其以碾米业的发展最为迅速。

泰国的碾米业，可以说是整个泰国工业经济的重心，同时也是华侨华人经济的主体。据1870年英国领事报道，泰国华侨已向英国订购了以蒸汽为动力的碾米机器。至1879年，华人机器碾米厂的数量与欧美的不相上下。1889年，华人的碾米厂已发展到17家。1895年为23家，1912年已达到50家。而在这段时间内，欧美的碾米厂却鲜有增加，甚至原有的碾米厂也卖给华商，还有的遭了火灾，至1912年仅剩下3家。到1919年，欧美的碾米厂在泰国就销声匿迹了。而在泰国的66家大型碾米厂中，只有10家为泰国资本，其他的都是华商资本。到20世纪20年代，仅曼谷就有机器碾米厂71家，并且已经出现以电力或汽油发动机为动力的厂家。在这些具有现代化意义的碾米厂中，有的是雇用了几百名工人的大企业。随着泰国铁路网向国内各地的延伸，华商的机器碾米厂也向内陆地区扩展，同时开始实现电气化。

“二战”后，华商在泰国内陆地区设立碾米厂，由于对运输的需要，开始设立自己的行业组织。1946年，在泰国北部乌隆的杨姓华商碾米业者开始筹划组织华商的碾米业组织，次年，即与20家华人碾米厂商联合设立了“东北地区碾米业者公会”。此后，这个公会加入了由泰国政府三巨头之一的銮披汶上将（后升为元帅）任总裁的泰国在乡军人协会所属的企业——塔汉·萨马奇公司（1955年后，该公司改名为萨哈·萨马奇公司）。到1949年，泰国东北部地区有70多家华人碾米厂参加该公会，并且成为萨马奇公司的股东。1952年，北部地区的132家碾米厂成立了“北部地区碾米业公会”，也成为萨马奇公司的股东。1954

年，泰国东北部地区乌隆、廊开、沙空那空、那空拍侬各府几乎全部碾米厂商和萨马奇公司共同投资1 000万铢设立了一家股份公司。在北部地区的清迈，南部各府的30家碾米厂中的29家与萨马奇公司合资设立了一家资金为1 500万铢的公司，而这29家碾米厂中有22家为华商碾米厂。1955年，泰国废除了国家垄断的粮食出口制度，这就为华商碾米业的经营提供了向对外贸易转移的契机。但从另一个方面来讲，对于已得到很大发展的华商碾米业来说，竞争更加激烈。在这样的经营背景下，泰国华商与泰国政府及军人的合作就显得更为重要。而在碾米业，华商主要是与国家资本及官僚资本进行合作。1955年7月，由华侨资本组织——曼谷碾米业公会、米商商会、北部地区碾米业公会三个团体与政府管制下的泰国米谷公司、萨哈·萨马奇公司、曼谷商业公司联合起来，共同组成了泰国米谷出口业公会，从而垄断了泰国所有大米的生产、加工及出口。

应该承认，泰国华商从经营大米加工业向出口业的转变具有划时代的意义。泰国华商财团企业的出现是与经营碾米业密切相关的。例如，华商碾米业的代表人物杨、孝、黄等人，就是以大城银行为中心，组成了包括炮·是耶暖警察大将、銮披汶元帅、乃沙立元帅以及商业部部长在内的实力极强的泰华财团。泰华财团以碾米业为起点，以金融业、商业企业为中心，除大城银行及萨马奇公司外，还有2家保险公司、泰国经济开发公司及4家工业公司，而且在旧有的行业组织中，如泰国米谷公会、肉食公会、米谷商业公司等，泰华财团也拥有股份。

关于泰华财团的关系网络的形成，应该说首先是建立与国家权力的关系。以泰国华商碾米业经营阶段为例，大体有以下特征：

(1) 在泰国北部及东北部的碾米业中，是以国家权力为背景来扩大碾米业的经营规模。当时萨马奇公司掌握东北地区铁路货运的完全支配权，公司将运输的配额分配给碾米厂商会员，这样就可以有效地阻止其他商人从事碾米业，也为华商对大米的加工、出口运输提供了方便。

(2) 碾米厂商以萨马奇公司为依托，或者以其为中介机构，将加工的大米的一半供应给萨马奇公司，萨马奇公司再将大米卖给政府出口。这样的大米加工结构，就使华商的大米产品有了可靠的销路。

(3) 1955年以前，泰国的粮食出口都是由国家垄断的，碾米厂商将大米卖给萨马奇公司，实际上是由萨马奇公司代替政府经营大米的出口业务。

(4) 由于萨马奇公司实际上是以泰国最有权力及影响力的政治家銮披汶元帅为靠山，并且在萨马奇公司内，又有军人、官僚加入董事会，这样就更便于得到政府的贷款。例如，在1952年，该公司就获得4 000万铢的政府贷款。

泰国华商网络的形成，与中国传统的家族关系有密切联系。按照日本学者游仲勋的说法，在泰华财团中，随处可见许多企业的领导人与碾米业有姻亲关系。例如，黄利财团的陈守镇（S. C. 鲁）不仅经营银行、保险公司，同时也对碾米、大米出口、海运等行业投资，业务范围遍及中国香港、新加坡等地。S. C. 鲁的伯母是泰国碾米大王卢瓜川（T. C. 罗）的妻子，卢瓜川在曼谷拥有5家大碾米厂，在佛统有3家大碾米厂，合称泰国八大碾米厂，可以说他是支配泰国大米加工业的巨头之一。卢瓜川有5个女儿，都嫁给金融、大米、海运等行业中举足轻重的华商。除陈守镇外，还有葛氏，也是财力雄厚的大碾米厂商。费氏是著名的碾米、大米出口商，此人与曼谷中华总商会的主席马立群有姻亲关系。马立群也经营几家大的碾米厂，并控制曼谷大米加工与出口业务的半官方机构“泰国米谷公司”。

更值得注意的是，在泰国的大米加工与外贸出口业中，中坚力量则是泰华财团。其中颜、王、郭、安、能、欧、冯、浙等八位大资本家相结合，而颜氏是这个财团的核心人物。当然，华人在东南亚的米业经营并不仅限于泰国。在东南亚地区，华商经营大米的加工业，可以说是华人经济成长的基础。如在越南，华人的碾米业也十分发达。早在1878年，越南华人就引进碾米机，兴建碾米厂，从事大米的加工业。当地华人称之为“米绞”。就规模而言，在20世纪初，仅在大米的加工和买卖集散地——堤岸就有大型碾米厂12家，中小型碾米厂60多家，其中有2/3是华人经营的。

拓展学习二

泰国华人从事的职业

在“二战”前，泰国华人有50%集中在曼谷地区，其职业主要是商业和工业；分布在小城镇和农村中的华人，主要是种植稻谷和其他谷类及蔬菜，同时也饲养牲畜；在南部地区的华人主要是煤矿工人；沿海地区的华人则从事渔业。至1965年，华人的职业已发生明显变化。其中有70%的华人从事商业，16%从事工业，8%从事农业和渔业，6%从事矿业。

泰国华人的职业构成大体上可以反映出泰国华人在原祖籍地的地域关系。其中最引人注目的是，在泰国从事大米加工业的华人均为广东潮州人。这说明潮州籍华人所从事的职业与泰国传统主体产业始终具有密切关系。泰国华人的职业构成，如表3－6所示。

表3－6　泰国华人的职业构成

华人	从事的职业
潮州人	进出口贸易、服装业、大米加工业、土产与干货、罐头食品、化妆品、五金、珠宝业、酿酒业、出版业、家具业、娱乐业、金融业、保险业、航运业
广州人	机器维修业、建筑业、食品饮料业、印刷业、钟表业、制糖业
客家人	皮革业、制鞋业、编织业、百货零售业、金属加工业、裁缝业、理发业、蔬菜种植业、银行业
海南人	饮料业、旅馆业、杂货业、家具制造业、理发业、渔业
福建人	橡胶种植业、锡矿开采业、对外贸易
云南人	珠宝业
台湾人	日本的进口产品销售
江苏、浙江及其他大陆移民	木材业、对外贸易、新兴工业

分组讨论

1. 国际上流行这样一种说法：中国经济之所以得以快速发展，其原因之一是中国海外华侨华人众多，他们早期的海外经营活动，早已形成中国对外进行国际贸易的网络。你如何看待中国海外华侨华人对开拓国际贸易的作用？

2. 如前所述，经济全球化的进程，实际上是以区域经济一体化为前提条件。如果没有区域内各国各企业或经济体的参与，区域经济一体化是不可能实现的。对于东南亚国家经济形成及海外华侨华人在区域经济形成过程中的历史作用，谈谈你的看法。

3. 在泰国，华人资本与中国香港，澳大利亚，欧洲英、法等国及美国关系密切，泰国大米成为世界销量第一的出口大宗商品，你怎样看待20世纪80年代泰国经济的崛起？

4. “二战”后，泰国就成为西方国家及日本经济进入的主要国家，吸收外资多，经济结构从传统经济向现代经济的转型也比其他亚洲国家快，一时被称为“泰国模式”。请查阅网络资料，对泰国经济转型的主要特点进行分组讨论，并结合泰国经济发展、东南亚金融危机、泰国目前的现状及未来发展趋势、中国与泰国的关系等问题进行分析。

拓展学习三

南亚和中亚经济技术合作

2004年3月，亚洲开发银行（以下简称亚行）批准了一项金额为60万美元的技术援助赠款来促进阿富汗、巴基斯坦、中亚及其他国家间的次区域合作。该技术援助项目将为阿富汗、巴基斯坦和它们的中亚邻国创造合作对话的机会，帮助寻找和权衡次区域合作项目和规划，特别是交通和贸易领域的合作。该项目将由亚行负责执行，计划于2005年2月完成。阿富汗是一个内陆国家，需要通过与邻国发展区域经济纽带来促进本国的经济和社会发展。此外，阿富汗主要的贸易伙伴巴基斯坦为其提供了一条更近的路线通往卡拉奇港。同阿富汗交界的塔吉克斯坦、土库曼斯坦和乌兹别克斯坦三国也有兴趣跟南部邻国阿富汗、巴基斯坦和伊朗进行合作，从而获得出海贸易通道。

分组讨论

1. 什么是“次区域经济”？怎样理解亚洲开发银行投资阿富汗、巴基斯坦、中亚及其他国家间的次区域合作的举措？

2. 阿富汗曾经是美国与苏联长期争夺的战略要地，苏联解体后，美国为使阿富汗摆脱苏联的影响，加强了对阿富汗的争夺。请举例说明美国的主要做法与表现形式，并思考亚洲开发银行的投资与美国全球战略的关系。

3. 如果阿富汗、塔吉克斯坦、土库曼斯坦、乌兹别克斯坦四国与巴基斯坦和伊朗形成次区域经济，其意义不仅是打通了这些内陆国家的出海通道，更重要的是在战略上形成次区域经济体。从上述这些国家的和平稳定和经济发展的角度思考，该次区域经济与中国经济发展有什么关系，中国对该次区域经济合作应持什么态度？

思考题

1. 一般认为，区域经济一体化促进国际贸易的发展，是通过区域内部化交易实现的。对此你有何看法？

2. 区域经济一体化与促进私人直接投资、金融资产的增加、加快产业结构调整有直接关系，你怎样看待区域经济一体化与私营经济的关系？

3. 世界三大区域经济一体化的形成与发展过程有什么异同？在经济全球化过程中，区域经济一体化究竟有什么样的作用？请从正反两方面进行综合分析。

作业题

1. 简要描述欧洲共同体形成的路线图。

2. 亚太地区经济能够实现一体化吗？亚太区域经济与亚洲区域经济有什么不同？请查阅网络资料进行详细分析。

3. 美加墨自由贸易区内部政治经济关系究竟是怎样形成的？你认为美国和加拿大、美国和墨西哥的经济关系同其经济结构有互补性吗？

第四章 经济全球化与新技术发展

与19世纪末相似，经济全球化是随着新一轮技术的迅猛发展而出现的，诸如信息处理和传递、信息流通的网络、通信卫星和计算机技术等，促使通信技术以前所未有的速度迅速在全球形成市场。与此同时，其他新技术如生物技术以及替代性能源、新材料等也突飞猛进，形成了以高新技术为主体的新经济，并以前所未有的速度深入到世界市场，而新技术又进一步推动了新经济的成长。历史表明，在经济全球化下，新技术对生产力的推动作用已超过历史上任何一个时代。新技术已覆盖到每个行业、企业和家庭，新技术与新经济的深入，正在改变整个世界的面貌。

第一节　全球新经济增长的动力

在21世纪的新技术中，信息技术革命与全球化相互促进的关系最为显著。国际竞争日益激烈，使企业进一步失去价格上调的空间，企业不得不通过降低成本来提高利润，为此就必须提高生产率，而目前提高生产率最简便易行的方法是进行信息技术投资。当然，各企业的信息技术投资又会加剧市场竞争。

一、全球化对技术进步有利

迄今为止，深受投资环境不利因素困扰的国家已经能够较为方便地获取资本和知识。地理位置偏远、气候条件不佳或缺少自然资源的缺陷，在全球化和信息技术发达的今天，已不再是经济增长的不利因素，正如哈佛大学教授萨克斯所说，信息技术进步“对发展中国家来说是一个巨大的机会”。即便是在经济落后的非洲，几乎每个国家都有因特网，只不过上网价格过高，阻碍了因特网的大量使用而已。

在世界市场中，消费者已经从自由的电信和能源市场中获利。人们对全球化的态度发生了重大变化。如果政府有勇气打破个别利益集团的反对，那么全球化对政界来说是一个机会。魏茨泽克在他的力著《全球化的逻辑》中说，全球化对经济增长和提高福利水平只会更为有利，甚至最终还会使国家福利得到更大的好处。如果国家在一定程度上作出更为明智的选择，那么，国家把资金集中在核心任务方面，如教育事业，这将对提高经济的总生产率大有益处。总的来说，全球化促使发达国家和发展中国家在资源配置上得到更多的好处，但好处多少显然取决于国家的信息化程度。信息化程度高，社会公众参与社会分配的透明度就会提高，居民与企业的消费价格就会逐渐降低，最终对企业也有利。

二、美国“全球信息高速公路”战略

全球化的程度，在一定意义上说是由全球信息网络决定的。建立全球信息网络必须具备三个基本条件：一是具有全球性信息网络基本设施，并且有对全球信息网络系统和技术的保障与管理；二是需要拥有运用信息网络传输的信息内容，否则获得信息的成本将大幅度提高；三是确定信息网络和信息使用的价格体系，以保证信息技术拥有者的收入水平，否则信息技术产品的研发、生产、运用将不可持续。

冷战结束后，美国中止了“星球大战”计划，并于1993年提出建立“国内信息基础设施”（NII）即“国内信息高速公路”计划。1994年3月，美国副总统戈尔在国际电信联盟（ITU）大会上提出建立“全球信息基础设施”（GII）即“全球信息高速公路”的倡议。此后，美国“20世纪基金会”（Twentieth Century Fund）召集哈佛大学、麻省理工学院、哥伦比亚大学、加州大学等知名高校和美国国会技术评估办公室等政府研究机构的专家学者就美国国内和全球信息高速公路面临的重大问题进行研讨。其讨论结果成为1995年W. 德雷克主编的《美国信息基础设施政策之战略》一书的主要内容。如果从全球化的角度来进行考察，那么，在“全球信息高速公路”方面，当时美国专家学者们所关注的重点问题是“由于各国经济间的边界受到全球网络、贸易和投资关系发展的侵蚀，怎样才能使各国把彼此分离和不兼容的信息基础设施发展成为公众可以存取、彼此可以相互兼容运转的全球性信息基础设施”，并且批评美国外交政策的制定者们过去一直关注的是垄断产业部门能否成功地进入市场和保障海外的知识产权问题，而忽略了关注发展一种公众可进入全球信息基础设施的可能性这一更重要的问题。而信息化与全球化发展方向的一致性就成为美国政府下决心发展“全球信息高速公路”的理论依据。

美国政府要发展“全球信息高速公路”，并以信息化作为推动全球化战略的工具，就必须明确发展“全球信息高速公路”的基本原则。1994年3月美国副总统戈尔提出的鼓励私人投资、推动竞争、开放式进入、灵活性管理规范、保证普遍服务等就成为美国政府大力推进“全球信息高速公路”战略的核心理念。

但问题是，对于世界信息的交流与传播的重视并不是从美国开始的。换句话说，在信息成为全球化重要因素之前，美国政府并没有认识到信息技术在未来世界经济中的作用。如果从国际传播历史的角度看，在20世纪70年代，以不结盟运动国家为主的发展中国家以联合国教科文组织为论坛，提出了建立“世界信息和交流新秩序”。由于美国在联合国教科文组织的影响日趋衰微，1983年12月29日，美国总统里根照会联合国教科文组织，以“联合国教科文组织已差不多把它所处理的每件事情都极度政治化，并且对自由社会的基本制度充满敌意，特别以对自由市场及新闻自由为甚，还有它无节制地扩大开支”为由，宣布美国将于一年后退出该组织。英国紧跟其后，于1985年12月底退出该组织。

由于联合国和联合国教科文组织在处理信息跨国流通问题上有分工，即联合国主要处理政治司法方面的问题，联合国教科文组织则是受理促进信息跨国流通及各种实际措施的相关问题。美国退出联合国教科文组织，显然使美国在该组织中可发挥的影响力全部消失。鉴于这种历史背景，美国要实施“全球信息高速公路”战略，就需要全面调整其对外政策。根据美国“全球信息高速公路”的主要内容，其政策调整的重点如下：

（1）用“自由贸易原则”取代“信息自由流通原则”。美国试图利用建立GII的机遇，进一步垄断全球的国际传播，从1980年初开始，把传播从社会发展、丰富文化和各种思想的公共领域内容变成一种可以自由买卖、可消费的商品。这种观点变化来自美国，这股强劲势力对全世界都形成了一种持久的压力。过去，美国政府把“信息自由流通”作为其在传播领域的外交政策的指导原则，当这一原则明显对其不利时，又把指导原则更改为“自由贸易原则”，实际上已表明过去放弃全球信息的主导地位是一种错误，而抛出“自由贸易原则”的新提法，显然表明美国想继续对信息流通进行有效控制。

（2）试图重返教科文组织。如果不是教科文组织的成员国，美国在实施 GII 过程中会有诸多不便。美国政府参加的主要是与 GII 有关的多边组织，如国际电信联盟和世界贸易组织等，这些都不是寻求范围更为广泛的项目的恰当地方。对美国来讲，一个可以选择的方案是重新加入联合国教科文组织，对联合国教科文组织进行现代化改造，使之对实施 GII 可以起到一个恰当的东道主作用。

（3）如果不能重返联合国教科文组织，美国将创建一个“世界互联讲坛”，以此作为国际应用合作的中枢机构。在世界贸易组织的赞许下创建“世界互联讲坛”，参加者包括国有企业和私人企业，配有网络、软件和由应用专家组成的少数秘书，就能以不多的开销，发挥一系列有用的功能。它将弥补多边跨国团体内的严重缺陷，有助于加速 GII 的发展和公众的使用。

（4）加大改造与 GII 相关的成立较早的国际组织的力度。美国退出联合国教科文组织，缩小了活动空间，因而有必要增加在国际电信组织、国际电信卫星组织、万国邮政中的活动，并按美国的意图加以改造，以弥补退出联合国教科文组织所失去的活动空间。按美国人的说法，“对于 GII 的发展，一个灵活的全球标准化制定程序和开放式标准的产生是必需的；应寻求电信机构的计账和支付功能的选择性；应对国际广播和卫星组织在 GII 的背景下进行重新审视”。

（5）完善与 GII 有关的新国际组织。在美国改造与 GII 有关的国际组织的同时，需要完善与 GII 有关的新国际组织。美国提出服务机构中新型的国际贸易形式，要使意见相同的国家在相互承认的基础上寻求规范化的集中，需要多国的关于竞争政策和限定商业活动的法规，在全球信息基础设施中应促进文化与语言的多元化。

（6）政策上注意防止损害多边主义。美国退出联合国教科文组织后，缺少了寻求进行多边合作项目的机会，双边的协议往往容易形成支离破碎的贸易体系，不利于美国建立一种没有任何缝隙的、相互连接的、开放式的 GII，不利于美国的全球战略。美国需要确认的是，双边和多边协议要符合多边利益，一方面要减少外交的缺点，另一方面要简化自己的任务。它要注意双边和多边协议不应损害多边主义。

（7）要使发展中国家连通 GII。发展中国家对美国过去和当前在国际传播中所扮演的角色是很清楚的，这一点美国人自己也明白。美国要想从发展中国家获得更大的利益，必须对发展中国家施以恩惠。在技术和市场的全球化中，第二、第三世界的主要大城市和富裕居民已被连接到全球的电路上，但大多数人却并未被考虑在内。这种传播划分区块现状的重要性在于，“信息贫民窟”的存在阻碍了经济的发展，使社会经济畸形发展，进而出现了直接与第一世界的自身利益有关的问题。美国认为当发展中国家实现私有化和市场自由化之后，大多数工业化国家特别是美国通常还是会阻止对发展中国家的财政支持。因此，克林顿政府重点强调全球信息基础设施促进全球服务，并把它作为基本指导性原则之一。

三、美国扫除阻碍全球信息化的做法

冷战结束后，美国迅速启动“全球信息高速公路”战略，其根本目的是力图通过掌控全球信息高速公路取得全球信息控制权，其基本思路是通过主导21世纪全球信息的设施与传播，在政治、经济、文化上维系全球霸权。美国哈佛大学政治学院院长约瑟夫·奈在1996年的《外交》双月刊中清楚、明确地指出，美国在信息方面取得的优势将使21世纪成为最辉煌的美国世纪。美国占据全球信息流通的制高点，事实上为美国对外实施政治、经济、军事、文化的全球性控制提供了基础条件。随着美国对信息化控制强度的加大，世界上使用美国信息流通渠道的国家才开始认识到“全球信息高速公路”真正的战略意图，以致目前国际上对于某国国力的综合评估标准也发生重大转变。由于国家所拥有的物质、能源的重要性相对下降，信息力的重要性日益提高，美国通过全球化、信息化，顺利地将美国在全球政治、经济、军事、文化霸权及地缘政治地位大幅度地向网络信息方向推进。进入21世纪，全世界都公认全球已进入信息化时代，国家力量的概念悄然发生深刻的变化。在国际信息领域，对信息的占有、支配和快速反应的能力，将对一个国家的主权、应付威慑的能力和战略地位提出新的挑战，甚至关系到国家的兴衰存亡。按照美国的说法，要想称霸世界，一方面要靠军事和经济实力，另一方面要靠信息实力。而目前美国的强势地位的巩固与发展，恰恰同美国于20世纪90年代建立的全球信息高速公路系统分不开。

当然，尽管作为信息高速公路雏形的国际互联网有种种优点，但是从传播学的角度来看，它依然没有超越传播媒介的范畴，即它依然只是众多媒介中的一种。传播作为一种共享信息的过程，如果信息发出者发出的信息，无论通过什么媒介，只要传播过程中有障碍，未被信息接收者收到，传播就未实现。

在国际关系中，大众传媒的传播力如同人口、领土、经济实力、外交实力、军事实力一样，是国际关系权力之一。因此，美国要求其他各国政府尽快解除发展全球互联网的人为障碍，这实质上是要求美国可对互联网使用国家实施权力。从国际实施信息力的角度来看，世界上千千万万投资互联网的人们，实际上是有意无意地购买赋予他国在自己身上实施权力的能力，所以美国极力主张“各国政府应拆除全球互联网扩展的人为障碍”。由于互联网最大的特点之一是管理的无政府状态。如果各国政府都实行发展全球互联网的政策，实际上就解除了调节国家信息进出口的闸门，这会使美国的信息毫无阻拦地流入发展中国家，发展中国家很快会成为美国信息的接收者，并迅速沦为“信息盆地”；反过来说，发展中国家的信息也会被美国所设计的信息高速公路迅速地反馈到美国的信息管理系统。这样，美国的信息传播力就会直接演变成对全世界进行操控的现实权力。而在现实生活中，美国政府为达到控制信息流的目的，仍然不断地攻击发展中国家对公民上网的限制措施，其目的显然是为了更大限度地实现其全球战略。

美国出于自身经济、政治、文化利益提出了实施“全球信息高速公路”的战略构想，但各国的信息处理政策是根据自己的利益和国情制定的。由于各国国情不同，发展中国家为了维护自身利益，显然应采取使自己信息安全的政策。在当今穷国和富国差距日益拉大的情况下，易受攻击的弱小国家正在呼吁建立国际传播和信息法以保护其安全，但这遭到信息主导大国的反对，因为没有限制的信息和传播的自由流动可以使大国获得更多的利益，除经济上的收益外，还可在政治和文化上影响文化力弱小的国家。显而易见，以国际法的形式建立国际信息高速公路的规章制度，使世界的国际传播走上法制化的新阶段，有利于世界的和平与稳定，也有利于世界文化多元化的发展。

第二节 信息技术市场

电信业界对3G未来的前景充满信心。据行业分析公司TelecomView预测，3G在全球已吸引3亿多客户，并为运营商创造了2 000亿英镑的收入，从而使下一代服务成为电信史上最为可观的赢利产品。

一、欧美市场导向

全球移动通信系统（GSM）协会统计资料显示，2004年以来，全球已有1 300多万用户购买了3G手机。这一数字意味着3G手机销售的年增长率超过了500%。世界手机巨头诺基亚公司对其手机的销售前景更是翘首以待。该公司曾信心十足地预测，到2005年底，3G移动电话的出货量会突破7 000万部。届时，在全球30多个国家中将有2 000万用户使用3G服务，提供3G服务的运营商也将达到60多家。3G手机销售的稳步增长从一个侧面反映出市场对3G技术的期盼与认知。

在欧美市场上，数据卡以及BlackBerry终端的迅速普及，加上GSM协会的计费标准在支持基于GPRS、EDGE和3GSM网络上的3G/多媒体消息服务（MMS）方面的进展，使得数据漫游由理论变为现实。由于功能更为灵活的设备的推出以及诸如即时消息、基于一键通的移动通信、视频通信技术和多层游戏等核心3G服务在现实网络上的互通方面取得的技术进步，使得新型多媒体业务的服务质量与互联互通这两个曾一度被业界视为3G发展的障碍问题迎刃而解。全球认证论坛（GCF）最近将测试延伸到3G终端则标志着在削减运营商及其价值链中各合作伙伴之间的互联互通测试成本方面迈出了至关重要的一步。这一动向无疑将有助于缩短3G终端的上市时间并最终降低用户的成本。

在美国，3G运营商即美国Nextel公司所拥有的iDEN网络是全球应用最为广泛的数字集群网络。目前，iDEN在全球的用户已超过1 000万，网络遍布亚洲的日本、韩国、中国、菲律宾、新加坡、以色列以及南北美洲的美国、加拿大、阿根廷、巴西、哥伦比亚、墨西哥、秘鲁等国。其中美国Nextel公司是iDEN网络的典型代表，其iDEN网络运营与Motorola保持了长期的合作关系。正是由于Nextel公司取得了良好运营业绩，全球掀起了POC业务的浪潮，众多移动运营商希望借鉴Nextel的运营模式寻求新的市场增长点。

Nextel提供PTT、数字蜂窝和文本消息的组合业务，同时提供快速、安全与可靠的无线数据业务。其提供的集群业务是一种服务范围广泛的数字对讲业务，其中集群业务包含两类基本的集群通信方式：①点到点方式的私密呼。具有很好的通信环境，保证了通信的私密性，可以不受任何打扰。②点到多点方式的组呼。可以同时与群组成员即时联系。Nextel自从开始提供FTT业务以来，一直不断扩大其网络覆盖范围，以渐进方式逐步实现全国网络覆盖和业务互通，即从同一市场的互操作发展到不同地域的互操作、全国范围的互操作。

1993年，Nextel公司引入Motorola的iDEN网络提供PTT业务；1996年，Nextel引入Motorola的iDEN数字集群技术和分组数据技术，首次在Nextel的移动终端上实现数字蜂窝、对讲机和文本/数字的功能组合，并在芝加哥及其周边地区推广iDEN业务。从此，Nextel公司不断扩大其运营的iDEN网络的覆盖范围，到2003年第三季度，Nextel最终实现了iDEN

网络全国范围覆盖，用户可以在全国范围内使用其品牌业务 Direct。

二、新技术开发与产品市场

在欧洲，新技术领域开发也出现了追赶美国的趋势。20 世纪 90 年代以后，作为现代科学技术发源地的欧洲，其各国鉴于高新技术产业的发展整体上落后于美国的状况，将素来领先的生物技术作为欧洲高技术发展的一个重点领域。1996 年，世界上第一只克隆绵羊在英国的降世轰动了整个世界，标志着英国生物技术研发的国际领先地位。而在德国，其新药研究与开发则位居欧洲第一。欧洲国家新技术的领先地位促使各国开始在各自领先的领域进行重点科技研发，从而成为新技术开发和世界新技术产品的主要生产国。

（1）英国的生物技术发展水平仅次于美国，虽然生物技术产业规模已被加拿大超过，但英国基础研发力量雄厚，年销售额约 40 亿英镑，生物制药是该产业中的强项。英国政府认为生物技术产业是英国的优势，具有典型的知识经济特点，因此是英国产业未来的方向。1981 年，英国政府设立了“生物技术协调指导委员会”，负责领导全国生物技术的发展，并积极采取措施促进工业界、大学和科研院所对生物技术研究的投资。英国贸工部的目标是：“对科学基础进行开发，改善发展生物技术部门所需要的所有条件，以此提高英国生物技术部门的竞争力。”2000 年，英国政府发表了《生物技术制胜：2005 年的预案和展望》报告。政府通过资助基础科学研究，营造生物技术产业发展的环境，推动本国生物产业发展。此外，英国政府还推行促进生物技术产业与科研机构合作的“联系”计划（LINK）、“扶持中小企业奖励”计划（SMART）、“BIO - WISE 生物技术咨询服务”计划，同时改革税制，设立生物技术风险投资基金等。

英国贸工部下属的生物技术和生物科学研究委员会（BBSRC）资助非医学类生命科学的战略性研究；医学研究委员会（MRC）支持与人类健康管理相关的研究，如基因和蛋白质工程、单克隆抗体、基因治疗和感染性微生物；自然环境研究委员会（NERC）致力于研究生态学和自然环境中微生物、植物以及动物的各种变异。英国生物技术和生物科学委员会和英国医学研究委员会是英国最大的两个资助生物技术领域研发的机构，2003 年两大机构分别发表了《预见生物学发展：10 年展望》和《未来展望》，就生物技术的未来发展方向进行全面阐述。大约 40% 的英国生物技术公司都涉及卫生保健。在英国政府委托进行的研究报告中，卫生保健公司属于增长最快的类别，卫生保健部门的雇员占生物技术行业总雇员的 60% 。

（2）德国政府将生物技术列为重要技术，其目标是在环境、健康、营养、能量和原材料等方面促进基础研究和高水平研究，改善研究基础设施。在德国政府的鼓励和扶持下，近年来，德国的生物技术产业取得了长足发展，并呈现积极增长的态势。2001 年，德国生物技术行业用于研究开发的费用达到 12. 3 亿欧元。2001 年，德国生物技术企业的销售额高达 10. 5 亿欧元，创历史新高，不但加固了其作为欧洲生物技术研究开发中心之一的地位，还拉近了与处于世界领先水平的美国同行的距离。

德国政府认为生物科技将是保持德国未来经济竞争力的关键，并将英国作为自己的赶超对象。通过立法，简化生物技术企业的审批手续，强化生物技术发展和产业化进程；为了鼓励科学家加入生物科技企业，政府还立法规定允许他们带走在研究机构取得的知识产权。2001 年以来，德国政府先后推出“生物世界”等计划，投资 8. 6 亿欧元，进一步开发生物信息、蛋白质组研究和系统生物学等平台技术。此外，德国政府还拿出 1. 8 亿欧元，用于建设“国家人类基因组研究网络”研究工作。

（3）法国政府面对激烈的国际竞争，采取一系列改革措施，加速生物技术及其产业的发展。①修改法规。法国政府原有法令不允许政府部门研究人员把其研究发明投入私营企业，这不利于发挥他们的积极性。对此法国生物技术联合会请求政府采取紧急措施，修改这一规定。②改善金融环境。政府的政策是要为生物技术公司创造一种良好的环境，并促使它们进入风险资本市场。近几年，法国已引起来自欧洲和美国投资者的重视，流入这个产业的资金愈来愈多，生物技术产业日益活跃，新创办公司的数量与日俱增。③实施联邦生物技术战略纲要。法国科学研究部从1996年起连续5年从预算中拨出0.6亿法郎（约合915万欧元）支持该纲要的实施。④开展战略合作研究。实施“2002年生物技术发展计划”是法国政府所采取的最重要的举措之一，国家直接拨款1亿欧元用于支持研究开发和创办新企业，并通过信用担保和税收优惠等措施，使生物技术创新企业得到至少5亿欧元的资助；生物工程技术部门成为法国新的经济和就业增长点，仅2002年高新技术企业投资就达1.5亿欧元。2003年，法国政府启动了“人类健康治疗改革和诊断研究”的重要计划，旨在发现遗传性或非遗传性疾病，包括一些罕见疾病。法国政府关注的重要领域之一是基因组学研究。经济合作与发展组织（OECD）2003年的数据统计显示，自2000年6月Genomme网络创建以来，政府每年投入2 500万~3 000万欧元支持30~40个项目；2000年政府投入生物技术产业的研发经费约占生物技术总研发费用的5%，主要集中在医学或与医药相关的领域。根据2002年生物技术调查结果，大约有12.5万人从事生物技术研发工作，其中25%的雇员在少于500人的企业中工作。法国的300多家生物技术企业中的2/3涉及健康领域，还有更多的生物技术企业涉及农业、食品和环境领域。

欧洲国家高新技术发展的基本特点如下：

（1）制订高新技术计划。1988年至1999年，德、英、法等国先后针对国家优先发展的关键技术确定了科技发展的优先领域，生物技术则受到欧洲国家的高度重视。例如，英国政府制订了“联系”计划，自1977年以来已实施了25个有关生物技术方面的项目，投入总经费达2亿美元；法国将生物技术和环保技术列为本国高新技术产业规划的重点；欧洲各国政府也不惜花费巨额资金来推行国家科技计划，按照确定的产业方向、规模和目标，推动相关高技术产业高速、高效地发展。

（2）加强科技立法。德国政府近年来对《基因技术法》进行了多次修订，为德国生物技术产业的发展作出了重大贡献。1999年1月，法国政府制定了《技术创新与科研法（草案）》，通过立法来促进科研人员与企业合作，提倡创办生物技术等高新技术企业，并通过提供资金和减税等政策鼓励创新活动。该法标志着法国政府促进高新技术产业发展与技术创新的努力在法律、机制和税收三方面取得了重大突破。

（3）发展风险资本、支持创新。欧盟国家促进高新技术产业发展的一项重大举措，就是发展风险资本，支持创新产业。20世纪80年代中期，英国政府便作出了国家扶植高新技术产业、支持私人资本建立风险资本业的决定，使得英国的风险投资金额迅速增长，成为继美国之后的风险资本第二大国。1999年，英国的风险投资额约占欧洲风险投资总额的50%。如今英国科技企业投资的90%来自风险资本，其中85%的风险投资用于发展高新技术企业，其中很大一部分投向了生物技术企业。为保证私人投资者和风险基金能够与迅速发展的高新技术公司密切联系，英国政府还拨款为风险投资业建设基础设施。

（4）促进生物技术人才的培养。与美国相比，欧洲国家生物技术人才短缺的问题较为突出。目前，欧盟已经推出了相应的政策和措施，“研究人员流动与培训计划”就是1994—1998年欧盟第四框架计划的重要组成部分，总经费额为7.44亿欧元。

三、信息化与传统经济结构调整

20世纪90年代以来，发达国家发展以信息产业为核心的高新技术产业，加速利用信息技术对传统产业进行改造，使产业结构进一步高级化。美国通过信息技术对传统产业进行改造，重新夺回了在半导体、汽车等领域的竞争优势。在近年来美国出现的“新经济”中，高新技术对经济增长的贡献率占1/3，传统产业对经济增长的贡献率占2/3。

从理论上讲，信息化与工业化是一种互动、互补关系，而不是替代关系。信息化产生于工业化，信息化的发展又需借助工业化的手段，两者相互作用、共同发展。信息化主导着新时期工业化的方向，使工业朝着高附加值化发展；工业化是信息化的基础，为信息化的发展提供物资、能源、资金、人才以及市场。信息产业是知识密集型产业，把信息化与工业化结合起来，有利于搞好劳动密集型产业、资本密集型产业、技术密集型产业和知识密集型产业的合理搭配，优化产业结构。

从发展的趋势来看，信息技术赋予工业化新的内涵。信息同其他两大资源——材料和能源一样，自身具有增值的作用。此外，信息还能使非资源转化为资源。例如，石英是生产玻璃的原料，在加入大量的信息后，变成信息装置——硅片，成为电子计算机的“大脑”，点石成金。信息革命的伟大成果使信息收集、信息处理、信息存储、信息传递、信息分析、信息使用以及交互式网络化的信息交换实现了便捷、大容量、高速度和低成本，这就赋予了工业化新的内涵。只有用信息化装备的自主、完整的工业体系，才能为信息化提供坚实的物质基础。信息技术会使工业化产生倍增效应。一项最新的调查表明，信息技术在改造传统产业方面的投入产出比一般都在1：4以上，有些领域甚至达到1：20以上，能否用信息化推动工业化已成为当代后发展国家实现现代化的关键。

推进信息化应坚持贯彻以信息技术应用为主导的方针，用信息技术改造传统制造业。信息化包括信息的生产和应用两大方面：一是信息技术的产业化；二是传统产业的信息化。信息生产要求发展一系列高新信息技术及产业，既涉及微电子产品、通信器材和设施、计算机软硬件、网络设备的制造等领域，又涉及信息和数据的采集、处理、存储等领域。信息技术在经济领域的应用主要表现在用信息技术改造和提升农业、工业、服务业等传统产业上。

信息技术对传统工业的推动主要表现在以下五个方面：

（1）信息技术辐射传统产业。信息生产力具有极强的辐射性。如在农业生产中发展精准农业，利用计算机和控制技术实现品种选育、模式化栽培、节水灌溉等一系列的自动化和智能化生产；在工业中大力推广应用计算机集成制造技术，缩短开发周期，降低制造成本，满足用户多样化的需求，增加产品技术含量，实现产品更新换代；在服务业中以计算机技术为支撑，大力推进现代物流管理，优化供应链，降低流通成本，增加产品附加值。

（2）信息技术提升传统产业。信息技术有高度创新性、渗透性和倍增性。它能提高传统产业产品的科技含量，增加其附加值，如计算机辅助设计、计算机集成制造、机电一体化以及电子商务引发商务领域的变革等。信息技术成为推动产业升级的重要力量。信息技术对产业的升级是深入、立体和内在的提升，能够在其他产业的研发、生产、销售等所有环节发挥作用，提高技术水平，降低产品成本，增加产品附加值，实现产业升级。美国布鲁金斯学会的一项研究成果表明，因特网给美国人带来的成本节约每年高达2 000亿美元，相当于国民生产总值的2%，每年可以提高劳动生产率0.4%。

（3）信息技术能够促进传统产业的分化和替代。高新技术产业的发展将对传统产业造成巨大的冲击，并使传统产业不断走向分化，在分化过程中，有的被淘汰出局，有的实现了升级换代。通过信息化带动经济结构调整，可促使我国经济增长方式从高投入、高消耗、低效益、低质量的粗放型增长转变为高速度、高效益、低投入、低消耗的集约型增长。信息产业因其关联度、感应度、带动度高，所以能提供高技术、高性能的产品和服务，从而突破现有的需求约束，创造新的需求，带动新产业的发展。

（4）信息技术能够通过管理创新重组传统产业。经济活动的效率取决于人、财、物的动态配置效率，而决定配置效率的是信息。信息技术在很大程度上改变着生产组织、经营模式和社会协作方式，为结构调整提供新型管理模式。

（5）信息技术突破了传统产业的时空限制。卫星通信、高速网络、可视电话、联机检索、电视及网络视频会议系统等一系列先进技术，使信息的流通时间由过去的以周、日计算缩短为现在以分、秒来计算，大大加快了财富的增值过程。在信息技术的支持下，工业经济的空间扩大到全球领域，大型跨国公司有效地组织其经营活动，因特网上的购物已无国界限制，也没有时间上的限制。

推进信息技术的发展与应用，必须处理好技术创新与制度创新的关系。在技术创新方面，要建立以企业投入为主体的创新体系，加大研发投入。根据经济合作发展组织的规定，技术创新投入占销售收入的比例达到10%的企业或产业，才能算是高新技术企业或产业；经济合作发展组织的国家信息产业企业的比例应在10%至20%之间，国际微电子企业平均利润率为10%以上。在重视技术创新的同时，还要高度重视制度创新。例如，电信市场是信息化的一个重要"瓶颈"。电信市场具有规模经济的特点，市场需求必须达到相当的规模才能充分降低产品和服务的成本，从而获得更大的利润和投资回报。

第三节　发达国家新技术应用与市场

西方发达国家在高新技术方面的投入规模大，新技术领域广，技术产品多，反过来与发展中国家进行技术贸易，在培育本国市场的同时也逐步开拓了国际市场，从而形成新技术贸易市场。这是随经济全球化以新技术占领国际市场的成功案例。

一、发达国家的新技术开发

应该承认，在新技术领域，美国对新技术产业的投入始终居全球首位。据统计，自1997年美国全球外国直接投资规模突破4 000亿美元大关后，在短短几年里就达到了1万亿美元的水平。如果排除战争、大规模的恐怖袭击等因素，美国全球外国直接投资规模大体上维持在8 000亿美元左右的水平，并有可能渐趋稳定，甚至略有增加。对美国经济而言，美国投资环境的改善，决定了新一轮国际投资浪潮的出现。对任何国际投资者而言，同世界上任何一个国家一样，对美国的投资是否增长也取决于该国经济能否实现持续增长。虽然近年美国吸引的外国投资骤减，但这并不表明国际投资和跨国公司已放弃对美国的投资。如在制药业，同欧洲相比，美国的条件就远远好于欧洲，因为全世界的制药工业集中在美国，即便是欧洲的制药公司也向美国集中。美国能够在企业与科研机构间建立更紧密的联系，这就导致美国药品销售额巨大，占世界总销售额的40%以上，而欧盟国家只占世界市场的22%；美国能够提供更为充分的药品研发条件，世界上62%的新药是在美国研制出来的，欧洲的新药研制数量仅占世界的21%。对跨国公司而言，美国是一个消费市场规模巨大、市场经济制度相对完善的国家，一旦美国经济走上稳定的复苏之路，跨国公司必将会重新加大对美国的投资。

美国宽带互联网用户数量上升

据2005年的统计，70%的美国人可以在家里上互联网，其中，有61%的用户利用宽带服务，包括有线调制解调器、数字专线、卫星和光纤连接等，比去年同期增长10%。家庭宽带服务人数占美国总人口的42%。统计数据显示，目前美国共有8 600万条宽带上网线路，而传统的电话拨号上网线路有5 400万条，可见电话拨号上网用户转投宽带上网服务的速度明显下降，主要原因是目前的电话拨号上网用户多为年龄大、低收入和未接受高等教育的人口。

除新技术产业外，美国实体经济仍具有一定的实力，尤其是传统制造业。自20世纪90年代以来，美国采取了一系列有力措施，提高了产品质量，缩短了产品设计和生产周期，使制造业重新获得了国际竞争优势。传统的单品种、大批量生产方式正向多品种、小批量生产方式过渡，新的柔性生产技术及以生产者为主导的生产管理方式逐步成为美国制造业的基本生产制度。

目前，各工业发达国家在批量生产中已实现自动化及FMS，其中FMS在已经普遍用于小批量生产的基础上，并且在制造技术、软件技术、网络和通信技术以及设计和管理技术等方面具有一定优势的前提下，逐步进行计算机集成技术的研究开发。美国已将研制和使用计算机集成技术作为恢复和提高产业竞争力的战略目标。在传统制造技术模式的基础上，出现了并行工程，集单件生产和大批量生产优点于一体的精益生产方式以及基于柔性制造技术、知识化熟练工人及创新管理机制的敏捷技术与企业管理模式等生产方式和管理方式，将开创制造业定制生产的新时代。

二、亚洲的移动通信新技术

3G通信技术将使移动通信商业模式发生划时代的变化。如何把握未来的移动通信变化趋势、建立有效的增值业务赢利模式，已成为亚洲国家争夺3G通信技术市场的新课题。日本和韩国的3G业务运营商的增值业务开拓和创新能力使它们取代了2G时代的欧美运营商，在通信领域占据霸主地位。由于3G业务的最大优势在于它能够提供高速数据接入，这使其除可承载原有的话音业务和短信业务外，还能够开设许多新的业务，包括高速互联网访问、移动电子商务、定位业务、交互式游戏、远程教育、远程办公、医疗会诊、高速文件传送、多声道/多话音可视会议电话、视频点播等移动多媒体业务和宽带数据业务，其通信新技术的应用前景十分广阔。

在日本和韩国，最受欢迎的是3G移动增值业务，其中包括卡拉OK、游戏下载等业务，而商务人士则偏重于实时性信息服务。如韩国3G用户使用的业务以娱乐为主，其中使用最多的是铃声下载，其次是手机游戏、手机音乐、广播和VOD视讯服务，其业务范围广泛、发展迅速。由于多媒体娱乐服务是3G通信的最大卖点，而对欧洲消费者来说，更多的是使用视频通信业务。

2001年10月，日本NTTDoCoMo率先推出全球首个基于WCDMA技术的3G服务FOMA，目前用户已超过1 300万，占据全球用户数的半壁江山。该项无线数据服务I-mode起步于1999年，并建立了市场基础。2003年，日本无线通信商开始大规模推广3G服务FOMA，目前FOMA服务中语音和数据业务的使用次数比例已达4∶6。当前的FOMA用户中，年轻人是核心消费群体，虽然不断有中老年人加入，但比例还是很小。着力开发能够吸引中老年人的3G业务是NTTDoCoMo的努力方向。

作为3G的开路先锋，NTTDoCoMo在WCDMA增强HSDPA技术方面的研发及商业化，是为了在3G通信基础上进一步实现4G服务。而4G无线服务将成为全面的数据服务，语音服务也将涵盖在数据业务包里。日本、韩国无线上网率已高达90%，这也预示着无线上网拥有巨大的市场空间，移动数据业务正在释放出一种新的驱动力。NTTDoCoMo的无线数据业务模式是：除了网络设备之外，手机和数据服务均由NTTDoCoMo自行牵头规划设计，并统一向手机制造商和内容提供商定制和采购。这种由运营商主导的做法是符合市场需求的，有利于减少中间环节，快速应对市场的变化。

三、亚太及中东欧地区的外国投资比重加大

亚太发展中国家和地区作为世界上最大的新兴经济地区，近年来一直是外国投资的重点地区。即使在近年外国直接投资普遍减少的情况下，亚洲地区外资流入减少的幅度也不大，这说明跨国公司和国际组织对亚太地区的重视程度远远大于其他国家和地区。在跨国投资活动中，亚洲的企业并购活动也是全球最为活跃的，它在全球企业并购交易总额中所占的比重呈逐年上升趋势。根据世界银行、国际货币基金组织等国际机构的预测，亚太地区经济在未来几年仍将保持强劲的增长势头。其中对韩国、新加坡及中国台湾等国家和地区而言，由于中国内地的制造业所产生的世界性集聚效应，以及其自身的产业结构调整与产业升级，都将促进该地区投资的增长，韩国三星、现代等大企业的对外投资状况足以说明该地区的大企业投资十分活跃。值得注意的是，随着中国经济的崛起，中国对外投资的比重也大幅度升高，而中国招商引资所带来的投资效应正在逐步放大，中国及外国跨国公司投资比例增长，有利于产业结构调整和产业向技术方向升级，带动中国交通、电子、能源、生物与生命、装备制造、通信、航空航天、核能利用等新技术快速发展，同时中国技术自主创新及核心技术、关键技术领域的突破，对经济全球化发挥了重大的推动作用。

对于东欧转轨国家来说，国际投资也日益增长。作为欧盟东扩的发展对象和新欧洲的代表，中东欧国家日益成为欧洲跨国公司重要的投资目标。汽车、钢铁、电信等行业的许多欧洲企业，看中了这些国家经济转轨时期产生的市场需求与投资机会。在相当长的时期内，以欧洲企业为主的对中东欧国家的直接投资仍将呈稳定增长趋势。统计数据显示，俄罗斯经济的快速增长，导致流入俄罗斯的外国直接投资也呈逐年增加的趋势，尤其是对俄罗斯能源领域的国际投资日益突出。在国际直接投资的格局中，俄罗斯将扮演越来越重要的角色。

贝塔斯曼败走中国

北京贝塔斯曼二十一世纪图书连锁有限公司宣布终止其全国18个城市36家贝塔斯曼书友会的连锁书店业务。该公司表示："尽管多年来我们在管理和财务上做了大量的投入，遗

憾的是，连锁书店目前的财务状况无法令人满意，也缺乏必要的规模效益，因此无法长期、持续地发展。此外，中国市场网络图书销售的增长和竞争的加剧也让我们看到二十一世纪图书连锁目前的业务状况无法适应这些变化，从而促使我们作出了终止业务这一最终决定。”难道传统图书行业真的难以为继？网络书店的兴起当真对实体书店形成了致命的打击？

1995 年，传媒巨头贝塔斯曼成立上海贝塔斯曼文化实业有限公司，带来了书友会的经营新理念。书友会通过邮寄书籍目录、会员汇款邮购的方式进行销售。比起从不打折的新华书店和实体门店，书友会精美的目录、或多或少的折扣，让中国人耳目一新，短短几年就发展了 150 多万会员。根据书友会的规定，每个会员每季度必须购买一本书，以此计算，每人每年购书额最少为 100 元左右，书友会年销售额超过 1.5 亿元。就在贝塔斯曼高歌猛进时，互联网悄然兴起。亚马逊网上书店一跃成为全球最大的书店，国内的当当网、卓越网也紧随其后，搞得有声有色。网上购书平台减少了库存压力，也不受店面限制，随时备有十几万种图书可供挑选，选择余地更大，而且折扣更低。从商业模式上来看，互联网以其跨越空间、快捷访问、海量数据的特点，早已覆盖了目录销售的所有优势，而且省去了书友会招募和维护会员的成本。从那时起，贝塔斯曼的书友会模式就已经埋下了失败的种子。正如易观国际分析师曹飞所说：“如果不算目录邮寄的销售，贝塔斯曼应当称不上当当、卓越之后的第三大网上图书零售店，互动出版网、99 读书人等网站的线上销售额应该在其之前。而与线上销售相比，其邮购所占的销售比例应该更大。”

问题与讨论

1. 贝塔斯曼连锁图书销售商务模式失败的原因真的与网络销售有关吗？查阅网站相关资料，对传统商业模式的利弊进行小结，并分组讨论。

2. 书友会商务模式究竟是怎样赢利的，这种方式还适合什么业务？请举例进行说明。最好能就此问题进行深入思考，模拟策划新的图书销售商务模式，并撰写商务策划书。

3. 讨论电视销售、网络销售的现代意义与价值，并分别对国际电子商务发展的利与弊进行分析。

思考题

1. 你怎样看待信息化对传统经济模式的冲击？信息对称的意义是什么？为什么说在现代社会，信息是财富的源泉？

2. 世界市场变动与信息化的关系是什么？为什么说经济全球化以信息化为中心？信息化与经济全球化是什么关系？

3. 对现代企业来讲，技术进步是企业利润增长的基本保证，而不能通过降低质量或压低工人工资的做法来降低成本。只有掌握核心技术，才能提升企业的市场竞争力。举例说明国际企业新技术研发与企业成功的关系。

作业题

1. 运用管理学原理说明高新技术企业发展战略与国际创新体系的关系。

2. 微观经济学原理中有关技术进步的基本原理是什么？怎样理解跨国公司对核心技术的垄断问题？

3. 从经济全球化角度分析技术传播的意义及国际专利权的转让与利用。

4. 简述现代发达国家技术贸易市场的主要内容及经营方式。

第五章

经济全球化与企业集团化

一般来说，在经济全球化之前，世界各国已存在相当多的企业，企业则成为政府、政党行为下最为普遍的市场行为者，在生产产品与劳务的国际贸易及资本、技术等生产要素的国家流动中扮演着重要角色。在区域经济一体化下，企业出现集团化发展趋势，其基本动向是组建具有多元化的产品和生产能力，以达到全球性扩张。

第一节 集团化企业的形成

近20年来，跨国并购与直接投资同步迅速发展，跨国并购在国际直接投资流量中所占的比重不断提高，2000年世界跨国并购总额已达世界直接投资总额的9成以上。特别是在发达国家之间，直接投资主要是以跨国并购的方式实现的。

在发展中国家，情况有所不同。自20世纪90年代中期以来，发展中国家的跨国并购一直在迅速增长，但所占比重仍低于新建投资。2000年以跨国并购方式进入发展中国家的投资额仅为直接投资总额的3成。从总体上看，发展中国家跨国并购与直接投资流量的比率呈上升趋势。1995年跨国并购额占直接投资流入量的14%，1996年为23%，1997年为35%，1998年达到43%的高峰值，此后开始有所回落，1999年为33%，2000年为29%。从跨国并购的规模来看，1995年发展中国家的跨国并购额为160亿美元，此后3年迅速增长，到1998年达到808亿美元，之后跨国并购的规模有所回落，1999年为736亿美元，2000年为697亿美元。集团化企业的形成有四种基本途径：一是自我发展；二是自身重组；三是兼并与收购；四是资本重组。由于企业兼并与收购已成为世界性浪潮，因此有必要对跨国企业的并购问题进行分析。

一、跨国并购风潮

从世界经济格局变动的角度看，企业跨国并购现象的出现，往往与国际经济大变动、国际思潮的出现有直接关系。如在20世纪60年代的私有化浪潮中，就曾出现较大规模的国际并购风潮，从而导致国家产业结构的大调整。根据2005年5月商务部公布的发展中国家和地区外资并购情况，表明随着经济全球化的加快，国际企业的并购已出现大幅度的增长。

1 拉美国家和东南亚地区跨国并购概况

从世界范围看，拉丁美洲地区是跨国企业并购发展最快、并购份额最大的地区。拉美和加勒比海地区的跨国并购额从1995年的86亿美元增长到2000年的452亿美元，年均增长率达到32%，而当时全球发展中国家的年均增长率仅为28%；2000年拉美和加勒比海地区的并购额占全球发展中国家跨国并购总金额的比重达65%。在拉丁美洲国家中，跨国并购累计金额位居前列的国家分别是巴西（821亿美元）、阿根廷（452亿美元）、智利（181亿美元）、墨西哥（179亿美元）。2000年全球跨国并购金额超过10亿美元的案例共有175件，被并购方属发展中国家的有9件，除1件发生在百慕大，其余8件均发生在拉丁美洲，即巴西4件，阿根廷、委内瑞拉、墨西哥、智利各1件，显示出拉丁美洲在全球跨国并购中所处的重要地位。

在全球跨国企业并购中，亚洲是仅次于拉丁美洲的重要地区。2000年东南亚国家跨国并购金额为57.46亿美元，占发展中国家跨国并购出售额的8.3%。1995年东南亚国家跨国并购金额为35亿美元，1996年下降到19亿美元，1997年猛增到58亿美元，1998年为74亿美元，1999年达到89亿美元的高峰，2000年回落至57.46亿美元。6年间跨国并购的年均增长率为8.5%。1995年至2000年东南亚国家累计跨国并购金额最多的国家依次是菲律宾（96.21亿美元）、泰国（88.17亿美元）、新加坡（70.83亿美元）、印度尼西亚（43.37亿美元）、马来西亚（39.2亿美元）。可见在亚洲国家中，东南亚地区的跨国并购所占的比例相当高。

在西方发达国家，企业的跨国并购也日益成为大企业加速海外扩张的战略。如自2005年1月以来，英国已宣布的公司并购交易有512笔，金额达1 198亿美元，是自2000年以来的最高数字。2000年英国的公司并购交易总额达1 737亿美元。当年年底出现公司并购潮，4家市值总额达233亿英镑（约合410亿美元）的英国公司宣布并购计划或接到收购洽询，西班牙最大的电话公司西班牙电话公司以177亿英镑的价格收购英国移动运营商O2，成为自2000年互联网鼎盛时期以来英国公司并购交易活动最为罕见的事件。与此同时，英国第二大建筑用玻璃生产商皮尔金顿公司宣布接到日本玻璃板公司有关收购其20%股份的洽询，英国最大的港口公司半岛—东方航运公司表示已经收到阿联酋政府所有的DPWORLD港口公司的收购方案。

2 跨国并购的部门及行业构成

根据商务部的报告，有关跨国并购的部门及行业构成如下：1991年至1999年拉丁美洲和加勒比地区跨国并购出售额累计为1 941.21亿美元，其中初级产业67.31亿美元，占3.5%；第二产业696.66亿美元，占35.9%；第三产业1 177.24亿美元，占60.6%。由此可见第三产业是跨国并购最集中的部门。

在初级产业中，以跨国并购方式进入的外国投资主要集中在采矿、采石业和石油业，这些行业占初级产业跨国并购出售额的83.2%，而农林渔猎业只占16.8%。在第二产业中，焦炭、石油和核燃料工业跨国并购额为213.63亿美元，占部门跨国并购总额的30.65%，居第一位；化学和化学制品居第二位，占24.22%，并购额为168.74亿美元；食品、饮料和烟草业为136.78亿美元，占19.6%，居第三位；以下依次是金属和金属产品为6.5%、非金属矿产品为5.6%、电气和电子设备为4%、木材和木材制品为3.8%、汽车和其他运输设备为1.6%。在第三产业中，居第一位的是运输、仓储和通信业，并购额为377.98亿美元，占第三产业跨国并购总额的32.1%；其次是水、电和天然气，并购额为280.27亿美元，占28.8%；金融业居第三位，并购额为277.32亿美元，占23.5%。综合各个行业的情况，可见跨国并购最集中的行业是运输、仓储和通信业，其次是水、电和天然气，金融业及焦炭、石油和核燃料工业等。

在东南亚国家，跨国并购的部门及行业构成情况如下：1991年至1999年东南亚国家跨国并购出售额累计为416.25亿美元，其中初级产业8.36亿美元，占2%；第二产业211.15亿美元，占50.7%；第三产业196.73亿美元，占47.3%。在初级产业中，采矿、采石业和石油业跨国并购额为5.99亿美元，占72%，农林渔猎业占28%。在第二产业中，食品、饮料和烟草业跨国并购额为51.11亿美元，占24.2%，居第一位；焦炭、石油和核燃料工业27.06亿美元，占12.8%，居第二位；电气和电子设备24.84亿美元，占11.8%，居第三位；化学和化学制品24.73亿美元，占11.7%，居第四位；机械和设备22.92亿美元，占10.9%，居第五位。在第三产业中，金融业居第一位，并购额为68.31亿美元，占34.7%；运输、仓储和通信业居第二位，并购额为56.74亿美元，占28.8%。其他行业所占比重均在10%以下，依次是水电和天然气、贸易、旅店和餐饮、商务服务等。

从整个经济来看，东南亚国家跨国并购最集中的行业是金融业，其次是运输、仓储和通信业及食品、饮料和烟草业。通过拉丁美洲和东南亚国家跨国并购的部门及行业构成的比较，可以看出两个地区有明显的不同。拉丁美洲国家第三产业已成为跨国并购的最大部门，而在东南亚占据第一位的仍然是第二产业。在第二产业中，拉丁美洲国家占第一位的是焦炭、石油和核燃料工业，而在东南亚占第一位的是食品、饮料和烟草业。两个地区的共同点是基础设施建设、公用事业和金融业成为跨国并购的主要领域。

东道国对于外商投资及跨国并购的政策法律

拉丁美洲和东南亚国家对外国投资特别是跨国并购政策持鼓励态度，并加强了对外国投资的保护，尤其是外国直接投资对本国经济发展具有重要意义，已成为发展中国家的共识。为推动外商投资，拉丁美洲和东南亚国家努力吸引外国直接投资，实行了一系列有利于跨国并购的投资自由化政策，加强了对外国投资的保护，取消了对外国投资的某些限制，扩大了开放的领域，提高了外国投资的待遇。如马来西亚政府专门针对跨国并购提出了一系列要求，主要包括：①应当直接或间接导致马来西亚人更加平等地拥有所有权和控制权；②在马来西亚人的参与程度、所有权和管理、收入分配、经济增长、就业、出口、产品与服务的质量和品种、经济多元化、当地原料的加工与提升、培训、效率以及研发活动等方面带来直接或间接的净经济利益；③不应对国防、环境保护和区域发展等方面的国家政策产生负面影响。

二、跨国公司的基本理论

第二次世界大战后，跨国公司及其对外直接投资的迅速发展引起了西方学者的普遍关注。他们针对不同的研究对象，采用了不同的研究方法和基本假定，提出了许多观点各异的跨国公司理论。现简要介绍如下：

（1）海默的垄断优势理论。19世纪60年代初，美国学者海默（Stephen H. Hymer）以美国企业的对外直接投资为研究对象，采用了不完全竞争的基本假定和产业组织理论，首先提出了垄断优势理论。该理论认为，美国企业拥有的技术与规模等垄断性优势，是美国企业在国外进行直接投资的决定性因素。垄断优势的产生在于美国企业控制了技术的使用以及实行水平一体化与垂直一体化经营。美国跨国公司拥有三种垄断优势：一是来自产品市场不完全的优势，如产品判别、商标、销售技术与价格控制等；二是来自生产要素市场不完全的优势，包括专利与专有技术、融资、管理技能等；三是企业拥有的内部规模经济与外部规模经济。该理论解释了美国跨国公司对外直接投资的条件与决定性因素及产生这些条件的原因。

（2）维农的产品周期理论。19 世纪 60 年代中期，美国哈佛大学教授 R. 维农（Raymond Vernon）以美国企业对外直接投资现象为研究对象，采用了产品生命周期和工业区位理论，提出了跨国公司直接投资的产品周期理论。该理论认为，美国企业对外投资活动与产品周期有关，企业的对外直接投资是企业在产品周期运动中，由于生产条件和竞争条件变动而作出的决策：①在产品创新阶段，美国企业主要通过出口来满足国外市场的需求；②在成熟阶段，美国企业对西欧等发达国家进行直接投资；③在标准化阶段，美国企业开始对发展中国家进行直接投资。该理论首次在跨国公司理论研究中增加了动态分析或时间因素，解释了美国企业战后对外直接投资的动机、时机和区位选择。

（3）尼克博克的寡占反应理论。19 世纪 70 年代初，美国学者尼克博克（Frederick T. Knickerbocker）以美国企业对外直接投资为研究对象，采用了寡占行为理论，提出了跨国公司的寡占反应理论。该理论认为，战后美国企业大举对外直接投资主要由寡占反应行为所致，投资主体是寡占行业少数几家寡头公司，它们的投资又大都在同一时期成批地发生。该理论把对外直接投资分为"进攻性投资"与"防御性投资"，决定这两类投资的因素是各不相同的，其中防御性投资是由寡占反应行为所决定的。他还研究了与对外直接投资成批性有关的各种因素。

（4）内部化理论。19 世纪 70 年代中期，以英国里丁大学学者巴克莱（P. J. Buckley）、卡森（M. Casson）与加拿大学者拉格曼（A. M. Rugman）为主要代表人物的西方学者，以发达国家跨国公司（不含日本）为研究对象，沿用了美国学者科斯（R. H. Coase）的新厂商理论和市场不完全的基本假定，建立了跨国公司的一般理论——内部化理论。该理论从国际分工不通过世界市场，而是通过跨国公司内部来进行这一点出发，研究了世界市场的不完全性以及跨国公司的性质，并由此解释了跨国公司对外直接投资的动机与决定因素，其中市场不完全性及企业的性质是内部化理论的核心。该理论有助于说明各种跨国公司形成的基础。其后有些学者将技术优势及内部化概念进一步引申，以解释发展中国家跨国公司的发展。该理论还解释了跨国公司在出口贸易、直接投资与许可证安排这三种方式之间选择的根据。内部化理论是西方学者关于跨国公司理论研究的一个重要转折。以前的理论主要研究发达国家（主要是美国）企业海外投资的动机与决定因素，而内部化理论则研究各国（主要是发达国家）企业之间的产品交换形式与企业国际分工和生产的组织形式，认为跨国公司是企业国际分工的组织形式。

（5）邓宁的国际生产折中理论。19 世纪 70 年代中期，英国里丁大学教授 J. H. 邓宁（John H. Dunning）一方面采用国际经济活动实证分析方法，对美国、西欧、日本等国家和地区跨国公司的兴起与发展所导致的国际生产格局变化的原因进行实证分析；另一方面，采用逻辑综合方法，对国际生产理论的发展进行逻辑分析，并以战后国际贸易和国际直接投资理论的日益合流为起点，提出了他的国际生产折中理论。该理论的基本假定是，若满足以下三个条件，企业将从事对外直接投资：①企业优势：企业拥有高于其他国家企业的优势，这些优势主要采取技术等无形资产的形式，这类资产至少在一定时期内为该企业所垄断；②内部化优势：企业使这些优势内部化必须比出售或出租给外国公司更有利；③区位优势：企业在东道国结合当地要素投入来利用其优势时必须比利用本国要素投入更有利。该理论认为，跨国公司的国际生产由企业优势、内部化优势和区位优势这三组变量决定。这三组变量的不同组合决定跨国公司在出口贸易、直接投资与许可证安排之间的选择。同时这三组变量的结合决定了各国跨国公司国际生产的类型、行业及地理分布。该理论从各国经济活动的结构、经济环境与政府政策的特点说明了企业优势、内部化优势与区位优势的起源与特点，并把它们与各国跨国公司国际生产的特征与类型联系起来，还将对外直接投资的决定因素与各国经济发展的阶段与结构联系起来，研究了各国国际生产或对外直接投资的动态性质。

除此之外，值得注意的还有日本学者小岛清的模型。20 世纪 70 年代后期，日本著名国际经济学家小岛清以日本企业对外直接投资为研究对象，利用国际分工的比较成本原理，详细分析与比较了日本型对外直接投资与美国型对外直接投资的不同，提出了解释日本对外直接投资的理论模型——小岛清模型。该理论包含三个基本命题：①赫克歇尔—奥林模型中的劳动与资本要素可以用劳动与经营资源来代替；②比较利润率的差异与比较成本的差异有关；③与日本型对外直接投资不同，美国型对外直接投资把经营资源人为地作为一种特殊生产要素，在此基础上产生了寡头垄断性质的对外直接投资。该理论的核心是，对外直接投资应该从本国已经处于或即将处于比较劣势的产业——边际产业依次进行。他根据对外直接投资的动机将其分为以下几种类型：自然资源导向型、劳动力导向型、市场导向型、生产与销售国际化型。该理论详尽地研究了日、美对外直接投资的不同特点：①日本对外直接投资以对自然资源开发与进口、生产纺织品、零部件等标准化的劳动力密集行业的直接投资为中心；②日本对外直接投资以中小企业为主体，因而其规模比欧美国家的小得多，转让技术也多为适用技术，符合当地的生产要素结构与水平，投资也多采用合资形式；③日本对外直接投资与贸易是互补的，可称为顺贸易导向型的对外直接投资。该理论还分析了发达国家间的交叉直接投资。

拓展学习

全球化条件下的跨国公司新理论

由于经济全球化、技术信息化和现代企业的诞生，企业战略环境发生了巨大变化，这一巨变必然急需探索和发展适应经济全球化的跨国公司新理论。

1. 跨国化：全球化条件下企业成长的一般方式

传统跨国公司理论的一个最主要前提是：企业的跨国发展与国内（市场）发展相比，面临着有质的区别的更高交易成本，因此企业跨国经营的必要条件是具备某种竞争者所没有的优势，这是所有跨国公司理论分析的出发点，可以称之为“优势前提论”。我们认为，这里还有一个隐含的前提条件，即在 19 世纪 80 年代以前的非全球化的条件下，绝大多数的企业在各自的国内市场里可以正常地生存与发展，因此跨国化并非生存与发展的必要条件。在非全球化时期里，跨国化只是企业成长的一种特殊方式。

经济全球化与信息化的发展已使上述（前提）条件发生了改变。首先，经济全球化使生产诸要素跨国流动的障碍越来越小；为吸引外商直接投资而提供各种优惠条件的潮流一浪高过一浪；信息技术，尤其是互联网的出现极大地降低了各种经济活动的交易成本，对跨国活动交易成本的降低最为突出。这使企业在本国与跨国发展的交易成本上的差别大大降低——在很多情况下已无质的区别，正在导致“优势前提论”的失效。再者，经济全球化的一个最重要的内容就是市场全球化，全球化市场加上生产要素的自由流动则改变了企业生存与发展的必要条件，即企业要在全球范围内配置生产要素才能正常地生存与发展，尽管各种行业在全球化上有先有后、程度不同。美国国会对上千家企业的一项跨度达十年的调查发现，跨国企业比本土企业的存活率高 50%。这表明，一个仅在国内配置生产要素的企业，面对许多在全球范围内配置生产要素的竞争企业，是难以生存和发展的。这样，在全球化条件下，跨国化就成为企业成长的一般方式。

2. “赢得优势论”替代“优势前提论”

在经济全球化的新时代里，企业要解决的已经不是能否跨国化的问题，而是在全球化的市场竞争中如何赢得优势的问题。我们在对跨国公司的案例研究中发现若干原来没有什么竞争优势，但通过跨国发展而获得竞争优势的实例。针对这种现象，我们将其归纳为三种类型：①企业已有某种竞争优势，通过跨国经营发挥和维持了原有的优势（典型的传统模式）；②企业已有某种竞争优势，通过跨国经营又获取了新的竞争优势；③企业原来没有竞争优势，通过跨国经营获取了竞争优势。

3. 战略链节：竞争优势的新来源

在全球化条件下企业要想赢得优势，就必须探讨价值链与行业成功的关键因素。现有跨国公司理论中被认为最权威的是邓宁（J. Dunning）的“国际生产折中理论”。该理论的企业基础——垂直一体化的金字塔形大企业——钱德勒范式正在衰变。经济全球化对企业结构的最大影响就是价值链的大爆炸，或称解构。邓宁的理论是阐述钱德勒范式的核心——生产链节国际化的理论，已远远不能解释价值链“爆炸”时代的诸多问题。

价值链理论由波特（E. Porter）在 19 世纪 80 年代提出，后被逐渐应用于国际竞争分析。价值链理论认为，在一个企业众多的“价值活动”中，并不是每一个链节都创造价值，而是来自某一个（或几个）特定链节的活动。这些特定的链节就是企业价值链的“战略链节”。企业在竞争中的优势，尤其是长期优势，归根到底就是在这种战略链节上的优势。

4. 企业价值链及其构成

在 19 世纪 80 年代，日本的战略学家大前研一（Ohmae）提出了“行业成功关键因素”的理论，即各种行业中获得竞争优势的关键因素是不同的。把这个理论与价值链理论相结合则可以认为，一个行业的垄断优势来自于该行业的某个或几个特定链节的优势，掌握了这些关键链节，就能在行业中形成竞争优势以至垄断优势。企业成功的关键就是要抓住这些行业关键因素/链节。这些决定企业战略成败的关键链节，可以是技术开发、产品设计、制造工艺，也可以是原料供给、市场营销、生产规模、人员培训等，视不同的行业而异。

所谓“价值链的爆炸”或“解构”，主要是指在经济全球化的条件下，大企业再也不能把所有的链节都用股权方式控制在自己手中，而是采取“归核化”战略即集中于战略性的核心链节，放松非战略性链节使之虚拟化，当然这些活动都是在全球市场中进行的。对于中小企业来说，则是抓住一两个本行业的关键因素/链节，然后扩展到全球市场，以形成竞争优势，而对原本松散的其他链节进行虚拟整合。这可以以耐克公司为典型案例。按照邓宁的理论，耐克公司也许不能算是个跨国公司，因为它几乎没有在生产设施上的海外直接投资。但耐克却是全球化条件下跨国公司的榜样之一，它紧紧抓住本行业最关键的两个链节即设计与销售，而对生产制造链节虚拟化，以 OEM 方式选全球最佳地点分包生产，使其从一个弱小的后来者，迅速成长为本行业的全球排头兵。

综上所述，经济全球化之前的跨国公司发展的主流可以粗略地概括为大型化和重型化，而全球化条件下的跨国公司新发展也许可称为小型化和轻型化（虚拟化），未来的企业绝大多数都将跨国化，跨国公司将成为未来企业的一般形式。

三、跨国并购对东道国经济的影响

跨国并购作为外国直接投资的一种形式，同外商直接投资一样，对东道国经济会产生影响，这种影响对东道国来说往往是不利的。但如果东道国采取的政策适当，跨国并购产生的负面影响是可以控制的。

（1）对行业结构与竞争的影响。

跨国并购对市场结构与竞争的影响较复杂。当外国投资者收购了处于困境、濒临倒闭的企业，使企业得以生存甚至发展壮大，那么跨国并购对保持市场竞争起到的是正面作用。但是，如果收购与之竞争的市场领先企业，往往导致跨国公司在当地市场份额迅速扩大并形成垄断，抑制当地市场上的竞争，这是跨国并购最大的负面影响。如20世纪80年代后期拉美国家纷纷实行改革，减少政府干预，对国有企业进行了大规模的私有化，由此也引发了跨国并购的高潮。跨国公司的进入在一定程度上提高了企业的效益，也增强了某些基础设施的建设。但是，其负面影响也是不容忽视的，一些相关行业资本的集中和垄断程度的提高，跨国公司对拉美经济的控制会进一步加强。

（2）对就业的影响。

跨国并购对就业会产生什么样的影响，这要看收购方的动机和被收购方的具体情况。如果跨国公司收购当地企业的目的是为了进入东道国的国内市场，或者为了降低成本、保持或扩大其在国际市场上的份额，那么对就业的影响就可能是中性的或是正面的。随着国内和国际市场的扩大，就业有可能得到增加。如果跨国公司在并购中寻求的是战略资产，被并购企业已具有较强的竞争力和高素质的劳动力，那么，并购之后，就业往往得以保持并有可能扩大。如果被并购的企业已濒临破产，并购之后，虽然有可能裁员，但从保护就业的角度来看，并购仍对就业有积极的意义。如果并购的目的是为了提高效率，被并购的企业效率低下，技术和管理落后，或者所处行业严重供大于求，那么通过并购实现的重组很可能导致裁员，从而减少就业。在汽车和金融行业，这种现象是比较普遍的。一些国有企业在实行私有化被外资并购之后，往往导致裁员。如菲律宾的马尼拉供水厂于1997年被两家跨国公司收购后，雇员人数从7 370人减少到4 580人。

（3）对出口的影响。

在世界贸易中，特别是在高附加值产品贸易中，跨国公司发挥着越来越重要的作用。跨国公司根据各地区不同的技术水平和劳动力成本，在全球范围内建立一体化的生产体系。跨国公司将大量的劳动密集型产业转移到发展中国家，通过引进先进的技术和管理，利用当地廉价的劳动力，建立面向国际市场的生产。跨国公司的进入不仅使发展中国家生产出有竞争力的产品，而且带来了营销知识和进入国际市场的渠道，使发展中国家的出口增加。在跨国公司主宰国际贸易的情况下，能够进入跨国公司的营销网络是发展中国家增加出口的必要条件。

（4）对企业关联度的影响。

除了直接促进出口的作用之外，在增强企业关联度方面，新建投资和跨国并购也略有不同。一般而言，新建投资与当地企业的关联度往往较弱，因而更多地依赖国外的供应商和跨国公司的内部贸易。而被跨国公司并购的企业，因与当地的供应商有长期的业务联系，因此对国外供应商的依赖较小，跨国并购对东道国当地供应商相对较为有利。

对于日益开放的发展中国家来说，究竟怎样对跨国并购的利弊得失进行权衡呢？自20世纪80年代以来，由于发展中国家纷纷实行对外开放政策，跨国并购成为跨国公司进入发展中国家的直接投资方式之一。由于发展中国家的国情不同，各国对跨国并购的态度也有所不同。如在拉丁美洲地区，其发展中国家更多的是采用跨国并购的方式，而东南亚国家则更加注重新建投资方式。正因为跨国并购是外商直接投资的方式之一，在发展中国家发展经济的背景下，有必要对跨国并购的利弊得失进行慎重的分析。

（1）完善反垄断立法，建立强有力的执行机构。

跨国并购对东道国行业集中度和垄断的形成有明显的促进作用，为了降低跨国并购的负面影响，被并购企业的所在国应制定竞争法，以便对跨国公司在相关行业的扩张给予必要的约束。同时还必须有强有力的执行机构来保证立法的实施。许多发展中国家缺乏与跨国公司打交道的经验和抗衡跨国公司影响的有效手段，虽有反垄断法执行机构，但行动不力，没有发挥应有的作用。在跨国并购的国家，某些行业已经被跨国公司控制。

（2）建立必要的劳动保障制度。

跨国并购往往使失业加剧，这是发展中国家普遍存在的现象。对此，东道国政府应制定专门的政策，对跨国公司的裁员行动进行规范，保护职工的合法利益，最大限度地减少因裁员给社会造成的不安定因素。世界各国普遍采用的做法是：在跨国并购谈判时，要求跨国公司对职工就业做出承诺，对解聘的职工给予必要的补偿；将相关的信息及时告知所在国政府机构、企业工会组织等。

（3）加强行业监管。

发展中国家为了吸引外国直接投资纷纷加大了对外开放的力度，特别是在服务领域如金融、交通、通信、公用事业等方面实行了投资自由化措施，跨国公司大举进入，这就给行业监管增加了难度。自 20 世纪 80 年代以来拉美和东南亚国家爆发的金融危机，在一定程度上就是因为实行私有化、对外开放之后放松了行业监管所致。可以说，在跨国并购多的国家，国家对于关系国计民生的重要领域应在相当长的时期内保持国家控股，或保留国家最终否决权，对容易引发经济波动的行业如银行、保险业应加强监管。

（4）调整外商投资政策，主动开展国际合作。

发展中国家对跨国并购的政策要进行调整，对外资更加开放并不意味着减少对跨国并购的限制。在跨国并购情况下，往往是东道国所处的地位不利而使交易更有利于跨国收购方，因此发展中国家更应注意本国经济结构的调整和企业的改革重组。不应当把跨国并购作为对外招商引资的手段，而应当使其成为长期推动企业改革重组的工具。在企业经营出现危机时，也不应将跨国并购作为解决企业危机的方式。

总之，发展中国家市场经济发展不成熟，大多依赖国有企业发挥国家经济基础作用，在逐渐实现经济全球化的背景下，一方面要加快国有企业改革重组的步伐；另一方面要积极吸引国际投资，推进跨国并购。在推进跨国并购过程中，既要解决不良资产，更要注重以优质资产实行强强联合。要以我为主，主动选择真正有实力的战略投资者的进入，以此来实现资源的优化配置，提升企业的管理和技术水平，增强企业的活力和竞争力。

第二节　国际大公司的海外发展

如果从经济全球化与企业关系的角度来分析，那么，企业在区域经济一体化进程中怎样完成集团化企业转型是一个应引起注意的大问题。换句话说，企业究竟如何抓住经济全球化的机遇，从而迅速提升企业品质，成长为大型的国际企业，这是所有企业都关心的大问题。这里以日本东芝公司为例，说明大企业的海外扩张战略。

一、日本企业全球化经营的实现

日本企业“全球性经营战略”的实施基础在于高度重视市场占有率。由于日本东芝公司是最先拓展海外市场的大企业之一，下面就以它为个案，集中分析该公司以技术开发、海外销售及实施当地生产战略，提高世界市场占有率的基本做法。

在日本厂商看来，市场占有率的拓展，对企业的长期发展显得更为有利，只要有利于市场占有率的提高，日本厂商哪怕是投入巨额资本也在所不惜。所以，追求市场占有率是日本企业的显著特点，并且已成为日本所独有的“企业精神”。如果将日本长期形成的专注于空间拓展的社会心态运用到企业经营上来，注重市场占有率的观念及其实施拓展市场的战略就显得极为重要。

自20世纪50年代以来，由于日本电子技术的迅猛发展，家用电器很快得到普及，日本的家电市场也趋于饱和。这对于包括东芝公司在内的家用电器厂家来说，其巨大的生产能力必须同理想的销售市场相统一才能维持公司的正常运行。60年代的头一年，东芝公司率先向海外拓展。1960年7月，东芝公司同三井物产合作，在斯里兰卡设立了生产和销售电灯泡的子公司，从此揭开了日本企业向海外扩张的序幕。1962年5月，东芝公司又同日立制作所等5家电子企业合作，大举向我国台湾省投资，建立了广播电视公司；同年11月，在台湾省设立专门生产和销售电子机械设备的子公司。1965年4月，东芝公司率先进军美国，成立了美国东芝公司，生产和销售家用电器和电子机器设备。此后，东芝海外事业的进展十分顺利，先后在南朝鲜（今韩国）、泰国、新加坡、中国香港、马来西亚、菲律宾、印度、伊朗等国家和地区设立了生产和销售子公司。截至1969年10月在泰国设立子公司，东芝公司于60年代在海外设立了19家子公司。至70年代，东芝公司自身的经济实力大为增强，海外投资的规模也逐步扩大，除向上述国家和地区增加投资外，又进军欧洲和南美地区，先后在荷兰、比利时、瑞士、哥斯达黎加、巴拿马、巴西、奥地利等国家设立了27家子公司。

东芝公司向海外拓展的原动力主要来源于日本企业的市场占有率观念。日本厂商认为，市场占有是否成功，取决于企业是不是已建立完善的市场销售网络，此外还有企业研发、生产、销售产品的市场竞争能力。因此，在家用电器及电子技术产品生产规模日益扩大的经济景气时代，东芝公司就是通过在全世界范围内编织销售网络的策略，以扩大其产品的销售市场，其结果无疑是取得较高的市场份额。据70年代的统计，东芝公司在销售网络观念驱使下，先后建立了1万多家贩卖店，而长期以东芝公司为竞争对手的日立公司则设立了8 500多家销售店。

促使东芝公司发展海外事业的另一个原因，是日本企业所固守的“依赖出口”观念。日本经济界普遍认为，对于一个只有国民活力而自然资源严重贫乏的日本来说，如果想在生存竞争中取胜，就必须依靠国民资源不断地革新技术，从而建立起依赖出口的经济体制，这才是唯一的生存道路。在这样的观念支配下，日本厂商的行为模式无疑趋向于开拓海外市场。而海外拓展的具体路线究竟如何确定，则取决于日本厂商所具备的条件。通常来说，日本厂商必须具备的条件有：①无论在什么情况下，日本企业都必须把海外市场纳入企业经营活动的视野之内；②必须不断地提高产品的质量，以增强产品的国际竞争力；③必须瞄准适宜日本技术产品的市场，这个市场不仅产业经济发达，国民收入高，具备一定的购买力，同时还要有相当高的文化水平。而符合日本产品的海外市场，显然是经济高度发达的美国市场，而其基本做法，则是同美国的大企业进行直接合作。

众所周知，早在战前，东芝公司在生产领域就曾与美国一流的大企业——美国通用电气公司保持亲密的合作关系。到 20 世纪 60 年代，在提高市场占有率观念的支配下，东芝公司在美国的销售渠道却是选择美国最大的零售商——西亚兹·罗伯克公司的“美国人购物所”完成的。东芝公司借助西亚兹在美国已形成的庞大销售网络来推销家用电器。在东芝公司的带动下，其他日本企业纷纷在美国寻求代理商。据统计，早在 60 年代同意在美国销售日本彩色电视机和其他家用电器的美国零售公司有 80 多家。

东芝公司认为西亚兹是最为理想的合作伙伴，因西亚兹在美国彩电的销售方面是首屈一指的，它仅在美国国内就拥有 900 多家零售店和 1 500 多家函售店。据美国人的统计，从 1963 年到 1977 年，西亚兹从日本进口的彩色电视机达 650 万台以上，总价值相当于 7 亿美元。而在此期间，日本生产的彩色电视机的 60% 是通过西亚兹的庞大销售网络卖给美国人的。在西亚兹看来，该公司以相当低的进价同东芝公司签订销售合同，东芝彩电在美国销售时则贴上西亚兹的商标，并且以很低廉的价格抛向市场，这是一种理想的销售模式。到 1964 年，东芝公司同松下、夏普、三菱、日立、三洋等电子企业联手，开始在美国市场大量销售台式和手提式彩色电视机。这些企业联合销售的最大成果，则是由各方通过计算、协商，最终确定彩色电视机出口美国的“控制价格”，也就是日产彩电的最低出口价格。根据这一价格，在日产彩色电视机对美贸易的总体结构中，尽管厂家不同、规格不一、型号及性能各异，但家用电器出口厂家都可以巧妙地利用各家商定的“控制价格”，使其家用电器产品合法地流入美国市场。

美国市场的大门终于被日本民间电子企业生产的优质彩色电视机打开了。而在日产家用电器出口量激增的刺激下，日本电子企业在彩色电视机、录像机、立体声音响、电冰箱、吸尘器等各种家用电器生产方面，也以惊人的速度迅猛发展。1955 年，日本的家用电器生产额仅为 416 亿日元，到 1979 年就达到 39 650 亿日元，发展成为日本的支柱产业。从 1960 年日本开始向海外出售彩色电视机起，到 1965 年，日本的彩色电视机产量已达到 197 000 台，1975 年的产量则达到 802.1 万台，占世界市场销售量的 30%，已大大超过美国年产 538.9 万台的生产规模，日本由此成为居世界首位的彩色电视机生产大国。

日本彩色电视机大量出口美国，可以说是巧妙地利用了石油危机的机遇。在石油危机的冲击下，美国彩色电视机的生产成本上涨，最终导致了彩色电视机生产的萎缩，美国电视机生产厂家也误认为美国已进入“家庭电器不景气”时期，从而压缩本国的生产规模，同时希望以扩大进口来恢复美国经济。在这样的情况下，日本电子厂商则趁机涌入美国市场，在彩色电视机出口达到高峰的 70 年代中期，日本彩色电视机对美国出口占第一位，1976 年日本彩色电视机出口总量是 525 万台，其中对美国出口量是 296 万台，占出口总量的 56%。同 1975 年相比，彩色电视机出口量增长了 15.3%，日本彩色电视机在美国市场的占有率竟高达 40%。

二、集成电路的海外销售

在集成电路的海外销售方面，东芝公司也取得显著业绩，尤其是在超大规模集成电路生产技术上，东芝公司以其独特的技术拥有广阔的市场。所谓“超大规模集成电路”，是指在一块芯片上有 10 万个以上的电子元件，与 20 世纪 70 年代的大规模集成电路相比，集成度至少要高出 10 倍。在普通的动态随机存取存储器中，每一位分别是由一个晶体管和一个电容器组成，如果是 64 千位（准确地说是 65 336 位），包括附加电路，大约有 15 万个晶体管和电容器。

64千位的超大规模集成电路的世界市场形成于1981年，该年度日本产的64千位集成电路总销量为900万块，在世界销售总量1 300万块中拥有近70%的世界市场。1982年，世界总销售量为9 100万块，日产64千位的超大规模集成电路则占6 100万块，维持67%的较高市场占有率。在这一轮的竞争中，日本厂商排名前三位的是日立、日本电气和富士通，其后是三菱电机和冲电气，而当时东芝公司因仍以静态随机存取存储器作为公司的主干产品，所以在64千位超大规模存储器的销售中仅名列第六位。以这六家日本电子企业为代表的日产64K芯片充斥了美国市场，而且质量好、价格低廉。据说在1981年的上半年64K芯片在美国市场售价为每块25～30美元时，富士通就以每块15美元甩出。到1981年底，导致64K芯片在美国市场的售价仅为8美元。日本厂商在对美贸易中采取的低价销售策略，对一向生产成本很高的美国电子厂商是极大的威胁。就连美国硅谷的最权威研究机构英特尔半导体公司也面临倒闭的危险。到1982年底，英特尔公司的长期债务金额已达到危险点，现金已经枯竭。到1983年初，英特尔公司不得不向国际商业机器公司提出请求援助，以出让英特尔公司12%的股票（即总价值2.5亿美元）的代价，得到18%的选择买卖权。

日本电子企业新一轮的冲刺是开发256K芯片，这意味着日本电子产品将有更加小型化、效能更高、价格更便宜的超级半导体装置问世，从而在计算机、电子机器设备、通信设备及产业生产装置上有更新的突破。1983年初，东芝公司率先开始向美国客商提供256K芯片，这使世界电子厂商感到震惊。256K芯片同64K芯片相比，其容量增加了4倍，准确地说是262 144位，这就是说在一块芯片上约容纳65万个电子元件，连接线的宽度也从64千位的3微米缩小到1微米，但芯片的体积却不增加，这就意味着东芝公司的微细加工技术已达到相当高的水平。日本集成电路产品占领世界市场的成功秘诀在于不断地降低生产成本。由于制造技术的提高，每增加4倍的容量，成本也就降低3/4。在最初的集成电路时代，每一块芯片的生产成本约1日元，至64K芯片时代，每一块的生产成本已降至1钱，即1%日元左右，而到256K芯片时代，每一块的生产成本仅是1钱的1/4。但从世界市场的需求来看，仅就1988年的预测，全球对超大规模集成电路的总需求量是25亿～30亿块。所以说在集成电路开发与销售中，日本电子产品已具有相当广阔的市场前景。

对于拥有256K芯片独有技术的东芝公司来讲，赢利的方法只有一个，那就是不顾一切地扩大256K芯片的生产规模，只有这样才能取得最高的市场占有率和最佳效益。1983年夏天，东芝公司公布了256K芯片生产能力倍增计划，计划到1984年6月，要使东芝公司超大规模集成电路芯片的月产量达到1 000万块。为了实现这个计划，东芝公司投入1.23亿美元，在岩手县建了一座现代化工厂。

据1983年的统计，世界半导体的总产值约为90亿美元，而在这一产品的全球市场中，美国公司的市场占有率已减少到53%，而日本公司的市场占有率已增加到41%。不过，在美国公司的市场占有率统计中，却包括完全销售日本集成电路芯片的得克萨斯仪器公司的销售额，而美国销售公司也大多进行日本电子产品的销售。所以，在美国的市场占有率统计中，实际上有相当部分是属于日本公司的市场占有率。这种潜在的危机，正如美国著名的经济杂志《福布斯》所指出的："80年代的某一时期，美国将半导体的优势让给日本，从而宣告美国产业领导地位的结束。"

根据美国数据查询公司的统计资料，可以对日美主要电子厂商的集成电路的销售额情况有一个大致的了解。

表 5－1　日美主要电子厂商的集成电路的销售额情况　　单位：百万美元

公司	1982 年	1983 年
美国得克萨斯仪器公司	1 155	1 535
日本电气公司	791	1 093
美国摩托罗拉公司	791	1 060
日本日立制作所	607	912
美国国民半导体公司	620	790
美国英特尔公司	625	775
日本富士通公司	427	618
日本东芝公司	428	613
美国高级微型仪表公司	329	505
美国 SIGNETICS 公司	340	435

从表 5－1 中可看出，在 1982 年、1983 年，日美主要电子厂商的集成电路销售额排名为前 10 位的大公司，美国占了 6 个，日本占了 4 个。其年度销售总额，1982 年美国为 386 亿美元，1983 年为 510 亿美元；1982 年日本为 225.3 亿美元，1983 年为 323.6 亿美元。正如前面所说，尽管这项统计是分别以美国和日本集成电路的销售总额计算的，但美国的销售公司出售的集成电路并不全是美国厂家的产品，其中绝大部分还是日本厂家的集成电路芯片。美国销售公司之所以乐于销售日本芯片，是因为日本产品物美价廉。

由于日本产品的国际竞争力越来越强，尤其是在 1973 年石油危机之后，日本产品就对美国产业的领导地位构成威胁，明显的表现就是美国对日贸易赤字的急剧增加。1975 年，美国对日贸易赤字是 17 亿美元，到 1976 年，即上升到 54 亿美元，1977 年为 81 亿美元，1978 年继续上升为 116 亿美元。美国对日贸易赤字的逐年上升，终于导致了日美半导体贸易摩擦。在这场海外贸易战中，包括东芝公司在内的日本电子厂商究竟采取怎样的海外销售经营战略战胜美国厂商，这是令人感兴趣的研究课题。

三、当地生产战略及其实施

日本电子产品特别是以集成电路为代表的微电子技术产品大量涌入美国市场，使一向在半导体技术领域居于优势的美国电子厂家感到巨大的压力，特别是日本生产的大规模集成电路微电子的基础——16K 存储器，在国际市场上的竞争力越来越强，致使美国半导体厂家笼罩在濒临破产的阴影之中。

美国对付半导体贸易摩擦的对策是在 1977 年 3 月成立了美国半导体工业协会，这显然是美国半导体行业认为有必要联合对付日本产品竞争所采取的行动。这个协会成立的基本目的是废除在国际贸易中常见的关税和非关税贸易壁垒，以利于加强美国向世界市场扩大出口的能力。对于头号敌手日本，美国半导体工业协会提出了五点严厉批评：①日本政府实行关税、非关税贸易壁垒的保护主义政策；②日本企业以双重价格向海外倾销；③日本企业的技术开发是根据国家指导实行超大规模集成电路计划；④日本政府向企业实行贷款经营，低利息资金调配；⑤日本政府和民间采用电信电话国货政策，阻碍了美国产品进入日本市场。日本对美国半导体工业协会的批评迅速作出反应。一方面是以强硬的态度对美国半导体工业协会的批评逐条进行反驳；另一方面则是通过日本政府的外交活动以减少因半导体贸易摩擦所产生的对抗情绪。最为典型的事件就是日本铃木首相访问美国，经日美双方商议，达成缓解日美半导体贸易摩擦的协议。其主要内容包括：①从1982年4月起，日美双方把半导体进口关税的税率都下降到4.2%，以达到双方关税税率的平等。而在此之前的日本进口关税的税率是10.1%，美国的进口关税的税率则为5.6%，这对日本来说，不能不认为是一次大让步。②对电信电话的资材进行调配，双方也采取竞争投标、公布共同开发新产品品种等形式，逐步实行自由化。上述协议的内容，又一次使日本巧妙地回避了半导体贸易摩擦所带来的麻烦。

日本电子企业对日美半导体贸易摩擦的积极对策，是产生并推动了日本企业“当地生产战略”的实施。

所谓“当地生产战略”，是指企业到其销售市场的国家办厂，以减少进出口贸易所带来的贸易摩擦。“当地生产战略”的目的：一是回避贸易壁垒；二是保护日本企业已经拥有的市场占有率；三是以此作为日本企业未来全球化发展的第一步。

日本企业实施“当地生产战略”的理由，主要包括：

（1）由于日本同欧美半导体贸易摩擦日益激烈，所以仅仅靠过去采取日本制成品出口的方式已不可能，因为这势必会引起欧美等发达国家的坚决抵制。如果出现这样的情况，日本就会处于十分被动的境地，不利于日本企业海外事业的长期发展。为了确保日本企业海外销售利益不致丧失，日本企业必须采用在海外投资办厂的战略，这样就可以在一定程度上减轻欧美国家对日本半导体产品进口的抵触情绪。而日本企业作为外国资本投入美国，一般情况下接受国会持欢迎的态度。

（2）对日本大企业的海外投资而言，如果将其资本投向发展中国家，其成功的概率会更大。特别是20世纪70年代以来发展中国家大都开始进行产业结构调整，这对于拥有现代先进技术和现代管理经验，而同时又拥有相当雄厚的资金的日本大企业来说，发展中国家丰富的自然资源、廉价的劳动力以及各种引进外资的优惠政策，显然更有利于日本大企业实施当地生产战略。

（3）由于日元升值的外部因素，使日本企业觉得在外国办厂很划算。换句话说，即便是没有上述诸因素，仅仅从扩大生产规模方面来看，日本大企业向海外进行扩展也是必然的趋势。从这个意义上说，由于日美半导体贸易摩擦而从美国吹来的“北风”，恰好给日本企业的全球化发展提供了一个极好的机会。日本人感到最庆幸的是，在20世纪80年代，没有国界的日本跨国企业的形成，正是以“当地生产战略”的实施为契机，从而使日本企业发生历史性的转变。

在日本企业海外发展的历史性机遇面前，东芝公司率先冲向欧美国家，开始大规模的海外投资。仅80年代的头两年，东芝公司就先后在瑞典、英国、荷兰、联邦德国、美国、智利、阿根廷及亚洲地区的泰国、新加坡、中国香港等国家和地区共设立了10家子公司，到1982年底为止，东芝公司在海外共设立了52家子公司，海外投资总额为733亿日元，在日本各大企业中名列第15位。1982年海外子公司的生产额为4.25亿美元，在日本各大公司中名列第9位。由于东芝公司对录像设备的海外生产历来十分重视，所以在1984年开始在英国建立录像设备生产工厂，总投资额为40亿日元。同时在美国田纳西州的莱巴农市以专门生产彩色电视机和微波炉的“东芝公司—美国工厂”中又新设立了录像设备装配厂，这座新工厂于1986年10月正式投产，每月可生产录像机5 000台投入市场。据专家分析，东芝公司在美国办厂生产录像设备，其生产规模仅次于日本的日立制作所，是第二大专业工厂。1986年，松下电子在美国温哥华的录像设备厂正式开工，从而形成日本电子厂家在美国的三处重要的生产基地。

值得注意的是，在1984年至1986年期间，东芝公司还连续向美国发展三个庞大的投资项目，成为日本企业在海外成功办厂的经验。这三个大项目，都是经过东芝公司的周密调查论证后，以其公司特有的优势进入美国的。对东芝公司这三个大项目进行分析，对于认识日本企业的全球性发展战略的整体思路会有所帮助。

第一个项目是与美国的威斯汀豪斯电器公司以对半合资的方式兴办彩色显像管制造公司。根据东芝公司的调查，彩色显像管的世界市场需求量很大，仅美国市场的年需求量就达到1 050万只，是当时世界上最大的需求量市场。另外，美国也是电子计算机和办公室自动化设备所使用彩色荧光屏的最大市场。随着办公室自动化程度的提高，预计美国市场每年对彩色显像管的需求量将以30%的速度递增。因此，如果东芝公司率先在美国建立彩色显像管生产厂，将是一项很有发展前景的事业。

就彩色显像管生产技术而言，东芝公司可以说是日本彩色显像管生产的大厂家之一，在世界彩色显像管市场中，东芝公司的产品比重占15%。而当时美国的威斯汀豪斯电器公司也打算在彩色显像管生产领域有所发展，并开始在日本电子厂家中寻求合作伙伴，这正好与东芝公司欲图大力发展海外事业的战略不谋而合，结果一谈即成，并顺利地在1985年1月宣告“东芝—威斯汀豪斯电器公司”正式成立。

东芝公司之所以与美国威斯汀豪斯公司采取合作办厂的方式，有两点基本的考虑：一是可以利用威斯汀豪斯公司原用的厂房和一部分设备，这样可以缩短建设厂房所需的时间，不仅可以加快产品上市，而且可以节省投资；二是东芝公司拥有的从产品设计到制造的一整套技术，可以同威斯汀豪斯公司所拥有的现代化经营管理经验相结合，从而为办好企业、早出产品及企业的长期发展提供保证。于是，东芝公司投入了200亿日元，对美国威斯汀豪斯公司设在纽约州豪斯霍兹的工厂厂房进行改造，并且引进了生产彩色显像管的最新设备，于1987年2月开始生产14英寸彩色荧光屏和15英寸、20英寸彩色电视机用显像管。按当时的设计规模，这间工厂可年产彩色显像管100万只，到1989年，其年产量则可扩大到160万只。

东芝公司在美国发展的第二个项目是医疗器械和通信机器设备。日本的医疗器械厂家早在“二战”之前就已拥有X线摄影技术。20世纪60年代，欧美医疗器械厂家进行了技术革新运动，使欧美在医疗器械的研制、生产能力等方面居于领先地位。60年代初期，欧美医疗器械厂家首次在日本推出CT扫描机，这时日本电子厂家才发现在这个新领域内已远远落后于欧美国家，于是奋起直追，开始积极开发对抗产品和其他相关产品。而在这些同欧美医疗器械技术进行抗争的日本大企业中，东芝公司则是排头兵。经过短短的10年时间，东芝公司在医疗器械技术领域已处于世界领先地位。东芝公司生产的X像CT扫描机（即电子计算机断层摄影诊断设备）的机械性能等主要技术指标都远远超过研制厂家——英国的索恩电业公司和世界著名的美国医疗器械厂家——美国通用电气公司的同类产品。不仅如此，东芝公司还以其优秀的技术将X像CT技术重返美国，并在加利福尼亚州的阿瓦印市建立了“东芝—美国公司”所属的新工厂，从1986年开始生产X像CT扫描机以及X像诊断等多种医疗器械设备。这项大型的当地生产、当地销售计划，东芝公司共投资80亿日元。

在美国建立医疗器械设备的生产工厂，东芝公司是日本企业的第一家，这不仅表明东芝公司的医疗器械生产技术已达到甚至超过世界头号强手——美国的水平，同时也说明东芝公司的国际竞争意识和竞争能力也比过去更为强大，这对于美国大公司的国际领先地位不能不说是一次动摇。由于东芝公司最先进入美国市场，所以在医疗器械的生产与销售中，自然也取得相当高的市场占有率。从1976年到1980年期间，日本产（实际上主要是东芝公司的产品）的CT扫描设备的销售额每年以47%的比例递增，而欧美国家的医疗器械设备及相关的电子产品虽然也保持20%的年增长率，但不久就急速下降到年销售额增长率仅为5%的水平。与此同时，以东芝公司为代表的日本大电子企业的医疗器械年销售增长率却以65%的势头上升。由于欧美医疗器械产品受到东芝公司等日本大企业的排挤，以致欧美厂家的市场占有率明显下降，从1976年的65%下降到1980年的16%。

从根本上讲，欧美医疗器械生产厂家的衰落，主要原因是开发技术能力已远远落后于日本。如断层摄影装置，在六七十年代，欧美的技术水平要领先6年，但到了80年代，日本企业已有能力超越欧美，并且具有使新技术实用化的能力。

表5－2　欧美、日本电脑断层摄影装置开发竞争情况

名称	欧美产品进入日本的年份	日本同类产品开发的年份	日本厂家	欧美领先年数
断层摄影装置	1964	1970	东芝、日立	6
真空管	1964	1970	东芝	6
乳房造影装置	1974	1982	东芝	8
血管造影用X线功能装置	1977	1982	东芝	5
心血管造影X线双向摄影装置	1981	1982	东芝	1
液晶摄像仪	1982	1982	东芝、日立	0
核磁性共鸣断层摄影装置	1984	1983	东芝、日立	－1

截至1984年的统计，已表明东芝公司和日立公司于20世纪80年代前期在医疗器械产品的研制开发技术领域已达到欧美国家的同等水平，而且有的尖端产品已出现领先于欧美厂家的现象。在这种情况下，东芝公司以在美国设厂为先导，一举取得世界市场的霸主地位。到80年代后期，欧美制造的断层摄影装置的销路开始呆滞，利润率大幅度下降。据说，曾经在日本市场上首次推出这种医疗器械设备的一家世界著名企业，4年间的利润率竟下降了80%以上。而在这场大竞赛中，日本的东芝公司一马当先，占据了日本和海外市场。

第三个项目是在美国建立复印机用墨粉工厂。东芝公司在对美国市场进行详细调查后，认为美国是复印机需求量很大的市场，每年的复印机销售量在100万台以上，而且每年的市场销售额递增率在8%左右，若东芝公司把复印机总产量的40%向美国出口，则约占美国复印机市场销售总量的15%。复印机销售的市场行情表明复印机用墨粉的美国市场需求量亦相当可观。如果东芝公司能够在美国投资办厂，建立复印机用墨粉的生产体系，则对东芝公司在美国的发展极为有利。1986年，东芝公司决定在美国的南达科他州投资建立复印机用墨粉工厂，其具体的做法是购买美国化学医药器皿和药品的厂家——3M公司的米切尔墨粉厂，并于同年 10 月正式投产。

除美国这个大市场外，欧洲也是东芝公司海外事业三级结构的另一个主要发展区域。仅 1986 年，东芝公司就同法国劳努浦兰公司合办了复印机制造和销售公司；同年 9 月，又与法国汤姆逊公司合办高频灶制造公司。截至 1992 年，东芝公司分布在世界各地的附属公司有 800 多间，职员总人数已达 25 万人，是东芝公司职员人数的 3 倍。

表 5 – 3　世界六大企业取得美国专利数

年份	美国通用电气	美国 IBM	欧洲飞利浦	欧洲西门子	日本日立	日本东芝
1960	773	296	234	96	2	3
1965	1 063	537	321	161	14	14
1970	1 000	631	290	231	102	80
1975	839	519	411	451	386	90
1980	770	386	332	369	409	257
1982	741	439	386	477	544	301
年增长率（%）	–0. 2	1. 8	2. 3	7. 6	29. 0	23. 3

资料来源：根据美国学者詹姆士 · C. 阿伯格伦和乔治 · 斯托克的统计数据编制。

根据表 5 – 3 中的数据，如果将 20 世纪 80 年代与 60 年代进行比较的话，表明最富有代表性的大企业——日立和东芝公司在取得美国专利的数量方面已取得长足的进步，其年增长率远比美国和欧洲大企业的增幅大得多。更引人注目的是，在以日立和东芝为代表的日本大企业中，曾同日本大企业有密切合作关系的美国通用电气公司，其在美国获得专利的数量，80 年代却出现了负增长。这就说明日本大企业在经历了 70 年代的海外发展之后，其技术竞争力尤其是以开发研制为核心的创造力已开始进入世界大企业的前列。如果以此作为评价世界大企业的综合实力标准，那么，这显然意味着日本大企业已取得技术领先的地位，并已从根本上改变了日本企业模仿欧美发达国家先进技术产品的格局。

进入美国市场的日本大企业，由于感到当地生产的成本很低，而日本国内的内需又日益扩大，国内市场始终保持了很高的购买力，所以往往采取把在美国生产的电子产品返销日本的做法，这对于日本电子厂家获得高额利润显然是十分有利的。而在 70 年代以后，这种做法越来越普遍，成为日本企业共有的经营方式。据说最早采用这一方法的是东芝公司。在 70 年代，东芝公司是第一家把在美国生产的大屏幕彩色电视机向日本“出口”的厂家。当时，东芝公司在美国田纳西州的一个工厂集中生产 33 英寸以上的大屏幕彩色电视机，因日元升值的缘故，1 美元的汇率已从 240 日元降到 120 日元，这就使东芝公司在美国生产彩色电视机的成本大幅度下降，即便是加上返销日本的运输等销售费用，生产成本也比在日本低得多。于是，东芝公司就以日元升值为契机，一方面千方百计地提高产品的档次和产量，积极向豪华型、高级组合型方向发展，以提高大屏幕彩电的魅力；另一方面则通过美国电子产品销售公司的渠道，把为日本国民所需求的高档大屏幕彩电返销日本。由于东芝公司再次抢先一步经营返销大屏幕高档彩电，就使日本大企业的当地生产战略扩大了活动空间。这样，在美国办厂的松下和日立等日本大企业自然也不甘落后，迅速调整生产和销售战略，一方面是力争在产品设计方面赶超东芝；另一方面则在美国当地生产的大屏幕彩电返销日本的同时，积极扩展向其他国家和地区销售，以便尽可能多地占领大屏幕彩电的世界市场。这样，日本其他大企业在大屏幕彩色电视机的销售方面，实际上已同东芝公司展开了激烈的竞争。

从日本产业发展的角度来看，80 年代已成为日本电子技术的成熟期。无论是在彩电、录像机、激光收录机等民用电子技术方面，还是在国际信息通信网、原子能、机械等产业部门，日本企业已具有绝对压倒多数的优势。在这种情况下，即便是日元继续升值，美国或欧洲生产的彩电也很难在日本上市，这不仅成为围绕民用电子产品的日美贸易摩擦日益激化的重要原因，而且也成为世界性大企业进行重组，进一步重建世界工业生产体系所必须认真思考的课题。

四、多元化合作与全球性发展

在当代国际化生产中，任何一个企业都不可能独自发展，除了技术的互补、模仿和革新之外，在资金调配、原材料和零部件采购供给、产品销售及企业与当地社会文化等方面的联系，也是极为广泛的，而且这已成为企业能否得到大发展的关键性因素。

对于东芝公司这样拥有多样化技术的现代化大型电器厂家来说，不仅要在同行业中进行广泛的技术合作，而且还必须寻求跨行业、跨国的更大范围的合作。按东芝公司的说法，这种多元化合作的战略，就是“多方面合作战略”。

至少在东芝公司看来，已经明确地认识到实施多元化合作战略的时代意义。早在佐波正一会长出任东芝公司总经理时就制定了多元化合作的方针。他认为，在现代大工业时代，一个企业不可能通过完成所有的技术来应付市场需求的多样化和个性化，因而需要与其他企业互相拿出擅长的技术，建立起技术上的互补关系，即便是销售网的有效利用问题，也要放在一个大的范围内加以考虑，多方面、广范围地发展同国外有实力的企业间的补充性水平合作。他主张东芝公司应与传统的电子厂家有所不同，应该不断地拓展经营的范围，他认为“这是时代发展的趋势，是扩大遍及全球的事业所不可缺少的战略”。

实际上，不仅像东芝公司这样的大企业领导层意识到广泛合作的意义，而且在当时的日本政界也在谋求日本企业的国际化发展道路。早在 1973 年石油危机之后，曾毕业于美国哈佛大学的并木义信筹划的日本通产省发展计划，就详细地描绘出日本的“知识密集型产业构造”的特征，他极力主张日本产业应该朝国际化方向发展，而且为了实现这个目标，日本通产省应该有更多的权限，以便调整分配预算先后顺序，制订投资计划，决定对某些尖端技术产业的研究开发给予援助等。其基本思路是，在产业结构调整过程中，以发展尖端技术产业作为日本企业群的主导产业，从而增强日本企业整体的国际竞争力。在这样的大背景下，1964 年参与电视机大战的东芝、日立、三菱电机、三洋、夏普、松下六家日本大企业又一次采取联合行动，参加“超级”电脑的研究开发。

经历了 70 年代半导体技术的飞跃，日本的电子计算机生产已在半导体制造技术领域赶上美国。在此基础上，谋求与日本电子计算机厂家合作，以尽早实现知识密集型产业群的设想已不难实现。于是，日本政府于 1982 年和 1983 年连续发表了两项耗资巨大的国家计划，即“研制超级电脑计划”和“研制第五代计算机计划”。这两项研究开发计划的成功，无疑是要确立日本计算机产业世界霸主的地位。

日本谋求控制“超级”电脑产业的目标，显然是为了保持日本在未来尖端技术领域的领导地位。这里所说的“超级”电脑，是表示这种电脑的工作速度比一般的电脑快得多。超级电脑本来是为了进行复杂冗长的科学技术的计算而设计的，后来就广泛运用于国防、密码的编制和破译、宇宙开发、先进武器的设计，特别是宇宙兵器的研制和开发等多领域。此外，在天气预报、化学反应、核裂变、核聚变的模拟试验中，超级电脑也是必不可少的技术。正因为如此，超级电脑的研制开发就备受日本政府的重视。日本大企业研究人员的报告指出，在实施上述两项国家计划时，日本通产省向参与超级电脑研制开发计划的东芝、日立、富士通、冲电气、日本电气、三菱电机六家企业发放1.3亿美元的政府补贴，作为这些企业研制超级电脑的事业资金。此外，承担这项国家计划的企业也将对此项研究开发项目进行大的投资，并提供人才和研究设备。对于这项具有未来战略意义的研究开发计划，无论是日本政府还是企业首脑，都十分明确地认识到超级电脑的价值，不管是谁先研制成功，作为六家企业的联合行动，终将使日本的超级电脑技术称雄于世。

日本企业向超级电脑发动的联合研制开发的“集体进攻”，从组织形式来说，与美国十几年前联合进行半导体研制开发有许多相似之处。但不可否认的是，在通产省的严密计划下，日本六大电子企业联合开发超级电脑与过去的半导体起步时期的活动，已有明显的不同。这主要表现在以下几个方面：

（1）“超级”电脑的研制开发在很大程度上依赖电子计算机，在日本企业的电子计算机技术已达到相当高水平的今天，显然比过去的研制水平有长足的进步。

（2）“超级”电脑研制的重要环节是需要先研制出一种新型的半导体材料，而在日本半导体企业，这种新型的材料已找到可资利用的原材料。

（3）在超大规模集成电路的研究中，日本企业始终处于世界领先地位。就东芝公司而言，尽管在64K的DRAM技术上暂时落后于其他日本企业，但在256K芯片的研制上，东芝公司很快就同其他日本企业并驾齐驱。在1983年春天，当东芝公司的256千位DRAM研制工作还未结束的情况下，就开始组建了由100多位研究人员参加的1 000千位DRAM研制班子。这种在前项研制任务尚未结束的情况下就着手进行更高难度的课题研究开发，在日本企业中是史无前例的。结果东芝公司在1 000千位超大规模集成电路方面一下子就在世界电子企业中独占鳌头。东芝公司在面向未来的先行性技术成果，为超级电脑的研制提供了技术保证。

（4）与美国的新事业投资家和投资企业不同，日本的企业研究人员不必考虑利益分配的制约关系。对于未来技术领域的投资，是日本企业各级负责人十分关心的经营内容。企业各部门的管理者在全面地展望未来技术发展的动向和前景后，制定具有挑战性的规则，而公司的高级领导层也对此作出快速的反应，从而确定企业的投资方向及投资规模。如果仍以1 000千位DRAM为例的话，东芝公司从1983年进行先行投资研制之后，遂于1985年7月与西德西门子公司签订了合同，东芝公司将向对方提供生产1 000千位DRAM的制造技术。这一成功的实例，再次显示了东芝公司投资及经营的先行性。

（5）在微型计算机的合作中，更加体现出日本电子企业多元化合作的重要性。与上面所说的“超级”电脑开发不同的是，不仅日本企业能够参与本国企业的开发活动，而且还有欧美的实力企业参与日本企业的研究开发活动。这种迹象表明日本企业的国际性互补关系已经形成。

日本产的微型计算机在80年代初期已经对美国市场产生强烈的冲击。为了在微型计算机领域进行更为广泛的技术合作，1983年6月美国著名的大型软件厂家——微型软件公司、美国视频游戏机和微型计算机厂家——光谱视频公司，以及包括东芝公司在内的日本电子厂家日立、松下、三菱电机、三洋、索尼等14家公司，在美国的《华尔街日报》、《纽约时报》等几家大报及企业界杂志上全面刊登广告，宣布美日电子企业共同使用一种新规格的MSX软件，并表示以上这些企业将共同生产MSX新规格的微型计算机。日本的电子厂家也必须使用一种基于ZILOGZ80型号的微型信息处理机。进行这场大规模广告宣传的目的，无非是告诉用户：今后这14家公司所生产的计算机，将只使用一种软件。这就是说，微型软件的基础，就如同唱片不选择演奏者一样，软件是按照统一的规格编定的程序，任何一个厂家生产的计算机都可以使用。值得注意的是，如果把东芝公司在内的日本电子企业同美国同行的共同开发、生产MSX作为日本企业的国内国外合作的典型，那么，这说明东芝公司与外国企业和国内企业的合作，已不是数十年前仅与美国通用电气公司一家进行合作，而是具有多元化合作的意味，既与微型软件公司建立技术合作关系，也与光谱视频公司共同开发同类新产品，至于参与同类新产品开发和生产的日本厂家竟多达数十家。这种多元化合作的情况，在十几年前是绝无仅有的。

多元化合作是当年日本企业开展国际技术合作最为普遍的形式之一。举例来说，美国通用电气公司不仅在战前就与东芝公司建立了良好的合作关系，而且在战后东芝公司最艰难的时期，对东芝公司的复苏、崛起，乃至大发展，都起着非常重要的作用。但是，美国通用电气公司同日本电气公司的关系也非常密切，而同日本电气公司一样，始终同东芝公司存在竞争关系的富士通公司，则与东芝公司的伙伴——西德西门子公司的关系也非常深厚。可以说，在具有竞争关系的日本企业中，绝非仅是日本电气和富士通，事实上日立、三菱电机、松下公司等，都与东芝存在竞争关系。但问题是，对于东芝公司来说，存在竞争关系是一回事，而在某项技术领域进行技术合作又是另一回事。在广泛进行合作的经营战略上，东芝公司却与美国通用电气公司和西德西门子公司进行技术项目合作，并且与东芝公司的竞争对手也采取联合行动。日本企业之间的这种错综复杂的技术合作关系，应该说是成熟企业的正常行为，因为这种特点在美国企业中也可以看到。例如，美国通用电气公司长期以来与西屋公司是决一雌雄的竞争对手，而东芝公司却与这一对敌手都建立了技术合作关系。

东芝公司该如何处理同存在竞争关系的外国企业建立多元化合作关系呢？这显然是令人感兴趣的问题。

一般来说，日本企业与其他企业的合作，无论是国内企业还是国外企业，合作都不是全面性的，而是就某一项技术进行合作。与外国实力企业合作的技术项目，往往是该企业处于领先地位的高、精、尖技术项目，而这一点，对于合作双方来说都具有相当一致的技术优势，随着企业优势技术的成长，其合作的范围也随之扩大。在目前，任何一项新技术的开发，如果仅仅限于企业内部，势必造成投入的时间、人力和费用太多，企业就得冒相当大的风险。因此，如果企业要开发某种新技术产品，最好的方法是在全球范围内寻找合适的合作企业，建立合作开发关系，这样既可以发挥各自的技术优势，双方的技术人员在合作中可以取长补短，取得互补互助的效益，同时也可以由双方共同承担风险。

第三节　中国企业的海外发展

中国企业必须在经济全球化背景下迅速发展自己，已成为中国企业的共识。

一、中国企业海外投资的状况

海外投资是指企业在其他国家和地区从事生产、研发投资活动。中国企业在中国国内市场经营的基础上，海外投资和经营活动开始在多个国家和地区甚至全球范围内展开，企业处在从国内经营转向跨国经营战略转型的时期。这次战略转型，对企业的资源和能力提出了许多新的要求和问题，是企业成长过程中的重大挑战。因此，需要对中国海外投资企业的状况进行重点分析。

下面对首次海外投资的企业进行分析，从海尔集团、TCL 集团可以大体反映出中国企业的海外拓展情况。

海尔集团。其产品范围涉及电冰箱、冷柜、空调、洗衣机等家电领域。1991 年，海尔电冰箱获得中国电冰箱史上的第一枚国产金牌，是当时中国家电业唯一驰名商标，此后一直占据中国市场第一的位置。1992 年，海尔电冰箱等产品就以当地品牌的方式进入印度尼西亚市场，并受到经销商和消费者的欢迎。1995 年 7 月，海尔在香港成立贸易公司，开始向东南亚、欧洲、美国、日本等地出口电冰箱、洗衣机等产品。1995 年 12 月，海尔集团首次跨地区经营，收购武汉蓝波希岛公司 60% 的股份，生产冰柜和空调产品。1996 年 8 月，由海尔控股（其中海尔投资绝大部分是以技术和设备形式投资）的海尔·莎保罗有限公司在印度尼西亚正式注册开张。这是海尔在海外的第一家分厂。在国际化合作方面，海尔集团在初期的全套生产设备和技术是从德国利勃海尔公司引进的，当时电冰箱产品的注册商标就是“琴岛—利勃海尔”。1991 年，海尔与日本三菱重工成立合资企业，在中国生产空调。其后，海尔还与日本松下电器合作，生产洗衣机等产品。在产品出口方面，早在 1996 年，海尔集团的销售收入就达 61.6 亿元，利润达 3.1 亿元，1997 年，海尔空调在中国的产销量与格力、春兰并列第一。

TCL 集团。1981 年，与港商合资成立“TTK 家庭电器有限公司”，生产录音磁带。1985 年，与港商合资成立“TCL 通讯设备有限公司”，生产电话机。1989 年成为国优产品，1993 年占领中国电话机市场的 60%，居第一位，并出口到美国、欧洲等 30 多个国家和地区。1993 年，TCL 在香港成立贸易公司，从事电话机、彩电产品的出口业务。1996 年，TCL 集团注资 1.5 亿港币控股香港陆氏集团在虹口的彩电生产基地。1997 年，TCL 与河南美乐集团合作，成立“河南 TCL—美乐电子有限公司”，生产 TCL 彩电。1997 年，TCL 彩电名列中国市场第三位。1998 年，与台湾致福集团合作，成立 TCL 致福电脑有限公司。在国内跨地区经营方面，1999 年 10 月 29 日，TCL（越南）有限公司成立，TCL 以设备出资，从中国进口散件，组装彩电，在当地销售。这是 TCL 集团的第一次海外投资。在此之前，TCL 集团在国内拥有丰富的国际合作经历，1999 年，原内蒙古彩虹电视机厂无偿给 TCL 经营，内蒙古 TCL 王牌电器有限公司成立，生产 TCL 彩电。1999 年，TCL 斥资控股北京翰林汇软件产业公司，进军信息产业。在主要产品市场地位与出口方面，TTK 录音磁带当年畅销全国。2000 年，TCL 海外营业额为 5.14 亿美元。在国家经贸委公布的 2000 年国家重点企业排序名单中，TCL 以 110 亿元的总资产列第 84 位，以 178 亿元的销售额列第 27 位，以 13.3 亿元的利税列第 33 位。

海信集团。1984 年引进日本松下电器的彩电技术和设备。1993 年合资组建青岛 AT & T 通讯设备公司，同年海信的电视机产品以整机方式出口到南非等地。1996 年 10 月，海信投资 79.5 万美元，拥有 60% 股权的海信（南非有限公司）在南非的约翰内斯堡开始运营，这是海信第一个境外带料加工生产型企业。在国内跨地区经营方面，当时的海信集团主要在山东青州、临沂、肥城、淄博等地经营，1996 年 11 月，海信在贵阳市从事电视机生产。在行业与市场地位上，1996 年海信集团的彩电居山东省第一位，全国前三甲之列。

华为技术。1993 年，华为在美国硅谷设立研究所，从事技术情报的收集、芯片开发等业务。1995 年，华为在北京成立研究所，从事技术开发和新产品研制，同年销售额达到 14 亿元，在全国电子行业百强企业中排名第 26 位。其自主研制的大型交换机设备 C & C08 机在中国市场上占据领先地位。1996 年，华为在俄罗斯设立办事处，同年华为与李嘉诚旗下的香港和记公司开展交换机生产业务，这是华为大型交换机从国内走向国际的第一步，标志着华为开始进军国际电信市场。

华立集团。1989 年，华立就与意大利的一家企业合资，生产铜箔板，这是当地第一家合资企业。1990 年成立浙江华立进出口有限公司，负责集团产品的出口业务。1997 年设立海外事业部，成为国际化战略的业务平台。1999 年，华立与以色列电表生产商尼科斯公司合资成立“浙江华立尼科斯电气有限公司”，生产电子式电表。在跨地区经营方面，华立集团制定并实施了“西进战略”。1999 年华立先后收购重组了国内“重庆川仪”和“恒泰芒果”两家上市公司，分别更名为“华立控股”和“华立科技”，从事植物制药、计量电表和电力自动化业务。2000 年，华立集团在美国加州硅谷地区设立独资企业“华立控股（美国）有限公司”；同年 10 月，华立在泰国曼谷设立华立泰国电能表生产基地。这两个投资项目在一年内进行，是华立集团海外投资的第一步。在行业与市场地位上，华立集团的电能表于 20 世纪 90 年代中期位居第一。

华源集团。1993 年，华源的进出口总额只有 5 800 万美元，到 1997 年就上升到近 4 亿美元，是上海市最大的进出口公司之一，在全国进出口行业名列前茅。1997 年，集团所属华源家纺集团有限公司乘中国和尼日尔两国复交的契机，联合当地一家公司收购了尼日尔最大的纺织印染联合企业，组建了合资经营的中国尼日尔纺织印染联合企业，总投资 300 万美元，中方持股 80%。主要生产纺蜡花布，产品占当地市场份额的 80%。同杜邦、巴斯夫、赫斯特等世界著名企业建立战略伙伴关系。

金城集团。1985 年引进日本铃木公司摩托车制造技术和设备，1987 年向美国出口小发动机曲轴连杆，创汇 15 万美元。1988 年，首批 530 辆金城牌摩托车打入国际市场。1990 年，出口创汇 106 万美元。1993 年，金城集团与巴基斯坦自行车厂签订摩托车制造技术出口合同，为同行业首家技术出口企业。1994 年，与马来西亚金狮集团合资成立南京金城机械有限公司，金城集团注册资本 8 800 万美元，为同行业最大合资项目；同年，中日合资的南京金城铃木摩托车有限公司成立，中国首条摩托车发动机智能化柔性生产线投入使用，由美国厂商承制，居世界先进水平。1995 年，摩托车出口居同行业第二位。1996 年 10 月，中国首家摩托车境外合资企业——金城哥伦比亚公司成立，金城集团投资 100 万美元，占 50% 的股份，利用金城集团的设备、技术、零部件在哥伦比亚生产销售摩托车。金城集团在国内没有从事跨地区经营，在行业与市场地位上居前三名。

宝钢集团。宝钢集团是引进日本钢铁制造技术建立的大型国有企业。20 世纪 80 年代末，宝钢产品开始出口。至 2003 年，累计出口钢材 1 600 万吨。宝钢的核心产品——汽车钢板国内市场占有率为 50% 以上。自 20 世纪 90 年代开始，宝钢在海外设立经营机构，陆续在日本、德国、美国、巴西、澳大利亚、南非、新加坡、中国香港、法国、意大利等国家和地区设立海外公司，从事钢铁产品、冶金原料、远洋运输、工程装备等业务。宝钢集团是中国钢铁业最大的企业。2001 年 8 月，宝钢与巴西淡水河谷公司（CVRD）各出资 3 800 万美元，合资在巴西组建宝华瑞矿山股份有限公司，主要从事铁矿石业务，年产能力为 800 万吨优质铁矿石，其中 600 万吨供应宝钢和中国市场，这是宝钢海外投资的第一步。

二、中国企业的海外战略与目标

从总体战略角度来看，海外战略虽是地域战略的一种类型，但海外战略本身又可以分为海外领域战略和海外地域战略。海外领域战略是指企业在海外从事什么业务、不从事什么业务以及如何从事这些业务；海外地域战略是指企业在海外的哪些国家和地区从事业务，进入这些国家和地区的顺序如何，在从事业务经营的国家和地区中，哪些国家和地区可纳入某个产业价值链中。中国企业的海外战略与目标如表 5－4 所示。

表 5－4　中国企业的海外战略与目标

企业	海外战略与目标
海尔集团	世界级的企业和世界级的名牌。1997 年正式提出国际化战略，具体目标是三个 1/3：国内生产、国内销售占 1/3，国内生产、国外销售占 1/3，国外生产、国外销售占 1/3。
TCL 集团	“龙虎计划”的具体内容包括：TCL 旗下的多媒体电子、移动通信终端产业要在 3～5 年内进入世界前五强，此为“龙腾四海”。而在家电、信息、电工、文化产业领域，用 3～5 年进入国内一流企业行列，此为“虎跃神州”。争取在 2005 年，TCL 集团整体销售额达到 700 亿元，实现利润 150 亿元；在 2010 年销售额达到 1 500 亿元的规模，同时逐步建立自身的经营网络。
海信集团	海信在 1994 年成立时就提出“把海信建设成为世界知名的跨国大公司”的战略目标。在战略上分三步走：第一阶段（1994—2000），成为中国名牌；第二阶段（2000—2010），走国际化发展之路，发展成为国际知名的品牌，到 2010 年销售收入过千亿元，国外收入达到国内收入的 1/3；第三阶段（2010—2020），基本实现全球化经营，成为世界著名的互联网终端设备以及增值服务的提供商。2000 年，海信明确提出了要成为国际化大公司的目标，创国际名牌成为集团重要的战略目标。海信集团的国际化战略是，将海信品牌发展成为世界市场上的知名品牌，让大多数的海外消费者认识海信品牌，接受海信文化，使用海信产品，享受海信的优质技术和完善的售后服务，支持海信的发展。
宝钢集团	自 2003 年 6 月以来，宝钢开始实施新一轮发展战略，即国际化战略、钢铁精品战略、适度相关多元化战略和资本经营战略，力求在 2010 年直接进入国际资本市场。战略目标是在 5 年内成为全球最有竞争力的钢铁企业——“世界一流的跨国集团”。到 2010 年，销售收入达到 1 500 亿元，钢铁主业综合竞争力进入世界同行前三名。
金城集团	1996 年，金城集团树立了“建世界级企业，创世界级名牌”的跨世纪奋斗目标，力争在不远的将来把金城建设成为拥有航空产品、摩托车及汽油机、民用液压机电产品、第三产业等四大支柱并举的跨国集团公司。
华立集团	在 21 世纪前 10 年的发展目标之一是：将华立从一个完全中国式的企业发展成为一个国际化的跨国公司，真正实现资源（人力、市场、技术、资金）的配置全球化。华立 21 世纪国际化战略目标是：在全球各地投资建设制造基地，生产和销售华立具有竞争优势的产品，稳定区域性市场，至 2010 年达到两个 50%，即 50% 在国内，50% 在国外（市场资源）；到我们需要获取资源的地方，投资建立窗口，打通接口管道（获取技术、人力和资金资源）。
华源集团	华源集团从创业伊始在战略上就有一个定位：外向型、跨国经营，成为能代表中国现代大企业形象与水平的“国家队”。自 1999 年以来，按照“以现代科技重塑中国华源”的战略，并遵循“有所为有所不为”的指导方针，集团对产业结构进行了大转型和大调整，确立了优先发展大生命产业、优化发展大纺织产业、积极培育功能性产业和提升国际竞争力的部署。

三、中国企业成长为跨国公司的模式

从上面企业海外战略与目标的介绍中，可以看出这些企业有一个共同的目标：成为代表中国实力的跨国公司。那么，企业在什么样的条件下，如何成长为跨国公司，这一直是对外投资和跨国公司理论研究中的重要课题。西方学者对此进行了大量的研究，但其结论并不适用于后发展型跨国公司的对外投资活动。

随着中国的改革开放，中国企业与世界经济的融合度越来越高，目前不少跨国公司的研究与开发工作也大多首选中国。根据联合国贸易和发展会议（以下简称贸发会议）公布的《2005 年世界投资报告》，跨国公司的研究与开发工作国际化趋势增强，跨国公司不仅把更多的研发工作转移到国外，而且把一部分核心创新工作放到了发展中地区。跨国公司研发工作国际化的进程加快，贸发会议 2004 年对全球研发投入最大的一些跨国公司进行的调查结果显示，69% 的公司表示海外研发活动的比重肯定会上升，只有 2% 的公司持相反观点，另有 29% 的公司认为研发国际化水平将保持不变。跨国公司扩大研发工作的首选对象是中国，美国和印度分别居第二和第三位。目前的研发工作国际化进程出现的新特点是跨国公司在发达国家以外地区设立研发机构，不仅是为了使其技术适应当地市场，在一些发展中国家以及东南欧和独联体国家，跨国公司的研发工作越来越以全球市场为目标，而且是公司核心创新工作的一部分。据贸发会议统计，过去 10 年全球研发投入迅速增加，2002 年已达到 6 770 亿美元。但研发开支高度集中在少数国家，其中美国等前十位国家就占了全球研发投入的 80%，而在前十位中只有中国和韩国两个发展中国家。不过，在全球研发开支中，发达国家所占比例已从 1991 年的 97% 下降到 2002 年的 91%，而亚洲发展中国家和地区所占比例从 2% 提高到 6%。

由于产品研发是一种需要技艺、知识和支持的服务活动，因此只有在具备强健的国家创新体系的发达国家才能得到满足。但跨国公司却把越来越多的研发工作放到发展中国家，专家认为，一是因为随着跨国公司在发展中国家的生产上升，一些研发工作也必然要跟进；二是研发工作是一种服务活动，和其他服务一样，它是可以被分割开的，其中一部分可以放到工作最有效率的地方。跨国公司的研发工作必然是运用该公司的具有战略意义的知识，跨国公司通常是不愿意让外人分享的。当然，对于参与跨国公司研发的国家来说，参与研发工作的国际化进程，对发展中国家具有特别重要的意义。由于研发国际化不仅为东道国引入了技术，而且引入了技术创造过程，这有助于使一些东道国增强技术和创新能力，而创新活动对于该国经济增长和发展至关重要。经济要实现可持续发展，需要国内公司进行持续的技术创新，需要得到国际大公司技术的前沿知识，同时还要得到政府政策的支持。目前只有少数几个发展中国家和转轨经济国家加入到了研发国际化进程中，这与大多数发展中国家创新和从研发国际化进程中获益的能力低有直接关系。

我国自入世以来，跨国公司将服务业向我国转移的趋势明显。例如，英国汇丰银行在 2002 年把地区总部从香港转移到上海并把技术保障中心迁到深圳，把呼叫中心转移到广州和上海；摩托罗拉公司将人力资源服务外包给上海对外服务公司，为其进行销售团队的招聘、培训和管理工作。

近几年我国企业承接的外包项目呈现出强劲的发展势头。2000—2002 年，惠普公司在我国的采购和外包订单超过了 100 亿美元，思科公司每年交给我国企业的外包生产也有 30 亿美元。2003 年中旬，诺基亚公司把手机日本本土客户服务外包给了我国的呼叫中心运营商——九五资讯公司。另外，对外承包工程业务继续保持良好的发展态势，2003 年我国对外承包工程完成营业额为 138.4 亿美元，同比增长了 23.6%；新签合同额为 176.7 亿美元，同比增长了 17.4%。2003 年 10 月在北京召开的首届中美国际项目外包商务发展年会得出的结论是：中国有望在 2007—2010 年成为国际项目外包的三大基地之一。

拓展学习

跨国公司全球投资经营战略发展态势

自 20 世纪 90 年代以来，随着冷战结束，经济全球化、技术信息化、经济权力从制造厂家向销售商和客户分散等变革，极大地改变了跨国公司的经营环境、竞争规则和创造价值的方式。在上述经营环境巨变的情况下，全球大型跨国公司率先进行了一系列的战略调整与管理改革，从而保持了良好的增长势头和较强的国际竞争力。

1 经营业务归核化

“二战”后，许多大型跨国公司为了分散风险，曾普遍采用业务多元化经营战略。但其弊端也逐步显现出来，如摊子过大或不熟悉非相关领域等，导致收益降低，甚至高负债。自 20 世纪 90 年代以来，各国企业又纷纷由多元化扩张向有竞争力的主营业务回归，实施归核化战略，其要旨是：把公司的业务归拢到最具竞争优势的行业上；把经营重点放在核心行业价值链上，即自己优势最大的环节上；强调核心能力的培养、维护和发展。跨国公司的“归核化”战略将成为 21 世纪各国大企业或跨国公司的主导型战略。“归核化”战略实施的主要措施有：①并购，即为强化核心业务而并购相关企业和部门；②分拆，即为强化经营力度而将一个公司分拆为两个或两个以上的分公司；③重组，即为加强核心业务而重新整合业务和分公司；④剥离，即跨国公司通过撤销、出售、互换、外包等多种形式，不断将非核心业务剥离出去。此外还有长期协议、战略联盟、许可等多种界于企业与市场之间的新型纵向关系形式。其中“非股权参与外包”形式尤其引人注目。

“非股权参与外包”是指跨国公司将非核心的生产、营销、物流、研发甚至是非主要框架的设计活动都分包给成本更低的发展中国家的企业或专业化公司完成，这不仅减少了固定投入成本，而且达到了在全球范围内利用最优资源的目的。目前，项目外包已广泛应用于产品制造、IT 服务、人力资源管理、金融、保险、会计服务等多个领域。伴随着经济全球化的深入发展，国际项目外包市场近年来迅速扩张，由单个项目逐步发展成了一个规模巨大的市场。这个市场正以每年约 20% 的速度增长，到 2010 年会达到 20 万亿美元的规模。全球仅软件项目外包市场每年就有 1 300 亿美元的规模，其中 80% 以上是离岸项目外包。印度是最大的软件项目外包承接国，每年能拿到 300 亿美元外包项目。目前受劳动力成本等经济因素的驱动，国际上服务外包的趋势仍然不可阻挡。有关研究显示，未来 15 年美国将有工资值为 1 360 亿美元的 330 万个服务产业的工作机会转移到成本更低的国家和地区。在这一轮浪潮中，印度、中国和俄罗斯这三个具有智力人才资源优势的国家处于最有利的位置。印度在软件外包服务及其他技术服务领域走在中国和俄罗斯的前面，成为全球服务业外包中心。惠普、甲骨文、埃森哲、美国在线、英国诺维奇保险公司等大型跨国公司都计划将部分服务业务转移到印度。跨国公司在向中国转移制造业价值低的组装加工环节的基础上，开始把制造业价值链条中的服务环节，如战略咨询与管理、研究开发、产品设计、营销、公共关系、金融服务等转向中国，同时也带动了大量外资流向中国。

②职能与资源配置“全球化”

近年来，跨国公司对外直接投资的区域并不限于个别国家和地区，而是追求全球布点，以扩大势力范围。特别是大型跨国公司凭借其巨额资产、庞大的生产规模、先进的技术和管理手段，将其触角伸展至全球的各个角落，经营规模不断扩大，它们的子公司及分公司等分支机构遍布世界各地，在经营管理上带有明显的“全球战略”特色，即放眼全球资源和市场，把各种职能行为如融资、研究开发、零部件生产、总装、会计、培训等产业链安排到能最好地实现公司全盘策略的地方，并实行统一控制，这样创造了企业内部的国际化分工。

在跨国公司的国际职能配置和业务区位分布中，发达国家和发展中国家存在一定差别。研发等高附加值业务选择在发达国家的可能性远大于发展中国家，但生产加工和物流供应却最有可能选择在发展中国家。大约1/3被调查的国家认为，越来越多的跨国公司将会把其区域性管理职能设在亚洲。在全球所有地区中，跨国公司业务的区位分布在发达国家和亚洲最为均衡，这充分说明上述两个地区各行业对国际直接投资的吸引力都较强。与这两个地区不同的是，多数发展中国家仅有少数行业能够吸引到国际直接投资。如非洲、美洲和中东欧国家吸引国际直接投资的是生产加工业和物流供应业。

随着跨国公司的全球扩展，其公司内部也发生着巨大变化。对于实行全球战略的公司来说，已逐渐淡化了跨国公司总部区位概念和公司的民族身份。总部可以设在任何一个合适的国家和地区，它只是作为一个连接网络各线路的通信中心。全球化经营战略要求经营者具有宽广的视野与胸怀，竭力促使本公司能融合在东道国里，如美国国际商业机器公司（IBM）、麦克唐纳、福特、飞利浦、索尼等在世界范围内都愿淡化公司的民族身份。在决定投资战略时，跨国公司优先考虑的是能否有效地利用其全球网络中的人才、资本、技术和自然资源，而不是狭隘的地域观念。

③投资模式配套化

在新一轮全球产业大转移过程中，跨国公司遵循的是“全球化链条定律”，即“追随客户”和“全球协议伙伴”。它是指通过建立自己的企业生物圈带动整个产业链投资，跨国公司进行的是群体竞争而不是单打独斗，竞争的程度和影响范围都大大增强，产业转移的速度和范围也达到了一个新的水平。

随着经济全球化的扩张和中国加入WTO，跨国公司向中国投资也越来越具有系统性和关联性，即上、中、下游企业一起转移，在商业价值链上互为客户，跨国公司形成了竖看一条线、横看一张网的类似于其本土的商业环境。由于种种原因，跨国公司不能同等权利地，更不能成体系地进入中国，它们原本在海外形成的业务关系和链条关系被打破，导致它们在中国的经济效益下降，也给中国本地企业让出不少业务机会。但是，中国加入WTO之后，跨国公司的链条会更加完整地连接起来，跨国公司也无一例外地对此寄予厚望。中国企业面临的将不仅仅是单个的国际顶尖企业，而是一个庞大而高效的国际化商业链条。

④新建投资与并购方式均衡化

国际直接投资一般可采取新建投资或并购两种方式。初级阶段为新建投资，一般发生在发展中国家。并购是通过控制东道国企业的股权从而控制当地企业，这种方式不仅可以节约时间、迅速打入国外市场，还可以利用优势互补、聚合效应和名牌效应来降低成本。通过并购消除争夺市场和资源的对手，运作得好就可以收到事半功倍的效果。但跨国并购受到一些条件的限制，如东道国必须具备并购的条件和投资环境，具有可以并购的目标企业，具备能够确保投资商从事有效生产和经营的条件和政策等，这些条件的限制使跨国并购交易活动往往更集中在发达国家，或具有较先进的工业部门和较发达的资本市场的发展中国家。跨国并购可以说是国际直接投资和东道国经济发展到一定水平的必然结果，是国际直接投资的第二阶段。

5 投资经营服务化

投资经营服务化一是指跨国公司直接投资在全球范围内加速向服务行业倾斜。20 世纪 70 年代初，服务业只占全球外商直接投资总量的 1/4。1990 年，服务业吸收的外商直接投资超过了第一、第二产业之和，在跨国投资总额中所占比重达到了 50.1%。而 2002 年，它已上升到约占 60%，估计为 4 万亿美元。在同一时期，初级部门占全世界外国直接投资存量的比例由 9% 下降到 6%，制造业降幅更大，由 42% 降至 34%。就具体行业来说，主要集中在贸易和金融领域，两者在 2002 年仍占服务业外国直接投资内流存量的 47% 和流量的 35%。然而，诸如供电、供水、电信和企业活动（包括 IT 带动的商业服务）正在占据越来越显要的地位。例如，从 1990 年到 2002 年，发电和电力配送方面的外国直接投资存量值增长了 14 倍，电信、仓储和运输增长了 16 倍，企业服务增长了 9 倍。二是指制造业公司把服务环节作为增加附加值和利润的重要领域。美国 GE 公司是这种战略的先行者之一，其总销售额中服务业所占的比重，1980 年仅有 15%，到 1998 年 67% 的收入来自金融、信息和产品等方面的服务。美国 Dell 公司的卓越服务在电脑业掀起一场革命，迫使 IBM、惠普、富士通等老牌电脑制造巨头们纷纷调整战略：由硬件制造商向软件和服务商的战略转变。在汽车、家电、医药等制造业也出现了向服务业的转变。例如，美国福特汽车公司在 1999 年 5 月宣布了“从组装到销毁”的全程服务新战略；家电先导日本索尼公司正在实施从一个家电硬件制造商转变为娱乐服务商的新战略；医药制造业大公司近年来纷纷向医疗保健服务领域进军，也是这种新趋势的表现。

6 跨国战略联盟纵深化

面对不断变化的消费者需求、日益缩短的产品和技术生命周期以及日趋复杂激烈的全球竞争等现实，越来越多的跨国公司之间建立起了各种形式的战略联盟，包括建立合资企业、共同研究开发、许可贸易、特许专营、合作生产和销售、勘探协议等。战略联盟的好处是可以共同分担研究开发费用、分散与减少风险、取长补短、优势叠加、取得技术协作溢出效应，这样既可加强各方的竞争地位，又可避免两败俱伤。中小型跨国公司加入国际战略联盟还可以弥补企业规模不足的缺陷，增强企业的竞争力和生命力。

20 世纪 90 年代以来，跨国公司的战略联盟掀起一股热潮，世界最大的芯片制造商英特尔公司与世界最大的软件商微软公司结成联盟。1993 年摩托罗拉公司与索尼公司、三菱公司和加拿大贝尔公司签订联合协议，共同开发新一代芯片。波音公司与空中客车共同投资 40 亿美元，联合开发高级客车。到 1995 年为止，史密斯克莱恩—比昌（SmithKline Beecham）公司与 140 多家企业、大学和科研院所建立了战略联盟关系；葛兰素（Glaxo）公司也缔结了 60 多个这样的战略联盟。据统计，在世界 150 多家大型跨国公司中，以不同形式缔结成战略联盟的高达 90%。跨国公司依靠与其他跨国公司在从研究与开发到销售等系列经营活动方面组成的网络，将自己的触角伸向世界各地，寻求一切对自己发展有利的知识、技术、人力资源方面的优势和机会。

7 经营活动当地化

随着经济全球化的发展，20 世纪 80 年代还是少数跨国公司提出并实施当地化战略，90 年代已成为一种大趋势。在市场方面，按东道国需求进行产品开发、生产和流通；在技术方面，利用当地技术，进行技术转让，在当地设立研究与开发（R & D）机构；在管理上，尽可能多地了解当地的文化和风俗习惯，容忍甚至鼓励外国（子）公司风格的当地化；在人员聘用和晋升方面，奉行能力主义，不分国籍地选用管理人员；在物料方面，在当地购买主要原材料和零部件；在利润分配上，把当地获得的利润大部分用于当地的再投资，等等。

跨国公司的“人才当地化”战略

以跨国公司在中国当地化为例。在高、中级经理的当地化方面，美国跨国公司最突出，美国大型跨国公司的中国公司的CEO绝大多数是中国人；欧洲公司就差了许多；日本公司最差，除了松下公司有一个副董事长是中国人外，全是日本人。日本排外的做法已经显露出弊端，日本大型跨国公司纷纷表示要增加任用当地人。在R & D活动当地化方面，仅1995年至1999年4月，IBM、微软、摩托罗拉、3M、朗讯等公司就在中国建立了16个独资、60多个合资的研究开发机构。在物料当地化方面，中日合资的工厂使用的零部件在中国的采购率为47%，中美合资的工厂为57%，而德国大众汽车公司在上海生产的桑塔纳轿车零部件在中国的采购率高达87%。

当地化战略得以顺利实施的原因是多方面的。从东道国来看，“当地化”能给发展中国家带来资金、先进的技术以及管理和营销经验；就投资者来说，跨国公司实施“当地化”可以实现“失去垄断优势”的先进技术和“过剩资本”与东道国的丰富资源和廉价劳动力相结合，生产出产品并迅速进入东道国或邻近地区市场销售；“当地化”还能取得“国民待遇”，享受税收优惠。“人才当地化”可以克服由文化背景和语言差异引发的种种误解，并能利用他们在当地的良好人际关系，迅速打开市场，拓宽营销渠道，这就大大降低了交易成本和信息成本。可见当地化战略的实施对东道国和投资者都是有利的。

8经营目标高资本化

这主要有两方面的原因：一是金融全球化导致股市融资日益成为大企业的战略要素；二是企业要想在全球市场中以优势地位实行战略兼并，实现更高的市场资本价值则成为前提条件之一。因此，不断提高市场资本价值成为大企业战略的重要内容。

众所周知，日本企业的主要目标是企业的生存、持续和繁荣。但是，“在企业经营向全球化加速发展的今天，不采用重视股东的体制，已经无法参与国际社会的商务活动”。日本三和综合研究所指出：“日本的经营体制，必须转换为重视股东、重视股东资本利润率的经营体制。”因此，日本大公司纷纷强调重视股东利益和股市价值。如索尼公司现在把股东、员工和客户三者利益摆在同等重要的地位。从1990年开始，索尼已经实行了“价值创造型管理”，也就是通过评定股东创造多少价值来衡量其为公司所作的贡献。为此，索尼引入了经济增加值（EVA）的概念。从2000年开始，董事和公司高级执行官的部分报酬费开始与EVA挂钩，公司还将EVA扩展到索尼集团的业务计划、表现监控、投资评价和其他管理层中。索尼意识到股东对市场资本的增加寄予厚望。2000年3月，索尼公司的市场资本是13万亿日元，几乎是1999年3月末4.5万亿日元的3倍。为了推动个人投资者在索尼股票上的投资，索尼为股东推出了2000年3月31日的二合一股票。新的管理班子还将在索尼的改革中采取更有力的举措，给股东创造更大的价值。

9组织结构扁平化、网络化

以往的西方跨国公司组织形式注重纵向分工和强调命令控制，经理阶层庞大，总部权力集中。这种金字塔式的组织管理模式在当今经济全球化、信息化潮流的冲击下，日益暴露出官僚机构臃肿、低效的弊端。因此，大公司实施大规模的组织结构调整，减少层级、精简人员、下放权力、贴近客户，以全面增强公司的“灵活性”和“适应性”，从而持续改进公司的竞争力。如瑞典与瑞士合资的ABB公司在80年代末将其总部的1 000多人压缩到150人，管理层次简化为3个层次，基层的5 000多个利润中心具有高度的自主权。在管理层次最多的汽车制造公司中，美国通用从28层减至19层，日本丰田从20多层减少到11层，英荷壳牌公司在90年代中后期把总部的3 000多人砍去了70%，去掉了许多中间管理层次，使过去需要用1个月和一个20人的委员会通过的决策，现在仅需要由1人1天就能完成。据统计，美国《财富》杂志所列全球最大的500家企业，从1990年至1995年，平均减少管理层次3个左右。

未来企业的新型网状组织结构

“扁平化”与“小总部”只是大企业组织改革的一部分特征，其最关键的特征也许可以用“网络化”或“网状结构”来描述。传统大企业组织结构的主要特征有：①股权联系；②边界清晰、稳定封闭；③多层级金字塔形。新型的企业组织结构将是：①多种联系。既有股权联系，也有非股权联系，如战略性外包、战略联盟等。②边界模糊、变动开放。未来的企业是以一个个企业群的网状结构形式而存在的，每个企业群的边缘与其他企业群有所交叠，如分包企业同时承担若干企业的活，企业边界的变动性也远大于传统企业。③多种形状并存。如菱形、哑铃形、三叶形、蘑菇形、变形虫形、金字塔形，但各种类型中的内容已有所不同。“未来企业都是多种联系的网状结构”，显然互联网的普及是形成新型网状结构企业的主要技术基础。

10 产品和服务多样化、定制化

随着全球化市场竞争的加剧，企业竞争的焦点已经是如何更好、更快地满足客户多样化、个性化的需求。自20世纪80年代中期以来，日、美、欧等国家和地区的大型跨国公司开始尝试一种新的经营模式，即大规模定制服务。所谓大规模定制，是指对定制的产品和服务进行个别的大规模生产。它试图把大规模生产服务和定制生产服务这两种模式的优势有机地结合起来，即用标准化零件实现规模经济，零部件按多种方式进行组合，生产多种最终产品，从而实现范围经济。采用大规模定制，能够同时达到产品的低成本和品种多样化的目的，有专家预言它将成为21世纪企业的主导生产与服务模式。

要实现大规模定制经营，必须做好以下几件事情：①收集并建立顾客信息数据库，并进行市场细分，即“产品细分+顾客细分”。②对生产过程和组织进行重组，引进柔性制造系统、计算机集成制造技术和网络技术，以提供新的环境所必需的灵活性和快速适应能力。过程和组织的手段如生产产品、提供服务、联系客户等，必须保持动态改进的能力，以挖掘和满足不断变化的客户需求。③零部件通用，以便在任何用得着它的地方都能方便地使用它。达到这一目标是通过对零件、工具、材料和工艺进行标准化来实现的。④通过雇员、供应商、分销商、零售商、客户的共同参与，共同挖掘和满足不同的需求，才能实现大规模定制。

总之，在新经济中，推动市场的将不再是制造商而是消费者。许多发达国家的大公司开始转向“以顾客为中心”的新思维方式，由顾客制定规则，公司建立满足个性化需求的相应部门和职位，实现销售个人化，从而改善产品与服务。

问题与讨论

1. 中国企业由于缺少独立自主的知识产权和品牌，我们为跨国公司“打工”的局面还会延续相当长一段时间。你认为中国企业的战略选择是什么？请说出理由。

2. 许多研究表明，在跨国公司的全球活动中，中国大企业的基本路径是先尽量挤入“国际化链条”中，成为其中的一个环节（如成为服务商、供应商、合资方、合作伙伴等），然后再考虑国际化。因为中国与其他国家的关系不仅是贸易关系，而且是产业链与工业链连接起来的关系。我们现在不仅要管理一个企业，而且要有能力管理工业链和产业链。你怎样看待中国企业的跨国经营和海外发展？请模拟大企业制作一份某公司海外发展计划书。

分组讨论

1. 日本制造商在20世纪80年代就开始寻求在不增加成本的前提下，生产多品种、小批量产品的途径，并凭着这种高度灵活性和快速响应在80年代击败了美国企业。你怎样看待这一问题？

2. 对耐克公司跨国经营范式进行说明。如耐克公司提供定做的运动鞋，通过其网站，顾客可以选择色彩组合和其他特点。斯特劳斯公司1998年推出了一项服务，让顾客自己选择合身的尺寸、式样和颜色，结果使斯特劳斯公司能生产近170万种不同的牛仔裤来满足顾客的喜好。你认为该公司与耐克公司的做法是一样的吗？

3. 请查阅戴尔公司的网页，详细说明该公司的跨国经营全过程，即从设计、开发、生产、营销、维修和支持一系列从笔记本电脑到工作站的个人计算机系统，每一个系统都是根据客户的个别要求量身订制的。其产业链与企业战略有什么关系？

思考题

法国学者阿尔贝尔（M. Albert）曾在《资本主义反对资本主义》一书中，将资本主义模式分为两种：一种是依赖银行融资的莱茵模式，主要指莱茵河流域的企业，以德国为代表，日本也可归于此类；另一种是依赖股市融资的美国模式，主要指北美和英国的企业。他在书中预言了莱茵模式的衰退，但在1999年中文版序言中，他说没想到莱茵模式近几年里令人瞠目的衰落——越来越多的欧洲大陆企业转向股市融资。有评论认为，沃达丰恶意兼并曼内斯曼的成功，标志着莱茵模式的灭亡。阿尔贝尔的说法引起很多人的研究兴趣，德国与美国模式或发展道路是学术界经常讨论的问题，你怎样看待欧洲精神与美国精神的不同？

作业题

1. 海尔集团推出了冰箱“定制化”生产，公司在全国各地建立了庞大的物流网络系统，用户只要提出定制要求，海尔就可以在一周之内将产品投入生产。目前，海尔生产的冰箱有一半以上是按照全国各大商场的要求定制的。请查阅网络资料，对“定制化”生产制度进行评价。

2. 跨国企业进入中国已成为“群居现象”，这对中国企业是否构成威胁？中国企业在这个全球化链条上有没有位置？

3. 运用企业管理学基本原理分析日本东芝公司海外战略的意义与价值。

经济全球化与产业结构调整

经济全球化浪潮席卷全球，不仅发展中国家需要面对经济全球化的冲击，不断调整产业结构，即便是发达国家也不得不对其传统产业结构进行调整。这方面的突出案例则是美国汽车工业的产业结构调整问题，尤为发人深思。

第一节　发达国家的产业结构调整

汽车工业曾经是美国经济的支柱，在相当长的时期内，美国汽车工业带动美国工业成长。“汽车开动，美国便前进”的说法在一定程度上表明了汽车工业在美国人心目中的地位与影响。因此，如果从全球化的角度来考察美国汽车工业与产业结构调整问题，则最能说明经济全球化对美国汽车制造业的影响深度。

一、美国汽车业发展状况

“二战”期间及战后近30年的时间里，美国汽车业都处在繁荣期。20世纪70年代以来，美国经济始终处于主导地位，美国汽车制造业也依然保持世界领先的地位。随着经济全球化的推进，美国的汽车业虽然在表面上更加繁荣，但却不再是完全依靠底特律美国汽车公司的力量，而是由外国汽车制造商推动美国汽车制造业走向复苏，并把美国变成了全球汽车制造业中心。来自欧洲和亚洲的激烈竞争浪潮促使美国汽车业从制造到设计发生了深刻的变革。早在20多年前，第一家外国汽车公司即日本本田公司在俄亥俄州的马里斯维尔制造小汽车，随后即有更多的外国汽车公司进入美国。据当时的估算，至少到2006年，在北美的外国公司就能将汽车生产能力提高40%。外国公司直接在美国生产小汽车、卡车和运动车，对于外国公司来说，美国汽车业“革命”恰恰是外国公司拥有了第二代高效率汽车制造厂。无论是在美国的南方还是北方，美国公司都发生了巨大变化，美国人与外国人共同拥有的公司随处可见。外国汽车厂商的运作使美国汽车业的投资、工作位置和后勤都发生了重大变化。现在美国市场上出售的旅行小轿车至少有一半以上是外来品牌，而打上外国牌子的运动型小汽车至少有一半是在美国制造的。

外资大举进入美国的直接结果是外国汽车公司在美国设厂生产汽车，这对美国汽车厂商造成了巨大冲击。欧洲的豪华汽车品牌压倒了曾经风光无限的“凯迪拉克”和“林肯”，日本汽车制造商正在攻入利润丰厚的卡车市场，甚至连曾经不起眼的韩国汽车也提升了价值链，赢得了美国顾客，结果使美国汽车制造商的市场份额大幅下降。1995年以来，美国汽车丧失了10%的美国市场占有率。但由于经济全球化的发展，美国汽车业却从全球化中获得了大量的人才和投资。从更广泛的角度看，美国汽车市场从未像现在这样繁荣，顾客也获得了更好的服务。美国人爱上了微型小汽车、运动车和卡车。由于缺少外国厂家的竞争，美国大汽车公司在20世纪90年代的大部分时间里都享受着卡车市场的丰厚利润，几乎没人注意到美国正把小汽车市场放弃给进口品牌。由于长期不重视小汽车市场，美国汽车业有失去利润丰厚的运动车和微型小汽车市场的危险。在过去的5年内，日本、欧洲和韩国的汽车公司已经在美国卡车市场攫取了7%的市场份额，使美国三大汽车公司的市场份额从83.6%下降到76.3%。

美国汽车市场是世界上最有活力的市场之一。美国汽车市场失去1%的市场占有率就意味着失掉40亿美元的销售额。在未来相当长的时间内，美国汽车公司将逐渐失去国内市场优势，这与40年前相比是一个很大的变化。当时仅通用汽车公司就占有50.7%的市场份额，并担心自己很可能成为政府下令分拆的主要目标，但现在没有这种可能了。截至2004年5月，美国最大的汽车制造商的市场份额下滑到28.1%。在今天，纯粹的“美国汽车制造商”这一概念似乎已不存在，甚至“三大汽车公司”这一说法也不恰当。自从1998年戴姆勒—奔驰公司兼并克莱斯勒公司以来，新的戴姆勒—克莱斯勒公司便在亚拉巴马州的万斯制造梅赛德斯运动车。1998年，日本有5个独立的大汽车公司进入美国，现仅存的是丰田公司和本田公司。而且像亚洲和欧洲汽车制造商向北美扩张一样，美国汽车公司也去海外寻找增长机会。截至2004年10月，从美国、加拿大和墨西哥以外的市场进口的汽车（包括小汽车、轻型卡车）占美国市场的20%。如果再加上那些虽然在北美地区制造，但企业总部在区外的240万至280万辆车，这就意味着外国品牌车已经占据近40%的美国市场。

美日汽车大战：谁将生存，谁将死亡？

通用汽车公司前董事长斯隆曾经夸口说，通用的小汽车满足了所有消费者的爱好。他的话适用于现在的美国汽车工业，消费者有了广泛选择的机会。据《消费报告》杂志提供的数据，1980年以来，小汽车的可靠性提高了77%，美国本土汽车制造商取得了很大的进步。例如，在1987年，通用汽车公司每百辆车有180个问题，丰田公司有127个；到2002年，通用汽车每百辆车的问题减少到130个，丰田公司为107个。这对消费者来说是个好消息。但恰恰在利润减少的时候，要提高质量，这就加大了汽车厂商的经营难度。当然，最终将由消费者来决定谁将生存，谁将死亡。

二、美国对“外来工厂”的态度

在美国南方，受经济全球化的影响，一些工厂倒闭，许多工人失业，对“外来工厂”来讲，这是个好机会。1997年，梅赛德斯在万斯的工厂开工时，有6万多人竞争1 500个就业机会。现在，美国已有17个由外国人拥有的装配厂、引擎制造厂和传动装置制造厂，投资总额超过180亿美元，并且投资仍在继续增长。如宝马汽车公司于1993年在南卡罗来纳州的斯帕坦堡建立了其在美国的第一个装配厂，生产X5运动车和新型双座敞篷车，产量不断上升。在今后的几年中，丰田、现代和日产计划在亚拉巴马州和密西西比州开设新工厂，它们中有的已是第二次或第三次扩产。现代汽车公司在亚拉巴马州蒙戈维里的一个投资10亿美元的工厂即将开工，预计年产60万辆汽车，占美国市场销售量的3.5%。

近年来，外国资本进入美国的势头越来越猛，“外来工厂”成为美国汽车业界的敏感话题。有人认为，“日本和韩国的汽车公司能在美国大量投资，是因为它们在没有外来竞争的条件下，控制着自己的国内市场。一旦这些外国公司在美国取得了立足点，它们便开始模仿美国产品，使它们的产品最终作为一种本地品牌为公众所接受，于是美国公司失掉了本地优势。”

日韩车系攻打美国市场

2004 年，美国汽车市场的销售量高达 1 690 万辆，继续保持着世界最大汽车市场的地位。美国汽车市场究竟有多大？以下统计数据很能说明：美国的汽车保有量约为 2.4 亿辆，新车平均售价为 2.2 万美元，美国人一生平均买 3 部新车，平均换车的时间是 3.5 年，平均换车的里程是 6 万英里。从统计数据看，美国汽车市场份额的 1% 即代表着约 16.9 万辆汽车的销量，相当于 30 多亿美元的销售收入。近年来，美国汽车公司在美国市场上的份额基本上都按照每年 1% 或更快的速度下降。这就意味着美国汽车公司每年都会被迫让出 30 多亿美元的汽车销售市场。

三、美国汽车市场中的日本汽车

近年来，日本丰田、本田与日产汽车业三巨头在美国的汽车市场有着骄人的销售业绩。以 2004 年 11 月为例，丰田和日产在美国市场的销量分别增长了 4.4% 和 25.7%，而通用和福特的销量则分别下降了 16.5% 和 8.1%。在利润方面，每辆丰田车能获得约 2 000 美元的利润，打折成风的通用公司卖出 1 辆汽车只能赚几十美元，而每辆福特车则亏损上百美元。如今美国已经成为日本汽车公司在海外的最大市场，其规模远远超过日本国内汽车市场。

1957 年，丰田汽车公司向美国市场出口的第一批轿车在美国的高速公路上行驶时出现了动力不足、发动机抖动等问题，结果丰田汽车原打算第一年在美国销售 1 万辆车的计划最终只实现了 287 辆。1960 年，丰田汽车因质量及性能等问题不得不停止向美国出口，潜心研究美国市场行情，最终开发出适合美国市场需要的马力强劲、坚固耐用、价格低廉的轿车。5 年后，丰田再次将轿车推向美国市场并获得巨大成功。此后，丰田又与美国通用合资在美国生产丰田汽车，学习借鉴通用在美国生产汽车的经验，通过借水行舟的方式大规模打入美国市场。目前，丰田在美国汽车市场所占的份额已经高达 12%，与名列第三的克莱斯勒只差一个百分点。迄今为止，丰田在美国已经有 3 个大型汽车制造工厂和 6 个汽车零部件工厂，此外，在墨西哥和美国的得克萨斯与田纳西这 3 个地方正兴建 3 个汽车制造厂。

业内分析人士认为，质量可靠、经济实惠以及不断推出新车型是日本汽车热销美国市场的主要原因。日本汽车厂商认真研究美国汽车消费文化和传统，并根据这些研究成果生产出适合美国市场需求的汽车。美国车体积庞大，车厢内部和行李箱都更宽敞，马力更强劲。日本汽车厂商就按照这个模式生产在美国市场销售的汽车。在日本，汽车鸣笛是为了提醒过往行人或者向让路的其他司机表示敬意。但是，美国人往往通过鸣笛来发泄他们的愤怒或避免事故。因此，日本汽车厂家对在美国销售的日本汽车的喇叭加以改进，使喇叭声听上去更加有力。据说，丰田汽车公司为设计出适合美国人使用的汽车，曾在 20 世纪 90 年代派专人到美国家庭中进行长期调查。这位日本调查者以学习英语为名，跑到一个美国家庭里长住，细心观察美国人居家生活的各个细节，包括吃什么食物、看什么电视节目等。3 个月后，这位日本调查者走了，他将观察到的细节向丰田汽车公司作了详尽的报告。此后不久，丰田就推出了针对当今美国家庭需求而设计的价廉物美的家庭旅行车，深受美国用户的欢迎。该车的设计在每一个细节上都考虑到美国人的需要，如美国男士喜爱喝玻璃瓶装饮料而非纸盒装的饮料，丰田设计师就专门在车内设计了能冷藏并能安全放置玻璃瓶的柜子。直到该车在美国市场推出时，丰田才在报上刊登了他们对美国家庭所作的研究报告，同时向那户人家致歉和表示感谢。

丰田北美制造部门新闻官西格尔在接受记者采访时表示，丰田成功的关键是注重生产的灵活性，能够以很低的成本对市场的变化及时作出反应。装配线是汽车生产的关键程序，它体现生产的灵活性，对生产成本和生产效益具有重要的作用，如丰田在印第安纳州的工厂可以在一条装配线上生产西雅纳（Sienna）家用旅行车和赛奎亚（Sequoia）中型运动型多用途车。这是丰田安装的第一条可以同时组装以轿车底盘为基础和以卡车底盘为基础的汽车产品的装配生产线。目前，丰田已经在美国肯塔基工厂安装了全球车身生产线，最大限度地利用了常用的工具，减少了生产步骤，安装成本比原来减少了 50%，改装生产新车型的成本也减少了 70%。

四、美国汽车公司破产带来的危机

尽管美国金融危机已在各经济领域产生了影响，美国房地产市场萎缩，公司破产，民众消费锐减，失业率增长 10% 以上，美国经济迅速出现大幅度下滑状况，但对于美国民众来说，没有比引以为荣的美国汽车巨头破产事件更为震撼人心的了。

德尔福汽车公司的破产无疑是对美国汽车业的巨大冲击，这就意味着美国通用汽车公司将面临承担德尔福部分医疗福利和养老金的沉重包袱。据预测，这一数字可能高达 16 亿到 66 亿美元。通用公司目前拥有约 160 亿美元现金，一旦一次性支付给德尔福上述资金，通用公司将很难完成自己的产品计划，而目前已处于垃圾级信贷评级的通用公司显然也无力背起德尔福抛来的包袱。德尔福于 1999 年脱离通用公司时曾表示，一旦倒闭，通用公司将负责缴纳工人的医疗福利和养老金。目前，德尔福的养老金这一块估计有 43 亿美元的资金缺口。在努力推脱德尔福可能甩过来的债务的同时，通用公司还得与美国的汽车工会——全美汽车工人联合会进行谈判，因为通用公司亏损超过 12 亿美元后一直希望通过裁减员工养老金和医疗福利开支来渡过难关。

德尔福申请破产保护可能引发潜在的供应中断。但通过申请破产保护，德尔福可以迫使工会作出巨大让步。德尔福首席执行官 Robert S. Miller 表示，如果通用、福特和戴姆勒—克莱斯勒三巨头与工会的谈判依旧不能获得成果，那么摆在它们面前的一个很“现实”的可能就是申请破产保护。通用汽车公司将为这起美国汽车史上最大的破产保护案付出沉重的代价。法国巴黎银行（BNP Paribas）表示，受此影响，通用的信贷评级可能还将下降。

但美国公司都清楚地知道德尔福的破产殃及的远不止通用一家公司，其破产可能引发美国汽车业的一场大变革。德尔福拥有的 500 家供货商都在等待德尔福与其工会的谈判结果。若德尔福能于 2007 年摆脱破产保护，供货商们则可能面临更大的削减成本压力，并且不得不降低薪资或使用更多的海外劳动力。汽车零件供货商们对在当前工会合约下能否继续赢利或生存下去感到非常担忧，若德尔福愿意通过破产迫使工会重新谈判的话，估计其他供货商也会愿意这样做。

德尔福破产是对美国汽车工业镀金时代的最大冲击。在全球化竞争下，德尔福工人曾经享受的令人羡慕的待遇即将结束，更多的生产线将被转移到国外。这一状况不仅存在于德尔福一家，如今美国汽车零部件行业普遍存在这个问题。此外，美国其他老工业流水线也面临着全球化竞争带来的挑战。

以上是《华尔街日报》、《纽约时报》及外国权威媒体如路透社关于美国德尔福破产的相关报道，由此可以看出，在美国金融危机的影响下，工业制造企业已处于十分艰难的困境。而与此同时，只有美国通用公司在中国的汽车生产是正常的，并且为美国公司总部源源不断地回流资金以支撑其运转。当然，这样的情况并非仅此一家。这给美国工业制造业的产业结构调整及产品的推陈出新带来巨大压力。

第二节　发展中国家的产业结构调整

对于发展中国家来说，由于受经济全球化浪潮的冲击，原有产业和企业面临结构性调整。在产业调整方面，大多数发展中国家以传统农业为主，工业制造能力弱，因此这些国家先后采取了改革开放政策，跨国公司和国际组织的投资大幅度增长，从而对本国传统经济结构进行了调整。而在传统工业制造领域，其行业与企业基本上处于无力营运的状况。以我国改革开放初期为例，企业经济改革的核心问题在于政企不分、产权不明晰、效率低下、设备落后、产品花色品种单一、市场无销路、经营不善等问题，因此导致无法维持和运转的国有企业比比皆是。通过产业和企业转制、市场经济体制和机制的建立，在全球化作用下，发展中国家的产业结构调整取得了显著成效。

一、产业结构调整的方向

随着经济全球化进程的推进，传统农业的产业结构调整显然比工业产业结构调整要困难得多。究竟怎样确定产业结构调整的方向呢?

1 改变传统农业经济结构

加入 WTO 后，我国农业中，受全球化冲击最大的是北方的小麦和玉米及南方的水果进出口，这将是农业产业调整的重要方向之一。尽管我国在小麦、柑橘和肉类进口的动植物检疫管理政策方面作了重大让步和调整，但中国是一个农业大国，对于一个拥有 9 亿农民的国家来说，加入 WTO 无疑需要付出巨大的产业结构调整代价。我国在农业方面的承诺是：大幅削减关税，2004 年 1 月前将农业关税平均水平降至 17%，美国优先产品占 14. 5%；对某些大宗农业产品如小麦、玉米、棉花、大麦、大米等的进口建立关税配额制度，如小麦的进口量由 1999 年的 105 万吨增加到 2004 年的 963. 6 万吨；对过去的国有粮食贸易垄断进行改革，扩大农产品的进口；消除非科学性的检疫障碍（SPS 障碍），不再给予农产品出口补贴。由于国际市场上的粮食价格与我国的主要粮食生产、人口和农村劳动力有直接关系，尽管国际市场上的小麦价格很低，但国家为了保护广大农民的根本利益与调动他们自主经营的积极性，并没有大量地在国际市场上收购小麦。以前，我国每年从美国进口小麦 200 万至 300 万吨。按照中国和美国的协议，在加入 WTO 之后，中国向美国购买的小麦数量应达到 500 万吨。中国是世界上最大的粮食生产国，每年的小麦产量约为 1. 1 亿吨，进口 500 万吨占国内小麦总产量的 5%，但中国购买粮食会导致世界粮食市场涨价，在这样的情况下购买美国小麦显然对中国不利。此外，农产品进口数量增加了，但还保留配额制度，所以进口配额增加的相对比例虽然有所提高，但进口的绝对数量增长占中国消费总量的比例却很低，对中国农产品生产不构成威胁。例如，玉米进口配额从 25 万吨增加到 725 万吨，但进口玉米到 2000

年止也只占中国玉米消费总额的0.2%。

①中国大豆进口问题

大豆产业是我国开放最早、市场化和国际化程度最高的农业产业之一。随着中国加入WTO及国内外大宗粮食产品贸易竞争日趋激烈，中国大宗粮食产业发展受到很大影响。

1996年，中国开始对大豆实行出口关税配额管理，没有执行进口配额制度，进口多少由贸易商根据市场行情和国内需求决定，进口关税几乎全部按3%的税率执行。1999年，中国取消了大豆的配额限制，实行3%的单一关税政策，加入WTO后继续沿用3%的关税税率，远远低于加入WTO时农产品平均关税税率17%的水平。可见中国的进出口政策并没能保护大豆产业。由于低关税政策刺激了加工企业的大量进口，1999年后，中国每年的大豆进口量都在1 000万吨以上。尽管中国生产的大豆有95%是非转基因大豆，但从美国和阿根廷进口的大豆为转基因大豆，2002年后中国开始实行转基因安全管理政策，把大豆列入第一批实施管理的农业转基因生物目录，从而对国外转基因大豆进口实行严格管制。但问题是，国外大豆的出油率高达19%至20%，比国内大豆出油率高近3%，因此加工企业更倾向于购买国外大豆。我国种植大豆的条件差，品种混合退化严重，造成我国企业制作豆制品一般选用国产大豆，而大型油料加工企业则多选用出油率较高的进口大豆。豆油食用安全问题遂成为大家共同关心的社会问题之一。

对于任何国家来说，农业始终是国家的战略生产部门，并不是说农业收益较工业收益低就弱化农业产业，恰恰相反，现代农业的产业结构调整必须保证农业的增长，才能满足人口的口粮需求。如果大国是靠购买外国粮食而维持工业的话，其工业化的风险显然更大，这是不言而喻的。

②产业化的变革

产业化是指围绕一个或多个相关的产品项目，组织若干个经济主体共同进行生产、加工、销售一体化的活动，并在其发展过程中逐渐形成一个新的产业体系的过程。在建立产业化的过程中，其内部合理利益机制是产业化形成的保证。由于产业化体系是围绕一个或几个产品项目的生产经营而组织的，因此产业化实际上不仅是不同生产经营活动的组合，同时也是各种经济利益主体的组织结构的重新组合。制度经济学认为，任何经济结构的发育都是由各利益集团谋求利益的活动促成的。在经济结构发育的可能性中，永远都存在潜在的经济利益，如市场规模的扩大和交易额的增加、新技术在生产上的成功运用都会使产品成本的增率递减，在成本方面作等量的投资可以引起更大的收入增长。这就要求产业化在变革现存经济组织方式的过程中去获取潜在利益。而当主体利益集团看到了这些潜在的利益时，具有创新精神的个人、集团或政府部门就会组成行动集团，并根据最大利润原则进行产业化创新方案选择，在充分估计预期成本后，即开始进行产业化制度创新。

在经济全球化条件下，我国的产业面临着结构性矛盾，必须通过产业结构调整的方式解决产业化发展问题。目前的基本问题主要表现为生产结构与资源结构、生产结构与消费结构、技术滞后与外部竞争、规模经济的要求与现时产业组织结构、产业结构升级与人力资源素质、城市化进程与产业发展之间的矛盾突出，城乡二元结构依然存在及劳动力市场缺乏有效竞争、农民收入增长缓慢导致有效需求不足、第三产业发展相对缓慢等已成为社会的突出问题，这与我国产业化发展缓慢有直接关系。此外，区域性产业发展、区域内主导产业与支柱产业优先发展的问题，特别是经济全球化下的信息数字化、网络化条件下的产业集中度、高级化、产业链形成及产业融合问题，都是包括中国在内的发展中国家共同面临的难题。

对于发展中国家尤其是经济快速增长的中国来说，一方面要伴随着经济全球化的步伐，保证经济的高速增长，另一方面需要通过产业结构调整来促进产业结构合理化，并在此基础上实现产业升级，即高级化。中国产业结构调整向着完善产业技术结构和提高产业内部综合生产率的方向演化，反映了产业逐步高级化的发展水平，其主要标志是：①产业技术结构水平达到或接近国际同类产业水平，并能保持技术创新的能力和潜力；②产业参与国际竞争的整体水平高级化，竞争规模大、竞争范围和领域广、产品构成合理、竞争实力强、产业整体竞争和综合竞争能力强，成为产业结构调整的重要内容；③产业集中度高，产业内部结构开放度大幅提高，通过产业资源整合，促使产业关联性增强。尤其是对于农业、工业产业内部结构进行调整，要根据产业性质、产业发展阶段和发展水平进行分类指导，并根据国际产业结构调整的总体方向和国际市场未来的需求进行结构调整，此外还要针对国内产业布局和资源的分布情况，从整体上把握产业结构调整的可能性和可行性。如对于我国的传统产业结构调整，一方面，引进新技术，加大装备现代化建设力度，通过升级战略和产业内优质企业的技术改造，提高产业结构组合的综合竞争实力，并在扶持实施出口转型或扩大内需两个市场的战略性调整中增加产业定位和应对市场变动的能力；另一方面，对于增长较快的工业制造类产业，其产业调整的战略目标是必须提高国内外的市场占有率，在市场竞争中实现产业集中，形成装备制造、大型成套设备生产的规模优势，特别是在机械制造、航空航天工业、石油开发、船舶工业等方面提升制造能力。在产业结构调整中，为保证大型机器设备的生产能力，其基础工业如能源、原材料、动力工业的生产，小企业与大企业关联性的提升及专业化分工和配套大企业的能力等，则是工业制造产业中大企业调整的关键所在。对于目前新兴产业如高新科技产业调整，由于其与未来新经济形成关系密切，但风险大，发展不成熟，所以产业调整过程中要进行战略性安排，规范市场秩序，提供和培育使新兴产业逐渐成为主导产业的基础和条件，以发挥产业引领作用。

值得注意的是，在经济全球化、信息数字化和通信网络化的进程中，技术进步引发产业的技术融合，并突破技术瓶颈，从而出现了原来不相关的产业融合的现象，进而改变了原有产业、产品的属性和特征，形成了新的市场需求。如通过计算机技术、网络技术、流媒体技术等的通信产业与广播电视的媒体产业相结合，融合成音视频网络传播产业与市场，促使新文化产业的出现，产业内部的结构也发生了变化，新闻传播与计算机技术和网络技术产业形成合作关系，通信业如移动通信与动漫产业、计算机、网络、卫星通信技术相结合，移动电视借助于移动通信技术使产业生产、销售和技术研发等发生了改变，从而导致产业界限的模糊化，甚至需要重新划分新兴产业的界限。应该承认，产业融合已成为产业结构调整的重要内容，融合起来的新兴产业也必然参与到产业和市场划分中去，从而以新兴产业经济参与市场竞争活动。从未来经济增长与社会发展的角度分析，新技术促进产业融合的可能性越来越大，并且成为经济增长极之一，这无疑对产业结构调整具有深远的意义。正因为产业融合已成为现实经济的组成部分，并且容易在高新技术产业之间及高新技术产业与传统产业之间形成，这就为产业结构调整过程中新兴产业的形成提供了广阔的成长空间。由于技术进步而形成的产业融合对于提高传统产业升级、改造、创新及产业结构的转换和升级有积极意义，同时对跨产业绩效的大幅度提高显然具有促进作用。

从国家经济的角度来看，产业结构调整对于国家及地方主导产业选择具有战略意义。所谓“主导产业”是指在经济发展过程中出现的一些影响全局并在国民经济中居于主导地位的产业部门。主导产业又被称为“先导产业”或“带头产业”，它在很大程度上决定了国家产业结构未来的发展方向，因此，主导产业选择的合理与否不仅关系到主导产业自身的发展，而且还关系到整个国家或区域经济的发展。我国经济正步入主导产业发展阶段，化学工业、电子及通信设备制造业、交通运输设备制造业、黑色金属及有色金属冶炼与压延等产业将成为优先发展的主导产业。而在国家及区域性主导产业选择中，必须注意防止各地出现主导产业趋同化现象，不能因为汽车产业拉动性强就一窝蜂地生产汽车，更不能盲目地、不顾条件地把热点产业、高新技术产业等确定为主导产业。在主导产业选择中，政府要制定产业发展战略规划，在国家和地区产业政策的引导下选好主导产业，把区域主导产业的选择纳入全国乃至全世界范围内进行考察，才能确定主导产业及其发展方向。

③高技术产业

“高技术”（high-technology）的概念源于美国。早在20世纪60年代，美国的两位女建筑师合著了《高格调技术》一书，表达了人们对高技术这一新生事物的关注。到了70年代，高技术的用语逐渐增多，它泛指一大批新型技术产品和由这些新型技术产品所引发的变革。1981年，美国出现了以“高技术”命名的月刊。1983年，“高技术”一词被美国官方正式使用。虽然高技术作为一个概念已得到公认，但其内容则是不断发展变化的，由于人们所处的社会背景和所持的理论框架不尽相同，所以人们在认识和使用“高技术”这一概念时所要表达的内容恐怕也有相当大的差距。

至于高技术产业则是指通过高技术产业化而发展起来的新兴实体经济。这虽然也是一个全球性的概念，但高技术产业作为技术现象和经济现象，在不同的历史阶段却具有不同的内容。一般认为，高技术产业大体上具有三个特征：一是所采用的定量指标相似，即采用技术密集度指标，如R&D经费强度，即R&D经费占产出（总产值、增加值或销售收入）的比重，科技人员或熟练工人占全体雇员的比重等；二是高技术产业核心内容相对集中，即有一定的类聚性，各种界定都包括航空航天、电子及通信、办公设备及计算机、医药等制造行业；三是OECD关于高技术产业的定义和界定范围具有一定的代表性，在进行国际比较时，很多发达国家和发展中国家都参照OECD关于高技术产业的定义和目录。

OECD高技术产业的定义

1986年，OECD根据联合国制定的国际标准产业分类（ISIC），选择22个制造业行业，依据13个比较典型的成员国在1979年至1981年的有关数据，通过加权方法（权重采用每个国家产值在总产值中所占份额的数值）计算了这些行业的R&D经费强度。最后，将R&D经费强度明显高于其他产业的6类产业（航空航天制造业、计算机及办公设备制造业、电子及通信设备制造业、医药制造业、专用科学仪器设备制造业和电气机械及设备制造业）定义为高技术产业。随着经济发展中知识和技术的急剧增长，各类产业的R&D经费强度发生了重大变化。1994年，OECD专家将R&D强度的数据和计算方法作了进一步调整，重新计算了所选择的22个制造业部门的R&D经费强度，对高技术产业重新进行了划分。这里，不仅考虑了直接R&D经费，也考虑了间接R&D经费，选用了R&D总经费占工业总产值比重、直接R&D经费占工业总产值比重和直接R&D经费占工业增加值比重3个指标来定义高技术产业。同时，OECD根据10个更为典型的成员国1973年至1992年的数据，逐年计算了ISIC中22个制造业部门的上述3项指标。结果表明，原来高技术产业群中的航空航天制造业、计算机及办公设备制造业、电子及通信设备制造业、医药制造业仍属于高技术产业，而专用科学仪器设备制造业和电气机械及设备制造业则由于R&D强度已不具备明显高于其他产业的特点而被划归为中高技术产业。

当然，在我国的产业结构构成中，除上面所说的“高技术”及高技术产业外，也把采用新技术作为科技和产业发展的内容，尤其是在高技术领域，由于高技术是过去所没有的，所以又称为高新技术，这与其他国家的说法显然有很大的不同。如果说新技术的出现即便在传统产业中也是屡见不鲜的事，那么是否可以认定其为高技术则是颇有争议的。

二、产业开放与产权重组

产业结构调整的目标是促进产业结构合理化，实现产业的整体效益。从这一点来说，在经济全球化的大背景下，任何国家的产业结构都需要不断地进行调整，才能逐渐接近产业结构合理的水平。因此，在产业结构调整中，产业是否逐步开放则成为该产业内部结构是否能够尽快实现合理化的大问题。下面以中国造船业产业调整为例，说明产业开放的价值与意义。

1 造船工业开放模式

中国造船业历来“以军为主”，远洋航运则“以外购为主”，几乎没有造船的实力。20世纪70年代，中国造船工业开始起步。中国船舶总公司实行两个转变：从“以军为主”的封闭体系转向军民结合，科工贸一体化的开放体系则从单纯为国内服务转向开拓国际、国内两个市场。自此，中国船舶工业走上“以我为主，博采众长，提高创新，扩大出口”的成长道路。

造船工业通过技术引进和技术开发来提高技术水平，发展本产业。从20世纪80年代起，通过许可证贸易、合作生产等方式，引进世界名牌船用设备制造技术和先进工艺共100余项。如中高速柴油机引进德、法、日等国技术，经消化吸收后，国产化率达到80%，配附件国产化率达90%以上。在此基础上，大力开发船舶设计，自主创新，形成国际知名品牌，坚持“开发一代，改进一代，预研一代”的原则，加快船型、船用设备国产化。从一般货轮、油轮、化学品成品油轮、冷风集装箱船到大舱口集装箱货轮、液化石油器船、全铝合金高速水翼船等，我国都能自行设计生产，拥有自主产品知识产权与企业产权，出口量居世界第三位（仅次于日本与韩国），造船总量占世界份额居第三位。

2 轿车工业开放模式

中国的轿车工业是从1958年生产红旗牌轿车起步的，当时的生产技术水平与世界的差距并不算很大，但由于20多年来轿车生产没有参与市场竞争，致使轿车工业落后。改革开放后，轿车工业选择全面合资的道路。从1981年到1998年共引进轿车工业技术600多项，可生产40多种各类型的整车，初步形成了中国的汽车工业体系。但问题是，我国的轿车基地全面合资，负面影响大。①轿车工业重组难度加大。现已形成8个轿车生产基地、4个直属集团，各生产和研发机构虽人数众多，但难以联合自主开发中国轿车。②技术受制于人，难以形成自主开发车型的技术能力。中国轿车只靠外方提供车型，中方的技术力量只能在零部件国产化上下工夫。中国的轿车合资企业一直以来几乎都是以CKD方式起步的，购买外方的散件生产整车，提供散件的合资外方所获的利润远远超过投资。③外国厂商在中国成立的研究开发机构并非从事新车型开发，而是用于配套零部件质量检测，为其在华生产的汽车进行质量把关。目前，我国的汽车产业结构不合理，在很大程度上决定了今后能够自主开发本国轿车新产品的能力已经很有限了。

③民航业的开放模式

我国早在1970年就开始进行大型民航飞机“运十”的研制。1980年9月，“运十”试飞成功。到1984年止，无论是飞行起落、飞行小时、所飞抵的国内主要城市，还是7次沿“死亡之线”飞抵拉萨的事实，都证明“运十”已研制成功。这说明我国当时已拥有自行设计制造大型飞机的技术水平，成为继美、苏、英、法之后第五个能研制出百吨级飞机的国家。

1986年，上海航空集团公司与美国麦道公司合作组装MD80飞机，1992年转为合作生产MD90飞机。由美国出知识产权，中国出设备和人工，合作制造大型飞机。合作内容主要是：由中航组织国内4家企业共同承担，实施主制造商—供应商国际生产模式。MD90机体国产化率达到70%，中方生产的零部件数达4万多个。美方提供图纸和原材料（包括锻铸件毛坯）、发动机、机载设备及部分系统相关件，中方负责从零部件制造到总装试飞工作，并在质量和适航保证方面承担主要责任。1999年10月与2000年2月，2架MD90分别试飞成功，获得了美国联邦航空局颁发的适航证。MD90的试飞成功充分显示了我国在干线飞机的制造和总装技术方面获得的巨大进步，达到了20世纪90年代的国际水平。这个项目显示了中国作为主制造商的系统管理能力和总装能力。

中国产业开放会起到调动产业发展潜能的作用。20世纪50年代我国就已经开始通过自力更生迈出了产业发展的第一步，有了自己的造船工业、轿车工业和飞机制造业。但直到70年代末，由于我国处在计划经济体制下，一方面是国家集中力量来发展战略产业，另一方面却是完全不能利用国际资源与市场，没有任何竞争机制的促进。改革开放后，以上三大产业虽然都面临新的发展机遇，但由于以开放促发展的方式各不相同，调动产业制造潜能也就大不一样。造船工业调动发展潜能最得力，轿车工业次之，民航工业调动潜能则相当困难，很难在制造工业的大项目建设中取得成效。

三、风险投资与高新技术产业

产业结构调整中的重要一环在于生产要素随着产业结构调整的方向流动，通过市场及政府两方面的资源配置过程优先发展产业，以得到更多的资源，这样产业结构才能日趋合理。从这个意义上讲，资金、技术、劳动、土地等生产要素的流动与配置方式和结果如何直接关系到产业结构功能能否发挥的大问题。在这里，仅以高新技术产业结构调整为例，对风险投资问题进行简要的介绍。

1999年7月，上海市第一百货商店股份有限公司与清华大学学生创业企业视美乐公司签署了5 250万元的高科技风险投资协议，这在我国风险投资界引起了巨大的反响和争议，人们对从事实业的国有企业特别是上市公司参与高风险的创业投资提出了各种各样的看法，从而引发了对产业资本参与风险投资问题的探索。

按照经济学的理解，产业资本通常是指投在物质生产部门如工业、农业、运输业和建筑业等产业的资本。对于产业投资来说，则按照其投资资本的来源将投资资本划分为金融资本、政府资本、产业资本和私人资本四类，分别对应金融机构、政府、非金融产业、居民个人等投资主体，这也可以说是投资的资本性质和属性。应该承认，无论什么投资都存在风险，但对于风险投资来说，则是指对于高新技术产业或企业的技术创新活动的投资。由于对科技产品研发活动的投资是否能够获得研发成果具有很大的不确定性，所以说风险投资具有高风险。据统计，美国的风险投资项目中高达50%的项目完全失败，40%左右不赔不赚或赚取微利，只有10%大获成功。但技术创新一旦成功，就可以获得超额的风险投资回报。例如，当初美国研究开发公司（AR&D）以7万美元风险资本投资于美国数据设备公司（DEC），在14年后获得469亿美元的投资回报。风险投资大都投向高新技术领域。风险投资是以承担高风险来追求高收益为特征的，所以，产品附加值高的高新技术产业成为风险投资的主要对象。在美国，大约90%的风险投资投向了高新技术领域。风险投资具有很强的参与性。风险投资者在向处于创业期的中小型企业注入资金的同时，也积极参与被投资企业或项目的经营管理全过程，提供增值服务。这要求风险投资者不仅要有一定的高新技术知识，还必须掌握现代金融和管理理论，而且应当有丰富的实践经验。风险投资具有循环性。风险资本是以“投入—回收—再投入”的资金运作方式为特征的，投资期限至少为3年，一般为股权投资，在被投资企业增值后，风险投资者会通过上市（IPO）、收购兼并（M&A）或其他股权转让方式撤出资本，兑现增值，之后又选择新的风险投资项目进行投资。此外，除了种子期的融资外，风险投资者一般也对被投资企业以后各个发展阶段的融资需求予以满足。风险资本的循环滚动不断推动着高新技术产业化的进程。从风险投资的上述基本特征看，它与产业资本的传统投资要求之间存在着矛盾，但随着技术创新在经济发展中的地位越来越重要，高科技对经济的巨大推动作用已非常明显，对高科技的参与是企业发展的必要环节。风险投资与高科技的天然绝配使得产业资本抛开传统投资理念的束缚，开始追逐风险投资，二者逐步从矛盾走向统一。

第三节 中国加入WTO后的产业结构调整

中国加入WTO意味着中国全球化的步伐加快。而中国向WTO所作的承诺实际上说明了我国的产业结构还需要进行大幅度的调整，当然，这种大范围、多层次的调整是需要付出代价的，这无论对于改革或调整的政府、机构、家庭还是个人来说都是必须承受的沉重负担。在这里，简要对部分产品的产业结构调整问题作一说明。

一、传统纺织业的产业调整

中国加入WTO后，投资的开放意味着跨国公司将增加其在中国的投资，这些公司具有雄厚的资本、先进的技术及品牌优势，可以利用转移价格最大限度地避税，不受节制的外国直接投资比进口更具有威胁性。对于中国传统纺织品出口产品来说，降低关税和取消关税措施也会使进口增加，国内市场压力增大。按照开放纺织品服装贸易协定，欧美取消了87个类别的纺织品配额限制，涉及金额达40亿美元。纺织品配额取消给我国服装纺织品出口带来了积极影响，但如果我国纺织企业不提高竞争优势，配额取消的同时也将造成竞争的加剧。由于现行多种纤维协定下的限制是建立在其现实性基础上的，各个受限国的受限程度不同，产品存在竞争；取消限制后，各国的纺织品公平竞争。我国的配额取消后，该部分产品将受到国际市场上原有产品的有力竞争，这对我国的纺织品、服装企业为适应自由竞争下的国际市场提高了难度。目前，世界上的贸易保护主义出现抬头趋势。随着国际贸易区域化、集团化组织的不断发展，我国纺织品出口面临的困境与日俱增。我国已经将对美纺织品服装出口大国的地位拱手让给墨西哥。与此相似的是，欧盟成立之后，其成员国有70%的纺织品贸易和80%的服装贸易在欧盟内部进行。由于土耳其等国的加入，区域内纺织品贸易发展迅速，区域外国家进入欧盟市场的屏障越来越厚。因此，即使取消了我国对欧美的纺织品服装配额，我国在该地市场上还会受到贸易区域的排斥，竞争同样激烈。随着环保意识的增强，欧洲已采用新的环保纺织标准，对若干项目的极限值（酸碱值）作出规定，只售符合纺织标准的衣物。这种趋势将会扩大至各大百货公司或更广泛的销售渠道。一些欧洲进口商已要求纺织品不但要符合有关标准，而且要取得证书才肯下订单。这导致我国出口的服装面临又一道技术贸易壁垒。鉴于国际纺织品服装的这一趋势，作为世界上最大的纺织服装生产和出口国，我国的服装出口型企业对此尚难以在短时期内作出调整与安排。

而在我国纺织品融资方面，仅股票市场上的纺织类个股，如山东海龙、四川锦华、中纺投资、雅戈尔、南山实业、江苏阳光、大连创世、浙江中汇、辽源得亨、ST幸福、新潮实业、杉杉股份、九江化纤等，由于面临的行业竞争空前激烈，其在调整经营结构、优化资源配置、改善整体赢利水平偏低的状况等方面变数较大，因此，纺织类股票也并未因我国加入WTO而提升对投资者的吸引力，不但难以吸纳增量资金的流入，而且不断延续弱势整理，这充分反映了市场的谨慎心态。

二、汽车行业产业结构调整

我国加入WTO后，原本就极为薄弱的汽车工业却要面临严峻的挑战，其主要原因有几个方面：一是我国汽车高价格、低质量的问题突出，导致消费者购车和维护保养的负担加重，而问题车的安全性也是造成直接经济损失的原因之一。二是由于我国的汽车服务业尚处于起步阶段，与国外汽车服务业进行竞争必然遭受严重冲击。三是由于汽车工业技术含量高，一般都是当地的支柱产业之一，一旦汽车工业发展遇到困难，势必会影响政府的财政收入。四是汽车工业从业人员面临较大的调整，我国汽车工业的从业人员超过200万人，其中占利润总额约70%的大型国有企业只拥有约45%的人员，而利润仅占30%左右的小型企业却拥有55%的从业人员。加入WTO之后，我国约有55万的汽车产业工人面临失业。五是我国的汽车企业大多是合资企业，尚未达到技术本土化，国产化水平低，民族品牌少，技术依赖性强。

由于中国的汽车工业尚处在初始阶段，随着中国经济的高速发展，汽车工业仍有一定的发展前景。尤其是中国居民储蓄的增长使中国汽车消费需求旺盛，加上中国城市化进程的推进，大城市的出现也在一定程度上扩大了汽车的国内市场，更何况国际上发达国家的跨国公司纷纷到中国投资兴建工厂，这对于中国汽车生产技术、质量、管理水平的提升都有促进作用。在生产要素重新组合中，汽车工业生产、销售、服务体系也逐渐完善，汽车消费正日益成为中国百姓的日常消费之一。此外，在专业分工过程中，汽车工业的专业生产也逐渐细化，出现了较有影响、有一定实力的汽车配件上市公司，如万象钱潮、湘火炬、银河创新等，其产品已打入国际市场。尤其是民营企业万象钱潮公司以生产万向节出名，早在1997年就已成为美国通用公司的配套商。湘火炬于1997年获得美国AC商标使用权之后，又加入了美国汽车零部件协会。银河创新在资产重组后则将产品打入日本市场。由此可见，在WTO的影响下，这些进入国际市场的中国汽车配件企业必然会有更好的发展前景。

三、商业批发零售业面临激烈竞争

中国加入WTO后，商业是面临强烈冲击的行业之一。根据中国与美国、欧盟签署的协议，中国加入 WTO 后，中国商业引进外资的方式有了很大的突破，外商投资商业企业由原来的合营企业放宽到外资控股、外资独资、外资购并等多种形式，3 年后全面开放零售业，这意味着中国面临外国商业巨头的激烈竞争。从批发业来看，加入 WTO 后，中国允许先在直辖市成立试点合资批发企业，并承诺在 3 年内取消对外资存在方式的限制，即不再限制外资进入的地域、数量和股权比例等，并且在 5 年之内对外资企业全面开放商业批发业。1992 年，我国部分地方开始试点开放零售业，即允许外国商业资本以合资非控股方式进入国内商业领域，其结果是国际上著名的商业企业随即开始瓜分中国市场。目前，外资在中国境内经营的各种商业店铺已达 300 多家。沃尔玛、麦德龙、家乐福等零售业巨头在中国的大中城市纷纷开业，这不仅冲垮了中国的中小零售商，即便是大商家如北京亚视商业城、沈阳协和、天津亚细亚、上海第一百货西安店等也先后倒闭，甚至对中国连锁零售的龙头企业如上海联华、上海华联、上海农工商等也造成了威胁。

中国加入 WTO 后，外资进入中国造成的影响有几个方面：一是外资连锁大超市进入大中城市，并形成对该城市及其辐射地区的商业垄断。例如，以外资连锁大卖场即仓储式超市的形式进入，首选北京、上海、广州等人均收入水平较高的国际化大都市，然后进入周边中等城市，迅速形成市场网络。在上海，家乐福、麦德龙等国际大超市已有数家，上海本地连锁超市已无立足之地，不得不向周边中小城市布点，上海华联、上海联华、上海农工商、北京华联等企业甚至将营业网点向全国扩张。二是国内大型百货业仍占据一定的市场份额。由于外资商业巨头目前并未抢占百货商业，对国内百货商业造成的冲击不大，如陕解放、新华百货、大商股份、欧亚集团、天河百货等仍有一定的商机。三是外资的大举进入为国内零售企业带来了合资机遇。从某种意义上讲，外资进入中国内地，往往也希望以合资、合作的形式与中国百货零售商联手经营，由于外国商业资本与产业资本、金融资本相比，其实力稍有欠缺，况且在商业经营中，中资百货企业的经营历史、良好的地段、口碑和人脉等往往吸引着相当大的消费群体，甚至在带动团购方面也有得天独厚的优势。四是进入中国的国际零售企业大都以连锁店、大型综合超市、仓储式卖场等先进业态的形式存在，没有合作合资机会的国际企业及中国企业同样可以通过示范效应和学习效应来改善业态。可以说，外国商业的大批进入在一定程度上催生了国内商业的业态创新，这对于中国商业国际化未尝不是一件好事。五是批发商圈半径大，往往在大城市中迅速形成巨型批发配送中心。如日本丸红和上海第一百货正式成立我国第一家合资批发企业，该企业向社会各类零售企业，包括大型百货商店和小型非连锁便民店提供物流配送服务，迅速成长为该领域的大企业。

四、家电业的竞争

中国传统家电业经过多年发展，虽在产品设计、生产制造、营销服务等方面已具有一定的产业优势，但产品层次低、产业集中度低、核心技术开发和储备少、产品质量不稳定、售后服务差的问题仍相当突出，很难与国际大企业竞争。中国加入 WTO 后，在外国知名品牌家电价格不断跳水的情况下，中国家电业面临更为激烈的竞争。现在的问题是，世界家电行业普遍进入市场饱和、新产品开发、新市场拓展的战略调整期，国际家电产业结构调整的结果必然是跨国公司将生产基地转移到中国。中国加入 WTO 后，外商投资企业享受国民待遇，进入中国市场的国外家电跨国公司将成为中国城市家电市场的主体，我国家电企业面临国际名牌产品的激烈竞争。可想而知，进口品牌在产品质量、规格与款式、功能与性能、产品价格、售后服务等各方面都具有明显优势，很可能诱使城市居民家庭的潜在购买欲望变为购买行动。再者，中国加入WTO后，外商投资企业便拥有了产品分销权，拥有了自己的销售渠道，从而把从生产到消费者之间的整个流通过程变成一个高效的有机整体。这样，中国家电企业现有的销售优势将不复存在。另外，我国受进口许可证管理的进口商品共有53个大类，其中电子产品有20种，家电产品的比例相当高。中国加入WTO后，国家减少家电产品许可证数量。中国的家电产业将不得不面对国外产品的直接竞争，尤其是在具有高附加值的家电产品上，则显得更为突出，而关税降低则使我国家电产业失去了贸易保护。先前，我国的进口关税总体水平高，电子产品关税简单平均值为40.1%，加权平均值为33%。对此，我国政府的做法是，自2005年起，我国进口平均关税水平降至10%。从整体上说，经过十几年的发展，我国家电行业的低端产品基本具备与进口家电产品全面抗衡的能力。加入WTO后，国家在关税政策上不再在整体上将家电产业作为幼稚产业列入高关税保护范围。因此在未来的关税调整中，家电产品将是降税的主要商品。关税减让使大量高端产品以更低的价格进入中国市场，使中国的家电企业失去一部分国内市场份额。进口关税的降低，使中国家电企业面临更为严峻的价格竞争，导致企业利润大幅下降。最后，国外对知识产权的保护将影响家电业的发展。从各国拥有的发明专利来看，我国的家电企业所拥有的技术专利数量远低于发达国家，在商标注册数量上也存在巨大差距。加入WTO后，我国对知识产权方面的管理将进一步与国际接轨，这将对家电企业形成巨大的限制。我国在空调压缩机、彩管和影碟机解码器等家电核心零部件的核心技术上与国外存在较大的差距，技术专利基本被国外企业占有。中国加入WTO后，国外家电制造商拥有了自由进入中国市场平等竞争的机会，完全可以利用技术专利和商标使用权上的优势来制约中国企业。

当然，我国加入WTO是以关税减让为代价的，根据对等原则，其他国家也降低了对我国产品的进口关税，这有利于我国家电企业开拓国际市场。如巴西、印度是我国家电出口潜力极大的市场，我国加入WTO前，关税都在50%以上，加上非贸易壁垒，实际可达100%，严重阻碍了我国家电产品的出口；我国加入WTO后，这些关税及壁垒都大幅降低，产品的外销竞争力也就加强了，有利于扩大我国产品的出口。科龙、美的、美菱等以经营小家电为主的企业也不断加大研发力度、积极拓展海外市场。此外，加入WTO后，我国家电行业能够充分利用发展中国家享受的优惠条件，广泛运用国际资源，到国外去发展，并与国际化的竞争对手建立竞争、合作的双赢关系，最后达到提高我国家电产品竞争力的目的。如海尔在美国、春兰在俄罗斯、格力在巴西、长虹在印度尼西亚寻求新的发展，这些企业都以战略眼光率先进入国际市场。中国家电业还可以利用加入WTO的挑战与机遇，进一步加强国际合作，提高中国家电在全球的地位。

拓展学习一

走出国门的中国家电企业

1998年以来，春兰（集团）公司生产的空调及技术、生产设备等先后输入俄罗斯、阿根廷、伊朗、西班牙等国家，这标志着春兰的外贸格局发生了质的变化，由单纯出口产品发展到了既出口产品又输出成套技术、成套设备的新阶段。

海尔集团以其海尔全频太空王冰箱在2001年德国科隆博览会上成为焦点，该产品日耗电0.48度，几乎只有欧洲A级冰箱能耗标准的一半，在技术上已走在世界的前列。该集团的产品在美国、欧盟市场上的拓展相当迅速。

问题与讨论

1. 以春兰（集团）公司的案例，说明中国企业海外市场开拓的战略意义。

2. 我国大力提倡的企业“走出去”战略对于提升中国企业的海外经营能力和水平至关重要。参考国际企业和国外跨国公司的成功经验，模拟某大企业并撰写海外战略计划书。

3. 海外的当地技术研发、当地生产、当地销售战略与产品海外销售有什么不同？其母公司与子公司的关系如何？在全球化条件下，各国政府对于外国投资办厂的态度有什么不同？请举例说明。

拓展学习二

产业投资基金管理暂行办法

第一条　为深化投融资体制改革，促进产业升级和经济结构调整，规范产业投资基金的设立、运作与监管，保护基金当事人的合法权益，制定本办法。

第二条　本办法所称产业投资基金（以下简称“产业基金”或“基金”），是指一种对未上市企业进行股权投资和提供经营管理服务的利益共享、风险共担的集合投资制度，即通过向多数投资者发行基金份额设立基金公司，由基金公司自任基金管理人或另行委托基金管理人管理基金资产，委托基金托管人托管基金资产，从事创业投资、企业重组投资和基础设施投资等实业投资。

第三条　产业基金实行专业化管理。按投资领域的不同，相应分为创业投资基金、企业重组投资基金、基础设施投资基金等类别。

第四条　凡在中国境内从事产业基金业务以及与该业务相关的活动的自然人、法人和其他组织，均遵守本办法。

第五条　设立产业基金须经国家发展计划委员会核准。

第六条　设立产业基金应当具备下列条件：

（一）基金拟投资方向符合国家产业政策；

（二）发起人须具备3年以上产业投资或相关业务经验，在提出申请前3年内持续保护良好财务状况，未受到过有关主管机关或者司法机构的重大处罚；

（三）法人作为发起人，除产业基金管理公司和产业基金管理合伙公司外，每个发起人的实收资本不少于2亿元；自然人作为发起人，每个发起人的个人净资产不少于100万元；

（四）管理机关规定的其他条件。

第七条　申请设立产业基金，发起人应当向管理机关提交下列文件和资料：

（一）申请报告；

（二）拟投资企业与项目的基本情况；

（三）发起人名单及发起设立产业基金协议；

（四）经会计师事务所审计的最近3年的财务报告；

（五）律师事务所出具的法律意见书；

（六）招募说明书、基金公司章程、委托管理协议和委托保管协议；

（七）具有管理机关认可的从事相关业务资格的会计师事务所、律师事务所及其他中介机构或人员接受委任的函件；

（八）管理机关要求提供的其他文件。

前款所称招募说明书、基金公司章程、委托管理协议和委托保管协议的内容与格式另行规定。

第八条　设立产业基金的申请经管理机关核准后，方可进行募集工作。

第九条　产业基金只能向确定的投资者发行基金份额。

在募集过程中，发起人须让投资者获翻招募说明书并签署认购承诺书，投资者签署的认购承诺书经管理机关核准后方可向投资者发行基金份额。投资者数目不得多于200人。

第十条　产业基金拟募集规模不低于1亿元。

第十一条　投资者所承诺的资金可以分三期到位，但首期到位资金不得低于基金拟募集规模的50%。否则，该基金不能成立，发起人须承担募集费用，并将已募集的资金加计银行活期存款利息在30天内退还给认购人。

第十二条　投资者承诺资金到位后，须在10个工作日以内经法定的验资机构验资，向工商管理机构申请注册并报管理机关备案。

第十三条　产业基金须按封闭式设立，即事先确定发行总额和存续期限，在存续期内基金份额不得赎回，只能转让。

产业基金存续期限不得短于10年，不得长于15年。但是因管理不善或其他原因，经基金公司股东大会（股东会）批准和管理机关核准提前终止者，以及经基金公司股东大会（股东会）批准和管理机关核准可以续期者除外。

第十四条　产业基金扩募和续期应具备下列条件，经管理机关核准：

（一）最近3年内年收益率持续超过同业平均水平；

（二）最近3年内无重大违法、违规行为；

（三）股东大会（股东会）同意扩募或续期；

（四）管理机关规定的其他条件。

申请扩募和续期应当按照管理机关的要求提交有关文件。（下略）

问题与讨论

1. 阅读以上产业基金管理政策的有关规定，谈谈中国出台此政策规定对于经济全球化条件下中国产业结构调整和促进企业成长的现实意义。

2. 国家产业募集基金的目的是什么？怎样操作基金的投资与融资业务？

3. 产业基金采取股份制管理的公司治理结构，请说说为什么，并与国外同类基金的管理模式进行比较，简述我国的产业基金管理制度与发达国家和其他发展中国家基金管理制度的异同。

分组讨论

1. 简述经济全球化进程对我国金融业、保险业的正面影响与负面影响。

2. 我国房地产问题突出，这与经济全球化有关系吗？产业结构调整过程中，你认为房地产业究竟怎样调整才能适应我国经济社会的协调发展？

3. 信息、自动化产业等高技术产业的发展明确了世界各国产业结构调整的方向，但对于中国这样的人口大国来说，劳动密集型产业仍然是我国长期存在的产业形式，究竟怎样确定劳动密集型、资本密集型、技术密集型产业之间的关系？对此问题进行讨论，要求撰写读书报告。

1. 我国产业结构调整的方向是什么？为什么在经济全球化下必须对产业结构进行调整？

2. 企业重组中的产权关系究竟怎样确立？以我国企业重组的案例进行说明。

3. 产业结构调整往往与国际政治经济的变动有直接关系。改革开放后，我国经历了多次产业结构调整，尤其是2008年美国金融危机后的产业结构调整面相当大，为什么会出现这样的现象？请举例说明产业结构调整的必要性。

作业题

1. 简述产业结构调整的主要内容。

2. 产业结构调整中，企业为什么要通过兼并、重组、破产的方式来实现产业结构调整目标？

3. 从美国产业结构调整的实证分析中看国际大企业的成功之路。

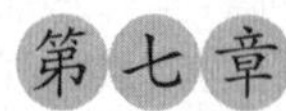

第七章

经济全球化与国际贸易

从理论上说，经济全球化促使国际经济依存度提高，作为以国际贸易为主体的国家之间的进出口贸易则应该越来越开放、自由，才能与经济全球化的要求相吻合。但问题是，在国家主权存在的情况下，国家利益往往是与国际贸易利益相联系的，如果国家利益得不到满足，经济全球化的程度越高，贸易摩擦就越频繁。换句话说，随着经济全球化程度的提高，各国的经济联系加强，贸易量也会增长。如果在国际贸易中的比较优势过强，国际收支平衡就会被打破，处于逆差的国家的贸易保护主义就会发挥作用，经济全球化下的国际贸易摩擦就在所难免了。为了说明经济全球化与国际贸易摩擦之间的关系，有必要对美德、美日、中美贸易摩擦的问题进行考察。

第一节　大宗商品的国际贸易

随着全球化的深入，全球大宗商品市场进入逆转敏感期，其主要表现有两个方面：一是某国的需求增加直接导致大宗商品的价格普遍上涨，如铜、锌、金、银等商品价格始终在高位宽幅振荡，而国际原油价格则出现大幅飙升，目前已经突破 70 美元/桶的水平；二是如果需求减弱，主要国际大宗商品价格走势就会发生逆转，国际钢价、铝价、粮价几乎会在同一时期出现不同程度的下降，但国际市场钢材的价格曾经出现过大幅度的上涨，同时也带动了铁矿石价格的激增。

一、国际市场的大宗商品市场

究竟是什么原因促使国际市场上的大宗商品价格大幅度涨跌呢？这是需要认真思考的问题，以便能够对国际市场大宗商品的交易行情有更为准确的把握。

（1）从近年国际市场大宗商品的交易情况来看，原料价格脱离生产成本的趋势明显，大多数商品需求的增速开始逐渐下滑。随着经济全球化的进一步发展，国际原料生产国的原料销售已被操纵在少数国家手中。从目前情况看，多数基础原材料价格大幅脱离生产成本，如当前国际铜矿石、铁矿石主要生产商的成本费用利润率早已超过 100%，这就产生了三种效应：一是当前需求和高额的利润率水平大大刺激了资源供应商的投资欲望，他们的生产能力正在迅速扩张；二是高昂的价格也使原来资源贫瘠地的资源具备了开发价值；三是基础原材料的高额利润吸引新的资金加入全球资源勘探开发的行列，新的生产基地有可能形成。

近年来，随着中国等发展中国家推动的全球经济增长，世界对能源、原材料的需求也不断增长，这在客观上导致大宗商品需求激增。但到了 2005 年，全球经济增长放缓，与经济加速增长相比，大宗商品的供应能力却下降了，使得市场对国际大宗商品的需求增速下滑。2008 年的金融危机导致全球经济衰退，美元大幅贬值已经基本结束，对国际大宗商品价格的支撑助涨作用不再显著。

（2）中国因素的影响力趋于下降。过去几年，中国对国际大宗商品的需求强劲，在国际大宗商品的增长比例中占有相当大的份额，有些产品甚至占到了这些产品增长的绝对份额。从存量上看，2004 年，中国已成为全球铁矿石、铜矿石和大豆的最大进口国及全球原油的第二大进口国。2003 年，中国铁矿石的进口额占世界铁矿石贸易总额的 25%，2004 年，中国铜矿石和大豆的进口量分别占国际贸易总量的 20.6% 和 31.2%，这表明中国在全球初级产品的大宗交易中扮演着举足轻重的角色。中国对原料和原材料的需求呈爆发性增长，其主要原因有两个方面：一是中国近年基础设施建设、房地产开发突飞猛进，国内固定资产投资增加引发对钢材及原料的爆发性需求增长；二是中国在 2005 年以前已成为装备制造业新一轮国际制造业的转移基地，对装备制造业的投资比例加大，从而导致需求旺盛。2005 年后，随着中国宏观调控政策的实行，全社会固定资产投资速度放缓并趋于平稳增长，这表明此轮国际制造业在中国的转移已基本完成，中国对主要国际大宗商品的需求增长也随之放缓，从而使国际大宗商品需求中的中国因素影响力逐渐下降。

（3）供求关系逆转期往往是市场最脆弱的时刻，这一特征给市场投机者提供了巨大的机会，市场投机随之活跃。而期货合约所具有的独立于合约标的物的金融属性为投机操控者运用巨额资金操控市场获取暴利提供了条件。近年来，国际铜市、原油市场价格大幅波动，正是国际投机力量大都集中于此领域所致。国际铜市价格运行是国际投机力量的一次典型显示。如 2005 年 6 月初国际铜业研究组织（ICSG）公布的数据显示，2005 年第一季度全球原生精铜产量较上年同期增加 5.5%，全球精铜需求量较上年同期减少 5.5%。如果两者对冲，本身并不会造成供需关系异常而引发价格大幅上涨。第一季度全球精铜市场经季节性调整后供给过剩 2.5 万吨，而上年同期则短缺 36.4 万吨。另外，大量研究显示，尽管第二季度、第三季度及次年头两个季度的全球铜供需格局仍呈供给缺口状态，但第四季度及次年下半年的供给过剩则大幅攀升。因此，从供需基本格局来看，全球铜供应紧张状况已经基本过去，国际铜价面临下行压力。正是基于这一认识，国际铜市以韩国、中国为代表的做空力量日益增强，从而为国际投机基金提供了绝好的狙击目标。

（4）受世界能源价格因素的影响，世界经济增长速度显然受到能源价格的制约。国际货币基金组织发表的《世界经济展望》报告说，除了地缘政治方面的危险外，世界经济近期还面临着石油价格居高不下、贸易保护情绪上升和金融市场可能收缩等三大危险。可见石油价格对世界经济走向发挥至关重要的作用。

（5）自然灾害与全球经济运行的关系越来越明显。2005 年，据美国经济界估计，美国历史上最严重的飓风"卡特里娜"对美国经济造成的损失高达 1 700 多亿美元，最低估计也有二三百亿美元。不少机构预测，"卡特里娜"将使美国经济增长损失 0.5 个百分点，2005 下半年的经济增长速度将由以前预测的 4% 左右放慢到 3.5% 左右。美国联邦储备委员会（简称"美联储"）9 月将联邦基金利率再提高 0.25 个百分点，从 3.5% 提高到 3.75%。经济学家普遍认为，美联储从 2004 年 6 月开始的本轮提息的目标大约为 4% 至 4.5% 的水平。世界经济增长放缓、美国飓风以及美联储的持续加息政策均会影响交易者对金属消费的预期，进而造成伦铝价格同年 9 月上旬和中旬的持续下跌。

（6）传统的国际供求关系发生变化，有色金属的交易也发生巨变。据英国商品研究所

（CRU）统计，2005年8月，世界原铝产量为275.1万吨，同比增长5.8%；消费量为267.1万吨，同比增长4.8%；供应过剩8万吨，较7月的供应过剩3.5万吨有明显的增加。全球铝库存从7月的455万吨降到8月的422.8万吨。国际铝业协会（IAI）公布的临时数据显示，2005年8月底，西方国家生产商持有的各种形式铝库存（不含最终成品）升至339.8万吨，7月底为327.2万吨，2004年8月为308.3万吨。产量增长速度明显大于消费量增长速度，供应过剩明显增加及库存再度增加也成为9月中上旬伦铝价格下滑的一个主要原因。

（7）由于伦敦市场的金属价格以美元结算，美元持续升值或贬值会直接影响大宗商品交易的价格变动。以2005年9月美元指数变动为例，美元指数从月初的85.98逐步上升至月末的89.69；进入10月之后，美元指数在上升到90.24之后，由于已经接近同年7月5日前次上升的高点位置，导致美元出现明显回落，10月份美元调整的格局已经形成。美元的回落将会对10月份的伦铝价格上扬起到一定的刺激作用。2005年5月，电解铝的原材料氧化铝的价格开始持续上扬，到8月已从400美元/吨逐步上升到460美元/吨。用波浪理论来看，伦铝价格自9月19日止跌回升以来，经过第二浪的调整之后即运行第三浪，根据第三浪是第一浪的1.618倍的技术理论可预计伦铝具备了创出8月16日最高点1 949.5美元/吨的实力。

阅读与讨论

报道一：日本铁矿石进口量跌至953万吨

2005年9月，由于国内钢铁生产商削减产量调节国内市场库存水平，日本铁矿石进口量跌至953万吨，同比下跌20.1%。由于中国钢铁大量充斥国际市场，国际钢铁价格大幅下跌，包括日本钢铁公司在内的许多国际钢铁公司纷纷减产。

报道二：智利铜出口收入同比增长56%

智利央行于2005年10月17日公布的统计数据显示，2005年9月，由于铜价大幅上涨，连续触及纪录高位，智利铜出口收入同比增长56%，增至15.38亿美元。智利央行还表示，中国市场需求持续强劲增长是智利铜出口增长的重要原因。

报道三：国际铝市场行情

2005年9月，伦铝走出了止跌回升的行情。9月18日之前，伦铝总体上以持续下跌为主，最低跌至1 780美元/吨。从9月19日开始，伦铝止跌回升，月末收盘于1 853.5美元/吨，较8月份下跌了1.5美元/吨；成交量为2 457 212手，较8月份增加了275 071手；库存为515 300吨，较8月份增加了8 450吨。

阅读上面《中国矿业报》、《中国有色金属报》的三则报道，进行分组讨论。

1. 读了日本铁矿石进口量大幅减少的报道，你如何看待国际大宗商品交易变化的基本规律？看完报道后，你对钢材市场走向有什么看法？查阅相关报道，对国际铁矿石市场行情进行分析预测。

2. 假定你是某有色金属进出口公司的业务人员，你对于国际铜市场怎样分析？在中国铜需求持续旺盛的情况下，如何开展铜的进出口业务？分析国际铜市场结构及主要产铜国对外出口状况，练习编写加大铜进口计划书或价格变动分析报告。

3. 在国际铝市场涨跌行情中，作为进出口商该如何采取行动？谈谈你的构想及对国际铝市场涨跌行情作出该项目进口利润分析。

二、技术产品贸易

随着经济全球化的推进，在国际贸易经常项目中，技术产品开始成为主要进出口货物，这就需要进出口双方对技术产品市场进行整合，以提供能够消费该产品的市场需求。

在这里，以美国的 IBM 公司在中国的市场营销为案例，为开拓海外市场的厂家提供参考。IBM 的主要做法是：为了有效地在中国市场进行销售和提供售后服务，IBM 在经历了 10 年的挫折之后，终于迈出了大胆的一步，即与铁道部合作，得到中国政府的允许，在中国建立名为“绿色通道”的 IBM 服务中心，在火车站系统建立全国性的服务中心，从而使 IBM 的计算机零部件能在 24 小时内被送到全国任何地方，而其他的竞争对手则需要在数周前就开始预订车皮。此外，铁道部的 300 多名计算机工程师也可为 IBM 产品提供服务和帮助。

IBM 在中国建立全国性营销运输网络的开发项目与麦当劳对数以千计的中国销售人员进行管理与培训具有同样的意义。正如一份报道所描述的那样，麦当劳正将具有世界标准的食品、笑容、价值观及清洁输送到除南极之外的其他大陆。

三、全球市场结构与贸易变动

从全球市场结构来说，一国的产品进入另一国的市场并非像自由贸易者想象的那样简单。例如，在欧洲所有跨国市场集团中，欧共体的建立需要解决欧洲存在 1 000 年的经济分离问题。欧洲各国之间存在着相当大的经济差别，例如，在产品的标准上，各国都有严格的技术标准以限制市场准入。如德国就曾利用纯度法，要求在德国出售的啤酒只能用水、蛇麻子、麦芽和酵母酿造，以此保护本国啤酒市场；意大利则要求面食必须用硬粒小麦制作。这些限制使其他国家的同类产品很难流入该国市场。

表 7－1　欧洲市场评估

组织	国家	人口（万人）	GNP（亿美元）	人均 GNP（亿美元）	进口（亿美元）
欧共体	比利时	1 020	2 425	23 822	1 840.75
	丹麦	530	1 687	31 985	444.69
	法国	5 800	14 120	24 338	2 694.32
	德国	8 200	21 198	25 840	4 361.02
	希腊	1 050	1 199	11 400	279.72
	爱尔兰	370	732	20 021	390.41
	意大利	5 790	11 594	20 200	2 082.64
	卢森堡	40	164	38 886	1 785.88
	荷兰	1 560	3 633	23 276	335.20
	葡萄牙	990	1 019	10 244	1 227.53
	西班牙	3 920	5 320	13 541	3 020.75
	英国	5 900	13 117	22 229	16 622.16

（续上表）

组织	国家	人口（万人）	GNP（亿美元）	人均 GNP（亿美元）	进口（亿美元）
欧盟	奥地利	810	2 060	25 485	292.64
	芬兰	510	1 214	23 632	654.37
	瑞典	880	2 364	26 718	162.84
中欧自由贸易区	捷克	1 030	520	5 050	152.44
	匈牙利	1 020	457	4 505	423.07
	波兰	3 860	1 356	3 500	90.70
	斯洛伐克	530	93	1 763	

许多人认为，由于欧洲国家在文化、社会、法律制度上存在相当大的差别，欧共体的成立以及实现欧洲经济一体化是相当困难的。所以说，即便是在欧共体内，各成员国也要遵循一整套产品标准，这对于进入这个统一市场的各国来说并非易事。他国市场的准入与退出原本是市场经济的基本运行机制，但在国际商品交易的过程中，其市场的产品标准、市场管理制度、产品广告的限制等也因各国政治、经济、文化和法律规定的不同而变得十分复杂。

案例　欧共体广告协定对儿童广告的规定

欧共体关于广告的规定太多，导致广告商要在欧洲制作一则广告几乎是不可能的。据一项报告说，在欧洲，对儿童做广告的规定有50条之多。在荷兰，糖果广告不准以儿童为对象，不准在晚上8点之前播出，广告中不准使用14岁以下的儿童；此外，广告的画面中必须出现牙刷，整个广告必须放在电视屏幕的下方，要么在最后一秒半占据整个屏幕。在德国和西班牙，战争玩具不准做广告。在法国，禁止儿童在广告中出示产品或者无大人陪伴。瑞典禁止电视广告以12岁以下的儿童为对象，在儿童节目之前、中间和之后禁止播出任何商业广告。

在传统贸易条件下，国际市场的进入受到主权国家的诸多限制，其目的即是保护本国的企业，维持对外贸易的比较优势。无论是在传统贸易时代还是在已进入的经济全球化时代，自由贸易与贸易保护主义始终都是实现全球市场一体化需要解决的大问题。从现实情况来看，贸易保护主义仍然占据主导地位，自由贸易仍是世界各国追求的理想目标。

1 许可证贸易的实态

从国际贸易理论的角度来看，发放许可证显然是国家对于本国企业进出口的限制措施，换句话说，国家并不希望有太多的企业介入国际贸易，而国家所能保护的仅仅是具有一定实力的企业。当然，许可证贸易的长期存在很容易促使拥有许可证的企业形成垄断。在这里，如果以新技术产品的出现及贸易情况来作为案例的话，那么通信领域中的3G许可证的发放及运营情况就值得注意。

截至2005年8月底，全球共颁发了151张3G许可证，其中包括加拿大的5张PCS 3G许可证。此后，一些已获得许可证的公司却将许可证退还给政府，如丹麦、卢森堡、瑞典、葡萄牙、斯洛伐克、德国、芬兰均退还了1张，挪威退还了2张，挪威退还的2张许可证进行重新拍卖，由中国香港的和记黄埔有限公司获得1张。目前，由公司持有的有效3G许可证只有143张。在这143张3G许可证中，选择WCDMA的有133个运营商，选择CDMA2000的有4家运营商，另外还有加拿大的5张PCS和澳大利亚的CKW Wirless公司的i-BURST系统。近年来，除以上全球3G许可证发放情况外，欧洲各国和中、日、韩等移动通信较发达的国家都完成了3G许可证的发放。早在2000年，西欧许多国家就发放了3G许可证，但由于运营商受到了巨额许可证拍卖费的影响，直到2003年3月，西欧市场的新进入者——和记黄埔才开通首个3G商用网。Vodafone、Orange等传统运营商出于对网络建设成本和质量等的考虑，直到2004年底才开通了3G商用网。这些3G运营商主要提供数字音乐下载和视频短片等3G业务，多数与体育有关。进入2005年，西欧有越来越多的MVNO（移动虚拟网络运营商）开始进入移动通信市场，提供3G业务，与传统网络运营商展开竞争。

2 全球经济一体化又上新台阶

全球3G许可证的发放标志着全球通信从1999年开始，在2000年和2001年达到顶峰，到2002年，随着发达国家3G许可证发放工作的结束而逐渐平稳。进入2005年，随着发展中国家和经济欠发达地区逐步开始发放3G许可证，又掀起了一个3G许可证发放的浪潮。发达国家的3G许可证发放工作都已经基本完成，在电信市场日益开放的趋势下，为创造良好的竞争环境促进竞争成为许可证发放的基本原则，世界各国的基本做法是同时引入2家以上的运营商，通常为3至5家有实力的运营商。有些国家如英国为鼓励竞争还专门为新加入者留出席位，并实行倾斜政策，如为新加入者分配较高的带宽，以求与原有运营者保持优势均衡。

3 全球3G商用网络建设与贸易增长

随着3G技术标准、网络设备、终端和业务的逐步成熟，发展中国家和经济欠发达地区的许可证发放工作开始展开，3G许可证的发放已经开始从欧美地区向亚洲、非洲和中东欧地区转移。截至2005年8月，全球共有211个3G商用网络（EV-DO和1X分别计算），其中有78个WCDMA网络、21个CDMA2000 1X EV-DO网络和112个CDMA 1X网络。随着WCDMA技术标准、网络设备和终端的逐渐成熟，商用网络近两年发展迅速，所占比例逐渐提高。全球共颁发了133张WCDMA许可证，目前商用网络有78个，因此，WCDMA商用网络还有很大的增长空间。2006年至2007年是WCDMA商用网络赶超CDMA网络的关键年度。CDMA 1X网络逐步升级演进为EV-DO，因此，CDMA 1X商用网络数量增长有所减缓，EV-DO网络比重逐步增加。

4 全球3G用户和3G业务量增长

截至2005年6月底，全球共有3G用户1.919亿，其中，CDMA2000 1X用户数为1.437亿，WCDMA用户数为3 040万，CDMA2000 1X EV-DO用户数为1 780万。虽然CDMA2000 1X用户仍占据3G总用户数绝大部分的比例，但这一优势正在逐渐缩减。2005年上半年，WCDMA用户数迅速增长，新增用户1 390万，超过CDMA2000 1X的新增用户1 370万的增长户数。随着WCDMA终端瓶颈问题的逐步解决和商用网开通数量的增多，WCDMA新增用户数从2004年开始呈快速直线上升的趋势；CDMA系列的发展重点正在向EV-DO转变，CDMA2000 1X的新增用户数从2004年开始呈下降趋势，2005年这一现象更加明显，CDMA2000 1X EV-DO的新增用户数缓慢上升。尽管目前在3G商用网络上提供的绝大部分业务都是2G和2.5G网络上已有的业务，但是，一些新的、能够更好地发挥3G网络优势的业务正成为运营商拉动市场需求的有效手段，并为运营商创造更多的效益。

(1) 3G市场发展情况

日本与韩国是全球3G发展最为成熟的地区，经过几年的发展，已经进入平稳有序的发展阶段。截至2005年6月底，日本和韩国的3G用户数分别占其总移动用户数的38%和

62%。日本 WCDMA 用户占全球 WCDMA 用户的 49.3%。韩国 CDMA2000 1X EV-DO 用户占全球 EV-DO 用户的 63.3%。日本 DoCoMo 的 FOMA（WCDMA）用户数迅速增长，截至 2005 年 6 月，FOMA 用户数达到 1 371 万，在日本 3G 总用户数中所占比例从 2004 年 6 月的 24% 增长到 2005 年 6 月的 41%。韩国是全球 CDMA2000 3G 业务发展得最好的市场。截至 2005 年 6 月底，韩国 CDMA 1X 用户数已达 2 338 万，其中 EV-DO 用户数达 1 127 万。SKT 占有韩国 3G 主要市场份额。日韩两国虽然 3G 主要发展技术不尽相同，但却有着相似的发展特点：政府政策驱动力强；都属于技术导向型，产业链研究起步早，为开展 3G 业务打下了良好的基础；用户热衷于新技术和新业务。

西欧移动通信市场整体发展比较成熟，移动用户普及率处于饱和状态。截至 2004 年底，西欧移动用户达 3.52 亿，普及率高达 90.1%，英国、丹麦、希腊等国的移动用户普及率达到 100%。该地区移动数据业务发展良好，2005 年移动数据业务收入占总移动业务收入的 24%。西欧的移动体育市场最为众多运营商所看好，据统计，2005 年全球体育消息、视频类业务等收入达 13 亿美元，而西欧占 69% 的份额。

经过这几年的发展，移动视频业务开始逐渐普及，也开始为运营商带来更大的效益。在韩国，SKT 公司在 2002 年下半年就推出了基于 1X EV-DO 网络的 June 业务。该业务品牌的主要目的是利用 1X EV-DO 网络在数据传输速率上的优势为用户提供多种多媒体娱乐类的业务，其中包括电影、音乐、动画、游戏以及电视节目等。自该业务推出以来，用户数量持续增长，截至 2005 年 9 月，已经上升到 576 万户，占 SKT 公司 1 900 万用户的 30%。除了视频业务之外，能够体现 3G 特色的移动整首音乐下载业务也在全球各地蓬勃发展，并已成为 3G 运营商最重要的收益来源之一。

1.国际电子产品销售

随着经济全球化步伐的加快，通信与电子计算机的全球销售量猛增，如台式电脑和笔记本电脑的销售都取得了可观的业绩。根据市场研究公司 IDC 和 Gartner 公布的数据，2005 年第三季度全球 PC 销量较上年增长了 17%，各家电脑厂商的销售情况如下：

苹果公司：美国五大顶级计算机厂商之一，增长速度超过了市场整体水平。苹果 2005 年第三季度在美国 PC 市场占有的市场份额较上年同期有较大幅度增长。IDC 在报告中称，苹果 2005 年第三季度在美国售出 73.7 万台 PC，同比增长 44.6%；市场份额由上年同期的 3.3% 增至 4.4%，在所有计算机厂商中排第五位。根据 Gartner 公布的数据，苹果 2005 年第三季度售出 74.4 万台 PC，占 4.2% 的市场份额，在所有计算机厂商中排第四位。在全球 PC 市场，苹果共占有 2.3% 的市场份额。得益于低端 PC 和笔记本电脑市场需求的增长。

戴尔公司：以占有 18% 的市场份额成为全球第一大 PC 厂商。2005 年第三季度美国共售出 1 700 万台 PC，同比增长 11%，其中戴尔以 33.2% 的市场份额稳居榜首。而根据 Gartner 公布的数据，戴尔的市场份额为 17%。IDC 公司称，2005 年第三季度戴尔在全球共售出 950 万台 PC，同比增长 17.8%；在美国售出 560 万台 PC，同比增长 12.2%。Gartner 公司称，2005 年第三季度戴尔在全球共售出 920 万台 PC，在美国售出 550 万台 PC。

惠普公司：根据 IDC 公布的数据，2005 年第三季度，惠普在全球共售出 850 万台 PC，所占市场份额为 16%；在美国共售出 345 万台 PC，所占市场份额为 20.3%。惠普在全球市场的 PC 销量同比增长 17.9%，在美国市场的 PC 销量同比增长 10.1%。

Gateway 公司：IDC 公司称，2005 年第三季度 Gateway 在美国市场的 PC 销量超过 100 万台，同比增长 35%，所占市场份额为 6.4%，在所有 PC 厂商中排名第三。Gartner 公司称，

2005 年第三季度 Gateway 在美国市场所占份额为 6%，PC 销量同比增长 33%。

联想公司：全球市场销量超过 400 万台，所占市场份额为 7.7%，在所有 PC 厂商中排名第三。在美国市场销量为 75.7 万台，所占市场份额为 4.5%，在所有 PC 厂商中排名第四。

全球市场的销售与公司的国际营销战略有直接关系，根据国际营销学对于全球市场的分析，其市场所处发展阶段、公司的营销定位、国际市场培育和开发所需资源等成为跨国公司进行国际市场营销的基本内容。主要的评估指标和跨国公司的通常做法如表 7－2 所示。

表 7－2　全球市场机会评估

阶段	次级阶段	实例	营销功能	营销机构	渠道控制	基本定位	所用资源	评估
农业和原材料（营销是生产的函数）	自给自足	游牧或狩猎部落	无	无	传统权力	维持生计	劳动力、土地	劳动力密集，不存在组织市场
	剩余产品	农业经济，如咖啡、香蕉	交换	小商人、交易商、集市、进出口	传统权力	创业精神、商业	劳动力、土地	劳动力和土地密集、产品专业化、地方市场、进口导向
制造（营销是生产的函数）	小规模生产	棉纺业	交换、实物分销	商人、批发商、进出口	中间商	创业精神、金融	劳动力、土地、技术、运输	劳动力密集、产品标准化和分级、地区及出口市场、进口导向
	规模生产	美国经济（1885—1914年）	创造需求、实物分销	商人、批发商、交易商和专业机构	生产者	生产和金融	劳动力、土地、技术、运输、资本	资本密集，产品差别化，国内的、地区的及出口的市场
市场营销（生产是营销的函数）	商业化过渡	美国经济（1915—1929年）	创造需求、实物分销、市场信息	大规模和连锁零售商	生产者	创业精神、商业	劳动力、土地、技术、运输、资本、通信	资本密集，分销结构变化，国内的、地区的及出口的市场
	规模分销	美国经济（1950年至今）	创造需求、实物分销、市场信息、市场及产品的计划开发	一体化分销、渠道专业化、中间商增多	生产者、零售商	营销	劳动力、土地、技术、运输、资本、通信	资本和土地密集，迅速的产品创新，国内的、地区的及出口的市场

如果将跨国公司及对外贸易公司作为评估对象的话，以美国五大电脑公司为例，由于它们在全球市场和美国国内市场的销售量不同，因此全球的市场占有率则成为评估这些公司在全球影响力、销售能力、未来成长等方面的重要依据。而美国所有的同类企业的全球市场扩张的结果显然与该国在全球市场中的国家地位有直接关系。在电脑的生产中，全球品牌机的使用几乎为美国产品所垄断。随着美国全球信息高速公路的建设，世界各国不仅需要美国的信息网络和信息流，也需要家庭、个人使用的电脑等设备，这为美国电子信息技术产品的研

发、生产、销售提供了广阔的市场。

四、中国手机动漫市场

随着经济全球化的深化，发展中国家的市场逐步细分，其细分进程也呈现加快的趋势。在中国，信息产业部提供的数据显示，截至2005年9月，中国的手机用户已超过3.77亿，平均每100个人中就有29个人使用手机。目前，中国已成为世界上最大的手机用户国，手机用户数仍在不断增长，这促使其他相关产业相继进入手机功能和业务的开发领域，为手机通信产业的综合发展提供了无限美好的前景。

手机市场这块“大蛋糕”已成为国际通信业大公司和相关企业的首选目标。手机市场细分的结果带动了文化部门产业的兴起。正如亚洲国际电视总裁桑德·约翰逊在第四届中国卡通产业论坛上指出的那样，中国的手机市场将给中国卡通产业带来发展良机，给世界卡通业带来商机。桑德说，超人、鬼马小精灵、贝蒂、Felix猫等一些经典的美国卡通形象都将被引入中国手机用户的屏幕上。此外，中国卡通业界也看到了手机动漫的商机，期望通过手机这一媒体促进中国卡通业的发展。

案例　在发展中国家，机会是需要创造的

读商科的人都知道这样一个案例：奇马拉是想象中的发展中国家。来自两个不同公司的推销员到奇马拉推销鞋子。其中一位给总部发电报说，明日返回，没机会，因为当地人不穿鞋。而另一位则说，大好机会，因为当地没有一个人穿鞋，因此人人都需要鞋。这一反复为商界传说的经典案例为具有商业智慧的人开发新市场提供了无穷的灵感。

经过13年的艰苦努力，雀巢公司最终应邀加入中国的牛奶业。雀巢公司在建立第一家奶粉和婴儿谷类食品加工厂时，曾面临奶源不足的问题，解决的办法就是编织一个配送网络来建立自己的基础设施，这个网络被称为“牛奶之路”。网络遍布27个村庄和工厂收集站，送奶人当场拿到报酬，这在中国是一场革新。结果是农民养奶牛的积极性提高了，奶牛由最初的6 000头增加到9 000头，奶粉产量也由316吨增加到1万吨，雀巢公司新增2个工厂，产量增加了2倍以上。仅根据2000年的统计，雀巢公司自谈判开始经过十多年时间，以2亿美元的销售额仅获得微薄的利润，但一年后，销售额就增加到2.5亿美元。现在雀巢公司在中国已拥有生产奶产品15年的独家专营权，每年有7亿多美元的销售额。

怎样从外国厂商的角度来评估中国的市场呢？过去，许多人坚持认为，任何经济体都必须具有生产能力，然后才是销售问题，所以必须办厂生产。这一观点显然是错误的。据媒体报道，某外商在中国投资2 000万美元兴建一座化肥厂，但却没有作销售与分销计划。几星期后，工厂积压大量的化肥卖不出去，只好停产，但邻近地区却存在严重的化肥短缺的问题。对于任何企业来说，首先是市场，然后才是生产；对于世界经济来说，国际经济是为全世界贸易而生产的经济，既不是为国内的生产，也不是为国内贸易，否则就不可能构成国际贸易经济。对于外国跨国公司来说，中国的潜在商机是巨大的，目前中国有近10亿潜在消费者无法进入市场，中国真正的消费品市场也只存在于少数富裕的城市里。所以说，中国市场的开发与培育具有相当大的发展前景。

第二节 国际贸易新发展

随着知识经济的发展、跨国文化技术交流及国际贸易的展开，国际贸易经常项目中产品与劳务实物及国际劳务流动贸易也随着技术贸易、服务贸易、文化产业产品贸易的展开而得到大发展。可以预见在未来的国际贸易领域，各种贸易内容和形式也将成为国际贸易的新内容。在这里，仅将有关热点的贸易内容进行介绍。

一、文化产业的兴起：台湾地区的国际旅游经验

休闲经济已成为国际热门的贸易活动，旅游观光、留学、培训与商务政务考察、科学考察、会展、大型国际活动、文化艺术传播等带动了全球经济的增长。中国台湾地区旅游业兴起的案例即可反映出文化产业在未来经济中的作用。

中国台湾地区的旅游业发展，一方面说明了经济全球化对亚洲新兴市场和产业的影响程度，另一方面则表明了台湾经济社会变迁的特殊意义。

1949 年后，台湾经济重建面临的问题即是外汇紧缺。为此，台湾当局采取了诸如发展进口替代和保护关税等措施以限制进口，防止外汇流失。朝鲜战争爆发后，台湾自 1951 年起开始接受美国的“军援”和“经援”。据美国国际开发总署的统计，从 1951 年至 1965 年，台湾接受美国“经援”和“军援”金额累计达 14.8 亿美元。可以说，“美援”已成为刺激台湾经济复苏的强心剂。

台湾地区的旅游业大体上经历了三个发展阶段：

第一阶段（1956 年至 1983 年前后）：国际旅游业发展的初始阶段，这个阶段的主要任务是创汇，不过能力十分有限。据统计，1956 年至 1964 年，台湾地区国际旅游业创汇累计仅为 2.925 万美元。20 世纪 60 年代中期后，随着“美援”的终止，台湾地区国际旅游业的创汇能力开始增强，如 1965 年至 1969 年的 5 年间，台湾地区的国际旅游创汇对外贸逆差的弥补率分别为 17.2%、35.3%、25.3%、46.7% 和 34.3%。自 70 年代起，台湾地区的外贸开始出现顺差。1970 年至 1982 年，旅游业外汇收入累计达 67.4 亿美元，而同期台湾国际收支累计余额为 72.8 亿美元，经常项目收支累计为 49.7 亿美元，商品与劳务收支累计为 47.8 亿美元。这表明如果扣除旅游业的创汇收入，这期间台湾国际总收支只有 5.4 亿美元的盈余，而经常项目和商品与劳务项目就要分别出现 17.7 亿美元和 19.6 亿美元的逆差。

第二阶段（1983 年前后至 1992 年前后）：调整国际收支结构阶段。从 1983 年起，台湾对外贸易顺差急速膨胀，1982 年的外贸顺差不过是 15 亿美元，1983 年则增加到 34 亿美元。据统计，1983 年至 1989 年，外贸顺差累计达 752.7 亿美元。伴随着庞大的外贸顺差而来的是美国贸易保护主义的压力。从 20 世纪 80 年代起，美国频频对美台贸易逆差作出强烈反应，甚至威胁要援用《贸易法》第 301 条款进行报复。为了维护美台关系，台湾当局不得不采取诸如多次派采购团赴美采购、促使台币对美元大幅升值、开放岛内市场、放宽农产品和消费品的进口限制、降低关税、解除外汇管制等措施。尽管这些降低台湾地区贸易顺差的措施极大地损害了台湾的利益，但在有形贸易顺差实在无法大幅度削减的情况下，只有采取通过开放出岛旅游的办法，希图以无形贸易的方式使大量外汇以旅游支出的形式重新流入国际市场，并以此缓解国际贸易保护主义的压力。据统计，1984 年至 1990 年，台湾地区的国

际旅游业累计创汇117亿美元，而同期出岛旅游支出则超过200亿美元。

第三阶段（1992年前后至今）：冲击国际收支结构阶段。进入20世纪90年代，台湾经济的发展没有达到预定的目标，而出岛旅游支出却持续扩大。到1992年，旅游外汇支出已达72.8亿美元，而旅游外汇收入只有23.6亿美元，旅游外汇收支出现49.2亿美元的巨大逆差，成为20世纪70年代以来台湾地区年度国际收支首次出现6亿美元逆差的主要原因。而据台湾地区“中央银行”的估计，1993年前9个月台湾地区旅游外汇支出为58.5亿美元，已超过同期外贸顺差的57亿美元，而同期旅游外汇收入只有17.3亿美元，这显然已经严重地冲击了台湾的国际收支结构，并且直接影响到台湾经济的总体竞争力。1993年世界经济竞争力调查表明，台湾的服务业贸易收支状况排在倒数第二位，主要原因就是旅游业外汇收支逆差不断增大。

二、技术贸易增长

汽车制造业是国家产业竞争力的象征，由于它与众多产业相关联，因此几乎所有的发展中国家都将汽车制造业确立为国家支柱产业，并以政策支持来保证其获得优先发展。尽管各国的认知理念和做法大体相近，但最终结果却大相径庭，多数国家的汽车产业只不过是发达国家跨国公司的“加工厂”，并没有实现从技术引进到自主品牌出口的转变。在这里，以韩国汽车生产的演进过程来说明通过技术贸易发展民族产业的基本做法。

（1）引进技术促进韩国汽车产业的技术跨越。韩国的汽车产业异军突起，为全世界所瞩目。1997年，韩国的汽车总产量、出口量均居全球第五位，轿车的出口量约占世界轿车出口总量的7%，居全球第四位，产品覆盖北美、西欧等地的40多个国家和地区，至此，韩国已经成为世界汽车产业一个重要的生产基地，标志着其汽车产业技术跨越之成功。

韩国汽车产业的技术跨越主要经历了三个阶段：

第一阶段（1962年至1973年）：吸收阶段，KD零部件组装。1962年，韩国政府在“第一个经济开发5年计划”中明确提出以SKD方式推动本国汽车产业的发展，并与日本的日产汽车公司通过技术合作成立了新国汽车公司。之后韩国政府为了提高零部件的国产化率及汽车产业的经济规模，将SKD组装方式转化为CKD独立生产方式，并于1964年成立新进汽车公司，与日本的丰田汽车公司进行技术合作，生产Corona小轿车。此后，现代汽车公司和亚细亚汽车公司先后与福特汽车公司和菲亚特汽车公司合作生产小轿车。

第二阶段（1974年至1982年）：消化改进阶段，以零部件国产化为核心的汽车产业自主发展。此阶段的标志是1974年韩国政府提出的长期振兴计划，其主要内容为：①至1975年末，生产出完全国产化的汽车，各公司选定一个车种和特有车型，开发出1.5升以下的“韩国型车”，生产批量达到年产量5万辆以上，价格约为6 000美元；②在政府的支持下扩大出口，并确立批量生产体制；③将零部件厂与主机厂分离并加以扶植，使之发展成为“小型巨人”。在政府政策的引导下，通过较大规模的投资和发展，到1976年，韩国主要汽车国产率达85%以上，汽车生产能力，特别是汽车零部件生产能力也随之增强，同时各汽车企业均不遗余力地培育自主开发能力。做得较成功的是成立于1967年的现代汽车公司，其主导产品为轿车和商用车。1974年，该公司开始引进日本三菱的发动机总成、变速箱和后桥生产技术，同时请意大利设计公司设计造型和车身，开发了小马（Pony）牌汽车。该车是韩国第一辆独立设计并制造的超小型轿车，它具备廉价、小型、耐用的特点，颇具竞争力，符合韩国及发展中国家的市场需求，到1984年底共生产了50万辆，为现代公司的发展奠定了基础。

第三阶段（1983 年至 1997 年）：自主开发阶段。韩国汽车产业在此阶段实施了较为显著的出口导向战略。1986 年，现代汽车公司所推出的 Excel 轿车在美国市场的成功开创了韩国汽车出口的新纪元。这在一定程度上也给韩国的汽车产业培养自主开发能力创造了条件。同时，韩国政府适时于 20 世纪 90 年代初期制定出雄心勃勃的汽车工业中长期发展规划——“X5 计划”，力图使韩国汽车的生产能力在 2000 年达到 400 万辆，韩国进入世界五大汽车生产国的行列。在此规划的引导下，韩国各汽车公司都把产品开发置于最重要的地位，强调要开发出韩国自己的轿车，并为之培训开发人员，大力开展与国外企业合作，投入大量开发资金，进而建立起强大的产品开发机构。1986 年，现代汽车公司和大宇汽车公司的研究开发费用占销售额的比例都在 4% 左右，达到了先进国家 3% 至 5% 的水平，研发人员中现代公司约有 2 000 人，大宇约有 500 人。大宇还于 1993 年在国内投资 12 亿美元建成年产 32 万辆汽车的车身制造厂，采用多车型混流柔性生产制造系统，原材料和制成品的运输装卸实现了自动化操作，其中焊装生产线配备了 321 台机器人，自动化率达 97%。这种在生产装备和科研技术领域的高投入促使现代、大宇、起亚三大汽车公司先后自主开发出多种车型，包括车身底盘、发动机等各个系统以及各类零部件。这表明韩国的汽车公司已进入自主开发阶段。如在自由车型的研制开发上，现代公司首先是从 1968 年至 1976 年组装国外小型汽车和大型汽车获得生产经验的，随着从微型车到小型车再到中型车和大型车各种新车型的相继开发，其研制开发时间逐步缩短。而完全国产化的车型从微型车到小型车相继开发成功只用了一年时间，1994 年首次自主设计、生产出了名为“Accent”的轿车。之后从 1995 年至 2000 年，现代公司投资 50 多亿美元用于新车型的研究与开发，使研发经费从 1994 年占销售额的 4.4% 提高到 2000 年的 7%，其中用于研制环境友好型汽车的经费比例从 40% 上升至 60%。

（2）韩国汽车产业引进技术跨越模式分析。韩国汽车产业之所以选择引进跨越模式，是基于对当时国内外环境的准确认识。在 20 世纪 80 年代中期，由于以下原因，世界市场出现了对小型廉价汽车有利的形势。第一，1979 年的石油危机使低油耗的小型汽车在国际市场上十分抢手；第二，日本竞争者当时正在全面扩大生产大中型汽车，同时日元的升值使小汽车出口受到限制；第三，韩国汽车不但具有小型化、价格低廉的特点，而且还享受免征关税进入美国市场的优惠。韩国汽车产业引进技术跨越模式并成功实施可以概括为：依靠政府强有力的保护和支持，在相对封闭的条件下，通过兼并和快速扩张实现规模经济；通过技术引进和坚持不懈的国产化发展独立完整的民族汽车工业体系，实现产业的技术跨越，并最终在世界汽车工业占有一席之地。

（3）引进—消化外部技术是使韩国汽车产业形成自主开发能力的一个基础。如 1993 年至 1998 年，日本本田公司向韩国大宇公司提供轿车技术，1998 年雷诺公司向大宇公司提供发动机生产技术，而 1998 年 1 月被大宇公司并购的双龙汽车拥有德国奔驰公司的柴油机、汽油机和轻型商用车技术，这些使大宇汽车拥有很强的小型轿车和商用车的制造与开发技术。现代公司在引进国外技术方面采取博采众长、分散引进的方式，将各国先进的轿车生产技术结合到自己的国产车中去。例如，车体设计和标准制作委托世界著名的两家意大利公司，发动机、变速器、车轴和铸造技术从日本三菱汽车公司引进，还聘请英国专家作顾问。底盘、车体、模具、冲压、发动机和性能试验等 6 个部门各聘请一位外国专家进行现场生产监督，一般零部件通过将各种外国车解体后进行模仿设计制造。制造设备和流水生产线则分别向法国、英国、日本等国的厂商订购，通过技术引进和建立合作关系，现代汽车公司逐渐拥有了自主开发汽车的技术能力。

（4）有效的技术学习是韩国汽车产业形成自主开发能力的另一基础。现代汽车公司开发自有发动机之路可以概括为：通过积极的技术学习和自身技术能力的积累迅速完成技术替代。从 Italdesign 公司引进车型和车身设计技术，并迅速转化为自有技术；与英国的Ricardo公司签订了技术开发合同，派遣技术人员直接参与学习及实践以实现技术积累，经过反复多次的设计、试制作、测试、分析测试结果、再设计过程，开发发动机。为吸取国外先进开发技术和经验，虽然韩国汽车企业已具备独立开发能力，但其仍重视联合开发，如 1992 年现代汽车公司推出的 Grandeur 轿车就是与日本三菱汽车公司共同开发的。

韩国汽车产业的发展之路证明了后起国家或地区实施技术跨越战略是切实可行的，关键是要选择正确的战略模式。在技术基础薄弱的情况下，韩国选择了技术引进的跨越模式，通过 KD 装配，向以零部件国产化为核心的汽车产业自主发展，再通过自主开发的路径成功实现跨越式发展。

三、中国的国际贸易方式创新

随着计算机产业的迅速发展，世界经济逐渐由工业经济向信息经济过渡，国际上开始出现信息产品贸易。20 世纪 90 年代后，现代信息网络技术更是突飞猛进地向前发展，将国际贸易带进了一个信息化时代，信息要素已成为影响 21 世纪国际贸易走向和发展的最重要因素之一。电子商务的兴起和网络贸易的诞生导致国际贸易运作方式发生了巨大变化。

近年来，电子商务的迅速发展是市场、金融、经济全球一体化趋势的必然产物。这种依托企业内部网和企业外部网的工作方式利用互联网技术将企业、用户、供应商以及商业和贸易所需环节连接到现有的信息技术系统上，彻底改变了传统的业务作业方式和手段，是全球信息流动在国际贸易领域得以实现的形式。

（1）电子商务拓展了国际贸易的空间和场所，缩短了国际贸易的距离和时间，简化了国际贸易的程序和过程，使国际贸易活动实现了全球化、智能化、无纸化和简易化，并实现了划时代的深刻变革。据联合国贸易和发展会议（简称“贸发会议”）估计，如果在全球国际贸易中使用电子商务，每年可带来约 1 000 亿美元的收益，因此贸发会议将之誉为“提高世界贸易效率的革新方法”。还有专家认为，按照现在的发展势头，未来 10 年全世界的国际贸易将会有 1/3 是通过网络贸易的形式来完成的。随着世界经济全球化进程的不断加快，全世界进出口贸易通过电子商务完成的比重还会逐步增加。

①电子商务兴起的意义

电子商务（Electronic Business/Electronic Commerce）是近年来在全球范围内兴起的一种新型商务模式。目前，电子商务有两层含义：从狭义上看，电子商务一般指基于数据的处理和传输，通过开放的网络进行的商业交易，包括企业与企业、企业与消费者之间的交易活动；从广义上看，电子商务是指 Internet（国际互联网）、Intranet（企业内部网）、Extranet（企业外部网）的整个商务活动及其相关领域的综合电子化运作方式。

（2）电子商务正在掀起国际贸易领域里的一场新革命。电子商务是经济全球化的技术基础，它冲破了国家和地区间的各种障碍，使国际贸易走向无国界贸易，引起了世界经济贸易的巨大变革。

①电子商务通过网上“虚拟市场”的信息交换，开辟了开放、多维的市场空间。电子

商务突破了传统市场的地域限制，以信息网络为纽带连成全球统一的“大市场”，促进了全球市场的形成。信息流带来的商品价格、技术等各种信息在全球流动，促进了全球“网络经济”的迅速发展，使各国、各企业、各个家庭和个人间的经贸信息联系与合作成为可能。

②现代信息通信技术通过单个公司在各自的专业领域拥有的核心技术把众多公司连接为公司群体网络，完成一个公司不能承担的市场功能，可以更加有效地向市场提供商品和服务。这种新型的企业组织形式在资本关系上不具有强制各个公司发生联系的权力，而是由于承担了一定的信息搜集、处理和传递功能，似乎具有某种实体性。跨国公司战略联盟便是这种“虚拟公司”的主要表现形式，它通过开放系统的动态网络组合寻找资源和联盟，实现“虚拟经营”以适应瞬息万变的经济竞争环境和消费需求向个性化、多样化方向发展的趋势，给跨国公司带来分工合作、优势互补、资源互用和利益共享的好处。

③电子商务提供的交互式网络运行机制为国际贸易提供了一种信息较为完备的市场环境，通过国际贸易这一世界经济运行的纽带实现跨国界资源和生产要素的最优配置，使市场机制在全球范围内充分有效地发挥作用。这种贸易方式突破了传统贸易以单向物流为主的运作格局，实现了“四流一体”，即以物流为依托，以资金流为形式，以信息流为核心，以商流为主体的全新经营管理模式，这种经营模式通过信息网络提供全方位、多层次、多角度的互动式商贸服务。生产者与用户及消费者通过网络使及时供货制度和“零库存”生产得以实现，商品流动更加顺畅，信息网络成为最大的中间商，国际贸易中由进出口商作为国家间商品买卖媒介的传统方式受到挑战，由于信息不对称而形成的委托代理关系与方式发生动摇，贸易中间商、代理商和专业进出口公司的地位相对减弱，引发了国际贸易中间组织结构的革命。

网络贸易是一个充满机遇和挑战的新领域，经过短短几年的发展，网络贸易已颇具规模。据国际数据公司的资料显示，1996 年全球电子贸易营业额为 20 亿至 30 亿美元，1997 年增至 150 亿美元。1998 年 4 月，美国商务部的《崛起的数字经济》报告中称，因特网上的贸易额正以每 3 个月翻 1 倍的速度增长，预计 2002 年将达到 3 000 亿美元的规模。另据世贸组织估计，到 2002 年，通过网络进行的国际贸易可能占世界贸易总额的 10% 至 15%。为了促进网络贸易的发展，许多发达国家纷纷主张对网络贸易实行全面自由化。一些国际经济组织如世贸组织和亚太经合组织等，也开始就网络贸易问题进行政策对话和信息交流。因此，网络有望成为世界上最大的“自由贸易区”，这将极大地推动网络贸易的发展。

1 网络贸易的发展趋势

网络贸易是电子商务的重要组成部分之一，它是指在网络平台基础上直接进行在线交易（trade online），利用数字化技术将企业、海关、运输、金融、商检和税务等有关部门有机连接起来，实现从浏览、洽谈、签约、交货到付款等全部或部分业务的自动化处理。广义的网络贸易主要包括因特网贸易和 EDI（电子数据交换）无纸贸易两种类型，狭义的网络贸易则仅指因特网贸易。电子数据交换技术开发应用的时间较早，它是一个封闭的系统，费用昂贵，且技术标准复杂，缺少通用性，至今 EDI 无纸贸易的发展仍较缓慢。而因特网是一种开放性的网络系统，有统一的协议标准，通信费用低廉，更能适应市场日益扩大的需要，相比较而言，因特网贸易将是未来网络贸易发展的主流方向。

目前，网络贸易的发展速度不断加快，一个潜力巨大的新兴市场开始形成。网络贸易将成为 21 世纪主导性的贸易方式。网络贸易产生的客观基础，从根本上讲是科技革命的大发展要求经济关系的全球化和一体化。科技进步给世界经济带来了深刻的变化，以微电子技术为基础的信息技术革命以及国际互联网络的形成，正在把世界经济融合成以全球为一体的“网络经济”，经济活动的国内国际界限逐渐模糊，资源在全球范围内的配置已开始突破时间概念和空间界限，计算机网络的覆盖范围成为信息社会中经济全球化发展的主要障碍。全球经济网络一体化趋势给传统贸易的改造与创新提供了动力和机会。网络贸易突破了传统贸易活动中物质、时间和空间对交易双方的限制，它的产生与发展必将对世界经济贸易的增长产生巨大的推动作用。

第三节　国际贸易摩擦

西方发达国家的“经济学主流”历来都把美国经济看成世界经济的主导，其他国家和地区经济只能是美国经济的附庸。一旦出现其他国家和地区经济有可能快速成长的情况，美国与该国家和地区的贸易摩擦随即爆发。这似乎已成为“二战”以来全球贸易战的规律，值得注意。

一、美日贸易摩擦

“二战”后亚洲地区对于美国经济依赖性强，尤其是弱小贫困的国家更是如此，能够依附于美国经济甚至已成为小国、弱国的唯一选择。战后，日本与美国的关系即是日本在美国的援助和扶持下实现了经济的高速增长。

美国在亚太地区，尤其是在远东地区的战略迫使日本依附于美国，使其成为美国在远东地区牵制苏联和中国的桥头堡。20 世纪 70 年代，随着美国全球战略的调整，日本又充当了美国经济外交的先锋。在美国经济难以渗透的国家和地区，日本经济作为以美国为首的西方经济体系的代表进入该国家和地区，并在很大程度上将其拉入日本和美国的经济体系之中，这是众所周知的事实。

但出乎美国意料的是，战后日本经济迅速恢复，随即进入高速发展的轨道。日本经济腾飞的直接结果即是大量的日本产品出口美国，不仅如此，日本企业还通过美国的跨国公司进入美国，实施极为成功的当地生产、当地销售、当地研发战略，并有大量的金融资本进入美国。在这样的情况下，美国企业受到严重的冲击，在“日本制造”的产品占领全球市场后，美日贸易摩擦终于爆发。

①美日汽车贸易大战

美国汽车市场历来为美国的通用、福特和克莱斯勒三大老牌汽车公司所占领，并且这三大公司在全球市场上也占有相当大的份额。自 20 世纪 80 年代以来，在经济全球化浪潮的冲击下，美国汽车市场结构发生了巨变。一方面，美国汽车制造企业每况愈下、节节败退；另一方面，日本汽车生产厂家则咄咄逼人、后来居上。如今的美国汽车市场早已谈“日”色变。美国汽车巨头通用、福特和克莱斯勒的“地盘”遭到日本丰田和本田进口车的侵蚀，美日汽车贸易摩擦终于爆发。

在汽车发展史上，自亨利·福特 1907 年发明 T 型车及首创流水线生产方式以来，美国汽车工业把汽车变成了一种普及性商品，汽车走进普通老百姓的家庭，美国最终打败了汽车发明地——欧洲。20 世纪 50 年代到 70 年代初是美国汽车业发展的黄金时期。20 世纪 70 年代的两次石油危机爆发后，经济省油的日本小型汽车开始崛起。20 世纪 70 年代到 90 年代，日本汽车大举进入美国，给美国汽车市场造成了巨大的冲击，美国汽车业三巨头从此陷入长期的衰落。1995 年 5 月 16 日，美国政府单方面宣布对来自日本的豪华轿车征收 100% 的关税。美国采取这样的措施要求日本向世界汽车商开放市场，而且要求日本市场具有相应的透明度和竞争性。此外，在美国国内举办的“购买美国货”、“购买美国车”的游说活动得到了政界人士、社会团体和一些消费组织的支持和推动，这在很大程度上影响了美国民众的消费心理，对日本汽车在美国的销售起到了一定的抵制作用，而美国公司却盼望着美元疲软帮助他们渡过难关。

美国汽车企业及汽车产品的特点是致使美国汽车销售量下滑的根本原因。长期以来，美国车虽然外观大气、马力强劲，但其可靠性不高、贬值幅度较高、质量不高、价格偏高、品牌形象不佳、设计保守、品种少、油耗高、日常维护费高等缺点影响了销售。与欧洲车朴实无华及日本车精致省油的特点相比，美国车的市场销售就令人担忧了。更何况在美国汽车大企业中，普遍存在退休金及医疗福利负担重、车厂工作制度僵化、不适应弹性生产等弊端，这是美国汽车在经济全球化中受到外国车冲击的根本原因。但美国人并不这么看，他们把汽车销量下降的原因归结到日本进口车上。当然，对于其他国家的进口汽车，美国汽车业也是不欢迎的。

从日本方面看，日本汽车大多是廉价的中小型车，这是日本汽车在全球的竞争优势所在。日本汽车设计周到细致，具备东方人精巧细腻的文化特征，科技先进，车型更新换代效率为全球第一，外观新颖时尚，经济省油，新车出错率低，汽车质量优良。日本汽车生产企业具有高效率的生产系统和较好的劳资关系，注重产品的库存管理和市场调研，与零件供应商的关系紧密，不断改进服务设施，市场反应速度快。但日本生产的汽车在耐用性方面确实还赶不上欧洲，其车身狭小，高速行驶不稳和碰撞性极差，而这两点恰恰是威胁生命安全的最主要的因素。

如果说 20 世纪 80 年代日本汽车在美国的销售业绩增长引发了美日汽车贸易摩擦的话，那么日本汽车的销量在美国持续增长，而美国汽车生产企业再次陷入美国金融危机的泥潭，这就使成本居高不下的美国汽车失去了更多的本国市场。在海外，由于日本汽车和欧洲汽车的全球销售量增长对于美国传统汽车市场的冲击再次将美国车排挤出局，且日本、欧洲国家、韩国、中国汽车工业快速成长，美国汽车在海外的销售就更困难了。即便是日本汽车与美国汽车相比较，其竞争的比较优势也是相当明显的。沿及 2009 年，美国终于爆发丰田汽车事件，再次将日美汽车贸易摩擦推向顶点。

二、美国、欧盟、中国的贸易摩擦

2005 年以前，美国经济的高增长、低物价给人的感觉似乎是随着经济的全球化进程，美国经济可以得到更多的利益，没有人知道美国经济本身孕育的内在矛盾，实际上更大的金融风险正在积累之中。此外，美国经济结构的缺陷与其他经济体经济增长的矛盾以及美国经济与全球经济失衡的矛盾已经成为导致美国经济恶化的致命因素。

1 中国与欧盟的贸易摩擦

欧盟是中国的主要贸易伙伴，中国向欧盟国家出口的商品种类多、数量大，尤其是在传统产品贸易方面，欧洲国家的贸易优势已不复存在，因此欧盟与中国的贸易摩擦也开始出现。

①中国与欧盟的皮鞋贸易摩擦

2005年7月，欧盟对部分中国输欧皮鞋进行反倾销立案调查。据欧方统计，该案涉案金额高达7.3亿欧元，这是近10年来欧盟对华反倾销史上金额最大的案件，涉及中国1 200余家制鞋企业和100多万人的就业。欧方的实地核查在6月20日展开，对广东、福建、浙江等省的13家抽样企业进行了核查。一家受检企业证实了核查消息，并表示说欧方的核查是围绕企业的市场经济地位问题和反倾销问题展开的，并对相关数据进行核实。估计欧盟此举是想全面了解中国鞋类的真实成本。在中方企业积极应诉之际，欧方支持“中国鞋”的声音也越来越响亮。欧洲名鞋联合会提出严正警告，认为该反倾销调查颇有争议，欧盟委员会应三思而后行，并呼吁欧盟各成员国对调查提出质疑。2005年4月，欧盟已开始对部分中国输欧皮鞋征收4.8%的临时反倾销税，并将在此后5个月内逐渐提高到19.4%。

在欧盟看来，随着中国经济的迅速崛起，中国已成为欧盟贸易全球化中的最大单一挑战者。只不过与美国的咄咄逼人相比，欧盟在处理对华贸易摩擦问题时一向采取积极磋商的态度，如2004年在中欧纺织品争端处理上即是如此。除对华鞋类反倾销案之外，欧盟还联合美国将中国汽车零配件关税政策诉诸WTO争端解决机制，认为中国有关汽车零部件进口关税的规定与WTO的规则不符，中国对等于或超过整车价值60%的零部件征收与整车相同的关税，实际上等于变相规定了零部件“国产化的比例”。

对欧盟而言，中国不仅是其预期中的伙伴和机遇，在贸易上也正成为一个威胁。1994年至2004年，中国在贸易上实现了17%的平均增长率，贸易水平已经达到整个欧盟1994年的水平。预计到2020年左右，中国和印度的制造业产值将占到全球的一半以上，贸易摩擦成为中欧贸易的常态。

②中欧贸易摩擦与中国的态度

随着中欧贸易摩擦的不断升级，欧盟对中国钢铁产品征收反倾销税的理由是“损害威胁”。2005年7月28日，欧盟反倾销委员会通过表决，支持欧盟委员会对产自中国的无缝钢管征收为期5年的正式反倾销税，以此取代之前为期6个月的临时反倾销税。正式反倾销税的税率最高可达40%，此前的临时反倾销税的税率为15%至25%。在无缝钢管案发生的前一天，欧盟部长理事会在没有举行讨论的情况下就决定对中国产钢线材即钢盘条征收为期5年的正式反倾销税，税率高达24%。商务部的统计显示，自1979年欧盟对华发起第一起反倾销调查至今的30多年时间里，欧盟对华发起过140余起反倾销调查，目前已是对中国发起反倾销调查最多的WTO成员之一。面对欧盟接二连三地对中国钢铁产品和鞋类产品发起“攻击”，中国政府于2005年7月31日宣布就欧盟对中国紧固件采取的反倾销措施提起WTO争端解决机制下的磋商请求，从而正式启动了WTO争端解决程序。这是中国加入WTO以来首次诉诸其争端解决机制以寻求解决与欧盟的贸易争端，因为此案损害了1 700余家中国紧固件企业的正当贸易利益。由于目前世界贸易的法律秩序比较混乱，而像欧盟这样具有反倾销传统的国家对中国的影响较大，因此，究竟怎样建立双方的对话沟通机制和规范各方的法律，从而使世界贸易更为通畅互利，是未来全球化过程中亟待解决的问题。

③美国与欧盟的贸易摩擦

欧盟的国民生产总值和对外贸易总额仅次于美国，在经济全球化条件下，欧盟以其区内贸易优势与世界各国进行贸易，美国与欧盟的贸易大战在所难免。

欧美香蕉贸易大战

欧盟于 1993 年实行新的香蕉进口配额制度。美国认为这有利于欧盟成员国在非洲和加勒比地区的前殖民地国家，损害了美国跨国公司在拉美地区经营香蕉种植园的利益。为此，美国向 WTO 提起诉讼并获得胜诉。在 WTO 的授权下，美国于 1999 年 3 月开始对来自欧盟的价值 1.91 亿美元的商品征收 100% 的关税作为报复。此后，美国与欧盟围绕这一问题举行了多次磋商，终于达成协议。根据协议，欧盟从 2005 年 7 月 1 日起逐步增加拉美香蕉的进口配额，到 2006 年 1 月 1 日将完全取消配额制度。美国于当天取消了对来自欧盟的 1.91 亿美元商品征收的 100% 的惩罚性关税。

除了香蕉贸易争端外，美国和欧盟还在牛肉贸易以及美国对本国出口公司每年提供约 40 亿美元减税优惠等许多方面存在矛盾。欧盟以美国牛肉含人工生长激素为由禁止进口美国牛肉，美国在 WTO 的授权下，从 1999 年开始对来自欧盟的 1.17 亿美元商品征收 100% 的惩罚性关税。欧盟则就美国向其出口公司提供税收优惠一事向 WTO 提出了起诉并获得胜诉。

4 中国与美国的贸易摩擦

中美贸易关系密切，大量的中国产品输送到美国，中美贸易摩擦也成为中美关系中经常遇到的问题。随着美国金融危机爆发，美国陷入经济衰退期以来，美国对于中国进口的担忧也日益加剧，美国的新贸易保护主义抬头，并逐渐转化成美国政府、企业的行为。

中美钢管贸易大战由来已久，从美国的角度看，由于美国经济衰退而需要更多的保护本国利益的贸易摩擦，这是很好理解的。2005 年 12 月 22 日，美国国际贸易委员会以 6：0 的投票结果批准了美国商务部对产自中国的环状焊接钢管征收最多 40.05% 的反补贴税，以抵消中国政府对本国钢管制造行业的补贴。这一投票结果为美国商务部发布其反补贴税课征命令扫清了障碍。这是继汽车零部件贸易纠纷后中国面临的又一起贸易摩擦。有专家认为，在全球经济危机的阴影下，新贸易保护主义正在抬头，国内企业应积极应对。

据商务部人士介绍，美方在调查时所提出的“反补贴”主要是针对中国各级政府对于中国国内企业进行包括企业贷款贴息、出让金贴息、免税等方式的税收政策优惠。但在中方看来，中国目前虽然具备年产 5 亿吨钢铁的产能，但是中国的钢铁业属于充分竞争行业，并不存在所谓的政府特意扶持哪一个企业的问题。在 WTO 争端解决机构的一次会议上，中方代表要求 WTO 设立专家组，就美国对中国标准钢管等数项产品采取的贸易措施的合法性进行调查。美国华盛顿大学的哈丁认为，美国传统的贸易保护主义主要是通过提高关税、影响他国货币汇率等手段来设置进口壁垒的，同时也会通过知识产权保护谈判等手段更加积极地推动美国的出口，美国采取这些措施的力度取决于经济衰退的严重程度。当然，中美及世界贸易组织对于国家之间的贸易摩擦，一方面是必须依靠贸易纠纷的解决机制来公平处理；另一方面，对于中国这样的出口大国来说，如果积极调整国内生产和对外贸易的结构，同时对国际贸易纠纷采取积极应对的态度，那么贸易摩擦造成的损失也就会逐步减少。

三、美国经济存在的问题

传统的经济理论认为西方市场经济的道路是通向现代化的必由之路，而在市场经济运作方面，美国成为世界各国仿效的榜样，2008 年，美国金融危机的爆发再次引发全球性金融危机。使整个世界经济恶化的美国经济究竟出了什么问题呢？根据经济学家研究的成果进行归纳，发现主要有以下问题：

（1）美国高消费拉动生产部门经济增长致使国民储蓄大幅度下降。此外，由于大量外资涌入美国，股指一路飙升，美国家庭的金融财富增长了2倍，消费开支增加，家庭储蓄率呈下降趋势（1995年为6.8%，1997年为3.8%，1998年迅速降为0.2%，1998年为-0.02%，1999年为-0.6%）。这就意味着国民储蓄已转化成国民负债。一旦美国股市泡沫破灭，资产价格下跌，美国国民债务负担必将加重，而债务加重会促进个人储蓄反弹。如2000年到2004年，美国经济增长率回升到占GDP 1%的水平，美国经济的增长率就下降到0.4%，储蓄要与巨大的个人债务平衡，否则在资产缩水的情况下，个人债务会膨胀，大约为个人收入的2倍。如果要达到一个基本的平衡，私人储蓄就必须上升到4%，美国经济将进入严重的衰退期，失业率也将达到10%以上。

（2）美国高债务与高贸易逆差有直接关系。以金融资本为主导的美国经济出现了“从纸到纸”的循环，即美联储发行纸币以支付巨额贸易逆差，而各贸易顺差国再以得到的美元购买美国发行的政府债券或公司股票，美国回收的美元又回流美国资本市场，以支撑美国的资本经济持续繁荣。这样一来，美国公司和个人债务则飞速增长。20世纪90年代初期非金融公司债务年增长率为5%，1995年至1999年为12%；美国家庭债务总额每年以10%的速度上升，1999年的家庭负债总额为6.3万亿美元；而个人债务的总额如果同家庭收入比重相比，即高达82%。与此同时，美国债务增长与每年上升12%的股市财富相比，年增长2%的工资收入显然是微不足道的。美国人在债务增长幅度大增的情况下，不得不通过借贷来维持家庭的必要开支，而不知情的美国人以为借贷是没有限制的，所以花钱就毫无顾忌。美国政府、企业、家庭和个人的债务是依赖外国投资来实现的。截至2000年3月的数据显示，外国投资者拥有美国资产（如购买美国股票）1.4万亿美元，占美国股市市值的7%；拥有美国公司债券9 000亿美元，占公司债券的20%；持有联邦国债1.3万亿美元，占联邦国债的3.5%；直接投资1.2万亿美元，占美国总投资的5%至8%。可见美国资本市场所需资金对外资流入的依存度较高。美国金融危机，说到底是美国债务危机。负债累累的美国对付高额债务的办法之一是美联储加大货币供应量；二是向有钱的国家借债，继续依靠借贷来维持美国经济的运转；三是压缩财政开支，尤其是美国用于海外战争的庞大开支。

（3）美国以股票市场吸收外国投资以支撑美国经济。股市的高市盈率就成为股票投资者追逐的目标。1995年以前，美国股市的平均市盈率在13倍以下，1997年为27倍，1998年为35倍，1999年一季度即高达38倍。20世纪90年代以来，美国股市的高科技股特别是网络概念股上升速度快，平均市盈率高达70倍，其中被炒得最热的“雅虎”等市盈率竟高达400倍以上，美国股市在高科技概念股的带领下创造了长达10年的大牛市。美国有1/3的家庭入市炒股，各种基金乃至政府财政都参与金融投机，国民收入中的资本收益率已高达60%以上，完全用于投机的外汇期货交易额也以数百倍于美国实际对外贸易额的速度增长。从股市收益来源看，1995年美国股市收益的46%来自于利润，54%来自于资产溢价，而由于利润增长停滞和股市市值飙升，1997年和1998年则全部来自于资产溢价。2000年，纽约股市市值已由16.96万亿美元大幅缩减为14.56万亿美元，其中的差额相当于美国家庭在8个月内亏损2.4万亿美元，或者说相当于福特、通用及沃尔玛三大企业5年的营业额总和。股市严重亏损的状况导致2001年4月股票指数从5 000点跌至1 700点。

①风险投资与金融危机的关系

美国以信息产业为核心的高科技产业发展需要一定的股票市场融资，否则风险投资就会导致资金短缺。如1995年7月17日，纳斯达克综合指数首次收于1 000点以上，不到5年，该指数便突破了5 000点，而道琼斯工业股票指数实现同样的突破却用了23年。1998年纳斯达克4 817种成分股总值已达2.9万亿美元，1999年竟飙升到6.7万亿美元，几乎是道琼斯30种工业股票总值3.8万亿美元的2倍。如果没有微软、英特尔、思科这些高科技产业支撑的话，纳斯达克综合指数是不可能维持的。此外，对冲基金借款的杠杆比率为1：7，再以借款为抵押，以平均5至10倍的比率进行证券投机。长期资本管理公司的资本金不足50亿美元，则以1：130的杠杆比率向国际大银行借款1 250亿美元，进行1.25万亿美元的金融衍生产品交易。投机失败后造成800多亿美元的亏损，致使一大批国际大银行出现危机，迫使美联储不得不出面组织银团贷款进行挽救。股市带来的高收益再次引发几乎所有的美国金融机构和大公司以各种方式进行投机，美国金融危机的爆发在所难免。

（4）美国贸易长期不平衡，高进口低出口的结果是大量的外国商品进入美国，使美国的传统产品生产部门不断受到进口产品的打击而不断削弱，而国际资本大量流向美国，促使美元持续坚挺，国内的供求缺口随之不断扩大，美国必须大幅度增加进口才能维持国内需求。其结果如1999年美国贸易赤字创下了3 389亿美元的历史纪录，其中商品贸易逆差为3 471亿美元，比上年增加了1 002亿美元，服务贸易顺差则从上年的827亿美元缩减到796亿美元，减少了4%。

（5）美元作为国际储备和国际结算货币导致世界各国对美元需求增加，这就使美国有条件增发超过美国GDP增长需求的货币量，从而大幅度提高以金融为主导的第三产业的比重。金融资本脱离实体经济，在投机资本压力下推出新的金融衍生品作为交易品种，大公司和机构、家庭、个人都追逐“泡沫经济”提供的超额利润，这就直接导致美元汇价的大幅波动。而其他国家的政府、企业和家庭所储备的美元则会因汇价变动而影响经济稳定增长。如果美国股票市场崩盘或金融危机爆发，美元就会大幅度贬值。

（6）美国经济对石油战略物资的控制促使其抗冲击能力增强。在美国，创造1美元产值所消耗的石油比30年前减少了50%。在汇率不变的情况下，每桶油价上涨10美元，经济增长率则下降0.2%。如果石油出口国保持每桶价格为22美元的底线，国际油价就不会大幅上升。目前国际石油价格的暴涨主要是投机所致，高油价的形成与石油生产国没有直接关系，除非石油出口价格上涨。

综上所述，可知由于美国经济是经济全球化的主导经济，一方面，美国的商品贸易逆差给世界各国提供了庞大的出口市场，并给作为世界主要货币的美元提供了增加发行的可能性。其结果必然是世界各国的大量货物源源不断地出口到美国，然后获取大量美元储备，由此带动其他国家尤其是发展中国家的经济增长。因此说，美国经济在整个国际经济中的影响已成为关系到全球经济稳定和持续增长的关键。但从另一方面说，如果经济全球化仍然按照以上所描述的基本结构运行的话，那么对于美国经济来说，美国必须有足够的国际资本继续在美国资本市场上发挥经济支撑作用，同时还要有支付庞大的海外开支的能力，否则也难以维持美国在经济全球化中的主导地位。为达到此目标，美国必须保持股市的繁荣和美元的坚挺。此外，美国还必须在相当长的时期内不断扩大贸易逆差，以弥补美国国内的总供求缺口。美国的消费者也必须有足够的信心进行消费，把国民收入投入资本市场和消费，以形成“财富效应”。如果无法维持其以金融为主导的经济结构性运转，就势必爆发经济危机，而美国股市和金融的大溃败就是不可避免的了。

拓展学习

学会从对方的角度思考问题

近年来，美国人关心的三个基本问题是：

(1) 中美是敌是友？由于中国飞速发展，美国人对中美之间是敌是友这个问题越发敏感起来，美国政府内部对此也有不同的意见。人民币汇率问题和廉价劳动力抢走美国人的工作问题、知识产权问题、军事问题等成为一些人对中国产生不安情绪的关键因素。

从美国政府和社会精英的立场来说，美国现在需要做的是如何把中国崛起的力量有效而和平地融进全球的系统，但对于中国而言，重要的是使自身在发展进步的同时避免再次误入歧途。

(2) 中国稳定发展的优势。回顾中国发展的历史，中国前所未有的稳定发展期表明中国政府及其领导人都希望把这种稳定保持下去。尽管中国在对外关系上有一些困扰，但巨大的消费市场、低价的产品等使得中国在全世界有了很大的朋友圈子。目前的关键问题还是在于国内的一些问题具有较大风险，如贫富差距加大、由于改革而带来的不确定因素等，这些经济的不稳定因素会造成社会的不稳定。

(3) 中国正在发生的改变是多方面的。目前中国经济建立在廉价劳动力和扩大制造业规模上，若想保持发展就必须生产全新的产品。同时知识产权的保护问题是最大的障碍，这使许多外国公司对在中国设立研发机构不得不三思而后行。如果中国不能解决好知识产权问题，那么中国成为高科技超级大国的能力就会大打折扣。

此外，目前中国社会的变化也使美国对中国有新的看法。如中国的人权、宗教等问题得到了极大的改善，人们可以公开批评政府，可以寻求法律手段保护自己，有宗教信仰的人越来越多，但目前中国人过于关心挣钱，缺少理想主义。中国社会各种精英人物，从企业巨头到民族主义者，从持不同政见者到倾听民意的地方政府领导，从关心同性恋权益的律师到作家、热门电影人等，这些代表人物的想法和成就向美国人展示了中国令人骄傲的变化。对于世界最大的零售商——美国沃尔玛公司来说，其在中国不仅仅是进行买与卖的经营，它还将它的经营理念、企业准则、企业文化带进中国，当它们与中国特色发生冲突时，在某种程度上也促使中国特色有了一些改变。

问题与讨论

1. 通过阅读以上美国《时代》周刊发表的关于中国问题的文章，你对美国对华政策的转变有什么看法？你认为美国真的是这样想的吗？如果是，中国同美国应该保持怎样的关系？如果不是，中国应该怎样应对美国对华政策的转变？

2. 你认为美国新闻媒体对中国问题的观察和报道准确吗？怎样从媒体人的角度客观地观察他国的问题？

3. 在中国改革开放的进程中，果真是由美国将中国融入世界经济中的吗？中国对于经济全球化的态度也有变化的过程，你怎样看中国与其他国家的关系？

分组讨论

1. 一国进出口的顺差与逆差的出现与该国企业进出口产品构成有直接的关系。在企业出口强劲的情况下，往往是其产品具有国际竞争力的结果，反之亦然。如果该国对外贸易存在较大逆差，请试分析其形成逆差的原因。

2. 当代影响全世界的贸易摩擦中，主要是美国与德国、日本、中国的贸易摩擦，当其他国家的出口具有优势时，美国就制造贸易摩擦，结果大多是美国从贸易摩擦中获利。请通过查阅网络资料，分析美国制造贸易摩擦的主要手段。

3. 有媒体报道，1995 年至 2000 年，美国经常项目逆差从 1 090 亿美元增加到 4 300 亿美元，为其他国家创造了就业岗位和偿还债务急需的美元，抑制了美国的通货膨胀。其主要观点是：美国是经济全球化加快的最大受益者，因为美国跨国公司最多，这些公司在发展中国家生产的产品中，约 60% 在当地销售，20% 返销美国。按原产地规则统计，虽然美国本土的外贸逆差在扩大，但如加上跨国公司的海外收益，可以说美国从未出现过大量的外贸逆差。你对此观点有什么看法？请查阅网络相关资料进行分组讨论。

思考题

1. 你认为美国会放弃将中国作为假想敌的立场吗？如果会，为什么？请详细说明其立论理由。

2. 经济全球化与政治、军事、社会、文化等方面有什么样的关系？你认为经济全球化仅仅是经济问题吗？

3. 国际贸易摩擦引发国际关系的理论是什么？发展中国家如何避免和减少对外贸易摩擦？请举例说明。

作业题

1. 经济全球化下的国家贸易政策是什么？

2. 国际贸易中经常项目的结算以美元为结算工具，试分析产品与劳务、对外贸易与金融的关系。

3. 发展中国家如何避免与大国发生贸易摩擦？出现贸易摩擦后应怎样处置？

第八章 经济全球化与国际资本市场

国际贸易、投资、旅游等经济往来必然产生货币收支关系。由于各国的货币制度不同，要想在国外支付货币就必须先以本国货币购买外币；而从国外收到外币支付凭证也必须兑换成本国货币才能在国内流通。这样就产生了本国货币与外国货币的兑换问题。两国货币的比价称为汇价或汇率。西方国家中央银行为执行外汇政策、影响外汇汇率经常买卖外汇。所有买卖外汇的商业银行、专营外汇业务的银行、外汇经纪人、进出口商及其他外汇供求者都经营各种现汇交易及期汇交易。这一切外汇业务组成了一国的外汇市场。

第一节 世界金融市场

以持有美元而言，如果选择不持有其他国家的货币，所买入的股票、债券及其他投资或是银行账户中的存款就都是以美元为单位的。由于美元的升值或贬值都可能影响持有美元的资产价值，进而影响总体财务状况，所以有许多精明的投资人善用外汇汇率多变的特性进行外汇交易而从中获利。

一、国际外汇市场

过去，一般人对外汇市场的了解仅限于外币的概念，而现在，一般人对外汇市场已有所了解，而且能运用外汇交易作为理财工具。

1 外汇市场概述

外汇市场是指经营外币和以外币计价的票据等有价证券买卖的市场，是金融市场的主要组成部分。外汇市场从创始至今已历经数次改变。以前，美国及其盟国皆以 Bretton Wood Agreement为准则，即一国货币汇率盯住黄金储备的多寡，然而 1971 年美元与黄金脱钩后，随即产生了汇率浮动制度。现在一国货币的汇率取决于其供给与需求及其相对价值，这就为外汇投资带来了新的机会。

贸易往来的频繁及国际投资的增加使各国的经济形成了密不可分的关系，全球的经常性经济报告如通货膨胀率、失业率及一些不可预期的天灾或政局不安定等因素都能成为影响币值变动的因素。币值的变动影响了该货币在各国间的供给与需求。美元的波动持续抗衡世界上其他国家的货币。国际贸易及汇率变动的结果造就了全球最大的交易市场即外汇市场，这是一个具有高效性、公平性及流通性的一流世界级市场。

外汇交易市场是银行之间或交易商之间的市场，但却是没有实体场所供外汇交易的市场，外汇交易是通过电话及计算机终端在世界各地进行的，直接的银行间市场是以具外汇清算交易资格的交易商为主的，他们的交易构成总体外汇交易中的大额交易，这些交易创造了外汇市场的交易额，也使外汇市场成为最具流通性的市场。

国际外汇市场是现行国际市场中最年轻的市场，创建于 1971 年金本位废止时期。FOREX 市场的日流通额高达四五万亿美元，因此它也是世界上外汇交易额最大的市场，再没有如此稳定和安全的市场了。FOREX 市场是世界经济的中枢系统，它总是反映当前的时事事件，市场不能承受崩盘和突发事件。外汇市场也是全球最大的金融市场，单日交易额高达 1.5 兆亿美元。在经济全球化的背景下，金融自由化发展致使外汇市场连接了全球的外汇交易人，包括银行、中央银行、经纪商及公司组织如进出口商及个别投资人，许多机构组织包括美国联邦银行都通过外汇赚取丰厚的利润。外汇市场不仅为银行及财团提供了获利的机会，也为个别投资者带来了获利的契机。

随着经济全球化的深入化，外汇市场的作用越来越大，主要体现在以下几个方面：

（1）国际清算。因为外汇就是作为国际经济往来的支付手段和清算手段的，所以清算是外汇市场最基本的作用。

（2）兑换功能。在外汇市场买卖货币，把一种货币兑换成另一种货币作为支付手段，实现了不同货币在购买力方面的有效转换。国际外汇市场的主要功能就是通过完备的通信设备、先进的经营手段提供货币转换机制，将一国的购买力转移到另一国交付给特定的交易对象，实现国与国之间货币购买力或资金的转移。

（3）授信。由于银行经营外汇业务，银行利用外汇收支的时间差为进出口商提供贷款。

（4）套期保值，即保值性的期货买卖。这与投机性期货买卖的目的不同，它不是为了从价格变动中牟利，而是为了使外汇收入不会因日后汇率的变动而遭受损失，这对进出口商来说非常重要。如果出口商有一笔远期外汇收入，那么为了避开因汇率变化而可能导致的风险，可以将这笔外汇当作期货卖出；反之，进口商也可以在外汇市场上购入外汇期货，以应付将来支付的需要。

（5）投机，即因预期价格变动而买卖外汇。在外汇期货市场上，投机者可以利用汇价的变动牟利，产生“多头”和“空头”，对未来的市场行情下赌注。“多头”是预计某种外汇的汇价将上涨，即按当时价格买进，而待远期交割时该种外币汇价上涨，这时按“即期”价格立即出售就可牟取汇价变动的差额。相反，“空头”是预计某种外币汇价将下跌，即按当时价格售出远期交割的外币，到期后，价格下降，按“即期”价买进补上。这种投机活动在同一市场上是利用不同时间外汇行市的波动进行的，也可以在同一时间内利用不同市场上汇价的差别进行套汇活动。

随着经济全球化进程加快，国际外汇市场越来越活跃，国际外汇市场职能也得到了充分发挥。归纳起来主要有以下几个方面：

（1）实现购买力的国际转移。国际贸易和国际资金融通至少涉及两种货币，而不同的货币对不同的国家形成购买力，这就要求将本国货币兑换成外币来清理债权债务关系，使购买行为得以实现，而这种兑换就是在外汇市场上进行的。外汇市场所提供的就是这种购买力转移交易得以顺利进行的经济机制，它的存在使各种潜在的外汇售出者和外汇购买者的意愿联系起来。当外汇市场汇率变动使外汇供应量正好等于外汇需求量时，所有潜在的出售和购买愿望都得到了满足，外汇市场处于平衡状态之中。这样，外汇市场提供了一种购买力国际转移机制。同时，由于发达的通信工具已将外汇市场在世界范围内联成一个整体，使得货币兑换和资金汇付能够在极短时间内完成，购买力的这种转移变得迅速和方便。

（2）提供资金融通。外汇市场向国际交易者提供了资金融通的便利。外汇的存贷款业务集中了各国的社会闲置资金，从而能够调剂余缺、加快资本周转。外汇市场为国际贸易的顺利进行提供了保证，当进口商没有足够的现款提货时，出口商可以给进口商开出汇票，允许延期付款，同时以贴现票据的方式将汇票出售，拿回货款。外汇市场便利的资金融通功能也促进了国际借贷和国际投资活动的顺利进行。美国发行的国库券和政府债券中有很大部分是由外国官方机构和企业购买并持有的，这种证券投资在脱离外汇市场的情况下是不可想象的。

（3）提供外汇保值和投机的机制。在以外汇计价成交的国际经济贸易中，贸易双方都面临着外汇风险。由于市场参与者对外汇风险的判断和偏好不同，有的参与者宁可花费一定的成本来转移风险，而有的参与者则愿意承担风险以实现预期利润。由此产生了外汇保值和外汇投机两种不同的行为。在金本位和固定汇率制下，外汇汇率基本上是平稳的，因而就不会形成外汇保值和投机的需要及可能。而浮动汇率制下，外汇市场的功能得到了进一步的发展，外汇市场的存在即为套期保值者提供了规避外汇风险的场所，又为投机者提供了承担风险、获取利润的机会。

目前，全球交易量大且有国际影响力的外汇市场有伦敦、纽约、巴黎、法兰克福、苏黎世、东京、卢森堡、香港、新加坡、巴林、米兰、蒙特利尔和阿姆斯特丹等。在这些市场上买卖的外汇主要有美元、英镑、欧元、瑞士法郎、日元、加拿大元等货币，其他货币也有买卖，但为数较少。国际外汇市场的活跃程度主要表现在进场交易人数多、交易量巨大，如2007年9月的日均交易量达3.2万亿美元，相当于美国证券市场日均交易量的30倍、中国股票市场的600倍。这里所说的“外汇交易”是指同时买入一对货币组合中的一种货币而卖出另一种货币的外汇交易方式。国际市场上各种货币间的汇率波动频繁，且以货币对形式交易，比如欧元对美元或美元对日元的交易，因汇率的差异，外汇交易收益也相当可观。由于外汇交易市场的优势在于透明度高、交易量大，以致主力资金如政府外汇储备、跨国财团资金汇兑、外汇投机商的资金操作等大资金对市场汇率变化的影响非常有限。另一方面，从汇率波动的基本面分析来看，能够产生较大影响的通常是由各国政府公布的央行利率、GDP及国际组织如欧洲央行发布的消息等。

二、国际黄金市场

经济全球化促使国际黄金市场活跃，黄金广泛用于工业生产、私人贮藏、官方储备、投机商牟利等领域，黄金买卖仍是社会财富储备的重要手段。

第二次世界大战后的一段时期，由于国际货币基金组织限制其成员的黄金业务，规定各国官方机构不得按与黄金官价（每盎司黄金合35美元）相背离的价格买卖黄金，因此绝大部分西方官方机构是通过美国财政部按黄金官价交易的。1968年，黄金总库解散，美国及其他西方国家不再按官价供应黄金，而是听任市场金价自由波动；1971年8月15日，美国宣布不再对外国官方持有的美元按官价兑换黄金。从此，世界上的黄金市场就只有自由市场了。世界上约有40个城市有黄金市场。在不允许私人进行黄金交易的某些国家存在着非法黄金市场（黑市）。黑市金价一般较高，因而也伴有走私活动。各国合法的黄金自由市场的交易一般都由受权经营黄金业务的几家银行组成银行团办理。黄金买卖大部分是现货交易，20世纪70年代以后，黄金期货交易发展迅速。期货交易的实物交割一般只占交易额的2%左右，黄金市场上交易最多的是金条、金砖和金币。国际黄金市场的参与者可分为国际金商、银行、对冲基金等金融机构，各种法人机构，私人投资者以及在黄金期货交易中有很大作用的经纪公司。最典型的就是伦敦黄金市场上的五大金商，其自身就是黄金交易商，由于其与世界上各大金矿和黄金商有广泛的联系，而且其下属的各个公司又与许多商店和黄金顾客有联系，因此，五大金商会根据自身掌握的情况，不断报出黄金的买价和卖价。当然，金商要承担金价波动的风险。其次是银行，一种是仅仅为客户代行买卖和结算，本身并不参与黄金买卖，以苏黎世的三大银行为代表，他们充当生产者和投资者之间的经纪人，在市场上起中介作用；也有一些做自营业务的，如在新加坡黄金交易所（UOB）中就有多家自营商会会员是银行。再次是对冲基金。近年来，国际对冲基金尤其是美国的对冲基金活跃在国际金融市场的各个角落。在黄金市场上，几乎每次大的下跌都与基金公司借入短期黄金在即期黄金市场抛售和在纽约商品交易所的黄金期货交易所构筑大量的淡仓有关。一些规模庞大的对冲基金利用与各国政府、工商界和金融界千丝万缕的联系，往往较先捕捉到经济基本面的变化，然后立即利用其管理的庞大资金进行"买空"和"卖空"活动，从而加速黄金市场价格的变动，进而从中渔利。而各种法人机构和个人投资者也紧随其后，这就极易推动黄金市场的价格大幅波动。专门出售黄金的公司如各大金矿、黄金生产商及黄金制品商如各种工业企业、首饰行与私人购金收藏者和专门从事黄金买卖的投资公司、个人投资者等，其黄金交易活动的性质，如果从对市场风险的喜好程度来看，又可分为避险者和冒险者两种：前者希望黄金保值而回避风险，希望将市场价格波动的风险降到最低程度，如黄金生产商、黄金消费者等；后者则希望从价格涨跌中获得利益，因此愿意承担市场风险，如各种对冲基金等投资公司。至于专门从事代理非交易所会员进行黄金交易并收取佣金的经纪公司在纽约、芝加哥、香港等黄金市场中为客户代理黄金买卖业务，只是为了向客户收取黄金交易的佣金，而不是以买卖黄金赢利的。目前世界上有七大黄金市场，即伦敦黄金市场、苏黎世黄金市场、美国黄金市场、香港黄金市场、东京黄金市场、新加坡黄金交易所和上海黄金交易所。

⑪影响国际黄金市场价格走势的因素分析

影响黄金市场走势的因素错综复杂，归纳起来，主要有以下几个方面：

（1）黄金市场价格的上涨和下跌因素。成功的黄金投资者首先要从影响黄金市场价格上涨和下跌的因素入手，研究未来黄金市场的走势，从而有效地把握黄金市场运行的脉搏，准确地作出低买高卖决策，并不失时机地采取行动。从国际黄金交易走势分析，国际黄金交易市场实现了连续9年的牛市，刷新了黄金价格的历史最高纪录。如2009年4月2日，20国集团宣布支持国际货币基金组织出售403吨黄金以援助贫困国家，英国首相布朗宣布20国集团同意为多边金融机构提供总额为1万亿美元的资金，此消息一经公布，就出现了金价见底的"布朗底"信号。"布朗底"前三次卖金时机均被认为是金价的阶段性底部，卖了就大涨，涨幅甚至超过60%。事实证明，"布朗底"第四次出现，又为2009年黄金牛市价格一路攀升成功地筑底。

（2）黄金市场的供求关系变动。黄金价格波动是黄金市场供给和需求两个方面相互作用的结果。黄金是全球稀缺的资源。人类经历了数千年的文明发展，开采出来的黄金总量为15万吨，平均每人只有20多克。正因为如此，从长期战略视角观察黄金的市场价格走势，黄金的稀缺性就决定了黄金价格上涨大趋势是不会改变的。2009年12月18日，美国的《福布斯》杂志报道了国际黄金市场的金价变动趋势，在过去10年中，黄金价格的上涨幅度已超过300%。2009年12月3日，中国黄金市场卖出的价格创人民币268.22元/克的历史新高，为2002年10月16日新中国黄金市场开放后第一笔上海黄金交易所成交价人民币

83.5 元/克的 320%。2003 年以来，我国逐步通过国内杂金提纯及国内市场交易等方式将黄金储备量增加了 454 吨，从而达到 1 054 吨。2009 年 11 月，印度央行购买黄金 200 吨，斯里兰卡央行购买黄金 10 吨，毛里求斯购买黄金 2 吨，俄罗斯央行增持 80 万盎司黄金，黄金储备量达 2.05 千万盎司，价值 224 亿美元。世界黄金理事会（WGC）称，进入 2010 年以来，各国央行净买入 280 亿美元的金条，中国是第一大黄金买家。2009 年，中国仅黄金交易所的个人黄金交易量就超过 438 吨，同比增长率高达 572%，其中北京黄金销售额就突破了 45 亿元。

（3）美国赤字致使美元疲软。2009 年，美国财政赤字总额达到创纪录的 1.42 万亿美元，相当于 GDP 的 10%，这比美国建国头 200 年所有国债加在一起还要多，平均每人负债 4 700 多美元。2010 年，美国的财政赤字更为严重。2 月 1 日，美国总统奥巴马向国会提交的预算显示，2010 年美国政府财政赤字总额高达 1.56 万亿美元。

（4）国民经济的兴衰。2007 年以来，由美国次贷危机引发的金融危机迅速发展成为殃及全球的经济危机。2008 年金融危机从美国扩大到了欧洲、东亚等地区，全球经济出现了 20 年来前所未有的衰退。应对世界经济危机及对抗经济衰退的最佳方案是增加黄金储备，人们开始大量购买黄金，于是国际黄金价格呈现加速上涨趋势。

（5）通货膨胀与黄金价格的关系。在通货膨胀压力上升的特定条件下，黄金具有特殊的保值功能。过去，黄金市场价格连续 9 年上涨，其最主要的推动力量是通胀压力增加。如 2010 年 2 月 1 日美国总统奥巴马公布 2010 年预算赤字创 1.56 万亿美元的纪录。此话一出就刺激了黄金价格的上涨，开盘每盎司 1 079.90 美元，收于每盎司 1 106.35 美元，每盎司上涨 25.15 美元，涨幅达 2.33%。欧元区部分国家的债务持续恶化，继希腊主权评级遭下调后，西班牙、葡萄牙、意大利等国曝出债务风险，现在冰岛、拉脱维亚等国家实际上已经破产。世界经济“二次衰退”的信号又一次推动国际黄金价格的上涨。

（6）央行货币政策的宽松和收紧政策因素。以美联储为例，2008 年底利率降至 0.25%。2009 年 3 月购买总额为 3 000 亿美元的长期国债及额外花 7 500 亿美元用于购买相关房产抵押证券。2009 年 8 次决议维持利率不变，宣布将信贷额度规模扩大到 1 万亿美元。对于美国央行释放的大量流动性资金，实体经济无法全部吸收，剩余资金将进入金融资本市场。而黄金作为价值尺度的作用就会格外明显，从而成为对冲各国货币贬值的主要工具之一。与此同时，世界各国对经济复苏可能面临的风险充满疑虑，甚至对经济复苏后可能引发的通货膨胀也忧心忡忡，这些都是在基本面上有力支撑金价上涨的重要因素。

目前全球共有约 15 万吨黄金，其中 40% 左右是可流通的金融性储备资产，世界金融流通领域的总量约为 6 万吨，其中 3 万多吨黄金是各个国家拥有的官方金融战略储备，2 万多吨黄金是国际上私人和民间企业所拥有的民间金融黄金储备；而另外 60% 左右的黄金是以一般性商品的状态存在的，如首饰制品、历史文物、化学工业产品等。需要注意的是，这 60% 左右的黄金中有很大一部分可以随时转换为私人和民间力量所拥有的金融性资产，并参与到金融流通领域中。而从世界黄金协会提供的各国官方黄金储备资料来看，黄金仍是许多国家官方金融战略储备的主体。现在世界各国公布的官方黄金储备总量为 32 700 吨，相当于目前全世界黄金年产量的 13 倍。其中官方黄金储备量达 1 000 吨以上的国家和组织有美国、德国、法国、意大利、瑞士及国际货币基金组织。在这些国家和组织中，美国的黄金储备量为 8 149 吨，占世界官方黄金储备总量的 24.9%。黄金储备量排前十名的西方十国的官方黄金储备量占世界各国官方黄金储备总量的 75% 以上。黄金储备量达百吨以上的国家、地区或组织有32个，主要集中在欧洲和北美洲，亚洲及非洲国家只占少数；黄金储备量不足10吨的国家、地区或组织共有47个，基本上都分布在亚洲、非洲和拉丁美洲，其总量只占美国黄金储备量的1.43%。由此可见，政治经济实力强大的国家黄金储备多，这说明黄金储备仍是国家综合国力的标志；黄金储备在国家金融战略总储备中所占的比例也说明黄金现在仍然是国家战略储备的主体，黄金储备仍为世界各国所重视。美国的黄金储备在其国家战略总储备中所占的比例高达56.7%，而其他一些发达国家如德国37.6%、法国47.1%、意大利47.8%、瑞士38.2%、荷兰46.6%也同样凸显了黄金储备的重要作用。需要注意的是，有些国家根据本国的实际情况实行藏金于民的政策。比如印度，其官方黄金储备虽然只有357.8吨，在其国家战略总储备中的比例也不高，只有7.8%。但是，据有关资料显示，印度民间的黄金总储藏量至少有1万吨，白银在民间的储藏量至少也有11万吨。现在印度仍然是世界上最大的黄金消费市场，其黄金消费量每年达600吨至800吨。印度并不是产金大国，其每年消费的黄金大多数是从国际市场上购买的。随着印度经济的高速发展，黄金的进口数量也将大幅增加。2004年，中国官方公布的黄金储备约为600吨，至今没有大的改变，占中国国际金融储备的2%以下，中国的黄金储备少，占国际储备的比例明显偏低。

国际资本市场的构成要素除以上所说的外汇市场和股票市场外，还有国际期货市场。如果按其类型进行划分，可大致分为货币型金融市场和金融衍生型市场，而股票、期货、债券、票据、信用卡及各类指数的交易共同构成全球资本市场。可以说，在实体经济的产品与劳务交易等经常项目之外的非实体性经济活动都通过国际资本市场的各种渠道进行交易活动。而金融市场的错综复杂及交易数额之巨大对于国际经济正常运行产生的影响至关重要。从这个意义上讲，金融衍生产品市场在国际资本市场的运作则成为全球关注的热点之一。

第二节　国际金融衍生产品市场

金融衍生产品（derivatives）是指其价值依赖于基础资产价值变动的合约。这种合约可以是标准化的，也可以是非标准化的。标准化合约是指其标的物（基础资产）的交易价格、交易时间、资产特征、交易方式等都是事先标准化的，因此这类合约大多在交易所上市交易，与期货交易类似。非标准化合约是指以上各项由交易的双方自行约定，因此具有很大的灵活性，如远期协议。在经济全球化中，由于金融衍生产品种类繁多、交易程序复杂、投资风险大、回报率高等特点，遂成为现代经济生活中政府、企业和个人理财及金融风险防范的重要内容。对于金融衍生产品的了解与认识也逐渐成为社会需要。

一、金融衍生产品的特点与作用

金融衍生产品的共同特征是保证金交易，即只要支付一定比例的保证金就可进行全额交易，不需要实际上的本金转移，合约的了结一般也采用现金差价结算的方式进行，只有在满期日以实物交割方式履约的合约才需要买方交足贷款。因此，金融衍生产品交易具有杠杆效应。保证金越低，杠杆效应越大，风险也就越大。

（1）零和博弈。合约交易的双方盈亏完全负相关，并且净损益为零，因此称为“零和”。在标准化合约中，是否可以交易是不确定的。

（2）跨期性。交易双方通过对利率、汇率、股价等因素变动趋势的预测，约定在未来

某一时间按一定的条件进行交易或选择是否交易的合约。无论是哪一种金融衍生工具都会影响交易者在未来一段时间内或未来某个时间点上的现金流，跨期交易的特点十分突出。这就要求交易的双方对利率、汇率、股价等价格因素的未来变动趋势作出判断，而判断的准确与否直接决定了交易者的交易盈亏。

（3）联动性。金融衍生工具的价值与基础产品或基础变量紧密联系。通常金融衍生工具与基础变量相联系的支付特征由金融衍生工具合约所规定，其联动关系既可以是简单的线性关系，也可以表达为非线性函数或者分段函数关系。

（4）不确定性或高风险性。金融衍生工具的交易后果取决于交易者对基础工具未来价格的预测和判断的准确程度。基础工具价格的变幻莫测决定了金融衍生工具交易盈亏的不稳定性，这是金融衍生工具具有高风险的重要诱因。

（5）高杠杆性。金融衍生产品的交易采用保证金制度，即交易所需的最低资金只需满足基础资产价值的某个百分比。保证金可以分为初始保证金和维持保证金两种，并且在交易所交易时采取盯市制度，如果交易过程中的保证金比例低于维持保证金比例的话，那么投资者将收到追加保证金通知，如果投资者没有及时追加保证金，其将被强行平仓。由此可见，金融衍生品交易具有高风险、高收益的特点。

金融衍生产品的作用

金融衍生产品有规避风险的作用，它是对冲资产风险的好方法。但如果风险被规避了，就意味着一定是有人去替代承担了风险，而金融衍生产品的高杠杆性实际上就是将巨大的风险转移给了愿意承担风险的人，这类交易者就称为投机者，而规避风险的一方称为套期保值者，另外一类交易者被称为套利者。这三类交易者共同维护了金融衍生产品市场规避风险功能的发挥。当然，如果金融衍生产品交易不当，就会导致巨大的风险，有的甚至是灾难性的，如国际上著名的巴林银行事件、宝洁事件、LTCM 事件、信孚银行事件等，国内的案例有国储铜事件、中航油事件等。

金融衍生产品设计的初衷是创造避险工具，排除经济生产中的某些不确定因素，实现风险对冲。但是，近年来金融衍生产品交易却逐渐从套期保值的避险功能向高投机、高风险转化，这与它自身的一些特点有密切关系。作为传统金融产品的创新品种，金融衍生产品的特点是其价值受制于基础商品的价值变动。

金融衍生产品既“衍生”于基础商品，其价值自然受基础商品价值变动的影响。因为它的价格是基础商品价格变动的函数，故可以用来规避、转移风险。然而，也正因为如此，金融衍生产品潜藏着巨大的市场风险，即价格波动带来的风险，金融衍生产品较传统金融工具对价格变动更为敏感，波幅也比传统市场大，所以风险系数加大了。

1 具有财务杠杆作用

金融衍生产品的交易多采用保证金方式，参与者只需动用少量的资金（甚至不用资金调拨）即可进行数额巨大的交易，由于绝大多数交易没有以现货作为基础，所以极易产生信用风险。在交易金额几乎是天文数字的今天，某一交易方违约都可能会引发整个市场的履约风险。此外，保证金“四两拨千斤”的杠杆作用把市场风险成倍地放大，使得微小的基础价格变动也会掀起轩然大波。

2 产品特性复杂

如同有形产品的生产一样，金融衍生产品也需要进行开发和设计。从理论上说，金融衍生产品设计工程师把基础商品、利率、汇率、期限、合约规格等经过严密精算后再重新经过各种组合、分解复合出金融衍生产品，其产品内部构造之复杂和外表之华丽、精致程度不但使业外人士根本无从知晓，即便是专业人士也难以明白，以致金融衍生产品产生灾难的可能性远比传统金融产品大得多。随着金融自由化程度的提高，全球性资本自由流动、自由兑换范围更广，由于对金融衍生产品的特性难以进行深入了解，同时对于其交易过程、交易程序更无法进行有效监督和管理，金融衍生产品的交易、运作风险也就在所难免了。目前国际性金融风险及金融危机的产生和爆发都是以金融创新为由而开发的金融衍生产品造成的。或许在金融衍生产品上市时，其风险和危害程度就连开发设计者本人也不是很清楚。

3 产品设计具有灵活性

金融衍生产品种类繁多，可根据客户所要求的时间、金额、杠杆比率、价格、风险级别等参数进行设计，使其达到充分保值避险等目的。但是，由此也造成这些金融衍生产品难以在市场上转让，流动性风险极大。由于经济全球化程度不同，发展中国家大都没有较为健全的国内金融法律体系，即便是国际经济组织，对于金融衍生产品的交易风险和损害等也没有相应的法律规范，同时国际法与各国法律的协调也很难赶上金融衍生产品发展的速度。在这样的情况下，某些合约及其参与者的法律地位往往是不明确的，其合法性也难以得到保证。因此，从这个意义上说，金融衍生产品交易还要承受很大的法律风险。

经济全球化与金融自由化

金融衍生产品是金融自由化的产物。随着经济全球化步伐加快，全球市场规模迅速扩大，市场经济机制日益增强，金融衍生产品在经济全球化和金融自由化的推动下得到迅猛发展。但是由于世界金融机构和经济组织对金融衍生产品的复杂性并没有清楚的认识，金融衍生产品对金融机构乃至整个金融体系带来的潜在威胁，实际上在国际金融危机和很多国际重大案件中已经十分清楚地表现出来，如随着金融衍生产品的不断创新，金融机构与非金融机构的界限变得模糊，金融监管的难度加大了；金融衍生产品层出不穷、数量巨大，使金融资产的流动性增强，各种金融工具类别的区分也越来越困难，用来测量和监管货币层次的传统手段已逐渐失效。随着金融市场的全球化，发达国家对国际资本流动限制的取消，各国金融市场的逐步开放，投资者在全球范围内追逐高收益、高流动性，并由此实现投资风险的分散化。通过计算机和卫星网络，全球性的资金调拨和融通在几秒钟之内便可完成，遍布世界各地的金融中心和金融机构紧密地联系在一起，形成了全时区、全方位的一体化国际金融市场，极大地方便了金融衍生产品的交易，但与此同时，也增大了金融监管的难度，使各国货币政策部分失效，降低了各国奉行独立货币政策的自主程度。在国际金融环境下，投资者大量参与金融衍生产品的交易，并进行恶性投机，这就从根本上增加了金融风险爆发的可能性，而金融危机对世界经济增长的危害性也越来越大。

二、国际股票市场

股票至今已有将近 400 年的历史。早在 17 世纪初，随着大工业的发展，企业生产经营规模不断扩大，由此而产生的资本短缺、资本不足等问题便成为制约企业经营和发展的重要因素。为了筹集更多的资本，于是出现了由股东共同出资经营的股份公司形态，企业将筹集资本的范围扩展至全社会，产生了以股票这种表示投资者投资入股并按出资额的大小享有一定的权益和承担一定的责任的有价凭证，股票向社会公开发行，以吸收和集中分散在社会上的资金。因此，社会融资已成为全球现代企业资金的主要来源之一。

企业通过股票交易市场进行融资的方式可追溯到1602年，荷兰人开始在阿姆斯特河大桥上买卖荷属东印度公司股票，这是全世界第一支公开交易的股票，而阿姆斯特河大桥则是世界上最早的股票交易所。在那里挤满了等着与股票经纪人交易的投资人，甚至惊动了警察进场维持秩序。荷兰投资人在第一个股票交易所投资了上百万荷币，只为求得拥有这家公司的股票，以彰显其身份的尊贵。而真正意义上的股票市场则起源于美国，至今已有200多年的历史，但它仍是世界上最为活跃的市场之一。其交易的证券种类繁多，数额巨大，与全球经济关系之密切为世界之最。由于美国股票市场是供投资者集中进行股票交易的机构，以至全球大部分国家都有一个或多个股票交易所。纽约证券交易所是美国最大、最老、最有人气的市场，它有200多年的历史，世界500强企业都会在纽约证券交易所挂牌。在纽约证券交易所，经纪人在场内来回走动叫喊以寻找最佳买主或卖主，其场内的热烈交易气氛已成为世界经济状况好坏的标志。当然，经纪人是依客户所开的条件在场内公开寻找买主或卖主，其本身并不能左右股票的买卖价格。

① 利率变动对股票市场的影响

对股票市场及股票价格产生影响的种种因素中最敏锐者莫过于金融因素。在金融因素中，利率水准的变动对股市行情的影响又最为直接和迅速。一般来说，利率下降时，股票的价格就上涨；利率上升时，股票的价格就下跌。因此，利率的高低以及利率与股票市场的关系也成为股票投资者买进和卖出股票的重要依据。

为什么利率的升降与股价的变化呈上述反向运动的关系呢？主要有三个原因：

(1) 利率的上升不仅会增加公司的借款成本，而且还会使公司难以获得必需的资金，这样，公司就不得不削减生产规模，而生产规模的缩小又势必会减少公司未来的利润，因此，股票价格就会下跌；反之，股票价格就会上涨。

(2) 利率上升时，投资者据以评估股票价值的折现率也会上升，股票价值因此会下降，从而也会使股票价格相应下跌；反之，利率下降时，股票价格就会上涨。

(3) 利率上升时，一部分资金从投向股市转向银行储蓄和购买债券，从而会减少市场上的股票需求，使股票价格出现下跌；反之，利率下降时，储蓄的获利能力降低，一部分资金就可能回到股市中来，从而扩大对股票的需求，使股票价格上涨。

上述利率与股价运动呈反向变化是一般情况，我们也不能将此绝对化。在股市发展的历史上，也有一些相对特殊的情形。当形势看好，股票行情暴涨的时候，利率的调整对股价的控制作用就不会很大。同样，当股市处于暴跌的时候，即使出现利率下降的调整政策，也可能会使股价回升乏力。美国在1978年就曾出现过利率和股票价格同时上升的情形。当时出现这种异常现象主要有两个原因：一是许多金融机构对美国政府当时维持美元在世界上的地位和控制通货膨胀的能力没有信心；二是当时股票价格已经下降到极低点，远远偏离了股票的实际价格，使大量的外国资金流向美国股市，引起了股票价格上涨。在香港，1981年也曾出现过同样的情形。当然，这种利率和股票价格同时上升和同时回落的现象迄今为止也还是比较少见的。既然利率与股价运动呈反向变化是一种一般情形，那么投资者就应该密切关注利率的升降，并对利率的走向进行必要的预测，以便在利率变动之前抢先一步对股票买卖进行决策。

对利率的升降走向进行预测，在我国应注意以下几个因素的变化情况：

(1) 贷款利率的变化情况。由于贷款的资金是由银行存款来供应的，因此根据贷款利率的下调可以推测出存款利率必将下降。

（2）市场的景气动向。如果市场需求过旺，物价上涨，国家就有可能采取措施来提高利率水准，以吸引居民存款的方式来减轻市场压力；相反，如果市场需求疲软，国家就有可能以降低利率水准的方法来推动市场。

（3）资金市场的银根松紧状况和国际金融市场的利率水准。国际金融市场的利率水准往往也能影响到国内利率水准的升降和股市行情的涨跌。一个开放的市场体系是没有国界的，如果海外利率水准低，一方面会对国内的利率水准产生影响，另一方面也会引致海外资金进入国内股市，拉动股票价格上扬；反之，如果海外的利率水准上升，则会发生与上述相反的情形。

从理论上说，国际经济发展状况在一定程度上可以通过国际股市中股票价格和交易情况得到反映，但股市究竟是如何反映国际经济发展变化的呢？

首先，股市从总量趋势上反映宏观经济。宏观经济总量的长期趋升推动股价指数的长期趋升。这种反映同样也不是机械的，即宏观经济总量的上升并不一定会推动股市上涨，股市只是围绕宏观经济总量上下波动而已。这种波动不是无规则的：每当股价指数到达一个高点时，股市就会由升转跌；到达一个低点时，就会由跌转升。而导致这一转折的因素很多，有时是公司利润的增减，有时是经济增长率的变化，有时是利率变动等。

其次，股市从平均数上反映公司赢利水平。如 1995 年以来中国上市公司利润的年平均增长率为 12.41%。然后以 1995 年上证指数年平均数为 661 点作为起点，按 12.41% 的年均升幅计算出各年份的上证指数的理论值，最后再将实际的指数与之进行比较，则显示出两种趋势高度重合。这说明，当市场运行情况乐观时，股票指数就在其理论值的上方运行；当市场运行情况悲观时，指数就在其理论值的下方运行。

再次，股市与利率的关系比股市与宏观经济的关系更为密切。如 1994 年到 2001 年的 7 年间，以 1 年、3 年、5 年三种基准利率平均数计算的银行存款基准利率从 12.36% 下降到 2.61%，则完全可以解释这 7 年的牛市历程。2001 年，由于股市估值已大幅度透支了利率下降效应，大盘开始调整。2002 年至 2003 年，伴随利率小幅下降，股市进入相对平稳阶段。2004 年至 2005 年，利率重续升势，股市又跌一波。2006 年，虽然平均基准利率由 3.03% 提高到 3.21%，但其间上市公司的可比利润出现了 53.61% 的巨大升幅，推动了股市大幅上涨。2007 年，虽然平均基准利率提高到 4.31%，但上市公司的可比利润达到 63.88%，推动股市以更大的幅度攀升。

最后，股市与 CPI 的关系也比宏观经济紧密得多，而且股市也能在很大程度上提前反映 CPI 的变化。

总而言之，股市是这样的市场，即以宏观经济总量为最主要的依托，以公司利润的长期平均增长率为中轴线，并以一定的概率围绕经济总量和公司平均利润增长率运行。其间的阶段性涨跌则由 4 个因素决定：一是指数在 GDP 通道中所处的位置，二是市场的估值处于高位还是低位，三是 CPI 的运行趋势，四是与流动性以及社会资本平均收益率密切相关的利率政策。

三、股指期权交易

股票指数期货（stock index futures）是一种金融期货，以股票市场的价格指数作为交易标的物的期货品种。

股票指数期货简称“股指期货”，是一种以股票价格指数作为标的物的金融期货合约。

股市投资者在股票市场上面临的风险可分为两种：一种是股市的整体风险，又称为“系统风险”，即所有或大多数股票的价格一起波动的风险；另一种是个股风险，又称为“非系统风险”，即持有单个股票所面临的市场价格波动风险。

从理论上讲，在世界各国的股票市场上，投资人通过购买股票取得股票收益，当然也就成为上市公司的股东，完成和实现投资活动。如果作为长期投资，随着对该公司股票额的增加，实际投资额也逐渐增加，对于公司经营的控制权也就增加。对于股市的投入，实际上也是根据股票的指数变化来了解上市公司的运营状况的。如果上市公司夸大公司业绩，投资人投入的资金就被用于填补公司的亏损，该投资不可能带来收益。

如果股票投资以股票指数与期货交易原则相结合，以股指期货交易的买空卖空来保证投资人的利益，则成为经济全球化下世界各国尤其是发达国家股市中主要的交易形式之一。投资人在进入股指期货交易时需进行必要的投资组合，即同时购买多种风险不同的股票可以较好地规避非系统风险，但不能有效地规避整个股市下跌所带来的系统风险。进入20世纪70年代之后，西方国家的股票市场波动日益加剧，投资者规避股市系统风险的要求也越来越强烈。由于股票指数基本上能代表整个市场股票价格变动的趋势和幅度，人们开始尝试着将股票指数改造成一种可交易的期货合约并利用它对所有股票进行套期保值，规避系统风险，于是股指期货应运而生。

股指期权的定义

对于股指期权，《英汉证券投资词典》的解释是：指数期权（即股指期权）是以股票指数为行权品种的期权合约，分为宽幅和窄幅指数期权两种。宽幅指数囊括数个行业多家公司，而窄幅指数仅涵盖一个行业的数家公司。投资指数期权只需购买一份合约，即拥有该行业所有公司涨跌收益的权利。其行权过程为使用现金对盈亏进行结算，与指数期货的结算办法一样。

利用股指期货进行套期保值的原理是根据股票指数和股票价格变动的同方向趋势，在股票的现货市场和股票指数的期货市场上作相反的操作来抵消股价变动的风险。股指期货合约的价格等于某种股票指数的点数乘以规定的每点价格。各种股指期货合约每点的价格也不尽相同。如香港股市的恒生指数每点价格为50港元，即恒生指数每降低一个点，该期货合约的买者如做“多头”，那么每份合约就亏50港元，卖者每份合约则赚50港元。

第三节　国际金融风险与金融监管

经济全球化进程要求国际金融自由化即外汇与本币自由兑换、自由流动，对于发展中国家来说，无论是金融机构还是金融监管、法律体系都很难跟上金融创新的步伐，于是金融风险所带来的金融危机产生。

一、金融风险与金融危机

无论是传统金融体制还是现代金融体制，金融风险始终存在于金融品种和金融交易之中。如在国际贸易的场合，产品与劳务结算所产生的货币支付由于交割日期、地点不同，其本身也会因汇率变动而产生货币交易风险。但随着金融衍生产品的扩大，在现代金融投资的各种交易中，金融风险就成为金融危机产生的基础。一旦金融危机随着金融产品扩散到全球经济中，金融危机也会波及世界经济，甚至爆发全球性经济危机。这一点，无论是从理论上还是目前国际金融危机的事实中，都已经得到充分的证明。

如前所述，系统金融风险或全局性金融风险的度量标准是什么？究竟怎样看待系统金融风险或全局性金融风险呢？

应当说，人们之所以关心系统金融风险问题，其原因就在于系统金融风险发展到一定程度就会转化为金融危机，金融危机如果引发社会政治危机，则不仅会对统治者的政权构成威胁，还会导致经济发展的停滞或严重倒退。从这个意义上说，讨论金融风险的度量标准实质上是在解决金融危机的预警问题。

在1997年7月以来出现金融危机的国家中，泰国、马来西亚、印度尼西亚、菲律宾四个东南亚国家大体属于同一类型，韩国、日本、俄罗斯各属于一种类型，而1999年1月出现金融动荡的巴西又属于另一种类型。泰国等国金融危机的爆发带有突然性，不仅这些国家的政府没有准备，就连国际货币基金组织等国际性金融机构事先也没有预料到。在世界经济学界，曾作出这些国家将出现金融危机预言的，据笔者所知，仅美国经济学家克鲁格曼一人。克鲁格曼的判断依据是泰国等东南亚国家虽然大量吸收国外资本，但国外资本的短期资本比重过高，而且这些国外资本并没有在提高这些国家的资本形成率和技术成果转化方面发挥作用，却大量地流入了股票市场和房地产领域，因而经济体系中蕴涵了危机因素。1999年巴西金融动荡与泰国等发生金融危机的国家的最大差别就在于巴西政府早在1998年下半年就有了思想准备和应急安排，而且巴西的金融动荡早在东亚金融危机出现不长时间后就已在许多经济学家的预料之中了。这些经济学家的判断依据就是巴西的一些重要经济指标与某些国家在危机突发之前的同类指标极为相似。由此可见，金融危机绝非如羚羊挂角，无迹可寻。它在爆发前表现在经济体系中潜藏的金融风险总要体现在一定的指标或金融经济运行间的结构性矛盾上。

① 东南亚金融危机

亚洲大部分国家都受到了金融风暴的影响，东盟创立国和东亚的韩国被冲击的程度最为严重。亚洲金融危机发生于1997年7月至10月，由泰国开始，之后进一步导致邻近亚洲国家的货币、股票市场和其他资产的价值大幅下降。此次危机的另一名称是“亚洲金融风暴”，可见亚洲国家受其影响之严重。

从金融危机影响的深度看，1997年亚洲金融危机对印度尼西亚、韩国和泰国影响最大，中国香港、老挝、马来西亚和菲律宾被严重波及，中国、新加坡受影响程度相对较轻，损失较小。日本仍处在泡沫经济崩溃后的长期经济困境中，又受到金融风暴的影响，从此更是一蹶不振。从亚洲地区金融危机爆发前后的情况来仔细分析此次金融危机影响之深广的原因对于金融危机的防范和金融监管是有帮助的。

1994年底，人民币大幅贬值45%，导致各国资金开始涌入中国投资，东亚诸国资金开始“失血”。1997年7月，一场金融危机在亚洲爆发，到1998年底，大体可以分为三个阶段。

第一阶段：1997年7月2日，泰国宣布放弃固定汇率制，实行浮动汇率制，引发了一场遍及东南亚的金融风暴。当天，泰铢兑换美元的汇率下降了17%，外汇及其他金融市场一片混乱。在泰铢波动的影响下，菲律宾比索、印度尼西亚盾、马来西亚林吉特相继成为国际炒家的攻击对象。8月，马来西亚放弃保卫林吉特的努力。一向坚挺的新加坡元也受到冲击。印度尼西亚虽是受“传染”最晚的国家，但受到的冲击却最为严重。10月下旬，国际炒家移师国际金融中心——香港，矛头直指香港联系汇率制。台湾当局突然弃守新台币汇率，致使新台币一天之内贬值3.46%，这加大了对港币和香港股市的压力。10月23日，香港恒生指数大跌1 211.47点；28日，恒生指数下跌1 621.80点，跌破9 000点大关。面对国际金融炒家的猛烈进攻，香港特区政府重申不会改变现行汇率制度，恒生指数上扬，再上万点大关。接着，11月中旬，东亚的韩国也爆发金融风暴。17日，韩元对美元的汇率跌至创纪录的1 008∶1。21日，韩国政府不得不向国际货币基金组织求援，暂时控制了危机。但到了12月13日，韩元对美元的汇率又降至1 737.60∶1。韩元危机也冲击了在韩国大量投资的日本金融业。1997年下半年，日本的一系列银行和证券公司相继破产。于是，东南亚金融风暴演变为亚洲金融危机。1997年10月，当索罗斯利用资金横扫东南亚后，索罗斯带领的国际炒家将目光投向了香港。当时香港主权移交中国不足3个月。虽然香港的情况没有当时的泰国那么糟糕，但是其房地产和股市泡沫也不少，最后琼斯及索罗斯选定香港作为第二波冲击的主战场，他们认为维持联系汇率制度的成本高昂，认定香港特区政府挺不过去，所以便开始积极研究，很快便发动攻势。1997年11月，对冲基金开始了对港币长达十几个月的进攻。宏观对冲基金在汇市、股市、期市联动造市，全方位发动对港元的立体式袭击：首先大量沽空港元现汇换美元，同时卖空港元期货，然后在股市抛空港股现货，此前后在恒生指数期货市场大量沽售期指合约。但在香港特区政府的抵抗下，三次进攻均未摧毁港元。1997年，香港政府在狙击索罗斯的金融攻击时，首先动用了900亿储备美元中的150亿，导致索罗斯在香港战场直接损失超过20亿美元，间接损失约150亿美元。

第二阶段：1998年初，印度尼西亚金融风暴再起，面对有史以来最严重的经济衰退，国际货币基金组织为印度尼西亚开出的“药方”未能取得预期效果。2月11日，印度尼西亚政府宣布将实行印度尼西亚盾与美元保持固定汇率的联系汇率制，以稳定印度尼西亚盾。此举遭到国际货币基金组织及美国、西欧的一致反对。国际货币基金组织扬言将撤回对印度尼西亚的援助，印度尼西亚陷入政治经济大危机中。2月16日，印度尼西亚盾与美元比价跌破10 000∶1。受其影响，东南亚汇市再起波澜，新加坡元、马来西亚林吉特、泰铢、菲律宾比索等纷纷下跌。直到4月8日印度尼西亚与国际货币基金组织就一份新的经济改革方案达成协议，东南亚汇市才暂告平静。1997年爆发的东南亚金融危机使得与之关系密切的日本经济陷入困境。日元汇率从1997年6月底的115日元兑1美元跌至1998年4月初的133日元兑1美元；5月至6月，日元汇率一路下跌，一度接近150日元兑1美元的关口。随着日元的大幅贬值，国际金融形势更加不明朗，亚洲金融危机继续深化。

第三阶段：1998年8月5日，在美国股市大跌、日元汇率重挫的配合下，对冲基金开始对港元发动第四次冲击。一场几乎使香港金融市场和联系汇率制度陷于崩溃的战役就此打响。量子基金和老虎基金发动攻势，开始炒卖港元。其基本做法是：首先向银行借来大量港元在市场上抛售，换来美元借出以赚取利息，同时大量卖空港股期货。前者会使利率急升，导致股市下跌，从而使炒家在期货市场获利；一旦港元下跌，他们也可以同时在外汇市场获利。香港特区政府把利息率大幅调高，隔夜拆息一度高达300%，并动用外汇储备近1 200亿港元（约合150亿美元）大量购入港股，结果炒家在8月28日期货结算日被迫以高价平仓，损失严重，加上在俄罗斯和马来西亚同时受挫，最终炒家撤退。香港特区政府动用了大量外汇储备投入股市，一度占有港股7%的市值，更成为部分公司的大股东，一旦股市下挫，联系汇率将有可能崩溃。所以到1999年11月，香港特区政府把购买的港股通过盈富基金上市，分批售回市场。香港特区政府成功击退国际大炒家。随后，国际炒家对香港发动新一轮进攻。恒生指数一直跌至6 600多点。香港特区政府予以回击，金融管理局动用外汇基金进入股市和期货市场，吸纳国际炒家抛售的港币，将汇市稳定在7.75港元兑换1美元的水平上，使国际炒家损失惨重，无法再次实现把香港作为"超级提款机"的企图。国际炒家在香港失利的同时，又在俄罗斯遭到惨败。8月17日，俄罗斯中央银行宣布年内将卢布兑换美元汇率的浮动幅度扩大到6至9.5卢布兑换1美元，并推迟偿还外债及暂停国债券交易。9月2日，卢布贬值70%，使俄罗斯股市、汇市急剧下跌，引发了金融危机乃至经济、政治危机。俄罗斯政策的突变使得在俄罗斯股市投下巨额资金的国际炒家元气大伤，并带动了美欧国家股市的汇市全面剧烈波动。如果说在此之前亚洲金融危机还是区域性的，那么俄罗斯金融危机的爆发则说明亚洲金融危机已经超出了区域性范围，具有全球性的意义。到1998年底，俄罗斯经济仍没有摆脱困境。1999年，金融危机结束。

此次危机迫使除了港币之外的所有东南亚主要货币在短期内急剧贬值，东南亚各国货币体系和股市的崩溃以及由此引发的大批外资撤逃和国内通货膨胀的巨大压力给这个地区的经济发展蒙上了一层阴影。

（1）东南亚国家和地区的外汇市场和股票市场剧烈动荡，以1998年3月底与1997年7月初的汇率作比较，各国股市都缩水了1/3以上。各国货币对美元的汇率跌幅为10%～70%，受打击最大的是泰铢、韩元、印度尼西亚盾和新加坡元，分别贬值39%、36%、72%和61%。

（2）危机导致大批企业、金融机构破产和倒闭。例如，泰国和印度尼西亚分别关闭了56家和17家金融机构，韩国排名居前的20家企业集团中有4家破产，日本则有包括山一证券在内的多家全国性金融机构出现大量亏损和破产倒闭，信用等级普遍下降。泰国发生危机一年后，破产停业公司、企业超过万家，失业人数达270万。印度尼西亚的失业人数达2 000万。

（3）危机导致资本大量外逃。据估计，印度尼西亚、马来西亚、韩国、泰国和菲律宾私人资本净流入由1996年的938亿美元转为1998年的净流出246亿美元，仅私人资本一项的资金逆转就超过1 000亿美元。

（4）受东南亚金融危机影响，1998年日元剧烈动荡，6月和8月日元兑美元两度跌至146.64日元兑1美元，为近年来的最低点，造成西方外汇市场的动荡。

资料来源：Cheetham, R. Asia Crisis. Paper presented at conference, U. S. – ASEAN – Japan Policy Dialogue. Washington, D. C.: School of Advanced International Studies of Johns Hopkins University, 1998.

东南亚金融危机演变成经济衰退并向世界各地蔓延。在金融危机的冲击下，泰国、印度尼西亚、马来西亚、菲律宾四国经济增长速度从危机前的8%左右下降到1997年的3.9%，1998年，上述四国和中国香港、韩国、日本的经济都呈负增长。东亚金融危机和经济衰退引发了俄罗斯的金融危机并波及其他国家。巴西资金大量外逃，哥伦比亚货币大幅贬值，进而导致全球金融市场剧烈震荡，西欧股市、美国股市大幅波动，经济增长速度放慢。由此可见，在经济全球化背景下，金融自由化程度越高，受到金融危机的影响就越深重。如果金融危机前的金融潜在风险大，那么随着金融危机的爆发，几乎所有的潜在风险都会迅速演变成金融危机；如果金融危机无法遏制，那么金融危机也就成为经济危机，危机的程度迅速加深，并逐渐向其他地区蔓延。这一过程实际上在东南亚金融危机中已能够看得很清楚了。

二、汇率变动风险

从理论上说，汇率变动后将立即对进口商品的价格产生影响。首先是进口的消费品和原材料价格变动，进而以进口原料加工的商品或与进口商品相类似的国内商品价格也会发生变动。汇率变动后，出口商品的国内价格也发生变动。如本币汇率下降，则外币购买力提高，国外进口商就会增加对本国出口商品的需求。在出口商品供应数量不能相应增长的情况下，出口商品的国内价格必然上涨。在初级产品的出口贸易中，汇率变化对价格的影响特别明显。

（1）汇率变动对国内经济的影响主要是影响物价的上涨或下降。因国内外总需求的增加，进口增多，对外汇的需求增加，外币价格高涨，导致出口商品、进口商品在国内价格的提高，并在此基础上推动了整个物价水平的高涨对出口商品的生产部门造成一定的影响。当外币升值时，进口商品变得更贵，从而使以进口原材料为主的出口商品生产者的生产成本上升，削弱其在国际市场上的竞争力，但对以国内原材料为主的出口商品生产者较为有利；而当外币贬值时，进口商品变得便宜，从而使以进口原材料为主的出口商品生产者的生产成本下降，出口产品的国际市场竞争力增强，但以国内原材料为主的出口商品生产者则得不到由于汇率变动而带来的好处。非贸易项目由于受到汇率变动的影响而发生的资本流向的变化等也将对出口商品生产部门的资金供求等方面产生相应的影响。

汇率变动对国际贸易的影响

食品、原料主要依靠进口的国家，其本币汇率的变动会立即对消费品及原材料的国内价格发生影响，对进口的依赖越重，其影响就越大。汇率变动以后，还会对进口原料加工的商品或与进口商品相类似的国内商品的价格发生影响。汇率的变动也会影响一国出口商品国内价格的变动。如果本币所表现的外币价格高涨，则外币购买力提高，国外进口商就会增加对本国出口商品的需求。在出口商品数量不能相应增加的情况下，出口商品的国内价格必然上涨；反之，则会引起对本国商品需求减少，出口商品价格下降。在经济高涨期，因国内外总需求增加，进口增多，对外汇的需求增加，外币价格上涨，导致出口商品、进口商品在国内价格的提高，使整个物价水平高涨。

（2）汇率变动对一国对外经济的影响首先体现在对一国资本流动的影响上。从长期来看，当本币汇率下降时，本国资本为防止货币贬值所带来的损失，常常逃往国外，特别是存在本国银行的国际短期资本或其他投资也会调往他国，以防损失。如本币汇率上涨，其对资本移动的影响则与上述情况相反。也存在特殊情况，近几年，在短期内也曾发生美元汇率下降时，外国资本反而急剧涌入美国进行直接投资和证券投资，利用美元贬值的机会，取得较大的投资收益的情况，这对缓解美元汇率的急剧下降有一定的好处，但这种情况的出现是由美元的特殊地位决定的。在对外贸的影响方面，明显出现本币价值下降，具有扩大本国出口、抑制本国进口的作用，从而有可能扭转贸易收支逆差。对旅游部门来说，其影响主要是以本币表现的外币价格上涨，而国内物价水平未变，对国外旅游者来说，本国商品和服务项目显得便宜，可促进本国旅游及相关贸易收入的增加。

（3）汇率变动对一国黄金外汇储备的影响主要是：①储备货币的汇率变动影响一国外汇储备的实际价值，储备货币升值，则一国外汇储备的实际价值提高；反之，则降低。②本国货币汇率变动，通过资本转移和进出口贸易额的增减直接影响本国外汇储备的增加或减

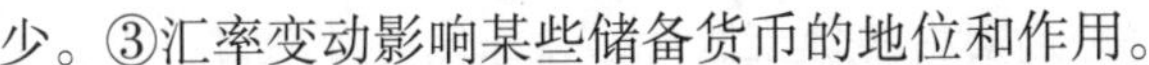
少。③汇率变动影响某些储备货币的地位和作用。

(4) 汇率变动对国际经济的影响首先是会加剧发达国家与发展中国家的矛盾。如前所述，“二战”后美元的两次贬值使初级产品生产国家的外汇收入遭受损失，而它们的美元债务，由于订有黄金保值条款却丝毫没有减轻，至于其他非美元债务，有的则相对加重。其次，会加剧发达国家之间的矛盾，促进区域经济集团的建立与加强。一国货币汇率的下跌必然会加剧发达国家之间争夺销售市场的斗争。20 世纪 80 年代以前，美元汇率急剧下跌，日元与联邦德国马克的汇率日益上升，资本主义世界货币十分动荡。美国政府对美元汇率日趋下降的现象放任不管，其目的就在于扩大本国的出口，迫使日本及西欧国家等工业发达国家采取刺激本国经济发展的措施，以扩大从美国的进口。美元汇率的一再下降加深了欧洲共同体国家的困难，使这些国家陷入经济增长缓慢、失业现象严重以及手中持有的美元价值日益下跌的困难处境。就是在这种情况下，当时欧洲共同体九国决定建立欧洲货币体系，确定成员国之间汇率波动的界限，建立欧洲货币基金，并创设欧洲货币单位。欧洲货币体系的建立固然是共同体实现财政经济联合、最终走向货币一体化的必然过程，但美元日益贬值，美元汇率急剧下降则是促进欧洲货币体系加速建立的一个直接原因。

(5) 汇率变动制约汇率作用的发挥。①一国经济对外依赖程度较深，进出口贸易在国民生产总值中所占比重较大，汇率变动对该国经济进程影响就较大；反之，影响较小。②汇率变动对生产单一商品的国家的经济影响较大，对商品生产多样化的国家影响较小。③对与国际金融市场联系密切的国家影响较大，对较少参与国际金融市场活动的国家影响较小。④对一国货币完全自由兑换、在国际支付中使用较多者影响较大；反之，影响较小。

汇率对国内经济的影响

(1) 汇率对国内物价的影响。一国货币对外贬值会导致国内物价水平上升，这主要有三种途径：第一，当贬值引起出口量增加和进口量减少时，该国商品市场上的商品数量就会减少。另一方面，贸易顺差带来的外汇转化为中央银行的外汇储备时，该国货币投放量会相应增加。这种商品和货币总量对比关系的变化会引起该国物价上涨。第二，贬值会带来成本推进型通货膨胀。贬值会使所有进口商品的本币价格上涨，并带动国内同类商品的价格上涨。在物价上涨的情况下，人们会要求增加工资，这会进一步推动物价上涨。此外，进口设备和原材料的本币价格上升会抬高生产成本并推动物价上涨。第三，贬值会带来需求拉上型通货膨胀。贬值带来贸易顺差之后，会产生一种外贸乘数效应，即国民收入的增加额成倍地超出贸易顺差额。当收入增长时，该国总需求会增加，并带动物价上涨。

(2) 汇率对国内产量的影响。一国货币对外贬值通常会使该国产量增加。其发生作用的途径表现为：第一，通过外贸乘数导致产量增加。这种乘数效应发挥作用的前提是该国属于需求约束型经济，存在闲置生产要素和生产能力。因此，当货币贬值提高了该国的国际竞争力和扩大了市场之后，该国产量便会增加。外贸乘数的大小取决于两个因素，即边际储蓄倾向（储蓄增量占国民收入增量的比例）和边际进口倾向（进口增量占国民收入增量的比例），它们越小则外贸乘数越大。第二，贬值带来的贸易顺差使该国外汇储备增加，它可用于购买先进技术设备和国内紧缺的原材料，为经济增长创造物质条件。第三，由于本币一次性贬值有利于吸引外资，特别是有利于吸引外国的直接投资，所以它可以通过外资在经济发展中的作用带动本国经济增长。

(3) 汇率对就业的影响。一国货币对外贬值往往有助于创造更多的就业机会。第一，贬值有助于经济增长，而在此过程中就业机会将会增加。第二，贬值能够吸引外资流入，这也有助于该国就业机会增加。第三，当贬值引起国内物价上涨后，在一定的时期内，工资上涨可能滞后于物价上涨，从而使实际工资下降，这有助于企业雇佣更多的劳动力。第四，在存在大量过剩劳动力的发展中国家，贬值能给该国创造更大的国外市场，并使该国能够进一步发挥在劳动密集型产品生产上的优势，这为过剩劳动力转移到劳动密集型制造业中创造了良好的条件。

（4）汇率对资源配置的影响。根据近几十年来新兴工业化国家的经验，政府实行压低本币汇率的政策有利于提高资源配置效率。第一，贬值使出口产业更加有利可图，因为它们赚取的外汇可以兑换更多的本国货币，因此贬值会促进出口产业的发展。第二，贬值使进口商品的本币价格上升，有利于进口替代产业的发展，因为国内同类商品也会相应涨价，使得生产厂家更加有利可图。对于发展中国家来说，由于贬值提高了进口农产品的价格，特别有助于刺激农业的发展。这对于缩小收入差距、扩大市场需求和保证农业原料的供应和农业劳动生产率的提高都有着非常重要的意义。第三，贬值使政府较少地依赖于关税、非关税壁垒、出口补贴和其他行政手段来实现国际收支平衡，避免它们所造成的市场价格信号的扭曲，这有利于资源在市场机制作用下实现比较合理的配置。

三、汇率对世界经济的影响

一国货币汇率的变动不仅会影响本国的国际收支和国内经济，而且会对其他国家的经济产生不同程度的影响。这种影响的具体内容和程度高低取决于该国的经济发展状况及该国政府是否干预市场汇率和采用何种手段调节汇率。

一般来说，发展中国家货币的汇率变动对世界经济的影响较小。首先，因为它们的经济规模较小，虽然贬值能带来贸易顺差，并使其贸易伙伴国出现逆差，但是这种逆差在发达国家的贸易额中所占比重较小。其次，由于发展中国家进口商品需求弹性和出口商品供给弹性往往小于发达国家，其货币汇率的变动对进出口额的影响较小。再次，发展中国家的货币一般不能作为国际经济往来中的计价手段和支付手段，因此，其货币汇率变动主要影响其贸易伙伴国的经济。

发达国家货币汇率的变动对世界经济影响较大。第一，发达国家货币贬值会产生巨额贸易顺差，这意味着其他国家出现相应的巨额贸易逆差，从而显著影响其他国家的国际收支、产量和就业。第二，由于发达国家进口商品需求弹性和出口商品供给弹性较大，它们更愿意采取本币对外贬值政策来缓解国内失业问题，这往往会引起汇率战，影响世界经济的稳定发展。第三，发达国家的货币一般能够充当国际经济往来中的计价手段和支付手段，其货币汇率波动会影响所有国家的经济，特别是美元汇率的变动对世界经济的影响巨大。在当前的国际贸易和国际金融活动中，普遍以美元为计价和支付手段，而且有些发展中国家尽力维持对美元的固定汇率。如果美元汇率上升，则与美元保持固定汇率的发展中国家货币的汇率会随同美元对其他国家货币的汇率上升，这可能对它们的贸易收支产生不利影响。第四，发达国家货币往往充当国际信用工具，其汇率波动会影响其他国家的债务负担。例如，在日元汇率上升时，我国必须动用更多的美元或人民币来偿付日元债务，债务负担相应增加。第五，发达国家货币往往是各国国际储备中的储备货币，其汇率波动会影响其他国家储备资产的价值。例如，当美元汇率下降时，大量持有美元储备的国家便会蒙受储备资产价值的损失。

总的来说，一国经济实力的变化与宏观经济政策的选择是决定汇率长期发展趋势的根本原因。我们经常能看到在外汇市场上，相关人士都十分关注各国的各种经济数据，如国民经济生产总值、消费者物价指数、利率变化等。在外汇市场上，我们应该清楚地认识和了解各种数据、指标与汇率变动的关系，才能进一步找寻汇率变动的规律，主动地在外汇市场上寻找投资投机时机和防范外汇风险。

在经济活动中，有许多因素影响汇率变动，列举如下：

(1) 国际收支状况。国际收支状况是决定汇率变化趋势的主导因素。国际收支是一国对外经济活动中各种收支的总和。一般情况下，国际收支逆差表明外汇供不应求。在浮动汇率制下，市场供求决定汇率的变动，因此国际收支逆差将引起本币贬值，外币升值，即外汇汇率上升；反之，国际收支顺差则引起外汇汇率下降。要注意的是，一般情况下，国际收支变动决定汇率的中长期走势。

(2) 国民收入。一般来说，国民收入的增加会促使消费水平提高，对本币的需求也相应增加。如果货币供给不变，对本币的额外需求将提高本币价值，造成外汇贬值。当然，国民收入的变动引起汇率升降取决于国民收入变动的原因。如果国民收入是因增加商品供给而提高，则在较长一段时间内该国货币的购买力得以加强，外汇汇率就会下降；如果国民收入因扩大政府开支或扩大总需求而提高，在供给不变的情况下，超额的需求必然要通过扩大进口来满足，这就使外汇需求增加，外汇汇率就会上升。

(3) 通货膨胀率的高低。通货膨胀率的高低是影响汇率变化的基础。如果一国的货币发行过多，流通中的货币量超过了商品流通过程中的实际需求，就会造成通货膨胀。通货膨胀使一国货币的国内购买力下降，使货币对内贬值，在其他条件不变的情况下，货币对内贬值必然会引起对外贬值。因为汇率是两国币值的对比，发行货币过多的国家，其单位货币所代表的价值量减少，因此在该国货币折算成外国货币时，就要付出比原来多的该国货币。通货膨胀率的变动将改变人们对货币的交易需求量以及对债券收益、外币价值的预期。通货膨胀造成国内物价上涨，在汇率不变的情况下，出口亏损，进口有利。在外汇市场上，外国货币需求增加，本国货币需求减少，从而引起外汇汇率上升，本国货币对外贬值。相反，如果一国通货膨胀率降低，外汇汇率一般会下降。

(4) 货币供给。货币供给是决定货币价值、货币购买力的首要因素。如果本国货币供给减少，则本币由于稀少而更有价值。通常货币供给减少与银根紧缩、信贷紧缩相伴而行，从而造成总需求、产量和就业率下降，商品价格也下降，本币价值提高，外汇汇率将相应地下降。如果货币供给增加，超额货币则以通货膨胀的形式表现出来，本国商品价格上涨、购买力下降，这将会促使价格相对低廉的外国商品大量进口，外汇汇率将上升。

(5) 财政收支。一国的财政收支状况对国际收支有很大影响。财政赤字扩大将增加总需求，常常导致国际收支逆差及通货膨胀加剧，结果本币购买力下降，外汇需求增加，进而推动汇率上升。当然，财政赤字扩大时，在货币政策方面辅之以严格控制货币量、提高利率的举措，反而会吸引外资流入，使本币升值，外汇汇率下降。

(6) 由于汇率变动对于国内外经济都产生严重影响，对于金融的影响，显然比其他经济领域要严重得多，最明显的则是利率在一定条件下对汇率的短期影响加大。利率对汇率的影响是通过不同国家的利率差异引起资金特别是短期资金的流动而起作用的。在一般情况下，如果两国利率差异大于两国远期、即期汇率差异，资金便会由利率较低的国家流向利率较高的国家，从而有利于利率较高国家的国际收支。要注意的是，利率水平对汇率虽有一定的影响，但从决定汇率升降趋势的基本因素看，其作用是有限的，它只是在一定的条件下，对汇率的变动产生暂时的影响。

（7）各国汇率政策和对市场的干预，在一定程度上影响汇率的变动。在浮动汇率制下，各国央行都尽力协调各国间的货币政策和汇率政策，力图通过影响外汇市场中的供求关系来达到稳定本国货币的目的，中央银行影响外汇市场的主要手段是：调整本国的货币政策，通过利率变动影响汇率；直接干预外汇市场；对资本流动实行外汇管制。

（8）投机活动与市场心理预期。自1973年实行浮动汇率制以来，外汇市场的投机活动愈演愈烈，投机者往往拥有雄厚的实力，可以在外汇市场上推波助澜，使汇率的变动远远偏离其均衡水平。投机者常利用市场顺势对某一币种发动攻击，攻势之强，使各国央行甚至西方七国央行联手干预外汇市场也难以阻挡。过度的投机活动加剧了外汇市场的动荡，阻碍了正常的外汇交易，歪曲了外汇供求关系。此外，外汇市场的参与者和研究者，包括经济学家、金融专家和技术分析员、资金交易员等每天致力于汇市走势的研究，他们对市场的判断、对市场交易人员心理的影响以及交易者自身对市场走势的预测都是影响汇率短期波动的重要因素。当人们预计某种货币趋跌时，交易者会大量抛售该货币，造成该货币汇率下浮；反之，当人们预计某种货币趋于坚挺时，又会大量买进该种货币，使其汇率上扬。由于公众预期具有投机性和分散性的特点，这加剧了汇率的短期波动。

（9）政治与突发因素。由于资本首先具有追求安全的特性，因此，政治及突发性因素对外汇市场的影响是直接而迅速的，包括政局的稳定性，政策的连续性，政府的外交政策以及战争、经济制裁和自然灾害等。另外，西方国家大选也会对外汇市场产生影响。政治事件与突发事件因其突发性及临时性使市场难以预测，故容易对市场造成冲击，一旦市场对消息作出反应并将其消化后，原有消息的影响力就大为削弱。

总之，影响汇率的因素是多种多样的，这些因素的关系错综复杂，有时这些因素同时起作用，有时个别因素起作用，有时甚至起互相抵消的作用，有时这个因素起主要作用而另一因素起次要作用。但是从一段时间来观察，汇率变化的规律是受国际收支状况和通货膨胀制约的，因而是决定汇率变化的基本因素，利率因素和汇率政策只能起从属作用，即助长或削弱基本因素所起的作用。一国的财政货币政策对汇率的变动起着决定性作用。一般情况下，各国的货币政策中，将汇率确定在一个适当的水平已成为政策目标之一。通常，中央银行运用三大政策工具即存款准备金政策、贴现政策和公开市场政策来执行货币政策。投机活动只是在其他因素所决定的汇价基本趋势的基础上起推波助澜的作用。

四、美国金融危机的爆发与新战略思维

近年来，有关美国经常账户即将调整的假警报不时出现。在全球经济尚未出现严重后果的情况下，世界承受经济失衡日益加剧的时间越长，金融市场也就越相信全球经济失衡是持续的，最终也可能爆发全球性的经济危机。

全球经济失衡继续以令人震惊的速度在加剧。在各种经济失衡现象中，出现了一种危险的不对称现象：一方面，经济赤字急剧扩大，如2005年美国经常账户赤字约占全球经济总赤字的70%；另一方面，出现盈余的范围更加分散，如2005年全球经常账户总盈余的70%来自大约10个经济体。正因为如此，可以说世界经济是在美国外部失衡的针尖上维持平衡的。

美国政府迅速将矛头指向他国，它将出现失衡的原因归咎于世界上其他国家急于实现经济增长。但归根结底，缺少储蓄的美国经济体应该承担的责任无疑早已远远超出其经济失衡的比例，而这种状况有可能进一步恶化。在很大程度上，这是由于美国国家储蓄前景将要进

入一个新的恶化阶段。受卡特里娜飓风和能源危机的影响，美国国内储蓄的三大组成部分即家庭储蓄、政府部门储蓄和企业储蓄很可能都将持续恶化。在能源危机加剧之前，美国消费者的个人储蓄率就已经在负值运行；美国家庭在可支配收入受能源价格冲击而下降的情况下，正努力维持自己的生活方式，这样，个人储蓄率应该会滑落得更低。与此同时，卡特里娜飓风灾害过后的恢复与重建的支出使联邦政府2006年预算赤字至少上升1个百分点。此外，商业部门用作缓冲的储蓄看来也可能减少，原因是能源价格上涨及单位劳工成本提高侵蚀了企业的利润。这可能使储蓄本来就不足的美国经济陷入一触即发的关键点。自2002年初开始，美国净国民储蓄率徘徊在仅占国内生产总值1.5%的历史低点，并很可能在明年某时跌破零点关口。这意味着，作为全球经济领袖，美国的储蓄甚至还不足以补充其枯竭的资本存量。

从方程式的另一侧来看，也有理由担忧全球经济失衡的问题。美国吸收更多的全球储蓄资金造成的冲击可能由于几个主要盈余国家的经济复苏而加剧。日本目前就存在这种情况，而德国也很有可能出现这种情况。由于德国和日本的经济复苏越来越依赖于内需支持，多余的储蓄将被吸收。这可能导致这些储蓄提供给美国用于弥补不断扩大的储蓄缺口。这就是全球储蓄中不对称现象可能带来的影响。如果美国这个全球最大的赤字国在赤字问题上陷得更深，而同时全球主要盈余国又开始吸收其本国储蓄，那么美国的外部融资压力将越来越大。这无疑将加大一种可能性：这些压力将不得不以经典的经常账户调整方式在国际金融市场上释放，这意味着美元疲软及美国利率上扬。只要世界其他国家处于储蓄过剩状况，就有可能避免对以美元计价的资产进行大幅度重新定价。但现在的问题是，随着盈余经济体走上吸收自身过剩储蓄的道路，美国要想避免无储蓄的危险就更加困难。

究竟怎样才能调整经济失衡问题呢？美国能源危机、贸易保护主义、房地产泡沫破裂、通货膨胀……所有的潜在风险都不是短期的，最终会动摇海外投资者对美元资产投资的信心。美国目前经济严重失衡的事实清楚地表明，任何一个经济体回避自身经济失衡的时间越长，其出现经济危机的可能性也就越大，美国也不例外。

拓展学习一

日本金融制度改革：东南亚金融危机案例

20世纪90年代中期，随着日本山一证券、人寿保险等大型金融机构倒闭，原本严重不景气的日本经济陷入困境，并逐步形成国民金融信用危机。在这种情况下，日本政府下决心对日本金融问题进行根本性改革，希望以此来带动日本经济的恢复。

日本金融的经营背景，实际上是战后日本实行封闭经济的结果。而对于金融业来说，这种封闭经济即是以公有为特征的“间接金融制度”。

在国家“公有”的间接金融制度下，无论是国家还是民间贷款人，全都是通过邮政省的邮政储蓄、大藏省的资金运用部及国营的金融机关开展金融活动的。由于金融业务主要由国家来进行控制，其主要的优点是便于资金的集中与管制，其最大的贡献是对战后日本经济的成长有积极作用，因为国家管制的金融体系便于吸收民间零细资金，同时也便于管理外国资金。但其最大的弊端在于对外资企业的发展有抑制作用，而在国内国外的资金调配中，也必然受到多方面的管制。由于间接金融制度是在政府和大藏省、银行的监督与保护之下进行运作，因此日本中央银行实行的金融政策有相对的稳定性，其有效性主要表现在两个方面：一是金融缓和的政策使经济景气的形势得以保持；二是由于金融交易政策的限制，进口受到

抑制，使国内的物价稳定。

从间接金融制度向直接金融制度过渡，其直接金融制度所表现出来的优点是国内外的资金流动迅速，促进经济增长幅度较大，效果显著。但是，其弊端也是相当明显的。例如，在直接金融体制下，由于资金流动速度加快，特别是外国资本的大量流入，日本政府及央行的监督与管制力度也就必然受到限制，中小金融机构的经营漏洞也就会明显地暴露出来，随着时间的推移，金融信用危机产生的可能性也就增大。在这样两种金融体制下，如果贷款者需要接待的话，主要有三种做法：一是通过邮政储蓄、大藏省的资金运用部、国营金融机关取得贷款；二是通过银行及其他金融机构取得贷款；三是通过新的金融机构，如证券公司等取得贷款。在这样的情况下，实际上原先由日本银行及大藏省所监督管制的间接金融开始向扩大金融新商品、扩大金融市场的方向转化，其结果必然对以资金自由流动为特征的金融自由化有积极作用。

日本前首相桥本内阁的六大改革措施：①行政改革；②财政构造改革；③社会保障制度改革；④经济结构改革；⑤金融制度改革；⑥教育制度改革。从其改革的基本出发点来看，其中最主要的目标是希图建立以金融为主体的经济体系。具体地说，在日本经济界看来，经济自由化程度的提高直接导致高龄化社会与国民收入扩大的趋势，同时也出现了原有的实物经济体系停滞而金融收益逐渐扩大的趋势。再想回到制造业高速增长的景气时代已是不可能的事情。因此，要最大限度地实现高收益，就必须实现实物经济向货币经济的转型。

对于货币经济的预期，主要是要求金融业提供更高的收益，具体地说，有以下几个方面：

1. 日本金融改革的主要措施

在解决现实的金融危机问题的同时，日本政府也开始采取一系列金融改革的措施，具体地说，主要有四个方面：一是全面扩大金融衍生产品，进一步推进电子货币与电子决算，为投资者和资金调配人提供更为广阔、便利的运作空间。二是为了促进金融活动的竞争，日本在证券交易方面采取了一定的措施，在引入持股公司制度的同时改革证券公司的“免许制”，进一步促进证券公司业务的多元化，同时在证券委托交易的手续费方面实现自由化；扩大金融子公司的业务范围，发行金融债券。三是在银行系统中，首先是扩大经营范围，如开放投资信托和保险窗口，外币兑换实现自由化；而在非银行系统中，也必须实现资金调配的多样化。四是在金融市场方面，撤销并废除交易所集中交易的业务，全面改善政券登录市场，证券公司没有登录或没有上市的股票也可进行交易；同时对金融市场进行全面整治，如金融交易的范围有所扩大，短期金融交易市场业务实现内外资本交易的自由化。五是在交易过程中，实现公正、透明的制度框架也是金融改革的重要内容之一。主要内容有：改革财务报表制度，进一步确定金融商品会计的基础，加强对会计师的监察，扩充政券交易法的内容，确定检查、监察、处置的体制，同时对于纷争的处理也要有明确的规定。对削减决算金融风险、保护投资者、扩大经济制裁、实行事后报告制度等方面也有明确的规定。

2. 对金融机构经营破绽问题的处置

日本经济界认为，由于全球金融自由化、国际化的推进，大部分的日本金融机构都出现了不同程度的经营不善的问题，有的出现了明显的经营漏洞，这就是人们所说的“破绽银行”。其中最引人注目的是过去经营良好的商业性银行出现了严重的经营困难。在日本，金融机构分为民营与国营两种，其中民营金融机构数量很多。截至 1997 年 3 月，各类民营金融机构共有 3 605 家，国营金融机构有 13 家。金融机构的业务分类：一是短期金融；二是长期金融；三是中小企业金融；四是国营金融机构的金融业务。从目前情况看，大部分的金融机构都感到经营困难，而民营金融机构中的信用组合（原为363家）、农业协同组合（原为2 189家）的数量也大为减少。因此，日本政府金融体制改革的短期目标是对经营状况恶化、明显成为破绽银行的金融机构进行整合。

3. 防止金融机构出现经营破绽的做法

有效地防止金融机构出现经营破绽是政府以规制预防金融风暴冲击的主要任务。日本政府的做法主要有几点：一是做好“预防规制”。其主要内容包括竞争限度规制、健全经营体制的规制、自有资本比率规制、信用供给规制等。二是建立事后的保护规制。这主要是以中央银行作为最后的贷款救助者。此外，大藏省也实行银行保护政策，其政策的核心是对银行进行监督、保护。其具体的做法是：①对各种银行、金融机构之间的竞争范围、方法等进行规制。②实行预备金保险制度。制度规定，银行、信用金库、信用组合、劳动金库等金融机构都必须强制性加入预备金保险。保险金支付的额度为1 000万日元/人，保险对象须缴付预备金的0.048%，如为特别保险则追加0.036%的预备金。此项保险到2001年3月为止，每年可收入保险预备金4 600亿日元。此项资金主要用于金融机构合并重组时需要的贷款或资金捐赠等。其预期的框架是，假设没有一家金融机构倒闭，此项预备金保险也就无须支出。当然，目前日本金融界出现的金融危机现象与当初的预期目标是有相当大的距离的。

4. 金融机构倒闭或重组的主要救助方法

金融机构倒闭或重组的主要救助方法主要有四种模式：一是优势银行吸收合并破绽银行；二是预备金保险机构或其他公营机构给予资金援助，使优势银行与破绽银行合并；三是经营恶化的银行合并成新设银行，这需要预备金保险资助；四是整理回收倒闭银行，设立新银行。无论怎样进行组合，尽快改善日本金融机构传统的运作方式，以适应金融大爆炸所造成的银行经营恶化增大的金融业变迁，则是日本经济学界十分关心的问题。而金融机构以股份公司形式进行经营则被认为是摆脱银行经营恶化困境的有效途径。

综上所述，日本政府的金融改革重点有两个方面：一是要解决目前所面临的金融危机问题，必须加大金融证券化的改革力度。所谓“金融证券化”，实际上是以成立金融持股公司为切入点，以解决由于直接金融所形成的政府与央行对中小金融机构甚至大银行缺乏监督的问题。在对大的金融机构引入金融持股公司的过程中，主要是组建复合型金融持股公司。该持股公司分别拥有金融银行、信托银行、证券公司、保险公司及其他金融机构的股份，而在海外经营中，也一定程度地持有海外银行及其他金融机构的股票。此外，在中小型银行中，则实行联合型金融持股公司，由若干银行及其他金融机构所组成。以上做法的优点在于金融持股公司对金融机构开展业务多样化有帮助。同时对于金融机构的经营活动有一定的监管作用，对于防范中小金融机构的经营破绽甚至出现倒闭的情况也有监管作用。二是由于金融持股公司将国内外的银行及其他金融机构乃至金融衍生商品市场联系起来，这有利于日本金融国际竞争力的提高。无论如何，金融持股公司的经营范围已远比旧有的金融机构要广泛得多，特别是对于金融自由化、国际化的实现，显然是有影响的。

总之，日本在20世纪90年代为解决国内经济特别是金融危机问题所采取的改革措施表明日本金融正在实现传统的公有金融体制向金融市场化、自由化、国际化转型。在这个过程中，日本资金也必然向海外特别是中国的金融市场转移，而随着中国股票市场的扩大，中国人民银行权限的缩小，中国的股票价格也就必然地会出现大的波动，日本资金也就随之大量地流入流出。适时加强金融与股票市场的管制，扩大吸收日本资金的空间，应该说是我国当前应予以关注的新课题。

拓展学习二

联合国报告称中国将在今年成为世界第二大经济体

联合国亚太经济和社会委员会（ESCAP）于2010年5月6日在全球22个城市同步发布了《2010年亚洲及太平洋经济和社会概览》（以下简称《概览》）报告，该报告分析了亚太地区经济复苏状况，并向该地区政府提供了具体的政策建议。《概览》认为，“2010年，亚太地区发展中经济体在中国和印度的带领下，预计增长幅度将达7%。中国经济增幅有望达9.5%，印度预计达8.3%”。《概览》表明，即使在全球金融危机最严重的时候，得益于亚太地区最大经济体的财政刺激方案，该地区仍是世界上发展最快的地区；2009年，占世界总人口62%的亚太地区总体经济增幅为4%。一些国内需求在GDP中所占比例较高的国家，如中国、印度、印度尼西亚，受危机冲击相对较小，上述三国2009年经济增幅分别为8.7%、7.2%、4.5%；而新加坡、中国台湾、泰国和韩国等相对倚重出口的国家和地区受危机的影响相对较大，上述四地2009年经济增幅依次为－2%、－1.9%、－2.3%和0.2%。根据《概览》的统计，受金融危机影响最大的次区域是东北亚、中亚和俄罗斯。2009年，亚太地区失业率从2007年的4.6%上升到5%，失业人口的绝对数量达到9 410万，比2007年金融危机爆发前增加了820万。不过，在过去一年中，亚太地区已普遍出现了经济反弹，亚太各主要国家2010年经济增幅预计都将在4%以上，加上几个“龙头国家”的带动，亚太地区2010年经济增幅可达7%。

该报告认为，“中国将继续保持快速增长，并在2010年成为世界第二大经济体”。这份联合国最新报告表示，中国将在帮助本地区实现从“经济恢复”到促成“长期、平衡和可持续发展”的转型上扮演重要角色。报告强调，中国应在促进“绿色技术发展”和引导“国内生产和消费朝着可持续性道路发展”上发挥领导作用。联合国这份最新报告还对亚太各国和地区政府提出了一系列建议。报告首先敦促各国和地区政府增加社会支出，以巩固这一地区比预期更为强劲的经济反弹。联合国副秘书长、亚太经济和社会委员会执行秘书诺埃琳·海泽说：“政府必须通过投资社会福利项目帮助那些在危机中损失最严重的人，同时还要采取措施减少贫困。”目前，亚太地区仍有近10亿人生活在贫困之中。《概览》认为，要实现亚太地区所有经济体的持续发展，必须增加“区域内”贸易、扩大地区内消费，以应对发达国家衰退后出现的针对发展中国家的贸易保护主义。

问题与讨论

1. 请从国际经济政治格局变动的角度，以“中国与世界”为主题进行课堂讨论，并发表你对中国经济的走向与发展趋势的看法。
2. 运用国际金融学的汇率基本理论分析人民币升值与中美关系问题。
3. 为什么说经济全球化越发展，国际性金融危机的风险就越大？

作业题

1. 简要说明国际金融与国际投资的关系。
2. 在国际金融市场中，股市中的股指期权是怎样操作的？
3. 外汇交易的特点是什么？为什么在金融危机中外汇市场与股票市场的波动最大？

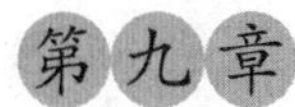

经济全球化与国际投资

经济全球化的积极作用之一便是更大规模地促进国际资本流动。通常所说的国际生产资本、商业资本和金融资本以信贷、援助、投资与投机、债务债权清偿、外汇买卖、证券发行与流通等多种方式在世界各国流动，从而推动经济全球化发展。

第一节　国际投资的形成

尽管世界各国的政治、经济及意识形态不同，但国际投资活动却没有因此而中断，甚至资本流动速度比以往任何时代都要快。可以说，由于20世纪70年代美国实行经济援助和投资的全球战略调整，发达国家对发展中国家的投资随之日益兴盛。如果仅从经济角度分析，其原因主要有以下几个方面：

一、国际资本增长与国际投资加速

应该承认，从国际生产与贸易的整体来说，随着劳动生产率的提高，资本积累也迅速增加，而资本唯利是图的属性却没有改变，大量的国际资本被输往国外以追逐高额利润，国际资本流动由此而形成。而资本在国外获得的回报率的提高加剧了资本过剩，进而导致资本对外输出规模扩大，加剧了国际资本流动。在国际投资的资本大循环中，国际资本就不断地向回报率高的国家和地区流动，由此形成国际投资的热点。近20年来，国际经济关系的形成与改变，从理论上说，实际上就是国际资本流动方向改变的结果。

①投资利润驱动

投资经济学认为，增值永远是资本运动的内在动力，利润驱动是各种资本输出的共有动机。当投资者预期到一国的资本收益率高于他国时，资本就会从他国流向这一国；反之，资本就会从这一国流向他国。此外，当投资者在一国所获得的实际利润高于本国或他国时，该投资者就会增加对这一国的投资，以获取更多的国际超额利润或国际垄断利润，这些也会导致或加剧国际资本的流动。在利润机制的驱动下，资本从利率低的国家或地区流往利率高的国家或地区，这是国际资本流动的又一个重要原因。无论是资本积累时期还是经济全球化时代，也无论是国内投资还是国际资本流动，其本质都是为了追逐投资所带来的利润。从投资者的角度来看，这一点永远不会改变。

②利用外资策略的实施

但从接受投资的角度来看，无论是发达国家还是发展中国家都会不同程度地采用吸引国际投资的政策，以不断提升本国的经济实力。如美国，由于20世纪70年代开始实行全球战略，从而加重了全球的财政负担，而在国内经济调整过程中，政府、企业、家庭与个人都没有什么储蓄，因此成为全球最大的债务国。所以说强大的美国经济是依靠世界其他国家的投资来维持的，这是难以想象的事。对于大部分发展中国家来说，国家财政困难，工业基础薄弱，人民贫困，经济落后，社会问题多，也迫切需要国际投资来推动本国经济发展。因此，在相当长的时期内，资金短缺始终成为发展中国家经济发展的瓶颈。对于发达国家的国际大资本来说，正因为发展中国家贫困，劳动力和土地价格低廉，因此与发达国家相比有更大的利润空间，且而发展中国家政府通常以开放政策来吸引外国投资，对外国资本开放市场和产业，减免税收，并先行投入大量资金改善投资环境。对于资本而言，其国际投资成本实际上已由该国政府承担，这就在一定程度上激发了国际投资的热情。

③外向型经济的建立

在新兴市场国家，由于其吸引国际投资比其他国家早，经济起飞后，接受发达国家技术转移、国际投资的结果是形成新兴产业，而作为投资回报，大量的产品又通过外向型经济输送到世界各地，新兴市场国家先发达的结果又进一步带动发展中国家和地区经济市场化。例如，亚洲新兴市场国家与中国的经济关系基本上是在国际投资与区域资本投资的循环中形成的，至于欧盟与中欧、东欧的经济关系，实际上都与亚洲有同样的情况。新加坡、韩国、中国香港与中国台湾地区的经济成长正是在20世纪70年代实现经济转型的，而中国内地的经济发展，如果从投资的角度看，显然对于中国经济全球化的起步发挥了相当大的作用。

④转型国家的经济

转型国家的经济实际上是指由传统的民族经济、计划经济向市场经济的转型，其中农业经济向工业经济的转型意味着现代化的实现。在东欧地区，国民经济结构中的市场经济程度低，资源配置中的市场作用难以发挥，政府在资源配置方面仍然占主导地位。经济转型对资金的需求旺盛，而对于资源型的东欧经济来说，其基础设施建设和石油、天然气资源开发与市场建立都需要大量的资金支持。更何况在世界石油资源价格不断上涨的情况下，东欧与中欧地区的资源能源生产与市场开发则更能吸引国际投资的大举进入，这一点是不言而喻的。

二、金融变动与国内经济关系

由于国际贸易顺差和逆差的出现，发达国家往往以大幅度汇率变动的方法降低贸易逆差，以维持国际收支平衡。但对于汇率调整国家的国内经济来说，其基本面实体经济的影响最为重大，很多生产企业因此而破产。

①汇率的变化

如美国金融危机爆发时，美国对中国的贸易逆差增大，美国希望通过降低美元对人民币的汇率来减少中国对美国的出口，提高人民币汇率必然会引起国际资本流动。人民币升值对中国出口企业造成在国内采购原材料、支付工人工资的压力，而持有美元资产对于中国企业而言又意味着贬值，美元贬值幅度越大，中国受到的汇率损失就越大。经济全球化所带来的拉动效应也就必然波及与中国有贸易关系的国家，因为目前的国际贸易仍然是以美元来结算的。当然，美元的贬值最终对美元的国际货币地位的冲击要远远大于中国受到的损失。此外，20世纪70年代以来，随着国际上浮动汇率制度的普遍建立，如果发达国家的货币汇率经常波动，且幅度较大，世界经贸秩序必然会受到直接影响。仅从国际投资的角度来看，如果一个国家货币币值持续上升，则会使兑换外币需求上涨，从而导致国际资本流入；如果一个国家货币汇率不稳定或下降，资本持有者可能预期到所持资本的实际价值将会降低，则会把手中的资本或货币资产转换成他国资产，从而导致本国资本向汇率稳定或升高的国家或地区流动。此外，在一般情况下，利率与汇率呈正相关关系。一国利率提高，其汇率也会上浮；反之，一国利率降低，其汇率则会下浮。例如，1994 年美元汇率下滑，为此美国连续进行了 7 次加息，以期稳定汇率。尽管加息未必能实现预期，但加息或减息确实已成为世界各国用来稳定汇率的一种常用方法。当然，利率、汇率的变化无常，伴随着的是短期国际资本（游资或热钱）的经常或大量的流动，对于金融信用的稳定是有害无益的。

2 通货膨胀的发生

通货膨胀往往与一个国家的财政赤字有关系。如果一个国家债务过大，就必然希望其他国家来购买其国家公债，以减少货币发行量，因为靠财政赤字或债务来维持经济发展简直是不可思议的事。而国家以大量发行纸币来弥补赤字或债务必然会增加通货膨胀的压力，一旦发生严重的通货膨胀，为了减少损失，投资者会把国内资产转换成外国债权。如果一个国家发生了财政赤字，而该赤字以出售债券或向外借款来弥补，也可能会导致国际资本流动。因为当人们预料到政府又会通过印发纸币来抵付债务或征收额外赋税来偿付债务时，就会把资产从国内转往国外。美国不仅国家债务问题严重，而且财政赤字也相当大，在这样的情况下，最好的办法是向全球发行国家公债和企业债券，以增加流动性来减少国内的通货膨胀压力。从这一点来说，外国资本进入美国金融市场，甚至投资美国企业，就势必促使企业产权结构发生变化，外国资本控制美国大企业的资产，对于美国资产的价值能否保持增长也是有疑问的。如果美国资产大幅贬值，国际投资也不会进入。

3 政治及战争风险

政治、经济及战争风险的存在严重地影响国际投资的流入。政治风险是指政治动荡或爆发战争等因素致使一国的投资环境恶化，这就必然导致国际资本流出，以免遭受损失。例如，海湾战争就使国际资本流向发生重大变化。在战争期间，许多资金（大多为军费）流往以美国为主的几个发达国家。战后安排又使大量资本涌入中东，尤其是科威特等国。又如政治及新闻舆论、谣言、政府人事频繁变动以至政局不稳等都会对资本市场和外汇市场的心理预期造成影响，一旦国民信心动摇，就会对资本流动产生重大影响。至于经济风险则是指由于一国投资条件发生变化而可能给资本持有者带来损失，如前面所讲的汇率风险，实际上是经济风险的一种。

4 灾难发生与资金需求增长

气候变暖、经济增长、环境污染、自然与人为灾难频繁发生，也会给国际资本流动带来影响。灾难所造成的巨大损失，一方面是经济损失大，而补充进来的资本也随着弥补损失而增长。尤其是政府转移支付的增加，表面上看没有利润回报，但如同政府财政投资一样，也会带动民间资本的投入，如果国内投资不断增长的话，其效应也必然会逐渐放大，从而带动国际投资向该国家流动。尽管接收的国际资本与该国所受的损失可以对冲归零，但对于国际资本而言，其资本流动则是确定无疑的，国际资本的投入也必将为生产、贸易注入新的要素。

三、国际投机经济形成

如果国际投资是政府、企业的正常经济活动的话，那么经济全球化及经济增长所带来的投机资本也随之增长，其剩余资本就极有可能转变成国际热钱，在世界各国资本市场进行投机活动。

（1）国际热钱形成，国际组织对发展中国家的投资有可能是由其从资本市场上抽回的剩余资本转而在其他国家进行企业并购而产生的，这对于发展中国家未来的生产和销售，很难说有益处。换句话说，经济全球化致使越来越多的国家经济开放程度越来越高，资本项目越来越开放，金融自由化程度高、资本市场灵活，但政府金融监管乏力，尤其对于外汇市场管制更是多有缺失，这就为国际投机活动打开了方便之门。1997 年的东南亚金融危机即是国际游资成功狙击发展中国家的金融体系的经典案例。当然，美国金融投机家并不仅限于攻击发展中国家的金融体系，无论是世界上哪个国家，只要出现金融漏洞，国际投机的巨额资金就会乘虚而入。可以说，国际热钱越多，金融体系的风险就越大，而国际投机活动就越频繁，国际热钱的增长速度就越快。这对于正常经贸往来的国际资本流动无疑起着严重阻碍的作用。由于投资环境恶化，国际投机活动猖獗，最终会使国际投资弱化，由于无利可图，国际投资就会越来越少。

（2）在国际投资或国际投机活动中，国际组织及跨国公司成为推动国际资本流动的主角。国际组织和跨国公司拥有巨额资本、庞大的生产规模、先进的科学技术、全球化的经营战略、现代化的管理手段以及世界性的销售网络，其触角遍及全球。在很多情况下，不仅国际投资与国际投机活动相似，而且国际组织与跨国公司的国际活动也是很难分得清的。如前所述，跨国公司目前早已成为世界经济增长的引擎，对“无国界经济”的发展起着重大的推动作用。据统计，跨国公司的海外销售总额高达 5.5 万亿美元。跨国公司通过国外直接投资控制世界对外直接投资总额的 90%，其资产总额占世界总产值的 40%，贸易额占世界贸易额的 50%，控制工业研究与开发的 80%、生产技术的 90%、世界技术转让的 75% 及发展中国家技术贸易的 90%。

（3）一般来说，国际投资和国际投机的界限并不十分明显。所谓“恶性投机”大概包含这两种含义：第一，投机者基于对市场走势的判断纯粹以追逐利润为目的，刻意打压某种货币而抢购另一种货币。这种行为的普遍发生毫无疑问会导致有关国家货币汇率的大起大落，进而加剧投机，汇率进一步动荡，形成恶性循环，投机者则在“乱”中牟利。这是一种以经济利益为目的的恶性投机。第二，投机者不是以赢利为目的，而是基于某种政治理念或对某种社会制度的偏见，动用大规模资金对某国货币进行刻意打压，由此阻碍、破坏该国经济的正常发展。但无论哪种投机都会导致资本的大规模外逃，并会导致该国经济衰退，如 1997 年 7 月爆发的东南亚货币危机。一国经济状况恶化—国际炒家恶性炒作—汇市、股市暴跌—资本加速外逃—政府官员下台——国经济衰退，这几乎已成为当代国际货币危机的常见模式。

第二节　国际投资方式

经济全球化促进了国际资本流动，出现投资主体复杂、投资额大、投资活动频繁、投资方式多样的特点。通过国际投资，国家之间的经济关系密切，容易形成“你中有我，我中有你”的经济、技术、管理、文化融合的局面。自 20 世纪 70 年代起，发达国家采取经济援助和利用跨国公司的国际投资进行经济渗透，目前已从早期的海外直接办厂、跨国并购转变

为采取购买海外企业的股票、债券等方法来进行间接投资。

一、跨国直接投资与间接投资

跨国直接投资是指一个经济体系的投资者在另一经济体系的企业所作的投资，而该笔投资令其投资者能长期有效地影响相关企业的管理经营决策。在统计学上，若投资者持有某一企业10%或更多的股权，便被视为能长期有效地影响相关企业的管理经营决策。直接投资包括股本资本、再投资收益及其他资本。股本资本包括所持分行的股本、附属及联营公司的股票。再投资收益是指投资者从其附属或联营公司应得但未以股息形式分发的利润。其他资本主要涉及公司之间长期或短期的债务交易，包括母公司与其附属公司、联营公司及分行之间的借贷。

直接投资的主要特征是投资者对另一经济体的企业拥有永久利益。永久利益意味着直接投资者和企业之间存在着长期的关系，并对企业经营管理施加相当大的影响。直接投资可以采取在国外直接建立分支企业的形式，也可以采用购买国外企业一定比例股权的形式。

直接投资的主要形式：投资者开办独资企业、直接开店等，并独自经营；与当地企业合作开办合资企业或合作企业，从而取得各种直接经营企业的权利，并派人员进行管理或参与管理；投资者投入资本，但不参与经营，必要时可派人员任顾问或指导；投资者在股票市场上买入现有企业一定数量的股票，通过股权获得全部或部分的经营权，从而达到收买该企业的目的。影响直接投资的因素：一是供给因素，包括生产成本、后勤、资源的可获得性、获得关键技术；二是需求因素，包括接近用户、市场营销优势、进一步利用已有的竞争优势、客户迁徙；三是政治因素，包括规避贸易壁垒、经济发展优惠政策。

中国的外国直接投资

据统计，2002年，中国吸引外资527亿美元，2003年上升至530亿美元，2004年达到610亿美元。2005年，由美国科尔尼管理咨询公司编制的“外国直接投资信心指数”显示，中国连续四年名列外国直接投资信心指数榜首。此外，中国的对外直接投资规模日益增长，中国大企业“走出去”已成为企业的海外发展战略。中国企业海外投资目前仍须进行个案审批。据《金融时报》报道，截至2007年5月，中国的对外直接投资额为730亿美元。

二、跨国间接投资

跨国间接投资是指投资者以其资本购买外国公司债券、金融债券或公司股票等各种有价证券，以预期获取一定收益的投资。由于其投资形式主要是购买各种各样的有价证券，因此也被称为“国际证券投资”。与国际直接投资相比，间接投资的投资者除股票投资外，一般只享有定期获得一定收益的权利，而无权干预被投资对象对这部分投资的具体运用及其经营管理决策。间接投资的资本运用比较灵活，可以随时调用、转卖或更换为其他资产，以谋求更大的收益；可以减少因政治经济形势变化而承担的投资损失的风险；也可以作为中央银行为平衡银根松紧而采取公开市场业务时收买或抛售的筹码。

跨国直接投资与间接投资同属于投资者对预期能带来收益的资产的购买行为，但二者有着实质性的区别：直接投资是资金所有者和资金使用者的合一，是资产所有权和资产经营权的统一运动，一般是生产事业，会形成实物资产；而间接投资是资金所有者和资金使用者的分解，是资产所有权和资产经营权的分离运动，投资者对企业资产及其经营没有直接的所有权和控制权，其目的只是为了取得其资本收益或保值。

跨国直接投资和间接投资有着非常密切的联系。如在跨国间接投资中，有可能为跨国直接投资筹集到其所需资本，并监督、促进直接投资的管理。随着现代经济的发展，生产规模急速扩大，仅靠一般的个别资本已很难从事技术高、规模大的项目投资，而以购买证券及其交易为典型形式的间接投资使社会小额闲散资金集合成企业所需要的长期的、较为稳定的巨额投资资金，解决了投资需求的矛盾，是动员和再分配资金的重要渠道。因此，间接投资已逐渐成为主要和基本的投资方式。可以说，直接投资的进行必须依赖间接投资的发展；而直接投资对间接投资也有重大影响，这主要是企业的生产能力的变化会影响到投资者对该企业发行证券前景的预期，从而使间接投资水平发生波动。

三、世界各国的招商引资

应该承认，无论是发达国家还是发展中国家，在吸引外资方面，大都希望获得外国资本的直接投资。如在 20 世纪 60 年代美国吸引大量的外国投资对美国经济增长有相当大的贡献。而在发展中国家，如在中国，因政府实行改革开放政策，全国各地有相当多的开发区，通过招商引资政策吸引外国资本来中国办厂。早期中国政府招商引资主要集中在吸收制造业的外国直接投资。中国早期沿海开放地区的招商引资在全国形成了影响极大的示范效应，如地方经济总量增长、地方财政收入增长、地方就业增加、地方政府基础设施投入的增加、地方官员升迁比例增加等现象的普遍出现，一时成为中国各级政府成立大量开发区并积极开展招商引资工作的根本原因。

在经济全球化条件下，国际资本流动十分活跃，国外跨国公司以其资金、技术和管理进入所在国办厂生产，而实行招商引资的政府或政府主持的开发区、企业吸收海外投资的各种经济活动，也一度成为各级地方政府的主要工作，在各级政府报告和工作计划中屡屡出现，并成为地方政府的主要政绩之一。

无论是所在国政府还是企业，其引进外资的成效主要表现在五个方面：一是弥补了企业资金来源不足，促进了经济的增长和发展；二是引进了国外的先进技术和设备，促进了本国生产力水平的提高；三是产品综合质量明显提高，国际竞争力明显增强；四是提高了所在国企业的管理水平，加快了企业经济体制改革；五是利用所在国当地先进技术引进外国直接投资，促进科学技术转化为生产力。

由于世界各国招商引资呈现发展趋势，国际资本流动方向就与所在国投资环境有直接的关系。换句话说，如果所在国投资环境对外国投资者没有多大的吸引力，招商引资的成效也就很难保证。因此，吸引外资对于双方把握招商引资趋势就成为必须注意的问题。

（1）随着经济全球化的加快，资本跨国跨区域流动、跨所有制合作日益频繁，外商投资步伐逐步加快。如在中国，外国产业投资已由沿海地区向中西部地区、由大城市向城市郊区与周边地区转移。用地、用工、用电、用水紧张的情况开始凸显，土地价格高涨和水电等生产成本上升，技术人才与普通劳动力短缺，企业膨胀速度与当地资源和环境的承载力发生矛盾，造成了东部沿海企业饱和性外溢，这就为其他地区招商引资提供了良好的潜在发展机遇。

（2）招商引资向招商选资转变。随着外国投资的增多，政府、企业已从过去片面追求招商引资额向追求招商引资质量转变。“招商选资”是指重点引进高质量的企业，摒弃高能耗、高污染企业。从只重数量到也重质量，从粗放型到集约型，从忽略项目结构到优化项目结构转化。

(3) 随着全球化和国家经济转型，对外招商也开始向中国产业结构调整和产业升级方向倾斜。中国政府公布的《外商投资产业指导目录》、《中西部地区外商投资优势产业目录》不仅对中国地方政府和企业招商引资具有指导作用，同时对于外国资本也有引领作用。地方政府根据当地产业发展状况和产业结构调整的方向，制定当地产业发展规划，选出一定阶段的重点支柱产业，给予支柱产业政策扶持，延长产业链和培育服务体系。从引进产业资本向商业资本、金融资本、知识资本和风险资本各领域拓展。而在充分利用扩大招商引资规模、层次、质量的基础上，在本地产业结构调整过程中重点培育龙头企业则是中国目前招商引资的重大特点。这种以形成产业链、龙头企业为特征的招商项目推介，也反映了经济崛起后的产业高级化程度、产业集中度、产业链与产业规模体系等方面的变化。

(4) 为了从资本市场争取更多的外国资本，各地的招商活动形式多样，有专门的部门负责，专门人员逐步专业化和专家化，招商引资的运作方式也日趋专业化、规范化、国际化，开发区出现综合化、功能化、专一化的不同载体，如软件园、数码园、中药园、留学生创业园、科技园等。在招商过程中，招商引资与国家经济社会发展规划和发展战略密切结合。国家与地区的社会经济发展战略目标往往在一定程度上与招商引资的关系更为密切。在这样的理念下，各地出现了不同的经济模式，如会展经济、休闲经济、循环经济、外资经济、飞地经济、候鸟型产业、体育产业和文化产业等，形成地方经济特色。此外，运用网络招商也越来越活跃，前景可观。这种招商方式不仅拓宽了招商领域，还大大降低了招商成本，受到投资方和被投资方的青睐。全国各地的地方政府以及一些招商园区都建有招商网站，通过招商网站展示区域投资环境、招商优惠政策以及重点招商项目，搭建了政府招商机构、招商项目和投资机构投资意向对接的平台。

(5) 在对外招商活动中，促进外商投资及中国企业对外投资与外交活动相结合也是近年中国对外招商的又一特色。中国驻外使馆经济商务参赞处担负着管理和协调在当地开展招商引资和投资促进活动的任务。今后，投资活动将进一步配合外交活动，在中国实行“引进来”与“走出去”相结合的投资政策的基础上，进一步促进更多的中国企业走向海外。到海外投资办厂已经成为我国改革开放后的国家战略，并已取得初步成效。

值得注意的是，由于世界各国经济发展的阶段不同，国际资本流动的方向往往与发达国家技术转移的目标国家和地区有直接的关系，因此，与国际科学技术发展的步调一致不仅成为国家产业结构调整的方向，同时也是今后招商引资的主攻方向。对于高新技术的引进，世界各国大都以此为战略目标，对于吸引国际资本的竞争将更加激烈，这也是不言自明的。

第三节　企业破产引发国际投资变动

由于全球化促进世界各国经济往来，资本作为世界各国企业兴衰的重要生产要素，也随着国家的经济状况在世界各地流动。从这个意义上讲，国际资本流动的方向和流动速度的快慢也反映出国家经济稳定与经济环境的好坏。

一、美国大企业的破产风波

企业的兴办与破产本来是经济生活中常见的事，并不会引起更多的争议。但问题是，如果由于金融危机或经济危机造成大企业破产，就很有可能会造成该国产业结构和企业格局的重新洗牌；如果大企业所承担的是国计民生物品的生产，那么由于其破产所造成的生产和贸易缺口必须由新的企业去填补，这对于国际投资者来说，反而是新的机遇。

通常来说，企业破产是指当债务人的全部资产无法清偿到期债务时，债权人通过一定的法律程序将债务人的全部资产供其平均受偿，从而使债务人免除不能清偿的其他债务。在多数情况下，破产都是指公司行为和经济行为。经济意义上的破产是指债务人的一种特殊经济状态，在此状态中，债务人已无力支付其到期债务，而最终不得不倾其所有以偿债务。法律意义上的破产是指一种法律手段和法律程序，通过这种手段和程序，概括性地解决债务人和众多债权人之间的债权债务关系。但无论怎样讲，如果债务人不能清偿债务已是事实状态，也就是事实上的破产。一是债务人丧失了继续经营事业的财产承受能力，二是债务人发生了债务却不能清偿的财务危机，都属于事实上的破产。如果是在法律上使用“破产”，则是指债务人不能清偿债务时所适用的偿债程序和该程序终结后债务人的身份地位受限制的法律状态。而“倒产”则指债务人在偿还期满不能偿还债务的状态，即处于已无可挽回的经济状态。表现为债务人签出的所有有价票据无效，收到银行停止交易处分的通知，正在进行破产以及其他倒产程序的申请。如在日本，现行倒产制度包括破产、和议、公司整顿、特别清算、公司更生等。

二、美国大企业破产案例

美国的次贷危机导致美国五大世界级投资信托公司受影响，其中雷曼兄弟宣告破产，这也是美国有史以来倒闭的最大的信托投资公司。如果说美国信托投资公司是金融机构的话，那么对于美国政府和民众而言，最令人担忧的是美国实体经济会不会因金融危机而破产。在次贷危机后，紧随其后的即是美国金融危机的爆发，随即演变为全面的经济危机，并迅速蔓延到全世界。下面以美国政府救助通用汽车公司及克莱斯勒公司破产案来进一步了解破产在发达国家——美国的情况。

2009 年 3 月，美国政府开始考虑提供 60 亿美元救助美国克莱斯勒公司，以免其倒闭。按照美国总统奥巴马 30 日在记者会交代挽救美国汽车业方案时所说，美国最大的汽车公司——通用公司及克莱斯勒公司已陷入危机，从而将大幅改变美国汽车业的面貌。不过，美国政府只能向通用公司提供 60 天的营运资金，以便他们制定出可以让白宫接受的重组方案，以提升竞争力及清除资产负债表上的债务。而克莱斯勒要在 30 日之内与意大利车厂菲亚特结盟，如果谈判没有成果，克莱斯勒可能无法继续经营。根据 2008 年的协议，通用汽车公司及克莱斯勒公司已获得美国政府 174 亿美元的贷款，以便继续运作。美国政府成立的工作小组为评估通用汽车公司及克莱斯勒公司履行协议程度而作的报告指出，这两家公司未能履行条款。众所周知，美国是市场经济国家，按照其经济体制，政府不能对企业经营进行干预。如果企业经营不善，其命运则由市场决定。对于私营企业来说，其经营性风险与其是否破产有直接关系。正如奥巴马所说，纳税人不会无限次给予数十亿美元的援助将这两家汽车公司的业务维持下去。但对于美国金融危机所面临的重重困境，美国政府不得不对私营企业开展救助行动，如果任其经营形势恶化，这些企业很可能会像雷曼兄弟那样一夜之间就坍塌了。这对于美国民众将造成巨大的心理压力。

曾经是美国工业制造史上最引以为豪的大企业之所以遭遇濒临破产的厄运是有深刻原因的。对于大企业来说，其实力之雄厚、技术力量之强、经营范围之广、抗风险能力之强都是一般企业不可同日而语的。而在此之前，即2008年12月，美国政府已向通用汽车公司提供了134亿美元的拯救贷款，但通用公司总裁瓦格纳在重组方案中仍然向白宫申请再次借贷166亿美元；克莱斯勒亦申请再次借贷，金额为50亿美元。这两次贷款申请均遭到拒绝。由此可见，这两家大企业的债务已不是靠政府贷款能够解决的。在这种情况下，通用汽车的股价在纽约股市急挫近三成，每股跌到2.57美元。美国股市听到美国政府拒绝通用及克莱斯勒原来的重组方案的消息后，美股一度急挫3.5%，欧洲股市也下跌了2%至4%。

当然，以上所述仅仅是美国大企业申请破产前后的一般情况，由此不难看出在经济全球化背景下，尽管是经营多年的大企业，由于本身经营方面的原因，也难免有随时破产的可能。换句话说，大企业所需要的资源远比中小企业多，也可能因其经营决策的失误而造成无法挽回的经济损失，这对于企业的命运来说就可想而知了。而在大企业遭遇危机的过程中，其他企业尤其是跨国银行、企业和国际组织的救助则是使大企业走出破产阴影的好办法。可以想象，如果不是像通用公司那样有巨大影响力的标志性公司的话，其他公司的破产自然也不会得到国家的救助。该事件在美国工业制造史甚至美国经济史中，都可作为经典案例供大家分析。

此外，美国政府在金融危机爆发后推出了总额为7 000亿美元的不良资产救助计划，有419家公司接受了政府的救助，包括高盛、美国运通、摩根大通等华尔街大银行。根据美国中小企业救助计划，美国政府从7 870亿美元经济刺激方案中划出7.3亿美元用于降低小企业的借贷成本，并将受小企业管理局贷款项目覆盖的所有贷款的担保比例提高至90%。美国政府还将斥资150亿美元解冻二级信贷市场，同时，政府还将要求接受政府救助的21家美国大银行每月向美国政府报告给予小企业的信贷金额，以此促进金融企业向小企业提供更多的信贷。美国信贷市场的停滞使中小企业面临困境，美国政府多方面采取救助措施，实际上是希望此举能帮助小企业迈出发展的第一步。当然，从美国宏观经济来看，金融危机导致失业率增至10%以上，而美国新增就业岗位的70%来自于小企业，美国政府将继续采取积极措施，确保小企业在美国经济复苏中发挥重大推动作用。

美国政府要求接受金融救助的大公司高管今年减薪15%

美国大企业的高管年薪过高已引起民众对华尔街高薪的极大不满。2010年3月，美国总统奥巴马责令仍未归还政府金融救助金额的大公司的高管于2010年减薪15%。财政部的肯尼思·范伯格当天发布声明说，美国国际集团（AIG）、克莱斯勒汽车公司、克莱斯勒金融公司、通用汽车公司及其下属的通用汽车金融服务公司的119名高层管理人员2010年的薪酬将比上年减少15%。这5家公司都在金融危机期间接受了纳税人的救助。根据这份声明，受到薪酬限制规定的公司中有82%的高管2010年现金薪酬将低于50万美元。2009年2月，美国国会通过立法，要求财政部监管接受政府不良资产救助公司的薪酬情况。2009年6月，美国财政部专门设立“薪酬”办公室，由肯尼思·范伯格负责落实这一法案。2009年10月22日，财政部公布了针对接受政府救助最多的7家大公司高管的限薪令。

美国接二连三地爆发大企业破产案，对于国际资本投资来说，正因为美国政府、企业（尤其是大企业）、家庭和个人之间严重缺乏流动性，所以需要国际资金的进入以解其资金短缺的困境。在这样的情况下，从国际资本流动的角度来看，这的确给国际资本提供了投资机会。如在以上案例中提到的意大利公司与美国汽车公司形成联盟，实际上是注资35%进行企业重组，这样欧洲跨国公司资本与美国汽车巨头可以组成新的公司，以此走出困境。

三、国际投资额与投资取向变动

国际资本流动的方向和投资额的多少取决于所在国的投资项目对于国际投资的利益回报率的高低。金融危机造成国际资本流动加快并不是因为有相当多的企业破产需要救助，从本国政府的角度考虑，自然是不得已而为之的事，但对于国际投资者而言，投资的利益显然是决定其投资取向的首要因素。这一点对于任何国家的投资者来说，其实并无两样。

投资总额变动是受投资取向决定的。投资总额是外商投资企业法中特有的概念。在组成上，投资总额实际上包括投资者缴付或认缴的注册资本和外商投资企业的借款。这与现在很多项目公司最低自有资金的限制存在相似之处。所谓的外商投资企业，其实质还是项目公司意义上的企业，并不是一般意义上的市场主体，而是为了一个具体的建设项目而在有效期限内存在的企业。国家在批准设立外商投资企业的同时，就批准了该外商投资企业的规模，这个规模就是外商投资企业投资总额。

在对外资的实际监管中，投资总额的意义是：①依据投资总额确定外商投资企业的注册资本；②依据投资总额确定外商投资企业免税进口自用设备的额度；③依据投资总额确定外商投资企业外汇贷款的额度；④依据投资总额确定外商投资企业的审批权限划分。以上对于投资总额的界定和基本做法在世界各国虽有所不同，但对投资总额进行管理也应大同小异。在这种情况下，任何国家都不管外国资本投资额度的大小而全部接受的做法，显然是行不通的。换言之，对于国际资本的投资，一般是希望有大的资本进入，这样才能形成经济规模，同时又希望对本国的企业更有利，甚至通过投资达到既能吸引外国的资金来解决本国企业的问题，同时又能对本国企业有更大的利益。其具体的做法主要是：

（1）关于外商投资企业投资总额，一般都有规定。例如，在中国，即规定投资总额在3 000 万美元以下的，可由省级对外贸易经济主管部门直接审批，但是根据法律、行政法规和部门规章的规定，属于应由商务部审批的特定类型或行业的外商投资企业，省级审批机关应将相关文件转报商务部，由商务部依法决定批准与否。另外，外商投资企业的登记机关与审批机关是相对应的，如商务部负责审批的，则申请人取得外商投资企业批准证书后应到国家工商总局进行企业登记。可见国际资本进入任何一个国家都必须按所在国的外资政策及制度规定办理相关手续。

（2）国际投资的特点是投资者并非一次性将所有投资资金都注入投资所在国。这就必然牵涉到投资总额与注册资本的关系问题。下面仍以外资在中国的投资总额与注册资金的相关规定为例来说明。根据 1987 年 2 月国家工商总局颁布的《关于中外合资经营企业注册资本与投资总额比例的暂行规定》，合资企业的注册资本和投资总额应保持一定的比例，两者的比例如下：①投资总额为 300 万美元以下（含 300 万美元）的，其注册资本至少应占投资总额的 7/10；②投资总额为 300 万至 1 000 万美元（含 1 000 万美元）的，其注册资本至少应占投资总额的 1/2，其中投资总额在 420 万美元以下的，其注册资本不得低于 210 万美元；③投资总额为 1 000 万至 3 000 万美元（含 3 000 万美元）的，其注册资本至少应占投资总额的 2/5，其中投资总额在 1 250 万美元以下的，其注册资本不得低于 500 万美元；④投资总额在 3 000 万美元以上的，其注册资本至少应占投资总额的 1/3，其中投资总额在 3 600 万美元以下的，其注册资本不得低于 1 200 万美元。

（3）国际投资取向与所在国产业集中度有直接关系。产业集中度也称为“市场集中度”，是指市场上产业、行业内少数核心企业产品的生产量、销售量、资产总额等对某产业、行业的支配程度。在进行产业结构调整和政府制定产业发展规划时，产业集中度成为经济发展的重要指标之一。这是因为在思考国家和地区经济发展方向或确定投资规模时，往往是以该产业、行业中几家有代表性的企业的某一指标占该产业、行业总量的百分比为依据。一个或若干个企业的市场集中度如何，不仅表明该企业在市场上的地位高低和对市场支配能力的强弱，也是该产业、行业发展前景及企业未来发展趋势与规模的重要标志。例如，电子、汽车等产业如果以某个汽车企业作为产业集中度考察对象，对于国际投资取向决策的制定至关重要。一般来说，与日本、美国等发达国家相比，我国工业企业的产业集中度较低，很难达到规模经济的要求。为了实现产业高度集中，对企业进行重组并购不仅能解决企业发展的问题，对于投资者来说，还是决定投资规模大小的主要依据。

当然，从产业发展本身来说，产业集中通常是指在社会生产过程中企业规模扩大的过程。它表现为全部企业中仅占很小比例的企业或数量很少的企业积聚或支配着占很大比例的生产要素。因此，集中又可以分为工业集中与产业集中。工业集中是以整个工业为考察范围，对各个不同产业生产能力分布状况的一种综合反映。产业集中是以某个具体的产业为考察对象，反映产业内资源在不同企业间分布的状况。集中度即集中的程度。产业集中度是针对特定产业而言的集中度，是用于衡量产业竞争性和垄断性的最常用指标。产业集中度之所以被国际投资企业如此重视，原因在于产业集中度高的产业中，企业对于价格决定有更多的支配权力，而定价权对于企业利润的形成无疑是最重要的。此外，由于国际竞争加剧，集中度高的企业有更强的国际竞争力。如在新药开发产业中，70%的新技术为美国制药公司所垄断，尤其是生物制药领域，美国生物制药企业与美国制药企业的总数比例说明美国生物制药企业的产业集中度要高得多。此外，对于德国、英国的制药企业而言，其产业集中度也意味着能在国际竞争中获得较多的市场份额。如果与中国的制药企业相比，中国企业的产业集中度显然要低得多。这对于国际投资者来说，如果此类企业的产业集中度过低，则意味着市场化程度低，其投入的资金规模就要大得多，因为市场培育与研究开发费用决定了未来的市场支配地位的变化。当然，这也表明如果投资取向不错的话，那么在未来的市场中应当占有相当大的份额。如果产业集中度过高，投入的资金也相对过高，因为较小的投资总额不会被所在国所接受，即便接受也很难在市场中有更大的支配权。

①产业组织理论中的产业集中度观点

传统产业组织理论以产业集中度作为反映市场竞争程度高低的最重要的指标，它的基本逻辑是：较高的产业集中度表明更多的销售额或其他经济活动被少数企业所控制，从而使这一小部分企业拥有相当高的市场支配力，特别是价格支配力，因此市场的竞争性较低。但非传统的产业组织理论对这一逻辑提出了质疑。该理论认为，市场的竞争性不仅与单个企业的市场份额有关，还与市场准入障碍等其他因素有关。正如保罗·萨缪尔森所指出的那样，一个由单个企业构成的产业的集中度可能为100%，但是如果潜在的供给弹性足够大的话，该厂商的垄断势力可以为零。如果存在着一种能带来垄断利润的价格，那么现有的垄断就会受到新进入者或该产业中原有边际厂商扩张引起的冲击。也就是说，在特定的市场条件下（如潜在的供给弹性足够大），集中度高并不意味着市场的竞争性弱，高集中度可能与激烈的竞争并存，尤其是在当今国际竞争的大环境下。

拓展学习

日本在东南亚的投资取向

日本在推行亚太经济战略之初，就提出把东盟作为亚太经济合作的主导力量，由此改变了自20世纪60年代以来以美国为主的投资战略，形成了日本企业率先南下投资的高潮。1985年发表的“中曾根主义”第一条就提出推进以东盟为主导的“构想”。日本不惜与美国争夺亚太经济合作的主导权，但却轻易地把它拱手让给东盟，主要考虑到东盟的人口总数为2.7亿，面积为306.97万平方千米，是一个主要以岛国和沿海国组成的西太平洋沿岸战略要地，马六甲海峡和霍尔木兹海峡是连接亚洲、非洲、欧洲以及大洋洲的交通要道。除新加坡外，其他国家的天然资源非常丰富。从70年代以来，东盟国家的经济发展与众多发展中国家相比不仅速度快，年增长率为4%至5%，而且具有很大的发展潜力。东盟五国的对外贸易总额由1979年的972亿美元增加到1983年的1 442亿美元，同期在世界贸易中的比重也由3.1%上升到4.3%。此外，东盟在日本经济中占有重要地位。东盟是日本重要资源的供应地，又是其仅次于美国的第二大贸易伙伴。1981年，在日本进口原料中东盟所占的比重为：天然橡胶99.5%，锡99.6%，木材98.3%，植物油64.4%，镍矿石52.2%，铜矿石39.7%，铝矾土30.2%，砂糖24.8%，原油16.8%。1983年日本和东盟的贸易总额为327.8亿美元，相当于1970年的9倍。同期，东盟在日本对外贸易总额中的比重由9.6%上升到12%，其中出口所占比重由9.3%上升到11.2%，进口所占比重由9.8%上升到12%。由于日本与东盟贸易关系的密切，所以东盟各国的态度成为日本亚太经济战略成败的关键。

问题与讨论

1. 日本政府及企业在亚洲的基本政策调整意味着什么？对“中曾根主义”的内容、战略意义和价值进行分组讨论。

2. 日本与美国的关系调整是以推出东盟作为东南亚的主导，这对美国来说意味着将减弱对东南亚的控制权，这可从越南战争后美国政策调整中看出。从美国全球战略考虑，美国政府的战略调整将对跨国公司有重大影响，美国跨国公司的国际投资会因此而减弱吗？

3. 从日本长期战略考虑，新东南亚政策中中日关系作什么样的调整？

思考题

1. 运用投资学原理，具体分析跨国投资中对所在国进行经济分析的主要方法。
2. 查阅网络资料，分别就中国对外投资的成功和失败案例进行分析。
3. 国际金融市场中的货币市场与金融衍生产品市场有什么区别？

作业题

1. 简述股市形成的历史原因与现代价值。
2. 简述黄金市场与黄金交易的理财原理。
3. 采用股指期货交易的策略与方法模拟股指期货交易。

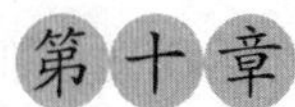

经济全球化与国际组织

随着经济全球化进程的推进，国际组织在全球性公共基础设施如信息网络的传播、发展中国家与发达国家在经济全球化方面的争端与冲突的解决、主权国家的救助等方面发挥了更大的作用，尤其是在世界各国之间发挥的协调作用，所解决的就不仅仅是经济问题了。

第一节　国际组织在经济全球化中的作用

“二战”结束时，为避免世界性战争再次发生，英国、法国、苏联、美国和中国五国提出建立国际组织的倡议，先后成立联合国、世界银行、国际货币基金组织等国际机构。随着20世纪70年代经济全球化的逐渐推进，国际组织在全球经济中的作用越来越明显。

一、联合国

众所周知，联合国是一个由主权国家组成的国际组织。1945年10月24日在美国加州旧金山签订的《联合国宪章》标志着全世界各主权国家的国际组织正式成立。由于联合国对所有“热爱和平的国家”开放，因此目前联合国已有近200个成员国。在经济全球化进程中，世界各国都不同程度地受到影响，尤其是在国际经济安全的重大问题上，需要国际社会采取一致行动，这就为联合国在未来的经济全球化进程中发挥更为重要的作用提出了新课题。

“联合国”概念的提出

1941年12月7日，日本偷袭美国太平洋海军基地珍珠港，使美国海军蒙受重大损失。此后，太平洋战争爆发。正当美国大肆进行战备动员时，英国首相丘吉尔于12月22日抵达华盛顿，与美国总统罗斯福会谈。为了建立世界反法西斯同盟，斯大林起草了《联合国家宣言》。1942年初，中、苏、美、英等26个国家在该宣言上签了字，这是第一次正式采用“联合国家”（也译为“联合国”）的名称。这个名称是斯大林在修改《联合国家宣言》的最终文本时提出来的，用以取代“协约国”和“同盟国”的提法。

1943年10月30日，苏、中、美、英四国代表在莫斯科会议上共同发表《普通安全宣言》，提出建立一个战后国际安全组织的主张。在这之后，苏、中、美、英又分别举行过几次国际会议，草拟了国际组织的章程，并就安理会表决程序达成协议，决定于1945年4月25日在美国旧金山召开联合国家关于国际组织的会议，以便正式制定《联合国宪章》。1945年6月26日，参加旧金山会议的50个国家一致通过了《联合国宪章》。同年10月24日，《联合国宪章》开始生效，联合国就此正式成立了。1946年1月10日至2月14日，第一届联合国大会第一阶段会议在伦敦举行，51个创始会员国的代表参加了这次会议，标志着联合国组织系统正式运作。

由此可见，在联合国发挥国际性作用的场合，并不是由某个国家就能主宰的，在处理重大国际经济安全问题时，世界各国都有责任和义务维护世界和平与稳定。而联合国的宗旨和各成员国所必须遵行的原则仍然是世界各国参与国际组织活动的规则。

联合国的宗旨和原则

联合国的宗旨：

(1) 维持国际和平及安全，防止且消除对于和平之威胁，制止侵略或其他破坏和平之行为；以和平方法且依正义及国际法之原则，调整或解决足以破坏和平之国际争端或情势。

(2) 发展国与国之间以尊重人民平等权利及自决原则为根据之友好关系，并采取其他适当办法，以增强普遍和平。

(3) 促成国际合作，以解决属于经济、社会、文化及人类福利性质之国际问题，且不分种族、性别、语言或宗教，增进并激励对于全体人类之人权及基本自由之尊重。

(4) 构成一协调各国行动之中心，以达成上述共同目的。

联合国的原则：

(1) 本组织系基于各会员国主权平等之原则。

(2) 各会员国应一秉善意，履行其依本宪章所担负之义务，以保证全体会员国由加入本组织而发生之权益。

(3) 各会员国应以和平方法解决其国际争端，避免危及国际和平、安全及正义。

(4) 各会员国在其国际关系上不得使用武力威胁，或以与联合国宗旨不符之任何其他方法，侵害任何会员国或国家之领土完整或政治独立。

(5) 各会员国对于联合国依本宪章规定而采取之行动，应尽力予以协助，对于正在采取与本宪章不符之行动的国家，各会员国不得给予协助。

(6) 本组织在维持国际和平及安全之必要范围内，应保证非联合国会员国执行上述原则。

(7) 本宪章不得认为授权联合国干涉在本质上属于任何国家国内管辖之事件，且并不要求会员国将该项事件依本宪章提请解决，但此项原则不妨碍第七章内执行办法之适用。

二、各国议会联盟

各国议会联盟（简称“议联”，Inter-Parliamentary Union）原名为“促进国际仲裁各国议会会议”，由英国下议院议员威廉·兰德尔·克里默和法国国民议会议员弗雷德里克·帕西联名发起成立，于1889年6月29日在法国巴黎召开了第一届大会，有来自三大洲9个国家的96名议员参加了本届会议。1894年通过章程，并设常设秘书处。1899年，在第九届大会上改名为“促进国际仲裁的各国议会联盟”。1922年改为现称。第二次世界大战后，议联发生了深刻的变化，从一个由议员参加的协会发展为由各国议会参加的国际组织，成为世界上不同政治制度国家立法机构之间进行对话和开展议会外交的中心，也是世界上最大的国际议会组织。

议联章程规定，议联是由各主权国家议会组成议员团参加的国际议会组织，作为各国议员之间对话的中心，致力于促进世界和平、保护人权、加强各国人民之间的合作和推动代议机制的发展。议联赞同联合国的目标，支持联合国的各项努力。1996 年议联与联合国缔结了合作协议，进一步密切了与联合国的合作，并与联合国有关机构合作举办了一系列活动，取得了良好的效果。议联还与具有共同信念的地区性议会组织以及国际、政府和非政府组织进行合作。多年来，议联以各种方式在维护和平、促进可持续发展、维护人权和妇女儿童权利、加强代议制机构等方面做了许多工作。特别是近年来，议联大会作为各国议会和议员进行交流的重要讲坛，讨论了很多重大国际问题，并以决议等形式表达了议联的声音，为国际社会所关注。议联已成为当今世界规模最大、代表性最广泛、最具影响力的国际议会组织。

议联总部设在日内瓦。截至 2005 年 9 月，议联共有 141 个成员和 7 个联系成员（欧洲议会、安第斯议会、中美洲议会、欧洲委员会议会、拉美议会、西非经济共同体议会、东非立法议会）。

1983 年 12 月 8 日，第六届全国人大常委会第三次会议通过了全国人大加入各国议会联盟的决定。1984 年 4 月 2 日，议联理事会通过决议，接纳中国全国人大代表团为议联成员。此后，中国全国人大代表团出席了议联第 71 届及以后的各届大会和一些专题会议。1996 年 9 月 16 日至 21 日，第 96 届议联大会在北京举行。2003 年 10 月，在日内瓦举行的第 109 届议联大会上，中国全国人大外事委员会副主任委员吕聪敏当选为议联执委会委员。2005 年 4 月 3 日至 8 日，第 112 届议联大会在菲律宾首都马尼拉举行，中国全国人大常委会副委员长韩启德率领中国代表团出席会议。2005 年 9 月，第二届世界议长大会在纽约联合国总部举行，有来自 150 多个国家和地区议会组织的议会领导人与会，吴邦国委员长率中国代表团出席了会议。

第二节　国际经济组织

国际经济组织主要有世界贸易组织、世界银行和国际货币基金组织三大组织。在经济全球化不断推进的过程中，由于以上三大组织在国际贸易、国际金融、国际投资方面发挥着重大作用，尤其是中国在经济崛起后与上述国际经济组织关系密切，因此它们对于包括中国在内的世界各国的经济发展发挥着重大影响。

一、世界贸易组织

1994 年 4 月 15 日，在摩洛哥的马拉喀什市举行的关贸总协定乌拉圭回合部长级会议决定将 1947 年的关贸总协定（GATT）更名为“世界贸易组织”（简称“世贸组织”；World Trade Organization，英文简称“WTO”）。世贸组织是一个独立于联合国之外的永久性国际组织，于 1995 年 1 月 1 日正式运作，负责管理世界经济和贸易秩序，总部设在瑞士日内瓦莱蒙湖畔。1996 年 1 月 1 日，它正式取代关贸总协定临时机构。世贸组织是具有法人地位的国际组织，在调解成员争端方面具有更高的权威性。与关贸总协定相比，世贸组织涵盖货物贸易、服务贸易以及知识产权贸易，而关贸总协定只适用于商品货物贸易。世贸组织成员分为四类：发达成员、发展中成员、转轨经济体成员和最不发达成员。2005 年 12 月，世贸组织总理事会在香港正式批准太平洋岛国汤加加入，其正式成员身份于一个月后生效。这样，世贸组织的正式成员增加到 150 个。

①建立世贸组织的设想及其发展历史

建立世贸组织的设想是在1944年7月举行的布雷顿森林会议上提出的，当时设想在成立世界银行和国际货币基金组织的同时，成立一个国际性贸易组织，从而使它们成为第二次世界大战后左右世界经济的“货币—金融—贸易”三位一体的机构。1947年，联合国贸易及就业会议签署的《哈瓦那宪章》同意成立世贸组织，后来由于美国的反对，世贸组织未能成立。同年，美国发起拟订关贸总协定，作为推行贸易自由化的临时契约。1986年，关贸总协定乌拉圭回合谈判启动后，欧共体和加拿大于1990年分别正式提出成立世贸组织的议案，1994年4月在摩洛哥马拉喀什举行的关贸总协定部长级会议上才正式决定成立世贸组织。

1947年至1993年，关贸总协定主持了8轮多边关税与贸易谈判，第八轮谈判于1986年9月15日至1993年12月15日在日内瓦举行，称为“乌拉圭回合”。第五轮谈判称为“狄龙回合”，第六轮称为“肯尼迪回合”，第七轮称为“东京回合”。世贸组织与国际货币基金组织、世界银行一起被称为世界经济发展的三大支柱。

2005年12月13日至18日，世贸组织第六次部长级会议在中国香港举行，会议通过了《部长宣言》，规定发达成员和部分发展中成员在2008年前向最不发达国家所有产品提供免关税、免配额的市场准入；发达成员2006年取消棉花的出口补贴，2013年底前取消所有形式的农产品出口补贴。

世贸组织的宗旨是：提高生活水平，保证充分就业和大幅度、稳步提高实际收入和有效需求；扩大货物和服务的生产与贸易；坚持走可持续发展之路，各成员方应促进对世界资源的最优利用、保护和维护环境，并以符合不同经济发展水平下各成员需要的方式，加强采取各种相应的措施；积极努力确保发展中国家，尤其是最不发达国家在国际贸易增长中获得与其经济发展水平相适应的份额和利益。其主要职能是：组织实施各项贸易协定；为各成员提供多边贸易谈判场所，并为多边谈判结果提供框架；解决成员间发生的贸易争端；对各成员的贸易政策与法规进行定期审议；协调与国际货币基金组织、世界银行的关系。

1995年7月11日，世贸组织总理事会会议决定接纳中国为该组织的观察员国。中国自1986年申请重返关贸总协定以来，为复关和加入世界贸易组织进行了长达15年的努力。2001年12月11日，中国正式加入世界贸易组织，成为其第143个成员。

中国加入世贸组织，中国的金融、证券市场的开放应服从于《服务贸易总协定》的六项基本原则和金融服务协议。中国的承诺是：

（1）金融业：金融服务协议对证券市场的开放提出了更具体的要求，包括各缔约方同意对外开放银行、保险、证券和金融信息市场，允许外国在国内建立金融服务公司并按竞争原则运行，外国公司享受与国内公司同等的进入市场的权利，取消跨境服务的限制，允许外国资本在投资项目中的比例超过50%。中国加入WTO后，美资银行可立即向外国客户提供所有外汇业务。中国加入WTO一年后，美国银行可向中国客户提供外汇业务，中美合资的银行将立即获准经营，外国独资银行将在五年内获准经营，外资银行将在两年内获准经营人民币业务，在五年内经营金融零售业务。

（2）保险业：根据中国加入WTO的承诺以及中美双边协议的有关内容，中国加入WTO后的五年之内，在谨慎原则下，中国保险业将在地域、业务范围、合资股权等方面向外资保险公司全面开放。2003年以来，越来越多的外资公司获得经营牌照和获准开设分支机构，包括英国商联、德国安联、荷兰保险等一批外资保险公司陆续开业运营，被批准进入中国市场营业或筹建营业性机构的外资保险公司已达34家。根据承诺，中国加入WTO后两年内，允许外资寿险公司、非寿险公司在北京、成都、重庆、福州、苏州、厦门、武汉和天津等地提供服务。为履行承诺，中国对保险法进行了修订。新的保险法规定，从2003年1月1日起，财险公司可经营短期的意外险和健康险。目前，很多财险公司都在紧锣密鼓地设计、打包销售意外险和健康险。新的保险法还规定，个人代理人只能代理一家寿险公司的产品，而专业代理公司可以代理多家寿险公司的产品。因此，业内人士预测，部分优秀的营销员有可能从保险公司独立出来，成立专业寿险营销公司。

（3）零售业：1992年7月以前，我国禁止外商在国内开办独资或合资的零售、批发企业。1992年7月，国务院批准在北京、上海、天津、广州、大连、青岛6个城市和深圳、珠海、汕头、厦门、海南5个经济特区各试办1~2个中外合资或合作经营的商业零售企业，项目由地方政府报国务院审批，企业经营范围为百货零售业务、进出口商品业务，不得经营商业批发业务和代理进出口业务，享有进出口的经营权，外汇自行平衡，进口商品限于在本企业零售的百货商品，年度进口总量不超过本企业当年零售总额的30%。1993年3月起允许“经国家批准，在一些城市和地区试办中外合资零售商业”。1995年6月发布的《外商投资产业指导目录》把商业零售列入“限制外商投资产业目录”，允许有限度地吸收外商投资。1995年10月之前，国务院正式批准北京燕莎友谊商场、上海第一八佰伴等15家中外合资合作零售企业成立。1995年10月，国务院批准在北京试办两家中外合资连锁商业企业。各项政策除比照中外合作商业零售企业外，还规定必须由中方控股51%以上，经营年限不能超过30年。这一阶段，中外合资零售业发展速度很快，很多企业采取各种变通手法，擅自开店。至1998年底，国务院正式批准的中外合资商业企业有20家，但是非试点企业有227家。1999年6月25日，经国务院批准，原国家经贸委、原外经贸部发布了《外商投资商业试点办法》，允许直辖市、省会城市、自治区首府、计划单列市及经济特区试办1~2家中外合资、合作商业企业，经济中心城市、商贸中心城市可增设1~2家。同时，经营类型由零售扩展到批发，允许在4个直辖市各试办一家经营批发业务的试点企业，其方式可采取与符合一定条件的零售企业兼营试点，在原来只许在北京、上海各开两家合资、合作连锁试点企业的基础上扩大到在上述经济和商贸中心城市有计划、有控制地开办合营的连锁商业企业。但只允许以直营连锁的形式开办，暂不允许自由连锁、特许连锁等形式。截至2001年底，经国家正式批准的外商投资零售商业项目有49家，但是各地越权审批的达到316家。2004年6月1日，《外商投资商业领域管理办法》正式实施，2004年底前我国对外资零售服务业设立的市场准入和资本准入限制全面放开。2004年6月1日实施的《外商投资商业领域管理办法》主要内容为：①外资进入商业的“门槛”大大降低；②投资商业领域进一步开放；③审批程序进一步简化。除直接规定“外资零售企业将获准在中国境内所有省级城市合法开店”外，还特别说明从2004年12月11日起，商业领域的开放将全面取消地域限制；外国零售商最早将于2004年12月起获准在内地的任何地方开设商铺，且无须寻找中方合作伙伴。据中华全国商业信息中心统计的超市企业单位面积销售额数据看，外资零售企业明显高于内资零售企业，外资企业平均每平方米销售额为2.06万元，内资企业平均每平方米销售额只有1.4万元。在最具竞争力的国内大型综合超市中，外资已明显占据主导地位。世界著名营销大师麦卡锡预言：在未来3~5年内，中国零售业60%的零售市场将由3~5家世界级零售巨头控制，30%的市场将由国家级零售巨头控制，剩下不到10%的市场零头则掌握在区域性零售巨头手中。

(4) 汽车业：2006 年，我国汽车整车和零部件进口关税分别下降到25%和10%，汽车工业依靠高关税和配额保护的局面基本结束。应该承认，随着我国城市化进程的加快，当汽车大量进入居民家庭后，新的大城市发展机遇开始到来。此外，经济全球化进程加快，如何调整中国的能源安全战略，形成有利于我国经济社会长期稳定发展的石油安全保证供应机制，乃是中国能源发展战略的基本任务，这对于中国汽车产业的发展也是一个严峻的考验。由于受汽车产业全球化分工体系的影响，中国汽车制造能力将更多地体现在零部件的生产上。可以说，中国汽车正经历从汽车工业到汽车产业再到汽车社会的巨大变化。这是中国加入世界贸易组织后不得不考虑的大问题。

二、世界银行

世界银行即世界银行集团（WBG），包括国际复兴开发银行（IBRD）、国际开发协会（IDA）、国际金融公司、多边投资担保机构和解决投资争端国际中心。“二战”结束时，布雷顿森林会议上决定成立世界银行的最初目的是帮助欧洲国家和日本在“二战”后的重建，辅助非洲、亚洲和拉丁美洲国家的经济发展。1946 年 6 月 25 日世界银行开始运行，1947 年 5 月 9 日它批准了第一批贷款即向法国贷款 2.5 亿美元。目前世界银行的五个机构分别侧重于不同的发展领域，运用各自的比较优势协力实现共同的最终目标，即减轻贫困。这些机构联合向发展中国家提供低息贷款、无息信贷和赠款。今天，世界银行主要的帮助对象是发展中国家，帮助它们建设教育、农业和工业设施。它向成员国提供优惠贷款，同时也会向受贷国提出一定的要求，如减少贪污或建立民主等。

1980 年，中国恢复世界银行的成员国地位，次年接受了世界银行的第一笔贷款。20 世纪 90 年代初，世界银行开始向东欧国家和苏联发放贷款。目前世界银行有 184 个成员国，世界银行集团的所有组织都有由 24 个成员组成的董事会，每个董事代表一个国家或一组国家。董事由该国或国家群任命。世界银行作为联合国全球环境基金的执行机构，其总部在华盛顿哥伦比亚特区，它是一个非营利国际组织，其成员国拥有所有权。每个世界银行集团机构的拥有权属于其成员国政府，这些成员国的表决权按其所占股份的比例而定。每个成员国的表决权分为两个部分：第一个部分是基本表决权，这部分所有成员国是相同的；第二个部分是加权表决权，这部分根据每个成员国缴纳的会费不同而不同，由于大多数成员国是发展中国家，所以其表决权主要受发达国家控制。2004 年 11 月 1 日，美国拥有 16.4%的表决权，日本7.9%，德国4.5%，英国和法国各4.3%。2010 年4 月25 日，发达国家向发展中国家转移投票权的改革方案得以通过，这次改革使中国在世界银行的投票权从 2.77%提高到了 4.42%，成为世界银行第三大股东国，仅次于美国和日本。

由于任何重要的决议必须由 85%以上的表决权决定，美国一国可以否决任何决议，因此世界银行始终受到批评。批评家认为，应采取一个更民主的管理方式才能更加符合发展中国家的需要。

世界银行的资金来源主要为：①各成员国缴纳的股金；②向国际金融市场借款；③发行债券和收取贷款利息。世界银行向政府或公共企业贷款，不过政府或“主权”必须保证偿还贷款。贷款的基金主要来自发行世界银行债券。这些债券的信用级别被列为最高的 AAA 级，由于世界银行的信用级别非常高，因此它可以以非常低的利率贷款。由于大多数发展中国家的信用级别比这个贷款的信用级别低得多，即使世界银行向受贷人提取约 1%的管理费，对这些国家来说也是非常有吸引力的。此外，世界银行集团的国际开发协会还向人均年收入少于500美元的最贫穷的国家提供无息贷款，贷款期约为30年。国际开发协会的基金直接来自成员国的贡献。

世界银行与国际货币基金组织同为联合国属下的专门机构。世界银行于1945年12月正式宣告成立，1946年6月开始办理业务，1947年11月成为联合国的专门机构。该行的成员国必须是国际货币基金组织的成员国，但国际货币基金组织的成员国不一定都加入世界银行。世界银行与国际货币基金组织两者起着相互配合和补充的作用。国际货币基金组织主要负责国际货币事务方面的问题，其主要任务是向成员国提供解决国际收支暂时不平衡的短期外汇资金，以消除外汇管制，促进汇率稳定和国际贸易的扩大。世界银行则主要负责经济的复兴和发展，向各成员国提供发展经济的中长期贷款。

按照《国际复兴开发银行协定》的规定，世界银行的宗旨是：第一，通过对生产事业的投资，协助成员国经济的复兴与建设，鼓励不发达国家对资源的开发。第二，通过担保或参加私人贷款及其他私人投资的方式，促进私人对外投资。当成员国不能在合理条件下获得私人资本时，可运用该行自有资本或筹集的资金来补充私人投资的不足。第三，鼓励国际投资，协助成员国提高生产能力，促进成员国国际贸易的平衡发展和国际收支状况的改善。第四，在提供贷款保证时，应与其他方面的国际贷款配合。1984年，世界银行对贷款方式作了新的分类，它们是：①特定投资贷款；②部门贷款；③结构调整贷款；④技术援助贷款；⑤紧急复兴贷款；⑥联合贷款。其中，“特定投资贷款”的全部和“部门贷款”的一部分属项目贷款，余者属非项目贷款。

国际社会对世界银行的批评

虽然全世界许多贫穷的政府依靠世界银行来资助它们的发展计划，但世界银行却常常受到大公司“新殖民主义”全球化反对者的批评。这些反全球化人士也是世界银行最主要的批评者，他们批评世界银行使用各种结构性调整措施削弱受贷国家政府的主权、追求经济自由主义和削弱国家的作用。一个总的批评是世界银行在政治上受到一些国家尤其是美国的影响，因此其政策往往趋向这些国家的利益。另一个批评是世界银行的宗旨是新自由主义，其原则是相信市场是唯一可以为一个国家带来财富的机能。一个国家只有实行自由市场竞争才能昌盛。但是在有军事冲突（内战或外战）的国家中，在长期被压迫（独裁或殖民统治）的国家中，以及在政治不稳定和不民主的国家中，新自由主义的原则和改革不起作用。在这些情况下，世界银行偏向引入外国企业从而摧毁当地经济系统的发展。另一方面，自由主义者批评世界银行完全是一个政治组织。他们认为世界银行不相信市场调节经济的能力，而是一个国家拥有的调整国际经济的工具，其目的是掩盖这些国家的政策对世界经济的控制。

中国是世界银行的创始国之一，新中国成立后，中国在世界银行的席位长期为台湾当局所占据。1980年5月15日，中国在世界银行及其下属的国际开发协会和国际金融公司的合法席位得到恢复。1980年9月3日，该行理事会通过投票同意将中国在该行的股份从原来的7 500股增加到12 000股。中国在世界银行有投票权。在世界银行的执行董事会中，中国单独派有一名董事。中国从1981年起开始向该行借款。此后，中国与世界银行的合作逐步展开、扩大，世界银行通过提供期限较长的项目贷款推动了中国交通运输、行业改造、能源、农业等国家重点建设以及金融、文卫和环保等事业的发展，同时还通过其本身的培训机构，为中国培训了大批了解世界银行业务、熟悉专业知识的管理人才。中国在国际开发协会的席位得到恢复后，在协会中享有投票权。国际开发协会主要向中国提供长期低息贷款，用于中国基础设施的建设与完善。中国在国际金融公司的席位得到恢复后，按规定认缴股金并享有投票权。目前，中国与国际金融公司的业务往来日益密切。从1987年该公司开始向中国的中外合资企业提供融资开始，援助的范围不断扩大，现已涉及包括中外合资企业、集体企业（含乡镇）、私营企业及实行股份制的企业等，为这些企业竞争能力的提高及多种所有制经济成分的发展作出了一定的贡献。

三、国际货币基金组织

国际货币基金组织于1945年12月27日成立，与世界银行并列为世界两大金融机构之一，其职责是监察货币汇率和各国贸易情况、提供技术和资金援助，确保全球金融制度运作正常，其总部设在华盛顿。

1944年，联合国赞助的货币金融会议于美国新罕布什尔州的布雷顿森林举行。7月22日，各国在会议上签订了成立国际货币基金组织的协议。1946年5月国际货币基金组织正式成立，1947年3月1日正式运作。1947年11月15日成为联合国的专门机构，在经营上有其独立性。总部设在华盛顿。基金组织的最高权力机构为理事会，由各成员派正、副理事各一名组成，一般由各国的财政部部长或中央银行行长担任。每年9月举行一次会议，各理事会单独行使本国的投票权，各国投票权的大小由其所缴基金份额的多少决定；执行董事会负责日常工作，行使理事会委托的一切权力，由24名执行董事组成，其中8名分别由美国、英国、法国、德国、日本、俄罗斯、中国、沙特阿拉伯指派，其余16名执行董事由其他成员分别组成16个选区选举产生；中国为单独选区，亦有一席位。执行董事每两年选举一次；总裁由执行董事会推选，负责基金组织的业务工作，任期为5年，可连任，另外还有3名副总裁。基金组织设5个地区部门（非洲、亚洲、欧洲、中东、西半球）和12个职能部门（行政管理、中央银行业务、汇兑和贸易关系、对外关系、财政事务、国际货币基金学院、法律事务、研究、秘书、司库、统计、语言服务局）。该组织的临时委员会被看作国际货币基金组织的决策和指导机构。该委员会由24名执行董事组成，在政策合作与协调，特别是在制定中期战略方面发挥作用。国际货币基金组织每年与世界银行共同举行年会。

中国是国际货币基金组织的创始国之一。1980年4月17日，该组织正式恢复中国的代表权。中国在该组织中的份额为80.901亿美元特别提款权，占总份额的3.72%。中国共拥有81 151张选票，占总投票权的3.66%。中国自1980年恢复在国际货币基金组织的席位后单独组成一个选区并派一名执行董事。1991年，该组织在北京设立常驻代表处。

①会员资格

加入国际货币基金组织的申请首先会由基金组织的董事局审议。之后，董事局会向管治委员会提交“会员资格决议”报告，内容包括该申请国可以从基金中分到多少配额以及应遵守的条款。管治委员会接纳申请后，该国需要修改法律，确认签署的入会文件，并承诺遵守组织的规则。而且成员国的货币不能与黄金挂钩（不能兑换该国的储备黄金）。成员国的配额决定了一国的应付会费、投票权力、接受资金援助的份额及特别提款权的数量。

国际货币基金组织是有185个国家参与的国际组织，致力于促进全球金融合作、加强金融稳定、推动国际贸易、协助各国提高就业率和进行可持续发展，除朝鲜、列支敦士登、古巴、安道尔、摩纳哥、图瓦卢和瑙鲁外，所有联合国成员国而且只能是联合国成员国才有权直接或间接成为该组织的成员。

国际货币基金组织的宗旨是通过一个常设机构来促进国际货币合作，为国际货币问题的磋商和协作提供方法；通过国际贸易的扩大和平衡发展，把促进和保持成员国的就业、生产资源的发展、实际收入的提高作为经济政策的首要目标；稳定国际汇率，在成员国之间保持有秩序的汇价安排，避免竞争性的汇价贬值；协助成员国建立经常性交易的多边支付制度，消除妨碍世界贸易的外汇管制；在有适当保证的条件下，基金组织向其成员国临时提供普通资金，使其有信心利用此机会纠正国际收支的失调，而不采取危害本国或国际繁荣的措施；按照以上目的，缩短成员国国际收支不平衡的时间，减轻不平衡的程度等。国际货币基金组织的主要职能是制定成员国间的汇率政策和经常项目的支付以及货币兑换性方面的规则，并进行监督；对发生国际收支困难的成员国在必要时提供紧急资金融通，避免其他国家受其影响；为成员国提供有关国际货币合作与协商等会议场所；促进国际金融与货币领域的合作；促进国际经济一体化的步伐；维护国际汇率秩序；协助成员国之间建立经常性多边支付体系等。

国际货币基金组织的议事规则

国际货币基金组织的议事规则很有特点，执行加权投票表决制。投票权由两部分组成，即每个成员国都有250票基本投票权以及根据各国所缴基金份额所得到的加权投票权。由于基本票数各国一样，因此在实际决策中起决定作用的是加权投票权。加权投票权与各国所缴基金份额成正比，而份额又是根据一国的国民收入总值、经济发展程度、战前国际贸易幅度等多种因素确定的。目前国际货币基金组织的投票权主要掌握在美国、欧盟和日本手中，中国的份额甚至不如比利时与荷兰的总和。美国是国际货币基金组织的最大股东，拥有17.4%的份额，中国仅占2.98%，显然不能准确反映中国在世界经济中日益增加的重要性。国际货币基金组织这种以经济实力划分成员国发言权和表决权的做法与传统国际法的基本原则显然是相悖的，引起了不少国家尤其是发展中国家的不满。据统计，基本投票权曾经超过国际货币基金组织所有投票权的15%，但由于国际货币基金组织的扩大，现在只占总数的2%。目前美国在国际货币基金组织中占有16.83%的投票权，中国现在只占4.42%。国际货币基金组织的重大议题都需要85%的通过率，因此美国享有实际否决权。即便中国向国际货币基金组织注资，对中国在国际货币基金组织地位改变的作用也不大。

该组织的资金来源于各成员国认缴的份额。成员国享有提款权，即按所缴份额的一定比例借用外汇。1969年又创设“特别提款权”的货币（记账）单位，作为国际流通手段的一个补充，以缓解某些成员国的国际收入逆差。成员国有义务提供经济资料，并在外汇政策和管理方面接受该组织的监督。

特别提款权（special drawing right，英文简称“SDR”）是国际货币基金组织创设的一种储备资产和记账单位，亦称“纸黄金”（paper gold）。它是基金组织分配给成员国的一种使用资金的权利。成员国在发生国际收支逆差时，可用它向基金组织指定的其他成员国换取外汇，以偿付国际收支逆差或偿还基金组织的贷款，还可与黄金、自由兑换货币一样充当国际储备。但由于其只是一种记账单位，不是真正的货币，使用时必须先换成其他货币，不能直接用于贸易或非贸易的支付。因为它是国际货币基金组织原有的普通提款权以外的一种补充，所以称为“特别提款权”。特别提款权创立初期，它的价值由含金量决定，当时规定35个特别提款权单位等于1盎司黄金，即与美元等值。1971年12月18日，美元第一次贬值，而特别提款权的含金量无变动，因此1个特别提款权就上升为1.085 71美元。1973年2月12日，美元第二次贬值，特别提款权的含金量仍未变化，1个特别提款权再上升为1.206 35美元。1973年，西方主要国家的货币纷纷与美元脱钩，实行浮动汇率以后，汇价不断发生变化，而特别提款权与美元的比价仍固定在每单位等于 1.206 35 美元的水平上，特别提款权对其他货币的比价都是按美元对其他货币的汇率来换算的，特别提款权完全失去了独立性，引起了许多国家的不满。20 国委员会主张用“一篮子”货币作为特别提款权的定值标准，1974 年 7 月，基金组织正式宣布特别提款权与黄金脱钩，改用“一篮子”16 种货币作为定值标准。这 16 种货币包括截至 1972 年的前五年中在世界商品和劳务出口总额中占 1% 以上的成员国的货币，除美元外，还有联邦德国马克、日元、英镑、法国法郎、加拿大元、意大利里拉、荷兰盾、比利时法郎、瑞典克朗、澳大利亚元、挪威克朗、丹麦克朗、西班牙比塞塔、南非兰特以及奥地利先令。每天依照外汇行市变化公布特别提款权的牌价。1976 年 7 月，基金组织对“一篮子”中的货币作了调整，去掉丹麦克朗和南非兰特，代之以沙特阿拉伯里亚尔和伊朗里亚尔，对“一篮子”中的货币所占比重也作了适当调整。为了简化特别提款权的定值方法，增强特别提款权的吸引力，1980 年 9 月 18 日，基金组织又宣布将“一篮子”货币简化为 5 种货币，即美元、联邦德国马克、日元、法国法郎和英镑，它们在特别提款权中所占比重分别为 42%、19%、13%、13%、13%。1987 年，货币篮子中 5 种货币权数依次调整为 42%、19%、15%、12%、12%。因此其实现在一单位的特别提款权里包含的已经不只是美元了。2005 年 12 月 31 日，国际货币基金组织的“一篮子”货币在特别提款权中所占的比例分别为美元（44%）、欧元（34%）、日元（11%）、英镑（11%），1 个特别提款权为 1.429 27 美元。

成员国在国际收支困难时，可以向基金组织申请外汇资金贷款。但其用途限于短期性经常收支的不平衡，各成员国均可利用基金组织的资金，其最高限额为该国摊额的 2 倍，而在此限额内 1 年仅能利用摊额的 25%。后来，基金组织慢慢放宽了成员国对于资金利用的限制，以配合实际需要。国际货币基金组织对外汇汇率采取平价制度，规定各成员国均须设定本国货币的平价。基金组织规定：会员国的货币平价一概用黄金 1 盎司（英两）等于 35 美元表示。各国外汇买卖价格上下变动不得超过平价的 1%。1971 年史密松宁协定成立后，此现货汇率的波动幅度已扩大为平价上下 2.25% 的范围，而决定平价的标准也由黄金改为特别提款权。至于经基金组织公布的平价，非经基金组织同意不得变更。但如果成员国的国际收支发生基本不均衡时，即可向基金组织提出调整平价的要求。调整幅度在平价的 10% 以内时，成员国可自行调整后由基金组织予以追认；调整幅度超过 10% 以上时，则须先经基金组织同意才能调整。这种平价制度就是可调整的盯住汇率。虽然与金汇兑本位制颇接近，但基金组织的平价是由基金组织与成员国所决定的，而金汇兑本位制则是由黄金含量比例所决定的。

阿根廷的灾难

阿根廷因采用布雷顿森林体系提出的经济政策而被国际货币基金组织推崇为模范国家。然而，2001 年，该国出现灾难性的金融危机，不少人相信是由基金组织倡议的紧缩财政预算和私有化重要资源开发项目所致。紧缩的预算削弱了政府维持基础建设、福利、教育服务的能力。阿根廷的金融危机加深了南美洲国家对基金组织的怨恨，这些国家指责基金组织，要求其为南美地区的经济问题负责。受到阿根廷经济危机的影响，目前南美地区的政府渐走中间偏左的路线，并极力摆脱商业企业对经济政策的压力。

另一个引起争议的国家是肯尼亚。原本肯尼亚的中央银行控制了该国货币的流动，国际货币基金组织提出协助后，要求其放宽货币政策。调整后不但外商投资大减，在贪污官员的腐蚀下，亏空了数以十亿计的肯尼亚先令，肯尼亚的财政状况比之前更差。

第三节　区域性组织

除国际性组织外，世界各大洲及地区也成立了相当有影响力的地区性组织。在经济全球化进程中，地区性组织在推进区域经济一体化进程中发挥着极为重要的作用，并且已产生相当大的影响。其中欧洲联盟、东南亚国家联盟等区域性组织与中国在经济技术合作、贸易和文化交流等方面的关系更为密切。在未来经济全球化发展过程中，区域性组织的作用和影响将更为显著。

一、欧洲联盟

欧洲联盟（简称“欧盟”）是由欧洲共同体发展而来的，其最大的特点是政治实体与经济实体相结合，成为目前世界上最具影响力的区域一体化组织。欧盟的宗旨是“通过建立无内部边界的空间，加强经济、社会的协调发展和最终建立实行统一货币的经济货币联盟，促进成员国经济和社会的均衡发展”，“通过实行共同外交和安全政策，在国际舞台上弘扬联盟的个性”。

1 欧洲统一的社会文化思潮

1946年9月，英国首相丘吉尔曾提议成立“欧洲合众国”。1950年5月9日，法国外长罗伯特·舒曼提出欧洲煤钢共同体计划即“舒曼计划”，旨在约束德国。1951年4月18日，欧共体创始国法国、联邦德国、意大利、荷兰、比利时和卢森堡六国签订了为期50年的《关于建立欧洲煤钢共同体的条约》。1955年6月1日，参加欧洲煤钢共同体的六国外长在意大利墨西拿举行会议，建议将煤钢共同体的原则推广到其他经济领域，并建立共同市场。1957年3月25日，6国外长在罗马签订了建立欧洲经济共同体与欧洲原子能共同体的两个条约，即《罗马条约》，于1958年1月1日生效。1965年4月8日，六国签订了《布鲁塞尔条约》，决定将欧洲煤钢共同体、欧洲原子能共同体和欧洲经济共同体统一起来，统称为欧洲共同体（简称“欧共体”），条约于1967年7月1日生效。欧共体总部设在比利时布鲁塞尔。1991年12月11日，欧共体马斯特里赫特首脑会议通过了成立欧洲经济货币联盟和欧洲政治联盟的《欧洲联盟条约》（通称《马斯特里赫特条约》，简称《马约》）。1992年2月1日，各国外长正式签署《马约》。经欧共体各成员国批准，《马约》于1993年11月1日正式生效，欧共体开始向欧洲联盟过渡。1993年11月1日，《马约》正式生效，欧共体更名为欧盟。这标志着欧共体从经济实体向经济政治实体过渡。1995年，奥地利、瑞典和芬兰加入，使欧盟成员国扩大到15个。2002年11月18日，欧盟十五国外长会议决定邀请塞浦路斯、匈牙利、捷克、爱沙尼亚、拉脱维亚、立陶宛、马耳他、波兰、斯洛伐克和斯洛文尼亚10个中东欧国家入盟。2003年4月16日，在希腊首都雅典举行的欧盟首脑会议上，上述十国正式签署入盟协议。2004年5月1日，这10个国家正式成为欧盟的成员国。这是欧盟历史上的第五次扩大，也是规模最大的一次扩大。2007年1月，罗马尼亚和保加利亚两国加入欧盟。欧盟经历了6次扩大，成为一个涵盖27个国家、总人口超过4.8亿的当今世界上经济实力最强、一体化程度最高的国家联合体。截至2007年1月，欧盟共有27个成员国，即法国、德国、意大利、荷兰、比利时、卢森堡、英国、丹麦、爱尔兰、希腊、葡萄牙、西班牙、奥地利、瑞典、芬兰、马耳他、塞浦路斯、波兰、匈牙利、捷克、斯洛伐克、斯洛文尼亚、爱沙尼亚、拉脱维亚、立陶宛、罗马尼亚、保加利亚。欧盟成立后，经济迅速发展，1995 年至 2000 年，经济增速达 3%，人均国内生产总值由 1997 年的 1.9 万美元上升到 1999 年的 2.06 万美元。

欧洲共同体的基础文件《罗马条约》规定其宗旨是：在欧洲各国人民之间建立不断的、日益密切的、联合的基础，清除分裂欧洲的壁垒，保证各国经济和社会的进步，不断改善人民生活和就业的条件，并通过共同贸易政策促进国际交换。在修改《罗马条约》的《欧洲单一文件》中强调：欧共体及欧洲合作旨在共同切实促进欧洲团结的发展，共同为维护世界和平与安全作出应有的贡献。

欧盟的诞生使欧洲的商品、劳务、人员、资金能够自由流通，使欧洲的经济增长速度快速提高。欧共体是世界上一支重要的经济力量。十二国面积为 236.3 万平方千米，人口 3.46 亿。1992 年，欧共体十二国的国内生产总值为 68 412 亿美元（按当年汇率和价格）。欧共体是世界上最大的贸易集团，1992 年外贸总额约为 29 722 亿美元，其中出口 14 518.6 亿美元，进口 15 202.7 亿美元。欧盟成立后，经济快速发展，1995 年至 2000 年，经济增速达 3%，人均国内生产总值由 1997 年的 1.9 万美元上升到 1999 年的 2.06 万美元。欧盟的经济总量从 1993 年的约 6.7 万亿美元增长为 2002 年的近 10 万亿美元。

目前，欧盟的经济实力已经超过美国居世界第一。随着欧盟的扩大，欧盟的经济实力将进一步加强，尤其重要的是，欧盟不仅因为新加入国家正处于经济起飞阶段而拥有更大的市场规模与市场容量，而且拥有世界上最大的资本输出国和商品与服务出口国，再加上欧盟相对宽松的对外技术交流与发展合作政策，对世界其他地区的经济发展特别是包括中国在内的发展中国家至关重要。欧盟可以称得上是个“经济巨人”。2006 年，欧盟的国内生产总值为 13.6 万亿美元，人均 GDP 约为 28 000 美元。

①欧盟统一货币：欧元

欧盟是世界上首次发行区域性货币的地区组织。1999 年 1 月 1 日，欧元正式启用。除英国、希腊、瑞典和丹麦外的 11 个国家于 1998 年成为首批欧元国。2000 年 6 月，欧盟在葡萄牙北部城市费拉举行的首脑会议批准希腊加入欧元区。2002 年 1 月 1 日零时，欧元正式流通。2006 年 7 月 11 日，欧盟财政部长理事会正式批准斯洛文尼亚在 2007 年 1 月 1 日加入欧元区，这将是欧元区的首次扩大，同时该国成为新加入欧盟的 10 个中东欧国家中第一个加入欧元区的国家。2008 年 6 月 19 日欧盟峰会批准斯洛伐克在 2009 年加入欧元区，于是该国成为第 16 个使用欧元的欧盟成员国。

1975 年 5 月，中国与欧盟（其前身为欧洲共同体）建交。多年来，在双方的共同努力下，中欧关系得到了长足发展。在政治领域，近年来，欧盟先后制定了《欧中关系长期政策》、《欧盟对华新战略》和《与中国建立全面伙伴关系》等对华政策文件。这些文件认为“欧洲同中国的关系必然成为欧洲对外关系，包括亚洲和全球关系中的一块基石”，主张同中国建立全面的伙伴关系。与此同时，中国也一再重申，中国与欧盟都是当今世界舞台上维护和平、促进发展的重要力量，全面发展同欧盟及其成员国长期稳定的互利合作关系也是中国对外政策的重要组成部分。

中国与欧盟的双边经贸合作频繁。据中国海关统计，1997 年，中国同欧盟国家贸易总额为 430 亿美元，而 1999 年则达 557 亿美元。欧盟是继日本和美国之后的中国第三大贸易伙伴，是中国引进外资及技术的重要地区。中国则是居美国、瑞士和日本之后的欧盟第四大贸易伙伴。据统计，20 世纪 90 年代以来，欧盟对华投资项目已达近 1.2 万个，协议金额近 400 亿欧元，实际投资达 220 亿欧元。欧盟对华投资大项目较多，而且技术含量高。2000 年 5 月 19 日，中国与欧盟就中国加入世界贸易组织达成双边协议。9 月 8 日，欧盟委员会发表《欧盟中国关系报告》，指出欧盟与中国的关系在过去两年里得到加强并快速发展。欧盟认为越来越多的双边交往增进了相互了解，有利于互助互利。欧中双方建立的每年一度的领导人会晤制度及欧盟与中国签署关于中国加入世贸组织协议是欧中关系快速发展最有力的证明。

二、东南亚国家联盟

东南亚国家联盟（简称“东盟”；Association of South East Asian Nations，英文简称“ASEAN”）的前身是马来亚（现马来西亚）、菲律宾和泰国于 1961 年 7 月 31 日在曼谷成立的“东南亚联盟”。1967 年 8 月 7 ~ 8 日，印度尼西亚、泰国、新加坡、菲律宾四国外长和马来西亚副总理在曼谷举行会议，发表了《曼谷宣言》，正式宣告东南亚国家联盟成立。同年 8 月 28 ~ 29 日，马、泰、菲三国在吉隆坡举行部长级会议，决定由东南亚国家联盟取代东南亚联盟。截至 2000 年底，东盟共有 10 个成员国，即文莱（1984 年）、柬埔寨（1999 年）、印度尼西亚、老挝（1997 年）、马来西亚、缅甸（1997 年）、菲律宾、新加坡、泰国、越南（1995 年），总面积约 450 万平方千米，人口约 5.12 亿，观察员国为巴布亚新几内亚。

《东南亚国家联盟成立宣言》确定的宗旨和目标是：①以平等与协作精神共同努力促进本地区的经济增长、社会进步和文化发展；②遵循正义、国家关系准则和《联合国宪章》，促进本地区的和平与稳定；③促进经济、社会、文化、技术和科学等问题的合作与相互支援；④在教育、职业和技术及行政训练和研究设施方面互相支援；⑤在充分利用农业和工业、扩大贸易、改善交通运输、提高人民生活水平方面进行更有效的合作；⑥促进对东南亚问题的研究；⑦同具有相似宗旨和目标的国际和地区组织保持紧密和互利的合作，探寻与其更紧密的合作途径。

随着中国经济的崛起，东盟同中国经济技术合作和经贸交流日益频繁。近年来，东盟积极开展多方位外交，在地区和国际事务中发挥着越来越重要的作用。1994 年 7 月东盟倡导成立东盟地区论坛（ARF），其成员包括东盟九国、中国、日本、韩国、美国、加拿大、澳大利亚、新西兰、俄罗斯、巴布亚新几内亚、柬埔寨、印度、蒙古和欧盟，与会各方主要就共同关心的亚太地区的政治和安全问题交换意见。1994 年 10 月，东盟倡议召开亚欧会议（ASEM）。中国同东盟所有成员建立了外交关系，并于 1996 年成为东盟全面对话伙伴国。近几年来，中国同东盟关系顺利发展，高层往来频繁，政治经济联系日益密切。1998 年 3 月在英国伦敦举行了两次领导人会议，来自亚洲的东盟九国、中、日、韩和欧盟十五国以及欧盟委员会的领导人齐聚一堂，就促进政治对话、加强经济合作等问题进行了全面的探讨。1999 年 9 月，在东盟的倡议下，东亚—拉美合作论坛（FEALAC）成立。2001 年，我国与东盟双边贸易额为 416.2 亿美元，同比增长 5.3%。其中我国出口 183.9 亿美元，增长 6.9%；进口 232.3 亿美元，增长 4.7%。贸易逆差 48 亿美元，增长 0.1%。东盟与我国互为第五大和第六大贸易伙伴。

2007 年 11 月 20 日，参加第 13 届东盟首脑会议的东盟成员国领导人签署了具有划时代意义的《东盟宪章》。它是东盟成立以来第一份对其所有成员国具有普遍法律约束力的文件。这一文件的签署是东盟在机制化和法制化建设上的重要举措，是建立东盟共同体的重要法律保障，是东盟的一个重要里程碑。在当天举行的签字仪式上，东盟十国领导人还签署了《东盟经济共同体蓝图宣言》、《东盟环境可持续性宣言》及《东盟关于气候变化宣言》等重要文件，为加快东盟一体化发展奠定了基础。

《东盟宪章》的主要内容

东盟的基本目标是：维护并加强本地区和平、安全与稳定；保持本地区无核武化，支持民主、法制和宪政，为东盟居民提供公正、民主与和谐的和平环境；致力于经济一体化建设，构建稳定、繁荣和统一的东盟市场和生产基地，实现商品、服务和投资自由化，促进商界人士、技术人才和劳动力的自由往来；增强合作互助，在本地区消除贫困、缩小贫富差距；加强开发人力资源，鼓励社会各部门参与，增强东盟的大家庭意识。其原则是：继续坚持不干涉内政的基本原则；尊重各成员国的主权、领土完整和民族特性；坚持以和平手段解决纷争；不干涉成员国内政；就涉及关系东盟共同利益的事宜加强磋商机制，依照东盟条约和国际惯例解决纷争，棘手问题将交由东盟首脑会议协商决定。《东盟宪章》对东盟各成员国都具有约束力，赋予东盟法人地位。

三、阿拉伯国家联盟

1945 年 3 月，埃及、伊拉克、约旦、黎巴嫩、沙特阿拉伯、叙利亚和也门 7 个阿拉伯国家的代表在开罗举行会议，为加强阿拉伯国家的联合与合作，通过了《阿拉伯国家联盟条约》，成立了阿拉伯国家联盟（简称“阿盟”，League of Arab States），阿盟也是一个地区性国际组织。到 1993 年，该组织共有 22 个成员国，即阿尔及利亚、阿联酋、阿曼、埃及、巴勒斯坦、巴林、吉布提、卡塔尔、科威特、黎巴嫩、利比亚、毛里塔尼亚、摩洛哥、沙特、苏丹、索马里、突尼斯、叙利亚、也门、伊拉克、约旦、科摩罗。该组织在埃塞俄比亚、奥地利、比利时、西班牙、德国、俄罗斯、法国、美国、瑞士、意大利、印度、英国、中国等国设有办事处。其宗旨是加强成员国之间的密切合作，维护阿拉伯国家的独立与主权，协调彼此的活动。联盟成员国自成立后陆续缔结了一些加强各方面合作的条约和协定，在维护本地区石油国权益、支持巴勒斯坦人民的正义事业、处理阿拉伯国家间分歧和解决本地区国家间冲突方面发挥了积极的作用，是当代国际社会尤其是中东地区的重要政治力量。

中国同阿拉伯国家联盟的关系

1956 年建立联系。

1964 年 1 月，刘少奇主席和周恩来总理曾致电祝贺阿盟第一次首脑会议的召开。

1993 年 5 月 23 ~28 日，应钱其琛副总理兼外长的邀请，阿盟秘书长马吉德对中国进行正式访问。马吉德秘书长同钱其琛副总理兼外长签署了《中华人民共和国政府和阿拉伯国家联盟关于设立阿拉伯国家联盟代表处的协定》。8 月，阿盟在北京设立办事处。9 月，钱其琛副总理兼外长于联大会议期间在纽约同马吉德秘书长就中东和平进程、地区形势、中国同阿盟的关系等问题交换了意见。

1994 年，马吉德秘书长向钱其琛副总理兼外长转达口信，表示阿盟重视中国在国际事务中的作用，赞赏中国独立自主的原则立场和中国在联合国维护正义的公正立场。钱其琛副总理兼外长在致马吉德的口信中表示，中国重视发展同阿拉伯国家的友好关系，愿继续在联合国等国际组织中同阿拉伯国家保持友好合作和磋商关系。

1995 年 3 月 20 日，钱其琛副总理兼外长致电阿盟秘书长马吉德，祝贺阿盟成立 50 周年。3月22日，钱副总理兼外长在阿盟驻京办事处为庆祝阿盟成立50周年举行的招待会上发表讲话，赞扬阿盟为促进阿拉伯国家的团结与合作、捍卫阿拉伯国家的独立和主权作出的不懈努力以及为加强阿拉伯世界在国际事务中的影响和作用作出的重大贡献。1995年10月6~11日，阿盟副秘书长凯马尔访华，外交部副部长田曾佩和部长助理王昌义分别会见了凯马尔并与之进行了会谈。对外友协会长齐怀远、中联部副部长李成仁，贸促会副会长李大有等也分别会见了凯马尔。

1996年2月15日，阿盟秘书长马吉德就中国云南地震致电江泽民主席表示慰问。3月18日，钱其琛副总理兼外长电贺马吉德蝉联阿盟秘书长。5月14日，江泽民主席在访问埃及期间会见马吉德秘书长。6月20日，江泽民主席电贺阿拉伯国家首脑会议在开罗召开。11月4日，全国政协副主席叶选平在访问埃及期间会见马吉德秘书长。11月9~15日，阿盟教科文总干事穆罕默德·米里访华，出席在北京举行的中阿文化研讨会。

1997年2月22日，马吉德秘书长前往中国驻埃及大使馆吊唁邓小平。5月15日，马吉德致函钱副总理兼外长通报阿盟对中东问题的看法和立场。7月1日，马吉德秘书长应中国政府邀请参加香港主权交接仪式。8月14日，钱副总理兼外长就中东问题致函马吉德秘书长。10月28日，马吉德秘书长致函钱副总理兼外长通报阿盟第108次外长理事会情况。12月25日，钱副总理访问埃及期间在阿盟总部会见马吉德秘书长，双方就中东问题和中阿关系进行政治磋商，钱副总理提出中国和阿拉伯国家巩固和发展面向21世纪长期稳定的合作关系四点建议，主要是相互尊重，平等相待，开展互利合作，谋求共同发展，在国际事务中互相支持，马吉德秘书长表示赞同。

1998年3月，阿盟秘书长马吉德秘书长致函钱副总理，通报中东地区有关情况。4月，钱副总理复函。5月，唐家璇外长向阿盟秘书长通报以色列总理访华的有关情况。6月，马吉德向唐家璇外长通报阿盟理事会的情况。9月，阿盟理事会第110届会议作出加强对华关系的决议。11月，唐外长致函马吉德，对阿盟的决议表示欢迎。

1999年1月4日，唐家璇外长在开罗阿盟总部会见了阿盟秘书长马吉德，双方主要就中阿关系，中东和平进程，伊拉克，洛克比，以及在中东实现无核、无大规模杀伤性武器区等问题交换了意见。唐外长还提出了发展中阿关系的三点建议，即政治上加强协调，经济上扩大合作，在国际事务中密切配合、相互支持。会见结束时，唐外长与马吉德秘书长签署了《中华人民共和国外交部与阿拉伯国家联盟秘书处关于建立政治磋商机制的谅解备忘录》。4月7日，阿盟秘书长马吉德致函唐家璇外长，赞赏中国对阿中关系的高度重视，并通报2月阿盟第63届经济和社会理事会作出的关于要求全面研究中国和阿拉伯国家之间的经贸关系，以提高双方合作水平的建议以及阿盟第111届部长理事会通过的呼吁阿盟成员国发展与中国的官方和民间关系的决议。5月，全国政协主席李瑞环在访问埃及期间会见了马吉德秘书长。5月12日，阿盟秘书长马吉德致函唐家璇外长，就中国驻南联盟使馆遭北约轰炸表示慰问。9月，阿盟秘书长马吉德计划访华时首次提出了建立中阿论坛的设想。10月20日，阿盟秘书长马吉德致函唐家璇外长，通报阿盟外长理事会9月例会就巴勒斯坦问题和阿以冲突通过的决议。12月28日，外交部部长唐家璇复函马吉德秘书长，重申中国政府对中东地区问题的立场和观点，表明中国对该问题的关注和对中阿交流与磋商的重视。

2000年3月，阿盟外长理事会通过有关中阿关系的5972号决议，进一步明确了建立中阿论坛的倡议，并责成秘书长就此与中国政府联系。

2001年4月9日，阿盟秘书长马吉德致函唐家璇外长，通报3月在安曼召开的阿盟首脑级会议的有关情况。5 月 7 日，阿盟新任秘书长穆萨致函唐家璇外长，通报其就任阿盟秘书长一职，并表示希望加强与中国的合作。5 月 30 日，唐家璇外长复函穆萨秘书长，重申中方对中阿合作的积极立场和一些考虑，同时邀请其在方便的时候访华。6 月 28 日，阿盟秘书长穆萨致函唐家璇外长，就唐外长对其来信复函并邀其访华表示感谢，对中方为发展中阿关系所作的努力表示赞赏。7 月 3 日，阿盟秘书长穆萨致函唐家璇外长，感谢唐外长对其就任阿盟秘书长的亲切祝贺和友好情谊。10 月 2 日，唐家璇外长与阿盟秘书长穆萨通电话，就美国遭受恐怖袭击事件、国际反恐合作和中东和平进程等问题交换了意见。11 月 14 日，唐家璇外长在联合国总部会见阿盟秘书长穆萨，双方就中东、伊拉克和阿富汗等问题坦率地交换了意见。12 月 26 日，唐家璇外长访问阿盟总部，会见了阿盟秘书长穆萨，双方就中东局势、双边关系以及共同关心的国际和地区问题交换了意见。穆萨秘书长还向唐外长递交了《阿拉伯—中国合作论坛宣言》草案，希望中方研复。

2002 年 3 月 26 日，江泽民主席致电祝贺第 14 届阿拉伯国家首脑会议召开。4 月 5 日，唐家璇外长就以巴冲突局势和阿盟秘书长穆萨通电话。4 月 21 日，朱镕基总理访问埃及时在阿盟总部会见穆萨，双方就中阿合作论坛、中东局势等问题交换了意见。5 月 24 日，阿盟秘书长穆萨就有关保护巴勒斯坦被占领土上文化遗产的决议草案致函唐家璇外长。6 月 14 日，唐家璇外长就此事复函穆萨秘书长，表示中国愿在此问题上与阿盟加强交流。9 月 14 日，唐家璇外长在联合国总部会见阿盟秘书长穆萨，双方重点就伊拉克问题交换了意见。

2003 年 3 月 7 日，唐家璇外长在出席安理会伊拉克问题会议时会见了由巴林、黎巴嫩、突尼斯、埃及、叙利亚五国外长及阿盟秘书长穆萨组成的阿拉伯外长委员会代表团，双方一致强调应通过政治途径和平解决伊拉克问题。

四、其他区域性组织

1 非洲联盟

2002 年 7 月于南非成立的非洲联盟（简称“非盟”，African Union）是一个由 53 个非洲成员国组成的政治、经济和军事全洲性政治实体，其前身是 1963 年在埃塞俄比亚首都亚的斯阿贝巴成立的非洲统一组织。非洲联盟的目标是在未来能有计划地使用统一货币、成立联合防御力量及跨国机构，即包括一个管理非洲联盟的内阁政府。此联盟的主要目的是帮助发展及稳固非洲的民主、人权及能永续发展的经济，除此之外，亦希望减少非洲内部的武装战乱及建立一个有效的共同市场。

2 太平洋岛国论坛

1971 年 8 月 5 ~ 7 日，斐济、萨摩亚、汤加、瑙鲁、库克群岛和澳大利亚在新西兰首都惠灵顿召开南太平洋七方会议，正式成立南太平洋论坛，并决定每年召开一次会议。论坛秘书处设在斐济首都苏瓦。2000 年 10 月，该论坛正式改称太平洋岛国论坛。太平洋岛国论坛现有 16 个成员国，即澳大利亚、新西兰、斐济、萨摩亚、汤加、巴布亚新几内亚、基里巴斯、瓦努阿图、密克罗尼西亚、所罗门群岛、瑙鲁、图瓦卢、马绍尔群岛、帕劳、库克群岛、纽埃及新喀里多尼亚、东帝汶 2 个观察员国。该论坛的宗旨是加强论坛成员间在贸易、经济发展、航空、海运、电信、能源、旅游、教育等领域的合作与协调。近年来，该论坛加强了政治、安全等领域的对外政策协调与区域合作。2002 年在北京开设驻华贸易代表处，2003 年底在日内瓦设立驻世界贸易组织代表处。论坛秘书处的财政预算由澳大利亚和新西兰各支付1/3，其余部分由其他岛国成员分摊。目前向秘书处提供捐助的国家、地区和组织有中国、澳大利亚、加拿大、欧盟、法国、法属波利尼西亚、德国、日本、韩国、马来西亚、新西兰、菲律宾、英国、联合国开发计划署和中国台湾地区。

① 中国与太平洋岛国论坛的关系

1988年2月，中国驻斐济大使徐明远应邀参加论坛地区机构协调委员会在苏瓦召开的关于建立对话关系的讨论会。

1990年起，中国连续14次派政府代表出席了第2届至第15届论坛会后对话会，加强了中国同论坛及其成员国的合作关系。会上，我国阐述了对南太平洋地区的政策，提出将“相互尊重、平等互利、彼此开放、共同繁荣、协商一致”原则作为我国发展与包括南太平洋国家在内的亚太国家友好合作关系的根本方针，受到论坛各方赞赏。

1991年以来，论坛前三任秘书长亨利·纳萨利、耶雷米亚·塔巴伊、诺埃尔·莱维及前两任副秘书长威廉·萨瑟兰、安东尼·斯莱切耶多次访华。2001年10月，论坛秘书长莱维率观察员代表团出席了在上海举行的APEC外交外贸双部长会议。

2000年10月，中国政府代表、外交部副部长杨洁篪与论坛秘书长莱维换文，中国政府捐资设立中国—论坛合作基金，用于促进双方在贸易投资等领域内的合作。基金设立后，已先后资助了论坛驻华贸易代表处、投资局长年会、论坛秘书处信息存储系统更换、论坛进口管理等项目。

2003年8月，外交部副部长周文重率团出席在新西兰奥克兰举行的第15届论坛会后对话会，与论坛方就双边关系、贸易投资、可持续发展、海洋资源管理、地区安全等问题交换了意见，并达成了广泛共识。中方提出了加强与论坛关系的五项倡议，即中国加入南太平洋旅游组织、举办南太平洋岛国外交官培训班、资助论坛石油问题咨询服务项目、欢迎南太平洋岛国继续派团参加在厦门举行的中国投资贸易洽谈会和在昆明举行的中国国际旅游交易会以及欢迎论坛岛国新闻代表团访华。此举获得了论坛方的高度评价和欢迎。周文重在与会期间会见了论坛秘书长莱维。8月底至9月初，应中国外交部邀请，论坛秘书处首次组织南太平洋岛国新闻代表团访华，增进了中国与南太平洋岛国媒体和人民间的相互了解与友谊。同年8月，第34届太平洋岛国论坛首脑会议在新西兰的奥克兰举行。与会的16国领导人在关于向所罗门群岛派遣维和部队和在斐济设立地区警察训练基地等问题上达成了共识。

2004年8月，第35届太平洋岛国论坛首脑会议在萨摩亚首都阿皮亚举行。与会岛国领导人一致表示支持岛国领导人2004年4月在新西兰奥克兰举行的特别首脑会议上提出的太平洋计划，以促进区域经济的增长和可持续发展，加强成员国在安全领域的合作。

2005年10月27日，在巴布亚新几内亚首都莫尔斯比港举行的第36届太平洋岛国论坛首脑会议通过了旨在推进地区合作和一体化的太平洋计划。根据这项计划，南太平洋国家将在未来10年中推动经济增长、可持续发展、良好的行政管理和安全等领域的国际合作。

2006年4月，温家宝总理出席在斐济举行的中国—太平洋岛国经济发展合作论坛首届部长级会议，并发表主旨讲话。中国同8个太平洋岛国在中国—太平洋岛国经济发展合作论坛首届部长级会议上签署了经济发展合作行动纲领，中国与三个太平洋岛国签署了多项合作协议。本次会议决定，论坛部长级会议通常每4年召开一次。中国—太平洋岛国经济发展合作论坛第二届部长级会议将在北京举行，主要任务是检查和评估首届部长级会议的成果。此后的会议将在中国—太平洋岛国经济发展合作论坛与会国中轮流举办。同年10月，第37届太平洋岛国论坛领导人会议在斐济举行。与会领导人指出，旨在推动地区合作的太平洋计划实施一年以来取得了很大的进展。他们呼吁加强本地区在能源、运输和信息技术等方面的合作，丰富计划内容，号召各成员国加紧落实计划。会议确定了本地区今后一年中在经济发展、可持续发展、行政和安全等方面合作的主要任务。

3 石油输出国组织

1960 年 9 月，伊朗、伊拉克、科威特、沙特阿拉伯和委内瑞拉等国的代表在巴格达开会，决定联合起来共同对付西方石油公司，维护石油收入。9 月 14 日，五国宣告成立石油输出国组织（简称"欧佩克"；Organization of Petroleum Exporting Countries，英文简称"OPEC"）。随着成员的增加，欧佩克发展成为亚洲、非洲和拉丁美洲主要石油生产国的国际性石油组织。目前，欧佩克共有 13 个成员国：阿尔及利亚（1969 年）、印度尼西亚（1962 年）、伊朗（1960 年）、伊拉克（1960 年）、科威特（1960 年）、利比亚（1962 年）、尼日利亚（1971 年）、卡塔尔（1961 年）、沙特阿拉伯（1960 年）、阿拉伯联合酋长国（1967 年）、委内瑞拉（ 1960 年）、安哥拉（2007 年）和厄瓜多尔（2007 年重新加入）。非成员产油国：欧洲有挪威、俄罗斯和英国，北美洲有加拿大、墨西哥和美国，中东有阿曼，非洲有安哥拉和赤道几内亚，南美洲有巴西和厄瓜多尔，大洋洲有澳大利亚，亚洲有文莱、哈萨克斯坦、阿塞拜疆和东帝汶。欧佩克总部设在维也纳。2003 年该组织成员国的石油总储量为 1 191. 125 亿吨，约占世界石油总储量的 69%，其中排在前三位的成员国分别是沙特阿拉伯（355. 342 亿吨）、伊朗（172. 329 亿吨）、伊拉克（157. 534 亿吨）。2003 年该组织成员国原油产量为 13. 218 亿吨，约占世界原油总产量的 39%，其中排在前三位的成员分别是沙特阿拉伯（4. 215 亿吨）、伊朗（1. 865 亿吨）、尼日利亚（1. 06 亿吨）。

欧佩克的宗旨是通过消除有害的、不必要的价格波动，确保国际石油市场上石油价格的稳定，保证各成员国在任何情况下都能获得稳定的石油收入，并为石油消费国提供充足、经济、长期稳定的石油供应。协调和统一各成员国的石油政策，并确定以最适宜的手段来维护它们各自的和共同的利益。欧佩克成员国对国际形势和石油市场走向加以分析预测，明确经济增长速率和石油供求状况等多项基本因素，然后据此磋商其在石油政策中应进行何种调整。欧佩克组织在近年曾多次使用石油价格暴涨来抗衡美国等西方发达国家，对平衡世界政治经济力量起到不可小觑的作用。

但问题是，欧佩克并不能有效地控制国际石油市场的价格，因其成员国的石油、天然气产量分别只占世界石油、天然气总产量的 40% 和 14%。但是，欧佩克成员国的石油出口量却占世界石油贸易量的 60%，对国际石油市场具有很强的影响力，特别是当其决定减少或增加石油产量时。由于欧佩克的宗旨是为了保持石油市场的稳定与繁荣，欧佩克通过自愿减少石油产量或在市场供应不足时增加石油产量的方法来达成上述目标。例如，1990 年海湾战争期间，欧佩克大幅度增加了石油产量，以弥补伊拉克遭经济制裁后石油市场上出现的每天 300 万桶的缺口。

4 亚太经济合作组织

亚太经济合作组织（Asia-Pacific Economic Cooperation，英文简称"APEC"）为亚太地区最具影响力的经济合作官方论坛。1989 年 1 月，澳大利亚总理霍克访问韩国时建议召开部长级会议，讨论加强亚太经济合作的问题。经与有关国家磋商，1989 年 11 月 5 日至 7 日，澳大利亚、美国、加拿大、日本、韩国、新西兰和东盟六国在澳大利亚首都堪培拉举行亚太经济合作会议首届部长级会议，标志着亚太经济合作组织的正式成立。该组织的宗旨是保持经济增长和发展；促进成员间经济的相互依存；加强开放的多边贸易体制；减少区域贸易和投资壁垒，维护本地区人民的共同利益。APEC 现有 21 个成员，分别是中国、澳大利亚、文莱、加拿大、智利、中国香港、印度尼西亚、日本、韩国、墨西哥、马来西亚、新西兰、巴布亚新几内亚、秘鲁、菲律宾、俄罗斯、新加坡、中国台湾、泰国、美国和越南。1997 年温哥华领导人会议宣布 APEC 进入十年巩固期，暂不接纳新成员。此外，APEC 还有 3 个观察员，分别是东盟秘书处、太平洋经济合作理事会和太平洋岛国论坛。APEC 采取自主自愿、协商一致的合作方式，所作决定须经各成员一致同意，会议最后文件不具法律约束力，但各成员在政治上和道义上有责任尽力予以实施。

第四节　国际非政府组织

经济全球化和某些国际因素致使国际组织和跨国非政府组织越来越活跃。凯姆·雷门在其研究全球化与非政府组织发展的文章中指出，战后新的全球性管理机构如联合国、世界银行等跨国组织的建立和迅速扩展，为很多国家的非政府组织创造了新的国际政治机会和组织动机。这些国际组织的发展为非政府组织在本国的成长提供了两个重要条件：其一是资金、合同和其他形式的资助（食品补助、运输费用、技术援助）；其二是介入决策机构和决策日程的政治渠道。由于 20 世纪 80 年代以来，全球政治结构、世界事务管理机制及西方价值观的全球化，形成了一种自上而下的压力，促使各国政府在国际和国内政治中支持和接纳非政府组织，因而给了非政府组织以合法性和政治空间，而这正是非政府组织从西方国家扩展到世界其他角落的原因之一。

一、全球化与国际非政府组织

各种类型的非政府组织是西方国家的基本社会结构，正是在结社自由的价值认同下，欧美的各种社团始终活跃于政治生活的中心。到 20 世纪 60 年代，非政府组织特别是社区的草根组织在美国及西欧许多国家得到了更迅猛的发展。到了 80 年代，“公民社会”的概念在拉丁美洲和东欧兴起，公民社会思潮向其他国家和地区传播。至 90 年代，非政府组织的影响遍及世界。根据《国际组织年鉴》统计，全球国际性非政府组织的数量从 1956 年的 985 个增加到 1985 年的 1.4 万个和 2003 年的 2.1 万个。群众性、有组织、非政府的志愿行动正在世界兴起。一份对 22 个西欧及其他地区的发达和发展中国家的非政府组织的研究表明，1995 年，这些国家非政府组织的开支总额为 1.1 万亿美元，占国家 GDP 的 4.6%，它们共聘用了 1 900 万名员工，这一统计还未将志愿者计算在内。在这些国家中，平均 28% 的人每年会志愿为非政府组织服务，相当于 1 000 万以上的全职员工。

1 学术界关于非政府组织的主要观点

全球范围的非政府组织兴起的政治现象引起了学术界的极大注意，大量政治学和社会学的研究者认为非政府组织对于经济发展、民主改革及社会运动有积极作用。有的理论认为非政府组织的兴起是社会对政府失灵（政府无法有效地满足公共需求）和市场失灵（在不受限制的竞争条件下，营利公司失于有效地提供某些产品或服务）的回应。与失灵理论相对照，供应理论强调刺激人们成立非政府组织来满足这些需求的社会条件的存在和影响。供应理论产生于人们对公共产品和服务的信息和质量比较的需求，不同意将提供公共产品作为唯一原因而提出了其他的影响因素。萨拉蒙和安海尔提出了“社会根源”理论，将视线扩大到非政府部门所根植于其中的一国更广泛的社会、政治和经济现实。在对不同文化、宗教、市场经济发展程度和社会福利水平的国家进行研究的基础上，他们强调，非营利部门的兴起不是一个在社会空间自由漂浮的孤立现象，相反，它是一个作为复杂历史因素副产品的社会体系的有机部分。有些环境更适合于非政府组织的繁荣，而一国非营利部门的状态和特点则是受把它推上历史舞台的社会力量综合影响的结果。社会组织和机制的选择是一种复杂的社会现象，其关键是权力。它们反映出社会阶级之间、国家与社会之间，甚至国家之间权力的平衡。

关于非政府组织在全球的兴起，从欧美国家的情况来看，非政府组织一般是在国内长足发展后再走向国际。但从世界其他地区来看，西方的非政府组织观念和公民社会理念的传播对其他国家的影响也很大，尤其是中国非政府组织的发展。

二、中国与国际非政府组织的关系

中国的改革开放使国际社会对中国的兴趣越来越大。国际上政府或非政府的组织争相对中国施加影响。这种影响包括对政府和民间两个层面。中国改革开放政策使国门大开，福特基金会、洛克菲勒基金会等组织立即进入，它们最早的项目就是与政府合作进行的。而改革后最先推动中国政府与国外非政府组织接触的就是联合国。1984 年，联合国计划开发署驻华代表建议中国政府在接受国际组织援助的同时，接受国际民间组织的援助，此举最终促成了对外经济贸易部中国国际经济技术交流中心和其后中国国际民间组织合作促进会的成立。而该中心和促进会从此成为帮助国际非政府组织来华、援华的重要联络机构。此外，很多中国与国际的双边、多边合作都是由一些跨国组织或国际组织首先提出的。

国际政治全球化对中国的影响主要通过三个渠道：一是外国政府、国际组织和跨国组织推动中国政府与他国政府及联合国组织之间双边或多边的合作，以及与国际非政府组织的合作；二是外国公司对中国慈善组织和非政府组织的捐款和各种援助；三是非政府组织对中国政府或非政府项目的援助。仅以资金而论，国际社会在中国的影响非同小可。20 世纪 90 年代末，各国政府及国际组织每年向全世界提供的援助金额约为 450 亿美元，中国每年约获得 60 亿美元，其中 40 亿美元来自世界银行和亚洲开发银行，15 亿美元来自双边援助，8 000 万美元来自联合国机构，6 000 万美元来自非政府组织。

经济政治的全球化促使中国政府走向世界。自改革开放以来，中国一直在强调与国际接轨，力图尽快进入国际社会，扩大中国在世界重大事务中的影响。一来中国急需得到国际资源、科技情报及市场，二来随着经济实力的腾飞，中国希望世界承认自己大国地位的愿望也与日俱增。例如，在争取加入 WTO、主办奥林匹克运动会等努力中，中国政府力图营造一个负责任、尊重国际事务规则的大国形象。毫无疑问，加强与国际非政府组织的合作有利于达到这些目的。

政治经济全球化增加了中国在制定政策时认真考虑国际因素的压力。面临国际挑战时，中国政府的态度表明中国认为全球化有利于其发展。中国政府把与国际组织的合作看作是中国走向全球化的一部分。

国际非政府组织的进入在很大程度上与中国政府的改革步骤是一致的。为了推动经济体制转型，也由于政府无力再大包大揽与日俱增的经济、社会、环境等责任，自 20 世纪 90 年代起，“小政府，大社会”已成为中国机构与体制改革的重要战略之一。大量以前由政府担负的责任和权力现在落到了私有经济、社会及个人身上。在社会救助、服务、公益事业等方面，很多工作将主要由社团、民办非企业单位和社区来承担。为此，中国政府一方面成立了很多基金会和社团来吸引国际援助，另一方面又将民间社团完全推向社会。中国非营利组织刚刚起步，既缺乏经验又难以得到国内资源。对于政府来说，国际组织对中国公共事业的参与和扶助虽有风险，却利大于弊，因此鼓励和引导国际资金、专家及项目进入中国，允许他们与国内非政府组织进行合作。自20世纪90年代以来，国际非政府组织进入中国的主要方法一是在香港、澳门等地设立总部或分部，指导其在内地的项目运作；二是在北京开设代表处，依托于中国政府机构，福特基金会即是由中国社会科学院接待的；三是在北京以外的其他城市开设办事机构，如昆明就曾是国际非政府组织最集中的城市之一；四是只设立项目办公室，不需要在政府登记即可运作；五是在工商局注册为外资公司，如美国的 Nature Conservation；六是与中国政府组织或官办非政府组织合作办项目，不需要登记；七是在国家外国专家局申请国际专家服务执照；八是签署谅解备忘录，如云南省至少有十几个国际非政府组织与该省国际组织促进会签署备忘录并在中国开展合法活动。外国社团无法在中国民政部门登记注册，而中国向国际组织开放至今已有20余年，有关国际组织在华登记的法规却只有1989年的《外国商会管理暂行规定》，并且此规定只适用于外国商会，但绝大部分的国际非政府组织并不属于商会性质。2004年出台的《基金会管理条例》提出外国基金会参照中国基金会，但中国迄今尚无一部登记管理各类国际非政府组织的统一法规。在这种情况下，从中央到地方根本没有一个统一的外国组织登记办法，对国际非政府组织的管理难度是相当大的。

在来华的外国非政府组织中，以美国的非政府组织在中国的进展最为引人注目。美国的非政府组织是改革开放后最早进入中国的，也是迄今为数最多、资金最充足的。在1978—1980年来华的国际非政府组织中，80%是美国组织，目前在华国际非政府组织总数中有38%是美国组织。以资金而论，在所有的外国组织中，独占鳌头的是福特基金会，20世纪初，它的在华年度预算是900万美元；其次是香港红十字会（880万美元）和亚洲基金会（430万美元）。据不完全统计，在有常年运作经费的64个外国非政府组织中，年预算超过50万美元的占半数，其中30%是美国组织；而在年预算过100万美元的组织中，美国占41%。2002年美国在华非政府组织的经费总额超过2 317.8万美元，没有一个国家能接近这个数字。

来自香港的民间组织对促进内地非政府组织的发展起到了独特的作用。至2002年，至少有26个香港非政府组织在内地运作，同时它们是除美国以外唯一在20世纪80年代以前进入中国的非政府组织，这些组织为内地的一些项目提供了大量资金，在2002年一年提供的资金就达1 569.446万美元，仅次于美国。香港的地理位置和它活跃的公民社会思潮使其成为理想的国际非政府组织驻地。特别是在国际非政府组织在中国内地登记非常困难的时期，不少组织转到香港开设内地行动办事处。比起其他国际组织，香港组织在内地的活动没有或较少有语言文化上的障碍，而且它们对内地的政治经济情况更了解，因此活动和沟通起来往往效率更高、效果更好。

①中国非政府组织信息咨询中心（CNPON）

CNPON 是以北京为基地、以促进非政府组织交流合作为宗旨的非政府组织，也是第一家为 NPOs/NGOs 提供信息服务的组织。早在20世纪90年代，一些中国非政府组织的发起人就感到非政府组织缺乏信息、交流与合作，为此他们提议成立一个专门为其他非政府组织提供咨询和培训的非政府组织，后来因缺乏资金、经验和政府支持而不了了之。这一想法引起了国际组织的注意，在世界银行、福特基金会和其他国际非政府组织的赞助下，CNPON于1998年正式成立。此后，该中心与福特、资源同盟、英国委员会（British Council）等外国组织多次合办非政府组织领导和管理培训班，一些国际非政府组织的专家直接参与了这些培训项目。同时它还面向中国非政府组织出版了《交流》和《培训》刊物。CNPON在国内非政府组织领域的影响不断扩大，它的合作项目也已经走出北京。到2003年，已有90多家非常活跃的非政府组织参加了中心的网络联盟。当中国非政府组织日益感到自律的重要性时，CNPON得到了专门进行能力建设和组织评估的国际组织Pact和INTRAC的支持，2003年开始了中国第一个非政府组织组织能力评估项目，有6个著名的北京非政府组织参加了评估。Pact相信这一评估将有助于对中国非政府组织部门的动力、实力及其所面临的挑战进行深入了解。CNPON的发展无疑是中国非政府组织与国际组织合作的结果。

考虑到国际组织自身资源与能力的限度和它们在中国遇到的困难，可以说这些组织在中国短短十几年内取得的进展令人瞩目。截至2002年，56%的国际非政府组织在中国设有办事处或有组织代表；60个组织长期聘用正式工作人员，最多的有187人。更引人注意的是，这些组织的项目大多不在传统领域如慈善或教育，它们的项目更直接地针对中国改革开放后出现的新问题，如环保、扶贫、妇女权利、社会边缘群体救助等。

三、国际非政府组织在中国的作用

自20世纪90年代中期以来，国际非政府组织带进中国的项目中，最有影响的是第三部门和公民社会、民间组织成长、参与式运作、能力建设、环境可持续发展、善治、小额信贷、弱势群体救助及生态旅游等。这些项目的主旨是通过自下而上的参与和推进来推动民主公正社会的发展。这些思想和方法不但为中国非政府组织提供了新鲜空气，开阔了它们的眼界，也给它们提供了具体的操作模式。只要大致了解一下近十几年来中国的非政府组织，特别是民间组织的项目和运作，就可以看到这些影响的广度和深度。例如，参与式运作的方法由国际项目带进中国之后如此流行，连政府后来也正式宣布把这一方法作为扶贫工作的指导方法。而可持续发展和能力建设等思想也已远远超出非政府组织领域而成为当今中国发展的热门话题。国际非政府组织的作用是推动合作，包括不同部门即政府、企业和第三部门之间、民间组织之间以及中外民间组织之间的合作。它首先表现在鼓励和加强本土非政府组织活动分子与国际组织之间的合作，进而促进本土非政府组织之间、非政府组织与政府企业之间的合作。一些成立已久的国际非政府组织在国际上享有盛誉，且资金雄厚、经验丰富，因此它们在帮助中国非政府组织及与政府和企业合作中有独特的优势。在中国非政府组织刚问世时，非政府组织之间的横向联系与合作几乎是不存在的，而其对政府和企业的影响力更是十分有限的。认识到本身力量的限度，近年来中国非政府组织越来越多地寻求组织间、部门间的合作。不少国际非政府组织在其中起到了积极作用。

世界自然基金会（WWF）在中国

这一全球有名的自然保护组织自1985年以来在130个国家开展了11 000个项目，共投入11.65亿美元。而它在全球自然保护中的作用被形容为“银行、鼓动家、发动者、教师、指导者、外交家、计划者和沟通者”。它对中国环保及非政府组织发展的主要贡献之一是推动部门之间在环保事业上的合作。作为第一家被中国政府邀请来华的国际环保组织，WWF与政府的关系可追溯到1980年的熊猫保护项目。到今天，WWF在中国设立了北京总部和三个地方办公室，有30多个工作人员负责20多个项目。其在华的支出1999年为2 312 000美元，2002年增加到了3 426 091美元，其中直接投入项目3 143 879美元。很难想象如果没有得到政府的支持与合作，WWF能在中国有如此发展。能得到政府和企业的支持与环保事业本身的意义有关，同时也与WWF的指导思想有关。

很多国际研究认为中国政府把经济发展放在环保之上，同时认为中国政府对公民社会的控制是非政府环保组织发展面临的重要挑战。WWF认为这些对环保不利的因素也可以变成机会，因为这意味着如果“直接与政府一起工作便有了迅速、广泛地复制一种成功经验的可能性”。在其年度报告中，WWF指出，中国所有部门（政府、企业、第三部门）间的合作是环境保护和发展的动力。WWF的网站上列出了它在华的政府和非政府的合作伙伴达65家，另有17家中外公司加入了它的在华企业联盟。这些企业支持的环保项目包括环保教育、淡水项目、气候与能源、物种保护及林业项目。在基层，WWF的很多工作是依靠与当地政府和非政府组织来进行的。从1997年开始，WWF与中国教育部和英国石油公司（BP）联手，开展了“中小学绿色教育行动”。正因为有教育部参与，该计划才得以在第一阶段就在10个省的34所中小学试点并在4所重点大学建立了环保教育中心来运作这一项目。这个项目举办了30个培训班，有2 000多人参加，其中800多人是政府环保组织的负责人。在此基础上，WWF与教育部合作编制中小学环保教育课程，经中国政府批准，环保将成为2亿中小学生的必修课。

福特基金会对华项目的特点有几点值得注意。首先，多年来福特基金会在中国的参与范围不断扩大，从当初的三个重点方向——经济、法律、国家关系——伸展到经济、社会甚至政治领域。福特基金会现在的援助项目重点包括经济及发展援助、教育改革及文化多样性、环境、治理及公共政策、国际合作、法律与权利、公民社会、生育健康。这种变化既反映出基金会根据全球公民社会的关注趋势而作出的调整，又表明它对受赠国国情理解的加深和参与面的开拓。

在中国与国际组织建立联系后，国际组织对华捐款或援助的接受组织究竟是谁？福特基金会的对华经费分析表明主要有三类：政府组织、中国非政府组织、有中国项目的外国非政府组织。而中国政府首先希望国际非政府组织将其资金和项目交给中国的组织特别是政府的组织。如果国际组织把项目交给中国政府或政府成立的非政府组织去运作，这些组织就可以不登记而在中国活动。这在很大程度上说明了政府的政策导向。我国政府需要深入认识的问题一是来华的大多数外国组织都是运作型的，它们不但靠在中国的项目来募捐，而且必须自己来运作或至少与当地组织合作来运作项目；二是基金会或其他资金发放型的组织提供项目资金或赠款时，不仅受到受援国政策的限制，也受到本国法律的制约。如在美国，根据法律，如果基金会捐款给一个不明确具有公共慈善机构资格的组织，基金会必须对其捐款的使用给予极为严格的监督。这使很多基金会更愿意把钱给有信誉的公益组织。这种情况在国际非政府组织进入中国的早期非常明显。

①非政府组织（NGO）的概念

非政府组织主要是指“处于政府与私营企业之间的那块制度空间”。它是现代社会结构分化的产物，是一个社会政治制度与其他非政治制度不断趋向分离过程中所衍生的社会自发组织系统的重要组成部分。

全球的非政府组织多种多样、纷繁复杂，其所参与的领域广泛，涉及全球政治、经济、科学、法律、社会、文化、宗教、环境、人权等各个领域。非政府组织的大量出现是20世纪80年代“全球结社革命”的产物，在这场革命中，非政府组织兴起，并在政府和市场之外的第三部门（the Third Section）逐渐确立了自己相对独立的地位。

“非政府组织”这一术语于1946年在联合国被首次使用，非政府组织已经成为组织社会学、国际政治学、国际关系学等众多学科的研究对象，这些学科都从不同的角度对非政府组织进行了界定，因此，虽然非政府组织这一术语约定俗成、广为使用，但是要对其进行明确定义并非易事。目前世界上对非政府组织还没有一致的、普遍认可的定义。1994年联合国经社理事会则将非政府组织定义为：“非政府组织是非营利机构，其成员是一个或多个国家的公民或公民的联合体，并且其行动是由其成员的集体一致根据成员的需要，或一个或多个与其合作的团体的需要而决定的。”而何为国际非政府组织？国际非政府组织又称非政府间国际组织，联合国1296号决议认为，非政府间国际组织应具有代表性并具有被承认的国际地位，即对于一个覆盖世界上不同地区相当数量的人的组织来说，它应该代表其中的大多数并表达其中主要部分的观点。世界银行则认为宽泛地说非政府组织是指任何独立于政府部门的非营利组织。非政府组织研究领域的著名学者莱斯特·萨拉蒙则从七个方面来定义非政府组织：组织性、私有性或民间性、非营利性、自治性、自愿性、非宗教性、非政治性。此外，有的学者认为必须强调非政府组织的公益性，有人强调其非暴力性，以同一些恐怖组织划清界限。我国已故著名国际法学者王铁崖先生对非政府间国际组织所作的定义为：“非政府间国际组织是各国的民间团体联盟或个人为促进在政治、经济、科学技术、文化、宗教、人道主义及其他人类活动领域的国际合作而建立的一种非官方的国际联合体。”这些定义分别从不同方面揭示了非政府间国际组织的内涵和外延。因此，非政府间国际组织可以界定为：非政府间国际组织是主要由个人、民间团体依法建立和参加并有自己独立的章程、宗旨、组织机构和活动资金，在组织目的和范围上具有跨国性和国际性的非营利组织。

拓展学习

亚洲开发银行的资金来源与使用

1. 普通资金

普通资金用于亚洲开发银行的硬贷款业务。这是亚洲开发银行进行业务活动最主要的资金来源。普通资金来源于亚洲开发银行的股本、借款、普通储备金、特别储备金、净收益和预交股本等。

（1）股本。亚洲开发银行建立时法定股本为10亿美元，分为10万股，每股面值1万美元，每个会员国或地区成员都须认购股本。亚洲开发银行开始建立时，亚太地区与亚太地区以外的会员国或地区成员认缴股本的办法不同。亚太地区的会员国或地区成员股本的分配按照一个公式进行计算，公式中包括用人口、税收和出口额进行加权调整的国内生产总值。亚太地区以外的会员国或地区成员认股额主要根据各自的对外援助政策和各自对多边机构资助预算的分配进行谈判确定。新加入的会员国或地区成员的认缴股本由亚洲开发银行理事会确定。首批股本分为实缴股本和待缴股本，两者各占一半。实缴部分股本分5次缴纳，每次缴20%。其中，每次缴纳金额的50%用黄金或可兑换货币支付，另外50%以本国货币支付。待缴部分只有当亚洲开发银行对外借款以增加其普通资本或为此类资本作担保而产生债务时才催缴。会员国或地区成员支付催缴股本可选择黄金、可兑换货币或亚洲开发银行偿债时需要的货币。亚洲开发银行的股本必要时可以增加。日本和美国是亚洲开发银行最大的出资者，认缴股本分别占亚洲开发银行总股本的15%和14.8%。我国排第三位，占总股本的7.1%。

（2）借款。在亚洲开发银行成立之初，其自有资本是它向会员国或地区成员提供贷款和援助的主要资金。从1969年开始，亚洲开发银行从国际金融市场借款。一般情况下，亚洲开发银行多在主要国际资本市场上以发行债券的方式借款，有时也同有关国家的政府、中央银行及其他金融机构直接安排债券销售，有时还直接从商业银行贷款。

（3）普通储备金。按照亚洲开发银行的有关规定，亚洲开发银行理事会把其净收益的一部分作为普通储备金。

（4）特别储备金。对1984年以前发放的贷款，亚洲开发银行除收取利息和承诺费以外，还收取一定数额的佣金以留作特别储备金。

（5）净收益。由提供贷款收取的利息与承诺费组成。

（6）预交股本。亚洲开发银行认缴的股本采取分期缴纳的办法，在法定认缴日期之前认缴的股本即是预交股本。

2. 开发基金

亚洲开发银行基金创建于1974年6月，基金主要来自亚洲开发银行发达会员国或地区成员的捐赠，用于向亚太地区贫困国家或地区发放优惠贷款。同时亚洲开发银行理事会还按有关规定从各会员国或地区成员缴纳的未核销实缴股本中拨出10%作为基金的一部分。此外，亚洲开发银行还从其他渠道取得部分赠款。

3. 技术援助特别基金

亚洲开发银行认为，除了向会员国或地区成员提供贷款或投资以外，还需要提高发展中国家会员或地区成员的人力资源素质和加强执行机构的建设。为此，亚洲开发银行于1967年成立了技术援助基金。该项基金的来源为：①赠款；②根据亚洲开发银行理事会1986年10月1日会议决定，在为亚洲开发基金增资36亿美元时将其中的2%拨给技术援助特别基金。

4. 日本特别基金

在1987年举行的亚洲开发银行第20届年会上，日本政府表示愿出资成立一个特别基金。亚洲开发银行理事会于1988年3月10日决定成立日本特别基金，主要作用是：①以赠款的形式资助在会员国或地区成员的公营、私营部门中进行的技术援助活动；②通过单独或联合的股本投资支持私营部门的开发项目；③以单独或联合赠款的形式对亚洲开发银行向公营部门开发项目进行贷款的技术援助部分予以资助。

亚洲开发银行的主要业务活动

1. 贷款

亚洲开发银行所发放的贷款按条件划分有硬贷款、软贷款和赠款三类。硬贷款的贷款利率为浮动利率，每半年调整一次，贷款期限为10～30年（2～7年宽限期）。软贷款也就是优惠贷款，只提供给人均国民收入低于670美元（1983年的美元）且还款能力有限的会员国或地区成员，贷款期限为40年（10年宽限期），没有利息，仅有1%的手续费。赠款用于技术援助，资金由技术援助特别基金提供，赠款额没有限制。

亚洲开发银行贷款按方式划分有项目贷款、规划贷款、部门贷款、开发金融机构贷款、综合项目贷款、特别项目执行援助贷款和私营部门贷款等。

(1) 项目贷款，即为某一会员国或地区成员发展规划的具体项目提供贷款。这些项目应该具备效益好、有利于借款会员国或地区成员经济发展、借款会员国或地区成员有较好的信用等三个条件。贷款的程序主要是项目确定、可行性研究、实地考察和预评估、评估、准备贷款文件、贷款谈判、董事会审核、签署贷款协定、贷款生效、项目执行、提款、终止贷款账户、项目完成报告和项目完成后评价。项目贷款是亚洲开发银行主要和传统的贷款方式。我国在亚洲开发银行的贷款多数是项目贷款。

(2) 规划贷款，是指为某会员国或地区成员某个需要优先发展的部门或其所属部门提供资金，以便通过进口生产原料、设备和零部件来扩大现有生产能力，使其结构更趋合理化和现代化。亚洲开发银行为便于其监督规划的进程，将规划贷款分期执行，每一期贷款要与执行整个规划贷款的进程联系在一起。

(3) 部门贷款，是指向其会员国或地区成员提供贷款与项目有关的投资进行援助的一种形式。这项贷款是为提高所选择的部门或其分部门的执行机构的技术与管理能力而提供的。

(4) 开发金融机构贷款，是通过会员国或地区成员的开发性金融机构进行的间接贷款，也称中间转贷。我国接受亚洲开发银行的第一笔贷款就是这种贷款，金额为1亿美元，由中国投资银行承办，主要用于小企业改造。

(5) 综合项目贷款，是指向较小的会员国或地区成员提供贷款的一种贷款方式。由于这些国家的项目规模较小，借款数额也不大，为便于管理，亚洲开发银行便把这些项目捆在一起作为一个综合项目来办理贷款手续。

(6) 特别项目执行援助贷款。为了使亚洲开发银行贷款的项目在执行过程中避免因缺乏配套资金等不曾预料到的困难而使执行受阻，亚洲开发银行提供项目执行援助贷款。

(7) 私营部门贷款，分为直接贷款和间接贷款两种形式。直接贷款是指有政府担保的贷款或没有政府担保的股本投资，以及为项目的准备等提供的技术援助；间接贷款主要是指通过开发性金融机构的限额转贷和对开发性金融机构进行的股本投资。

(8) 联合融资，是指一个或一个以上的区外经济实体与亚洲开发银行共同为会员国或地区成员的某一开发项目融资，主要有五种类型：①平行融资，是指将项目分成若干个具体的独立的部分，以供亚洲开发银行和其他区外经济实体分别融资；②共同融资，是指亚洲开发银行与其他经济实体按照商定的比例，对某会员国或地区成员的一个项目进行融资；③伞形融资或后备融资，这类融资在开始时由亚洲开发银行负责项目的全部外汇费用，但只要找到联合融资的其他经济实体，亚洲开发银行中相应的部分即取消；④窗口融资，是指联合融资的其他经济实体将其资金通过亚洲开发银行投入有关项目，联合融资的其他经济实体与借款人之间不发生关系；⑤参与性融资，是指亚洲开发银行先对项目进行贷款，然后商业银行购买亚洲开发银行中较早到期的部分。在以上这些联合融资形式中，平行融资和共同融资所占的比例最大。

2. 技术援助

技术援助可分为项目准备技术援助、项目执行技术援助、咨询技术援助和区域活动技术援助。

(1) 项目准备技术援助，用于帮助会员国或地区成员进行立项或项目审核，以便亚洲开发银行或其他金融机构对项目投资。

(2) 项目执行技术援助，这是为帮助项目执行机构（包括开发性金融机构）提高金融管理能力而提供的。亚洲开发银行一般通过咨询服务、培训当地人员等来达到提高项目所在地会员国或地区成员的金融管理能力的目的。在这项技术援助中，仅其中的咨询服务部分采用赠款形式，而其余部分都采用贷款形式。

(3) 咨询技术援助，用于援助有关机构（包括亚洲开发银行执行机构）的建立或加强，进行人员培训，研究和制订国家发展计划，研究和制定部门发展政策与策略等。以前亚洲开发银行的咨询性技术援助多以赠款方式进行，后来以贷款方式提供的援助越来越多。

(4) 区域活动技术援助，用于重要问题的研究，开发培训班，举办涉及整个区域发展的研讨会等。这项援助多采用赠款的方式来提供。

技术援助项目由亚洲开发银行董事会批准，如果金额不超过35万美元，行长也有权批准，但须通报董事会。(下略)

问题与讨论

1. 阅读亚洲开发银行资金来源与使用的有关规定，对区域性银行与亚洲国家政府、企业关系进行解说，并查阅网络资料，以我国申请亚洲开发银行资金的政府、社会组织、企业项目案例为例，说明资金申请的意义与基本做法。

2. 世界银行对我国投资项目的有关规定及基本做法是怎样的?

3. 除银行系统外，企业怎样申请银行贷款？机构与个人在金融机构的贷款有什么不同，应办理什么样的手续？请查阅银行有关规定，说明现代社会的银企关系对于促进经济全球化的作用和意义。

分组讨论

1. 国际经济组织的组织章程与作用是什么?

2. 世界贸易组织与关贸总协定有何区别？我国为什么要参加世界贸易组织，对我国扩大贸易出口有什么作用?

3. 国际非政府组织在经济全球化中的地位与作用是什么？我国政府对国际非政府组织的基本政策是什么?

思考题

1. 非政府组织与非营利组织是一回事吗？如果不是，有什么异同？你认为我国非政府组织的发展对于社会建设有什么作用?

2. 国际商会对于国际贸易的仲裁有什么作用？请以国际贸易摩擦的具体案例进行具体说明。

3. 国际性组织与区域性组织在经济全球化进程中究竟扮演什么角色？其积极意义和负面影响是什么？请举例说明。

第十一章

经济全球化与国际经济新秩序

随着经济全球化步伐的加快，世界各国间的经济依存度迅速提高，这一方面加速了发展中国家的经济发展，而另一方面，由于国际贸易、国际金融和国际投资存在相当大的风险，这就对世界经济发展提出了疑问：当全球性金融危机或经济危机到来的时候，各国政府和人民应该怎样做？如何有效避免全球性经济危机的再次发生？这是需要世界各国共同面对的大问题。

第一节　国际主要经济体变动

所谓“经济体”，如果按照2008年世界十大经济体的划分，则是指对某个区域的经济构成的统称。经济体可以指一个地区，如台湾地区，或地区内的国家群体，如欧盟、东盟等，也可以是经济相对独立的国家经济体。

一、世界主要经济体

目前，在世界上排名靠前的几个主要的经济体为美国、欧盟、中国、日本、德国，因为中国等国家经济发展迅速，而排名也是依据经济体实际的国内生产总值即GDP来确定的，所以这些经济体之间的排名经常发生变动。

经济体内部出现经济问题或困难时，常常采取统一的货币与财政政策应对危机、共度时艰。近年来，部分国家和地区经济发展突飞猛进，其速度和质量都大大超越发达经济体，因此这些经济体常被称为“新兴经济体”。例如，2008年金融危机中提出的“金砖四国”的说法中，中国、巴西、印度三国为新兴经济体，而这四大经济体在一定程度上改变了世界经济的格局。近年来，由“G7 +1”演化成G20的过程也显示了发达经济体与新兴经济体之间的合作与对话，新兴经济体与发达经济体之间的合作将进一步加强，相互之间的协调也将会越来越顺畅。二者之间的关系在很大程度上将决定世界经济的走向。当今世界是高度相互依赖，而且依赖程度仍在不断加深的世界。新兴经济体与发达国家经济体之间的经济竞争与合作并非零和博弈，而是“一荣俱荣，一损俱损”的关系。

①世界经济体的地位与作用

世界经济体是指多个国家为了以优惠的贸易政策来实现共同的经济利益以应对激烈的市场竞争而组建的经济共同体或经济合作团体，简称“经济体”。目前全球比较知名而且规模较大的三大经济体分别是欧洲联盟、亚太经济合作组织和北美自由贸易区。亚太经济合作组织早已改变其成立之初的区域性经济论坛和磋商机构的性质，经过十几年的发展，已逐渐演变为亚太地区重要的经济体，也是亚太地区最高级别的政府间经济合作机制，在推动区域贸易、金融、投资自由化及加强成员间经济技术合作等方面发挥了不可替代的作用。亚太经合组织现有总人口26亿，约占世界总人口的40%；国内生产总值之和超过19万亿美元，约占世界生产总值的56%；贸易额约占世界总量的48%。这一组织在全球经济活动中占有举足轻重的地位。

二、俄罗斯经济体

无论是从经济规模还是从经济发展实力与潜力来说，俄罗斯都是世界经济大国之一。苏联曾是世界第二经济强国，苏联解体后，其经济一度严重衰退。2000年后，俄罗斯经济迅速恢复。2006年，俄罗斯经济已全面超过1990年解体前的经济规模和水平。2007年，俄罗斯的国内生产总值达到11 356亿美元，位居世界第十位。

丰富的自然资源为俄罗斯工农业发展提供了坚实的后盾。俄罗斯重工业基础雄厚，工业部门齐全，以机械、钢铁、冶金、石油、天然气、煤炭、森林工业及化工等工业部门最为发达。近年来，俄罗斯的电子计算机工业、航天航空工业、高科技产业在原有科学技术基础上迅速发展。俄罗斯的国防军事工业发展程度高，在世界上具有相当重要的战略地位，尤其是其核装备和核打击能力强、实力雄厚，其飞机、舰艇、重型坦克与火炮等大型武器产品出口到世界各地。俄罗斯农牧业并重，主要农作物有小麦、大麦、燕麦、玉米、水稻和豆类，畜牧业主要为养牛业、养羊业、养猪业。

俄罗斯历来是出口大国，其主要出口商品是石油和天然气等矿产品、金属及其制品、化工产品、机械设备和交通工具、宝石及其制品、木材及纸浆等；主要进口商品是机械设备和交通工具、食品和农业原料产品、化工品及橡胶、金属及其制品、纺织服装类商品等。

俄罗斯现在的经济状况是人均GDP约为6 000美元，但是含金量非常高，都是靠工业和科技带来的。但不管怎么说，与苏联时期比起来还差得远，俄罗斯现在的综合国力估计相当于苏联20世纪70年代的水平。

俄罗斯经济于2000年开始回升。同年1月至11月的经济统计数据表明，俄罗斯经济增长率为7.7%，其中工业增长9.6%，农业增长4.1%，投资增长17.7%，外贸增长32.1%，出口增长44.3%，进口增长9.6%，内需扩大，外汇储备达270亿美元，为10年来的新高，预算盈余32亿美元，人均收入68美元，实际收入增加9.6%，失业率为17.9%。多数俄罗斯经济还没进入良性增长的产业循环，军工设备老化，企业技术人员流失，技术差距拉大。1999年，机械产品只占出口的25%。资金严重缺乏，内外债累积为2 000亿美元，外债为1 650亿美元，年归还100亿美元，占预算的25%。俄罗斯国内有资金潜力，平均每年资金外流达150亿至200亿美元，居民储蓄为300亿至400亿美元。

俄罗斯经济增长的原因一是石油涨价，俄罗斯出口中有70%是能源，原材料出口占总值的60%，拉动经济增长4%至5%；二是政局稳定，政府努力维护稳定，平息车臣分裂，打击犯罪分子，处理腐败，把金融寡头和政府分开，不让他们参与政治，规范管理。俄罗斯制定了15年发展战略，努力营造良好的国际投资环境。

①俄罗斯在G20中的地位与影响

据媒体报道，就在20国集团（G20）的西欧和北美成员就是否应持续实施刺激性财政政策等问题激烈交锋时，俄罗斯却相对低调地与G20内部各成员进行着与经济、金融领域相关的立场协调和关系强化的工作。而美俄总统的会面则在G20多伦多峰会前夕将俄罗斯的这种持续的努力推向高潮。

作为一个地跨亚欧的大国以及八国集团（G8）和“金砖四国”唯一的共同成员，俄罗斯正在利用其自身在地理和政治上的特殊性将G20作为其加速现代化进程的重要机会。俄罗斯总统梅德韦杰夫与美国总统奥巴马在华盛顿会面，仅从梅德韦杰夫与美国经济界领袖进行会面的安排就可以看出梅德韦杰夫美国之行的主要目的无疑集中在两国经济领域的合作方面。这让人们想起了圣彼得堡国际经济论坛上主管经济、能源和农业的美国副国务卿罗伯特·奥梅茨的一番话：“俄罗斯与美国之间已经拥有了在重要经济事件甚至是重塑两国经济关系的问题上取得进步的良机。”其实早在2009年奥巴马就曾呼吁俄美两国塑造新的经济关系，当然也反映了双方对强化彼此经济关系的愿望。俄罗斯是全球最大的能源出口国，对美国184亿美元的全部出口额中，原油、金属铝及各种燃料等所占比例高达80%以上。同时，俄罗斯也希望获得美国的投资。俄罗斯经济部长埃尔韦拉·纳比乌林纳表示：“我们对美国的直接投资非常感兴趣，这会让俄罗斯经济部门的现代化和多元化水平明显提高。”俄罗斯需要通过与美国合作来提升现代化水平，这从梅德韦杰夫在会晤奥巴马之前先去加州硅谷访问就可以证明。从某种意义上说，正因为各经济体对资源依赖程度高，导致俄罗斯与“金砖四国”的其他成员经济差距拉大。俄罗斯意识到欧美经济体显然要比其他新兴经济体拥有更多的经验和实力，并有能力帮助俄罗斯提升现代化水平，增强俄罗斯经济增长的可持续性和可控性。

三、国家债务危机的出现

随着全球经济危机的逐步深化，欧洲国家发生的主权债务危机成为世界经济失衡的新特点。

国家债务危机的出现，主要表现为政府的主权债务危机。从经济学理论上讲，主权债务（sovereign debt）是指一国政府以自己的主权为担保向外（国际货币基金组织、世界银行或其他国家）所欠的债务已无法偿还，所以又被形象地称为“国家破产”。在21世纪初，最引人注目的即是冰岛和迪拜的债务危机。对此案例进行分析，对于认识目前世界性的主权债务危机问题有所帮助。

1 从冰岛到迪拜

自2009年11月25日阿联酋第二大酋长国迪拜酋长国宣布其最大国企——迪拜世界590亿美元债务延迟偿付以来，由迪拜债务危机引发的担忧情绪迅速蔓延至全球。从全球范围来看，类似的主权债务危机以前也出现过，未来也可能会有一波主权债务危机，这将大大减缓全球经济复苏的步伐。

2008年10月，全球金融风暴的“骨牌效应”已经显现，继西方大型金融机构破产之后，欧亚各国货币全面贬值，股价跳水，银行相继倒闭。冰岛金融危机使冰岛成为全世界第一个被形容为“国家破产”的国家。时隔一年，迪拜又出现债务危机，其根源在于迪拜长期倚重外资与房地产的发展模式。由企业破产引发的“国家破产”的实质是指一个国家存在主权信用危机，即一国政府失信，不能及时履行对外债务偿付义务的状况。单个小国的主权信用危机可通过国际货币基金组织或其他大国的援助渡过难关，而一旦全球普遍存在主权信用风险，则意味着全球性“惜贷现象”再次出现。鉴于一些国家政府正为救援金融业和刺激经济大举借债，投资者眼下主要担心全球私人债务危机可能会演变为政府债务危机。由于全球信贷萎缩是2009年的主基调，全球范围主权信用风险一直维持在较高水平。美国、西欧等发达经济体救助金融业和刺激经济的耗资巨大，虽然其自身经济总体实力强，但大量救助成本造成了政府债务居高不下、财务状况恶化、金融流动性匮乏，这都会加大主权债务危机的风险。一些学者和机构甚至断言，包括美英等国在内的全球性主权信用危机即将爆发。

迪拜主权债务危机的爆发唤醒了全球对美国政府债务威胁全球经济的担忧。从全球范围看，各国主权债务潜在的风险依然存在，正困扰着所在国政府。任何主权债务引发的风险都会引起市场恐慌情绪的蔓延，成为制约全球经济复苏的“无形黑手”。

在希腊，主权债务危机的爆发成为影响整个欧盟国家的重大事件。究其原因，主要是在前几年经济状况较好时，希腊政府并没有完全遵守稳定与增长公约，改善其财政状况，而是不断保持宽松的财政政策，以进一步刺激经济增长，因此出现了经济学中的“负外部效应”的情况。而在2001年，希腊为加入欧元区，达到政府年度预算赤字不能超过GDP的3%等要求，与高盛等国际投行签订了一系列金融衍生产品协议以降低财政赤字。2004年又曾向上修正2000年至2002年的财政赤字，当年对财政赤字情况的隐瞒也为此次主权债务危机的发生埋下了伏笔。当然，加入欧元区的国家因没有独立的货币政策而少了一个重要的宏观调控工具。希腊政府调控经济就几乎完全依赖于财政政策，2008年金融危机爆发以来，希腊政府为挽救经济、避免衰退，不得不扩大财政开支以刺激经济，这反而导致国家财政赤字进一步扩大。

如果将视角扩大到欧盟的角度来看，中东欧国家主权信用风险偏大也是产生主权债务危机的隐患。目前，主权信用风险偏大的国家有拉脱维亚、匈牙利、立陶宛和爱沙尼亚等，其主权外债均超过其国民生产总值。预计到2011年，希腊政府债券总额将上升至GDP的135.4%，希腊将成为欧盟负债最多的国家。在此之前，市场曾一度对欧元区国家债务偿还能力表示担忧，其中最令人担心的国家是葡萄牙、爱尔兰、意大利、希腊和西班牙。一旦越来越多的成员国出现“资不抵债”的情况，欧盟的救助成效就会大打折扣，甚至还会引发欧洲的第二波主权债务危机。

而在英国，其主权信用也被国际投资机构发出警告。2009年11月，摩根士丹利发布针对英国的一项研究报告称，评级机构有下调英国AAA评级的可能。全球很多大型金融投资机构如主权基金和养老金等都不会投资AAA评级以下的政府债券。信用评级公司惠誉警告称，英国是发达经济体中最有可能被下调的国家，英国成为国际投行首次发出警告的国家。

而在新兴经济体国家，随着金融危机的加剧，国家偿债能力也大幅度下降。在迪拜债务危机后，全球新兴经济体的“信用违约互换”（CDS）担保成本大幅飙升，中东地区的沙特CDS价格从18 BP升至108 BP，巴林由22 BP升至217 BP，阿布扎比由23 BP升至160 BP。在亚洲，越南CDS价格由35 BP升至248 BP，印度尼西亚由25 BP升至227 BP。此外，一些债务较高的经济体如巴西、俄罗斯等，其CDS价格也大幅上涨。可见迪拜债务延期偿还进一步加剧了市场对新兴经济体债务问题的担忧。可以清楚地看到，由于受到全球性金融危机的影响，很多新兴经济体的偿债能力持续下降，主权信用状况有可能进一步恶化。

在亚洲，长期处于低迷状态的日本经济也出现了负增长，这样就极可能出现主权债务危机。将被迫依赖外资增加公债购买规模的日本公共债务相当于GDP的200%，远远超过希腊和澳大利亚。国际评级机构说，日本可能会面临一场债务危机，与震动全球市场的欧洲主权债务危机类似。Apeiron 全球宏观基金经理 Hobart 称，未来两年日本将苦于偿还高额政府债务，国内储蓄下降，将促使日本依靠外国投资为其财政缺口提供融资。日本央行也表示，三四年后日本可能遭遇主权债务危机。日本一直未感到市场压力，因为国内储户购买了 95% 的债券。但随着日本人口快速老龄化，很多人提领养老金，日本主权债务的压力将快速加大。

第二节　美国经济体变动与全球经济关系

美国经济体的经济总量及其变动对世界各国的经济都会产生很大影响。由于美元是国际结算的工具，国际资本流动意味着有大量的美元在不同的经济体中流动，对政府、企业及家庭来说，美元储备也曾经是拥有财富多少的象征。至于国际贸易中世界各国与美国的贸易关系密切，以致形成全世界的商品流向美国的景象。如果美国经济体发生巨大变动，其他国家就会处在经济波动之中。

一、美国经济结构及其危机

从国际经济学原理上讲，任何一个经济体必须在一般性贸易和资本性项目之间寻求一种资金流动的平衡，也就是说，如果一般性贸易方面产生了大量逆差，就必须在资本性项目下产生足够的顺差，以此平衡整个资金流动。如果不能产生足够的平衡，例如一个国家在一般性贸易以及资本性项目都持续地出现逆差，就会导致这个国家在经济层面上出现收支不平衡，这种收支不平衡达到一定规模后就会诱发这个国家的金融风险。金融风险的扩散会影响到这个国家的一般性贸易和产业结构，影响到该国的生产要素成本和企业经营的宏观环境，进而深刻地影响到该国企业的竞争力，导致一个国家或者地区的经济衰退。因此，任何一个国家都需要努力追求国际收支平衡，这是显而易见的。

众所周知，美国在经常项目中的贸易逆差非常大，是对外贸易中债务最高的国家。以中美贸易为例，2007 年度，美国对华贸易逆差超过 2 000 亿美元。美国大量的一般性对外贸易逆差必须通过资本项目下的收支结余来进行平衡，这就决定了美国经济的最大特点是必须通过金融手段来控制产业平衡，同时也必须通过金融手段来实现自身的国际收支平衡。所谓金融手段，说得简单一点就是美国必须持续地在经济生活中通过信用实现持续的负债，要么通过美国资本市场足够高的回报率来吸引国际投资或国际投机的外来资本，除此之外别无他法。因此，美国经济的奇怪现象是必须保持庞大的国债来维持一般性贸易失衡下的经济运转，但却不能仅仅依靠庞大的国债，它必须通过一系列的所谓金融创新来发育出足够多且令人有充分想象空间的庞大资本市场，而这个资本市场也必须源源不断地给投资人带来更大的回报、更高的预期和更有效的金融产品，才能不断地吸引世界各国的外汇储备及发达国家的自有资本源源不断地涌入美国。只要有大量的外国资本进入美国资本市场，就完全可以实现资本项目下的节余，并且有效地对冲一般型贸易逆差，实现国际收支平衡，否则美国经济就连一天也维持不下去。但问题是，对世界各国来说，由于在经济全球化条件下美国经济的长期主导地位并未从根本上动摇，各国政府对于美国经济仍抱有很强烈的预期，并不希望美国经济全面崩溃，因为那样也就从根本上损害了与美国经济关联度高的国家的利益。所以当美国经济出现重大问题时，这些国家就会出手救助，开始向美国注入大量的国际资本。正因为如此，美国非常清楚世界各国此时的态度。所以，从美国的角度考虑，美国对其国内的经济问题也没有像其他国家那样担忧。

更进一步说，就其特点来看，美国经济实质上已是一种金融经济，金融经济就必须强化它的信用和回报率。因此，美国必须不断地制造出高于世界平均水平的回报率，并依托这个高水平的回报率来吸引海外资本，以实现美国经济的平衡。按照经济学的基本原理，美国的投资回报率是从生产要素的使用效率中来，通过不断增加对劳动力、资本、技术等生产要素的投入来获取国际投资的高回报率。如果美国不能保持高于世界平均水平的要素投入，美国经济无法保持对外部资本的强大诱惑力，也就无法保持自身经济的正常循环。如果美国想通过传统产业来实现投资的效率，则很难吸引世界资本流向美国。从这个意义上讲，美国的做法是一方面通过不断的金融创新来推出所谓创新的金融衍生产品，从而不断地提出更加具有诱惑力的回报水平，以便吸引来自全球范围的庞大资金；另一方面即是以所谓的高新科技产品吸收全球的投资资金，其中包括信息、通信、能源、新材料、生物制品等，尤其在新能源开发方面，美国对于全球资本的吸引力仍然很强劲。

美国经济的剧烈动荡表明，经济全球化支持了美国经济的繁荣，而美国金融危机却表现出美国资本市场的动荡对世界经济的影响更为深刻，其中自然也包括对美国经济的影响加深。以美国股市为例，美股的上涨与下跌对其他经济体也会产生重大影响。如 2001 年 3 月 20 日，纳斯达克市场和纽约证券交易所损失市值 5 万亿美元，这意味着美国 GDP 亏损 50%，是 1987 年 10 月华尔街崩盘市值损失的 5 倍。纳斯达克市场 2000 年 3 月的总市值是 6.7 万亿美元，一年后只剩下 2.7 万亿美元，市值减少了 4 万亿美元。这一数字的意义是美国股市所蒸发的财富大于公众持有的美国联邦债券总额，超过社会安全及健康医疗信托基金的总额，相当于日本、韩国经济的总和，等于美国的汽车、钢铁、电机及石油产业瞬间化为乌有，相当于美国所有住宅的总额，相当于布什政府 10 年减税方案总额的 2～3 倍，相当于布什政府预定减税金额的 1 000 倍。美国家庭平均拥有的房地产、股票等财富净值在 2000 年减少了 2%，由 1999 年底的 42.3 万亿美元降到 41.4 万亿美元，这是 1945 年以来美国家庭财富首度出现衰退。2000 年美国家庭财富缩水几乎全部缘于股市的下跌，家庭直接持股的价值由 8.75 万亿美元降到 6.6 万亿美元。美国出现 1952 年以来最严重的负财富效应。

股市暴跌会产生连锁反应

美国股市暴跌所引发的对冲基金破产将导致 7 000 亿美元的银行坏账。按照国际银行巴塞尔协定，国际银行体系将被迫减少 7 万亿美元的贷款，相当于国际银行体系贷款总额的 1/3。自亚洲金融风暴以来，国际银行体系向亚洲国家和俄罗斯、巴西等国贷款总额为 1 万亿美元，估计有 15% 难以收回，这导致国际银行体系信贷收缩 7%。二者合计，导致信贷紧缩 40%。从 1990 年日本泡沫经济破灭到 1998 年，尽管日本的信贷紧缩尚未超过 5%，但已使日本经济陷入长期衰退。而在 1929 年至 1933 年的大危机中，美国信贷紧缩了 20%，则使其经济萎缩了 40%。如果造成国际金融体系 40% 的信贷紧缩，那么即将来临的国际经济萧条的严重程度可能超过历史上任何一次大危机，欧洲和日本都会深受牵连，经济外向程度极高的亚洲经济更难逃此劫。

应该承认，美国经济经过了 10 年的持续繁荣，已进入大调整期，世界各国也应对自己的经济结构进行调整，以适应经济全球化发展。从一般意义上说，发展中国家的经济增长速度高于发达国家，欧盟及东欧经济上升得益于石油涨价。

二、美国与日本经济关系

日本在1985年以后处理日元兑美元汇率政策就出现了重大失误。当时，日本经济历经战后40年重建已然成为庞然大物，从规模上看仅次于美国，GDP达到了美国的60%，在特定产业和制造技术领域甚至超越美国。日本经济发展的重要原因在于政府采取了出口导向型战略，因此，经济的发展就导致日本制造的产品像潮水一样涌向全世界，特别是涌向美国，引发美国对日本出现持续而巨大的一般性贸易逆差，招来美国劳工组织和产业保护势力的强烈抗议。

这种抗议很快就转换成一种政治力量，美国政府向日本政府施加巨大的压力。1985年，美国在纽约市中心的广场饭店召开西方七国会议，强烈要求这些发达国家经济盟友改变当前的经济政策，通过本国货币对美元的升值来减少对美国的贸易顺差，帮助美国缓解因为巨大贸易逆差而导致的经济和政治不稳定，同时，加大对美国资本市场的投资。美国意图通过资本项下的资金节余来弥补一般性贸易导致的逆差。在西方发达国家中，日本是美国贸易逆差的主要来源，因此也是在本次会谈中承受压力最大的国家。日本被迫快速进入升值轨道。日元兑美元的汇率从250：1一路飙升到120：1，稍经反复之后又继续攀高，最高达到79：1。在这样快速升值的过程中，日本国内资产价格出现大幅度攀升，以日本地产价格为例，最高的时候，日本皇室拥有的一座皇宫所占土地的估价几乎可以买下美国的整个加利福尼亚州。日本国民一夜之间成为全世界收入最高的群体，他们疯狂地购买艺术品、全球市场的股票、房屋等，大批日本游客周游欧美国家，所到之处给人留下的印象是日本人真富裕。

这种经济上的乐观主义情绪甚至迅速蔓延到政治上。20世纪80年代，日本有一本轰动国际社会的名著就叫《日本可以说不》。这本书中所流露出来的经济独立引发的政治雄心令全世界为之侧目，甚至有媒体惊呼即将到来的21世纪将是日本世纪。在《广场协定》签订后的5年里，日本在当时超低利率政策之下，资产的价格大幅度抬升，房地产价格上升了4倍，股票的价格也上升了4倍。但好景不长，国际资本早就看好日元升值带来的巨大商业利益，因此先是一致看高日元兑美元汇率，其后又通过“远程核打击”做空远期外汇指数抛出日元，导致日元兑美元汇率出现巨幅波动，随后出现了资产泡沫的紧缩。国际游资撤出日本，日本股市跌幅高达70%，房地产跌幅达60%，如此整体性、全局性的暴跌势必会对一个国家的整体经济产生重大负面影响，其毁灭性与严重后果无异于一场金融大地震。日本经济迅速进入不景气时代，企业被迫大量裁员，银行被迫缩紧银根。曾经作为日本经济奇迹谜底的“银企联盟合作模式”遭受了沉重打击。一批金融机构破产，国内市场需求持续低迷，汇率的不稳定甚至影响了国际出口市场的信心。以出口为导向的经济政策不得不进行转型。日本此次金融战败造成的损失绝对不会小于第二次世界大战战败的损失。直至今天，这段“失去的十年”对东亚经济的影响依然深刻。

从日本经济的衰败中，中国学会了减少通过政府人为地设计大型财团以避免银行与企业之间无风险控制的合作，强调保持汇率的稳定性和对外汇的严格管制。同时，日本金融危机所引发的产业外移也在一定程度上促进了东亚经济特别是中国经济繁荣时代的到来。

第三节　美国与中国经济关系

美国经济成为世界经济的主导国家，这与“二战”后美国在全球政治经济地位上升和巩固有直接关系。从美国经济与其他主要经济体的关系来说，美国强势地位的确立与世界主要经济体形成世界政治经济格局，在世界各国经济与美国经济大体平衡的时期，世界经济增长就较为稳定，如果美国经济或其他主要经济体出现重大经济问题的话，那么在经济全球化背景下的世界性经济危机就有可能出现，解决的办法也只有通过世界主要经济体甚至世界各国共同努力才能消除危机。从这个意义上讲，世界主要经济体的政治经济稳定对于全球经济增长无疑是最为重要的。

一、人民币汇率所反映的中美经济关系

从理论上讲，一国对另一国的汇率原本是大国之间政治经济博弈的结果，在国际贸易出现巨额逆差的情况下，即通过贸易摩擦、贸易战开始实行新贸易保护主义，其中最为有效的手段即是以汇率作为解决抵消贸易逆差、失业率等众多问题的主要策略。美国因经济结构出现严重失衡，就一直在中国人民币汇率升值问题上作文章，对中国施加压力，甚至通过新贸易保护主义来消除贸易逆差带来的经济结构失衡造成的压力。

人民币汇率决定

在纸币脱离金本位的情况下，其币值是怎样确定的呢？反映到国与国之间的贸易上，又怎样来决定两种货币的汇率比价呢？按西方经济学家的理论，是通过购买力平价来决定的。如果是这样，那么只要看在各国购买同样的消费品尤其是日常所需的消费品价格就可以决定汇率的比价了。比方说，麦当劳的汉堡包在中国可能是卖1美元，而在美国可能是卖3美元，因此就认为两国的比价大概是1：3。通过这样一种简单的方式来进行汇率的决定机制，是因为当年英国的《经济学家》杂志曾就麦当劳的汉堡包在中国和美国的价格比率提出一个建议，说人民币兑美元的汇率被低估了56%。

实际上，大家都十分清楚，在世界各国政府的汇率决定中，谁也不会采用这样一种方法来决定汇率。应该说，任何一个国家的汇率决定都是该国在对经济、政治、就业、贸易等各种政治经济综合因素进行考量之后所作出的。对本国汇率作出规定是主权国家的内政，谁都不能通过政治、外交、军事等手段单方面改变其他国家的汇率，唯一的办法就是大幅度增加本国货币的发行，通过本国货币的大幅度贬值致使对方的货币升值。但问题在于，由于本国货币发行量增加，本国需要承担通货膨胀的压力，如果对于货币供给造成市场失灵，就有可能导致经济崩溃。

从美国金融危机爆发前后的中美贸易来说，美国已出现严重的贸易逆差，而中国庞大的贸易顺差，加上其他国家对美国的大量出口，造成了美国经济的严重失衡。美国对外贸易出口疲软恰恰表明美国产业和企业的国际竞争力开始弱化，尽管在高新技术产品的研究与开发上，美国依然占有相当大的优势，但面对大量世界性的大宗产品输入美国，对美国经济结构的改变无疑会形成巨大的冲击力。

“二战”以来，美元作为国际货币在全世界范围内流通，美国早已进入金融经济的时

代。美国依靠美元的强势地位，只要不断地发行美元，世界上其他国家就必须以出口货物来向美国换取美元。而在相当长的一段时期内，由于发展中国家经济起飞需要大量的美元在国际上进行支付和本国储备，对美元的需求旺盛成为美国加大美元发行量的重要支撑。当美元的存量与世界各国生产的财富的价值失衡时，必然会出现美元贬值的现象，如果美元仍不断地增加发行量，美元就会持续贬值。从现在的情况看，美元贬值并不仅仅是对人民币，它对世界上16个主要国家的货币都是贬值的，在过去的四五年里，美元实际上已经贬值40%以上。可以说，如果美国经济不在此次金融危机中进行结构性调整，那么美元必然会一直贬值下去，因为美国需要靠庞大的美元对冲早已消耗掉的社会财富。具体来说，主要表现在以下几个方面：

（1）对于美国经济来说，巨大的债务造成美国经济难以为继。美国的贸易和财政的双赤字成为美国政府的最大负担。对于美国企业来说，企业利润下降，大企业资不抵债，接二连三地破产，说明企业资金枯竭造成无法经营的情况是相当普遍的。在金融危机中，美国政府对大企业实施救助计划，有相当多的资金注入到企业中。至于美国民众，由于多年处于过度高消费的状态，大都是借款消费，也有通过次级贷款提高消费信用的；但其实也是资不抵债的。可以想象，作为世界经济主导国家，如果政府、企业、家庭及个人都没有储蓄而是靠债务维持社会经济秩序的话，那么经济危机的爆发就不难理解了。有人说美国是全世界最“负有”的国家，因为美国人均负债15万美元，这就是美国过度消费的结果。

（2）此次美元贬值的导火线是房地产价格泡沫破裂，这对于各国的经济及汇率都有极大的影响。应该说，所谓美元危机，即是在房地产泡沫破裂的大背景之下爆发的，其根本原因在于房地产和金融机构的次级贷款出现了重大问题，而次级贷款又被放大为“次级债”。次级债是买房人无力偿还银行贷款而产生的债务危机。在一般情况下，即便是有相当一部分买房人偿贷出现问题，也根本不会发生如此剧烈的“次债风波”，而“次债风波”也不会导致整个国家的“金融海啸”，更不至于导致整个美国经济陷入相当严重的经济衰退。那么美国因房地产泡沫引发经济危机究竟是怎样发生的呢？

按照经济学家的解释，此次房地产泡沫破裂与2000年美国科技泡沫破裂没有什么两样。当时互联网公司的股票大幅跳水，美国纳斯达克股指从5 000多点下降到2 000多点，当时人们普遍认为美国将陷入一次经济衰退。于是，美联储为避免美国经济衰退，通过大幅度地降低利率来推动房地产价格不断地上涨，以房价上涨所吸收的资金来弥补科技股票的亏损，从而促使美国很快就走出了科技股泡沫破裂的经济衰退。当时，美国经济复苏的速度超过了各界的普遍分析与认识。而低利率的房地产贷款政策非常宽松，为了促进美国的经济增长，基本上不用还钱、不用交钱就能贷款住上房子。这种做法听起来令人备受鼓舞。

美国房地产的次级贷款危机

次级贷款危机发生的原因是美国放宽了贷款政策。过去，贷款只能够提供给那些优质贷款人，也就是信用等级分在660分以上、有充分的收入证明的这样一群人，向他们发放优质贷款，使他们享受低利率政策。房地产价格不断在上涨，为了获得更高的利润，美国的银行铤而走险，把房地产贷款发放到那些没有偿还能力的人手上。这些人过去无法想象竟然可以申请到房地产贷款，因为这些人群的信用等级分相对比较低，在620分以下，有的甚至没有收入证明。这样的房屋贷款就被称为次级贷款，它是相对于优质贷款而言的。

那么这些无偿还能力的贷款人为什么敢贷款呢？因为银行对他们的还款政策是“前松后紧”，前几年几乎不用还钱，但是后几年，要还的钱突然就涨上去了。要还的钱突然涨上去也不可怕，因为银行会把房地产价格上涨的部分进行转按揭再贷款，这样，相当于贷款人还是不用自己还钱。于是这些贷款人就认为，有房子住为什么不住呢？反正房地产价格在不断上涨，还不用还钱。于是，大家都很高兴地进行了次级贷款的申请。

（3）次级贷款引发房地产价格不断上涨，绝对不会使美国蒙上经济衰退的阴影，而更为严重的问题是次级贷款被证券化，这就使次级贷款的风险放大了。因为投资公司和银行发现次级贷款模型促使房价不断上涨，银行要赚更多的利润，就要把次级贷款证券化，于是大量发行次级债券，并把次级债券反复地分割、反复地打包，然后推广到资本市场上，让更多人进行交易和购买，这就是美国资产证券化及美国金融衍生产品的重要体现。次级债券被投放到市场后，美国的银行通过标普和穆迪等知名评级机构给债券评为AAA级，而AAA级的债券受到投资者广泛的追捧，保险公司参加进来，为买次级债券的人提供保险，于是几千亿次级贷款随即扩展成几十万亿的次级债券、保险等。这就使得美国陷入了一个巨大的金融风险旋涡之中。

（4）美国金融危机发端于房地产价格的上涨，泡沫破裂必然源自于房地产价格的下跌。美国房地产价格下跌的根本原因是购房者开始违约不还钱了，因为他们本身就没有偿还能力。购房者一旦违约，银行就只能把他们的房地产进行拍卖。随着拍卖的增多，房地产价格开始不断地下跌，致使更多的人还不了贷款，更多的房地产被拍卖。整个美国的房地产价格陷入一个下跌的通道。此时，美国三大评级机构又说次级债券有风险，于是使债券价格下跌，所有的金融机构都因此亏损惨重，各大金融机构的高管纷纷被迫辞职，从高盛银行的董事长到美林证券的董事长，再到贝尔斯登投资银行的董事长纷纷“下课”。这些人原本掌控的是什么呢？是美国最大的银行、美国最大的证券公司和美国老牌的投资银行。这些金融机构均严重亏损，导致美国金融流动性严重不足。

但问题是，中国人民币汇率问题即是中国经济受到美国经济影响的结果，这也表明中国经济融入全球化程度高，中国经济已成为全球化经济的重要组成部分。在一个开放的全球化时代，中国在影响着世界，而世界也在影响着中国。美国次级债券的危机重创了美国的金融系统和美国的房地产系统，使得美元加速贬值。美元加速贬值转化成了人民币升值的压力。

汇率其实是一个非常复杂的决定机制，汇率是货币的核心，货币是金融的核心，金融是经济的核心。美元、欧元、石油、黄金这些国际重要的金融要素都是大国博弈的结果，都是各个国家之间主流利益集团博弈的结果，是各个阶层利益最大化博弈的结果。凡是既得利益者都想办法固化这些规则和原理，中国作为一个后起的发展中国家，正在经历与这些既得利益者进行连续博弈的一个过程。

汇率是国与国之间经济博弈的结果，也是政治博弈的结果，也是就业、贸易摩擦等因素参与博弈过程的结果。人民币自2005年起进入持续升值轨道，在很大程度上也是受到美国经济结构调整、贸易结构失调和失业率趋高等压力的影响。急剧放大的一般性贸易逆差、由于产业结构调整造成的结构性失业率的上升，使得美国的政党、政府不得不通过对中国施加压力的方法来上演对美国选民的政治宣传。虽然人民币兑美元的升值改变不了美国失业率居高不下的现状，但它却是大国之间博弈的一个力量。同时，中国的博弈力量也在增长。由于国际经济一体化程度的加深，特别是大型跨国公司全球产业布局的完成，人民币汇率单边上升所带来的利益和损失常常是冲抵的。因为在目前经济全球化条件下，很难有哪个国家是绝对的受益者或受害者。

二、美国经济调整对中国的影响

美国和世界经济调整将对中国经济产生较大影响。应该说，中国作为发展中国家，同时也是正在崛起的大国，中国经济所面临的问题则是由中国经济自身的状况所决定的，同样也会碰到与包括美国在内的其他国家的贸易关系问题。而中美贸易摩擦仅仅是在经济全球化条件下美国经济调整过程中对中国作出的反应而已。将21世纪初以来中国的主要经济状况进行分析即可大体了解中美贸易摩擦的产生及其演变问题。

1 中国出口与贸易收支

2000年，中国出口2 492亿美元，其中对美国出口占20%，加上香港转口贸易则占30%，美国是中国的第二大贸易伙伴。中美之间的经济依赖是不平衡的，中国依赖美国较多，美国依赖中国较少。中国对美出口总额在美国进口总额中仅占2%。中国对美国的资金和技术有依赖，从美国进口最多的是技术含量高的机电产品，1998年为94.18亿美元，占美国进口总量的55%。日本是中国的第一大贸易伙伴，1998年中国对日贸易占进出口总额的20%左右。欧盟是中国的第三大贸易伙伴，中国与欧盟的贸易占中国进出口总额的15%。1998年，中国外贸总额的64.3%（约2 071亿美元）是与美、日、欧的贸易，其中含香港的对外贸易，中国获得的贸易顺差为629亿美元，如果没有与美、日、欧的贸易，中国外贸为逆差193亿美元。如果美国的进口下降，就会影响中国的出口。

2 经常项目与外商直接投资

中国国际收支中的贸易收支由顺差走向逆差，经常项目的逆差可能出现得更早，因为外资利润汇出记在这一项目下，已经由每年的100亿美元增加到200亿美元。这是中国涉外经济关系的重大转折。

国际收支理论解说

只有当国际收支的经常项目出现逆差时，才有可能有资本净流入，否则只能是净流出。发展经济学指出，发展中国家的经济增长率高于发达国家时，则会出现所谓的“双缺口”，即储蓄大于投资，进口大于出口，此时才可能有外资净流入。但在中国却不是这样。中国的储蓄在20世纪90年代远远大于投资，目前银行储蓄大于贷款数万亿元人民币，此外中国的出口也远远大于进口，每年有大量贸易顺差，同时又引进外商直接投资3 000多亿美元。这说明中国在引进3 000亿美元外国直接投资的同时有更多的货币资本流出，其中包括1 700多亿美元的国家外汇储备和1 300多亿美元的国内居民、企业存款，这在国际收支平衡表中称为“被动性外流”。其余2 000亿美元表现为国际收支平衡表的“误差与遗漏”项目，称为“主动性外流”或者资本非法外逃。

中国20世纪90年代巨大的国际收支顺差，除去出口以外，主要是因为3 000亿美元外商直接投资的进入，数年后通过人民币利润汇出实现平衡。中国加入WTO，以未来国内市场换取外资进入，以后数年每年约有600亿美元的外商直接投资进入，5年后中国的外商直接投资累计有8 000亿美元，每年国内利润达到4 000亿元人民币，大约90%的人民币利润并没有汇出，而是以“再投资”的方式留在国内。如果在突发事件下大量汇出，即有可能触发外汇危机。

3 汇率变动

中国的进出口贸易同其他国家进行的结算与人民币汇率及其变动有直接关系，而对于名义汇率变动，中国则要考虑其经济和政治的综合利益，这与发达国家的做法并没有什么不同。如中国和东南亚各国出口结构大体相同，双方各占世界出口总额的3%。当亚洲金融危机爆发时，中国宁可减少出口也没有采取贬值人民币名义汇率的做法，这主要是出于稳定亚洲局势的考虑，以尽到亚洲大国的责任。同样的道理，韩国和日本的出口结构雷同，1997年，日元贬值到1：146，韩国即难以忍受。尽管周边国家以货币贬值来求得自保，但中国坚持人民币名义汇率稳定实际上则意味着人民币实际有效汇率（按照贸易权数计算的汇率）升值。如中国对韩国的贸易占中国外贸总额的6%，对东南亚为4%，对中国台湾地区为6.36%。1997年，东南亚各国货币平均贬值约40%，韩元贬值40%，中国台湾地区的台币贬值20%，这就使人民币实际有效汇率升值5.3%。1998年，日元贬值20%，日本与中国的外贸额占中国外贸总额的20%，人民币实际有效汇率再升值7%，总共不超过15%。实际有效汇率的升值没有影响中国的出口，主要是由于人民币名义汇率在贬值。实际汇率是名义汇率扣除物价指数和出口退税的汇率。中国国内消费物价水平在1996年至1998年下降了10.7%，这主要是因为出口退税的增加相当于人民币实际汇率的贬值，抵消了名义有效汇率的升值。1999年，亚洲金融局势稳定以后，美元大幅度升值，人民币亦随美元大幅度升值。中国的出口并没有因人民币升值而受到影响，其原因是由于美国经济持续增长，而中国国内农民工大量涌出，出口产品能够继续降低加工成本，加上国内通货紧缩的持续和出口退税的增加，中国继续沿着稳定人民币名义汇率和贬值实际汇率的方向仍然能够保持出口。但问题在于，由于美国经济进入调整期，其金融危机加重，美元不断降低利率有贬值预期，日元和亚洲其他国家的货币马上就有贬值压力。这种形势类似于1997年亚洲金融危机，人民币只能固定汇率而不可能贬值，以求得国内货币政策的稳定性和自主性，相应资本项目也不可能自由兑换，中国所受到的外部货币贬值带来的亏损只能依靠中国政府的政策调整来降低亏损面。这是目前中国政府唯一能够采取的货币政策。如果美国金融危机持续恶化，中国对美出口贸易严重受阻，新的贸易摩擦将会愈演愈烈，需要做好各种应变应急准备。

④股票市场与资本自由流动

发达国家的资本市场、货币市场、外汇市场和商品市场高度发达且互相连通，短期流动资本自由流动需要灵活的价格机制、浮动汇率、利率和股票指数期货。巨额资本以光速全天候流动能左右许多国家的国际收支，甚至造成各个市场的暴涨暴跌，发生金融危机。中国仍旧坚持固定汇率加外汇管制，固定对外经济参数，同时保持国内货币政策的独立性，力图使国内价格市场化。当发生通货紧缩时人民币汇率可以升值，发生通货膨胀时则可以贬值。

⓵人民币名义汇率稳定的根据

我国涉外经济主要是进出口，2000年中国进出口总额为4 700亿美元，占国内生产总值的47%；引进的外国投资主要是直接投资即真实资本，表现为设备进口，同时记入国际收支平衡表的进口项目和资本项目下。汇率决定主要与贸易项目有关。中国经济的外贸依存度已经超过60%，但是如果扣除对外贸易中将近50%的加工贸易，外贸依存度就下降23%左右。如果按照购买力平价1：5计算，中国外贸依存度就更低。中国农村的自给性经济在国家经济中占50%左右，中国金融市场的对外开放程度低，因此汇率作为人民币的国际价格和连接国内外经济的主要经济参数，仍旧以稳定币值为好。国际市场价格波动对国内的影响可以通过国内物价的变化表现为实际汇率的波动，而不一定表现为名义汇率的波动。

总的来说，中国改革开放后的一系列经济改革和调整目标是建立外向型经济体制，国家经济增长总体上是由外需拉动的，国民生产总值平均每年增长8%，外贸出口的年增长率则比其高出1倍，如中国外贸出口额从1978年的95亿美元增加到2000年的2 492亿美元，增加了25倍。整体经济趋于外向型，内部需求就难以启动，直接导致国内民间投资萎缩，贫富两极分化严重，政府组织能力降低，现实生产率远远达不到潜在生产率的水平。从国际贸易理论角度来看，中国启动内需只有在出口严重下降的情况下才有可能重新调整国内经济结构。在美国经济危机严重的情况下，如果中国经济社会结构调整成功，那么中国经济仍旧可以实现持续高速增长目标。

三、中美战略合作前景

在经济全球化的时代大背景下，中美双方无论是在经济贸易还是在其他广泛领域内都需要建立战略合作关系，这对世界政治、经济、军事形势的稳定无疑具有重大意义，这是全世界都很明白的道理。

1 全球化背景下美国对华态度的转变

众所周知，20世纪70年代以来，美国对华政策发生了转变，但对于中国这样的大国，就不是简单的实行经济外交问题了。

美国对中国的态度始终是在意识形态的政治层面上进行思考的，换句话说，美国并未真正从冷战思维中解放出来，将中国作为最大的竞争对手和假想敌的做法成为苏联解体后美国寻找新的对立面所惯用的政治手腕。

随着经济全球化的速度加快，中国在对外开放的过程中迅速崛起则成为美国重新思考和转变对华政策的主要依据。下面是两则美国媒体的报道，该报道反映了美国意识形态领域出现的新意识、新现象，很能说明问题。

报道一：美时代周刊报道“中国新革命”　毛泽东画像上封面

中新网纽约6月20日电（刘小青　杨冰）　继上月美国《新闻周刊》以封面故事的形式报道中国之后，最新一期美国《时代》周刊也刊登出一组特别报道，浓墨重彩地对正在崛起的中国进行了解读。

毛泽东波普艺术画像出现在今天面市的《时代》周刊封面上，该刊以“中国的新革命”（China's New Revolution）为题刊载了20多个版的相关文章。该组文章以崛起的中国为主线，从中美之间日益紧密的关系、中国社会的变化、美国大企业对中国的影响等方面解读中国的政治、军事、经济、社会、人权等方面的情况。本组报道还配以大量的图表和新闻图片，以展示中国的经济、社会生活的现状。封面上的毛泽东身着中山装，但衣服上面的隐图为“路易威登”品牌标志，这个封面的图案设计显然体现了作者对当今中国的主观隐喻。

报道二：中国小女子为美国人缝制衣服

该刊封面故事《小的世界，大利害关系》一开始便叙述了一位20岁的农村姑娘刘丽（音译）在一家为美国出口服装的制衣厂工作，月收入120美元。她和五个小姐妹共处一室，期望攒些钱读书，找到更好的工作。她想象不出美国人的世界和生活，但正是这个女孩为成千上万的美国人缝制了外衣。

文章进而说到，去年美国从中国进口成衣价值达110亿美元，另外，美国还从中国进口价值达1 850亿美元的其他货物。尽管中国产品在美国无处不在，但对大多数美国人而言，中国依然很神秘，他们并没有意识到中国的未来与美国的未来相关到什么程度。这不像是衣服、玩具和鞋把中美关系联系起来那样简单，中国还持有巨额的美国债券；中国公司飞速发展，与美国竞争特别是石油等重要资源；中国的地域性政治行为，如朝鲜核武器问题的立场，对美国的政策有着极为重要的影响。

2 全球经济关系依存度

目前，我国经济的对外依存度已超过60%，因而，国外市场价格能够比较快地通过传导引起国内价格的变动。输入型通胀已成为我国物价高涨的重要推手。在开放的经济社会中，当国外商品或生产要素价格上涨时，就会通过本国与国际市场的传导途径传播到国内，从而引起国内物价普遍、持续上涨。而国际通胀对我国的传导主要是通过石油和铁矿石价格来进行的。我国是第二大石油消费国，石油对外依存度接近50%，所以国际原油价格暴涨对我国的经济影响更大。我国原油与国际接轨，成品油由政府管理，导致2008年我国的石油加工业累计亏损额达960.48亿元。我国铁矿石超过一半以上依靠进口，而目前西方国家已经控制了全球70%的铁矿石资源，由此，我国进口铁矿石的价格也持续上涨：2005年上涨71.5%，2006年上涨19%，2007年上涨9.5%，2008年则上涨了65%以上。铁矿石价格上涨，带动钢材价格上涨，而钢材价格上涨，则提高了一系列与之相关的产品成本，导致物价上涨压力进一步传导和扩散。在原油、铁矿石价格等输入性通胀因素的推动下，我国上游产品价格从2007年第四季度起开始攀升，包括工业品出厂价、原材料燃料动力供应价格、农业生产资料价格上涨都有所扩大，生产领域价格上涨向消费领域传导的压力在显著加大。

3 经济转型不能指望速成

减少石油消费对外依存度首先涉及经济转型问题。如今调整经济结构和产业结构的必要性已经在全社会达成共识。人们往往将经济转型简单地理解为调整经济结构，对调整经济结构作为一个节能减排的基本手段寄予很大的期望，现在中国几乎所有的战略规划都会提出调整经济结构。从理论上讲，调整经济结构对于降低GDP能耗的作用是毋庸置疑的。比如，减少高耗能产业就可以降低GDP能耗。但是一个国家在某个时期的经济结构与一个国家的经济发展的阶段高度相关，对于中国现阶段的经济发展，经济结构调整必须符合本国资源禀赋及经济发展的阶段性和规律性。目前中国处于高耗能阶段，高耗能工业结构是一个典型特征。如果把降低单位GDP能耗完全寄望于调整高耗能工业结构是不现实的。例如，发展低耗能产业，我们一直强调发展服务行业，这与中国经济增长应从投资推动型增长模式向消费驱动型增长模式转变的呼声一致，但事实上近年来服务业在经济结构中的比例没有明显增加。这也说明调整增长结构是一个与经济发展阶段相联系的过程，也是一个整体联动的过程。

此外，在经济贸易全球化导致的全球经济分工中，中国目前的定位很明确。"中国制造"标记无所不在，已经成为这个时代的一种象征。但是，短期内迅速改变中国的低端、高耗能的产品出口可能性不大，中国当前的就业形势也不允许这样做。我们可以通过努力逐步减少能源消耗，而且国际贸易分工重新调整也需要一个过程。

拓展学习

中国对美贸易的变化

在美国金融危机发生后，中国的国际贸易条件已发生重大变化，美国不可能再以大幅度的逆差来吸纳中国出口，中国早期形成的劳动密集型和外向型经济的生产结构已失去优势，更何况多年来以低工资、低收益来确保经济增长的模式使企业和劳动者收益减少，这种经济增长模式已为劳动力成本不断上升所打破。可以说，中国劳动力成本上升已是不可逆转的趋势。而劳动密集型产业发展是与我国出口有直接关系。2002年以来，中国对外贸易出口的大幅度增长主要得益于加入WTO，到2009年底我国已经把平均关税降到8.9%，加入WTO时的承诺已全部兑现。与此同时，加入WTO后，由于贸易条件的变化促进我国出口大幅增长的时代也已经结束，所以低成本出口的竞争优势也不复存在；至于资源密集型行业，由于受到国际原料价格急剧上涨的压力，生产成本大幅上升，缺乏竞争优势。在这种情势下，我国必须在保持原有劳动密集型企业以保就业、保民生的基础上，大力发展技术密集型产业，并大幅度提高工业装备制造业在国民经济中的比重，以提高中国工业装备产品的国际竞争力。

日本在20世纪80年代也遭遇过能源原材料价格大幅度上涨以及日元升值的压力，虽然这种负面影响持续到20世纪90年代，但日本的产业结构已由20世纪五六十年代以资源密集型的重化工业为主导转向以汽车、电子、半导体、家用电器等附加值高的产业为主导，这样，即使在日元升值等不利条件下，日本在这些领域的竞争力依然能够保持。又如德国在2007—2009年全球金融危机中受到的冲击和影响比美国、法国和英国要小得多，一个很重要的原因是德国以先进制造业为基础，产品在国际上有很强的竞争力。中国产业结构的调整必须积极推进产业升级，在坚持发展劳动密集型产业的同时，必须发展技术密集型产业，并加强对传统产业的技术改造，才能提升整个工业的竞争力。

问题与讨论

1. 从世界发达国家的经济增长经验来看，中国经济要实现长期、持续增长目标，对于中国经济存在的问题如房地产、通货膨胀等，应采取怎样的政策进行调整呢？

2. 中国经济崛起与经济全球化的关系是什么？日本作为亚洲过去唯一的发达国家，对中国将会采取什么样的对策？你怎么看中日关系的发展前景？

3. 美国在贸易、金融等领域制造摩擦，你对中美关系未来发展有什么看法？你认为经济关系会影响中美政治关系的正常发展吗？

思考题

1. 为什么说世界主要经济体变动对世界经济影响大？你认为美国经济问题对世界经济产生的影响究竟有多大？美国的强国地位会因此而衰落吗？

2. 由于中国对美国贸易条件的改变，中国外向型经济开始向内需型经济转变，你认为这种思路对中国经济长期成长有利吗？如果认为利益不大，请说明原因。

3. 欧盟究竟怎样处理其区域内国家的主权债务危机问题？如果希腊主权债务危机加剧，对欧盟其他国家的政治经济影响有多大？这种情况发生的根本原因是什么？今后其他国家还会发生类似的情况吗？

作业题

1. 简述俄罗斯科技发展与经济增长的关系。
2. 简述日本在东亚经济圈中的地位变化及其影响。
3. 论述中美战略伙伴关系建立的条件与未来走向。

参考文献

1. 王志乐．跨国公司全球投资经营战略发展态势．2005 跨国公司在中国报告．北京：中国经济出版社，2005

2. 王永无．中亚 + 中国经济一体化构想．财经界，2005（7）

3. 王瑞．英国的制造战略及其优势制造业．中国有色金属报，2005 - 11 - 14

4. 慕亚平，李砾．从一体化角度看 WTO 与 APEC——兼论全球经济一体化和区域经济一体化的关系．经济法网，2003 - 07 - 23

5. 袁蓉君．亚洲开发银行力促南亚和中亚合作．金融时报，2004 - 03 - 10

6. 陈光祖．谈被收购中的中国“汽车工业”．中国汽车报，2005 - 09 - 01

7. 唐宁．英国出现公司并购潮．中国贸易报，2005 - 11 - 10

8. 商务部．商务部公布发展中国家和地区外资并购情况．商务部网站，2005 - 05 - 26

9. 国文．跨国公司研究与开发工作首选中国．中国贸易报，2005 - 10 - 27

10. 邵培仁．论经济全球化的幸与不幸．今日科技，2001（5）

11. 李琮．论经济全球化．中国社会科学，1995（1）

12. 陈宝森．世界经济全球化、集团化与南北关系．见：国务院发展研究中心世界发展研究所．世界发展状况，1996

13. 王运祥．“全球化无国界论”析．国际观察，1996（5）

14. 朱正圻．经济全球化的趋势及背景．国际问题论坛，1995（试刊）

15. 孙嘉明．全球化趋势对我国的现代化的挑战．复旦学报，1996（6）

16. 王和兴．全球化对世界政治、经济的十大影响．国际问题研究，1997（1）

17. 施瓦布·斯马杰．经济全球化的影响．书报简讯，1996（15）

18. 江时学．何谓“全球化”．学术动态，1997（12）

19. 黄仁伟．世界经济一体化是全球化的基础和动因．复旦学报，1996（6）

20. 李长久．全球经济与国家经济．经济参考报，1997 - 04 - 02

21. 国际货币基金组织．世界经济前景光明，全球化利大于弊．经济参考报，1997 - 04 - 27

22. 齐亚·古雷什．全球化：新的机遇，严峻的考验．金融与发展，1996（3）

23. 张宝宇．巴西的全球化意识．中国社会科学院通讯，1997 - 01 - 10

24. 国家发展与改革委员会宏观经济研究院．美国政府应对经济全球化的政策．中国宏观经济政策报告，2001（8）

25. 马吉．印度手工艺品出口潜力大．中国贸易报，2005 - 11 - 10

26. 姚岗．印度正加快提高丝绸产量．中国纺织报，2005 - 11 - 09

27. 张伟勋．澳羊毛业支持中澳自由贸易．中国贸易报，2005 - 11 - 10

28. 刘平，娄涛．合理应对经济全球化，发展区域经济一体化．中国经济导报，2003 - 08 - 05

29. 王军．亚洲和南美洲生产规模扩张最大．中国矿业报，2005－10－17

30. 钟欣．美国储蓄危机将伤及全球．中国贸易报，2005－11－10

31. 格尔森曼．经济全球化与美国经济．经济周刊，2005（1）

32. 关世杰．述评美国“全球信息高速公路”的实施战略——剖析美国学者就“全球信息高速公路”给政府的战略性建议．新闻大学，1997（54）

33. 尚春香．全球化加速推动美国汽车业．华南新闻，2005－04－05

34. 刘辉．美国3G运营商——美国Nextel公司iDEN网络运营模式研究．电信技术，2005（8）

35. 胡美丽．美国机床需求旺盛　制造业正在加紧设备投资．中国贸易报，2005－10－27

36. 秋水．美铝能源成本增加　经营受损．中国有色金属报，2005－11－07

37. 胡惠林．中国文化产业发展趋势分析．中国文化报，2002－02－02

38. 王中净．9月国际铝市场分析及10月展望．中国有色金属报，2005－10－31

39. 马原．9月日本铁矿石进口量跌至953万吨．中国矿业报，2005－11－04

40. 辛平．全球大宗商品市场进入逆转敏感期．中国有色金属报，2005－10－13

41. 仇琳，叶伟民．国际商家抢占中国手机动漫市场．消费日报，2005－11－10

42. 黄资．对美联储加息深挫金价后年内金价预期．中国矿业报，2005－11－10

后 记

本教材原是广东工业大学通识教育课程的讲稿，用了四五年，内容多有变化，原因是需要根据国际政治经济形势发展情况，不断地对内容进行更新，所以去年和今年所说的重大事件或案例就有可能不一样。我们以为，能运用经济学原理对经济全球化及世界经济发展变化的情况进行讲解，对于工科学生学习经济学基本原理并对国际经济问题进行分析、判断，及时了解和把握国际经济发展脉络与趋势，多少是有一些帮助的。尤其是作为工科院校的通识教育课程，如果能使工程技术专业的学生能够通过学习来接触到国际政治学、经济学、社会学、管理学和历史学等多学科的理论与方法，则未尝不是一件好事。说句实话，上这门课，不仅老师需要重新思考，对于喜欢这门课的学生来说也需要以更宽广的视角、更活跃的思维进行学习，否则难以达到有效的学习效果。如果这门课能够给学生多一些思考和想象的空间，也算是达到教学目标了吧。

本教材付梓之际，我们想借此机会感谢广东工业大学的张湘伟校长，如果没有他的关心和支持，恐怕没有机会给工科院校的学生上这门课，对于经济全球化问题也不会有更多的认识。同时要感谢通识教育中心的齐顺利博士和陈慧老师在业余时间帮助整理资料。另外，还要感谢暨南大学出版社的大力支持，使我们能借此机会对经济全球化与国际经济方面的问题进行较为系统的整理，以便为今后的学习研究提供帮助。在资料处理和案例的选用方面，增加了一些媒体报道和学术界的新观点，旨在提高大家讨论和学习的兴趣，也在此一并致谢。

由于编者学识有限、水平不高，书中舛误在所难免，望大家指正。

编 者

2010 年 5 月 28 日于广州翠云山下